가까스로-있음

가까스로-있음: 브뤼노 라투르와 파국의 존재론

초판 1쇄. 2025년 9월 9일
2쇄. 2025년 11월 17일

지은이. 김홍중

펴낸이. 주일우
편집. 이임호 정아린
디자인. 워크룸 프레스

펴낸곳. 이음
출판등록. 제2005-000137호 (2005년 6월 27일)
주소. 서울시 마포구 토정로 222 한국출판콘텐츠센터 210호 (04091)
전화. 02-3141-6126
팩스. 02-6455-4207
전자우편. editor@eumbooks.com
홈페이지. www.eumbooks.com
인스타그램. eum_books

ISBN 979-11-94172-16-1(03300)
값 33,000원

— 이 책은 저작권법에 의해 보호되는 저작물이므로
  무단 전재와 무단 복제를 금합니다.
— 이 책의 전부 또는 일부를 이용하려면 반드시
  저자와 이음의 동의를 받아야 합니다.
— 잘못된 책은 구매처에서 교환해 드립니다.

가까스로-있음:
브뤼노 라투르와 파국의 존재론

김홍중

이음

일러두기

인용구에서 저자가 추가한 부분은 [ ]로 처리했다.

프롤로그 9

1장　인류세의 사회 이론
　　　I. 새로운 파국주의 17
　　　II. 인류세란 무엇인가? 19
　　　III. 문제-어셈블리지 24
　　　IV. 지적 기후 변화 29
　　　V. 지구사의 천사 33
　　　VI. 파국주의란 무엇인가? 43
　　　VII. 인류세, 자본세, 기술세 50
　　　보론. 기후의 느낌 52

2장　파국주의적 전회
　　　I. 파국과 사회학 57
　　　II. 인류세와 파국주의 60
　　　III. 울리히 벡 64
　　　IV. 해방적 파국주의 69
　　　V. 브뤼노 라투르 75
　　　VI. 가이아 파국주의 81
　　　VII. 파국의 이론 또는 이론의 파국 92
　　　보론. 예방적 묵시록 95

3장　방법으로서의 코로나19
　　　I. 코로나19가 가져온 사유의 충격 105
　　　II. 인간-너머의 행위 능력 108
　　　III. 사회-너머의 사회성 115
　　　IV. 개인-너머의 주체성 125
　　　V. 마치며 131
　　　보론. 이론가는 왜 바보여야 하는가? 133

4장 21세기 사회 이론의 필수 통과 지점
  I. 〈굿 플레이스〉 패러독스 141
  II. 사회학 행위 이론들의 한계 143
  III. 라투르 사상의 형성과 쟁점들 146
  IV. ANT의 철학적 기초 153
  V. 라투르의 행위자 161
  VI. 행위란 무엇인가? 175
  VII. 마치며 185
  보론 1. 라투르는 구성주의자인가? 187
  보론 2. 존재론적 페티시즘 192
  보론 3. 파스퇴르 이전에도 세균이 존재했는가? 196

5장 소용돌이 행위 이론 ― 그림 형제와 라투르
  I. 서사-기계 205
  II. 이야기의 힘 208
  III. 파국의 분열분석 214
  IV. 행위-소용돌이 220
  V. 감수-행위자 226
  보론. 평평한 존재론은 차이를 배제하는가? 231

6장 ANT의 신학적 기원에 대하여
  I. 소수적인 것 237
  II. 소수적 이론의 계보 240
  III. 비환원주의 246
  IV. 청년 라투르와 신학 252
  V. 루돌프 불트만과 라투르 256
  VI. 샤를 페기와 라투르 263
  VII. 비-사회학적 사회 이론 272
  보론. '사회'의 폐기인가 아니면 '사회'의 확장인가? 275

7장 가까스로-있음의 존재론

- I. 기이한 학위 논문 281
- II. 존재는 네트워크다 284
- III. 플라스마란 무엇인가? 287
- IV. 존재는 반복이다 293
- V. 가까스로-있음 297
- VI. 존재는 타자다 301
- VII. 케노시스 305
- 보론. 들뢰즈 그리고 어떤 하나의 생명 309

8장 생태 계급과 파국주의적 정치학

- I. 파국주의적 감수성 315
- II. 인류세의 충격 317
- III. 파국주의 319
- IV. 생태 계급 322
- V. 아무개-되기 325
- 보론. 아직 태어나지 않은 것들에 대한 애도 ... 328

9장 가브리엘 타르드의 재발견 — 정동, 페이션시, 어셈블리지

- I. 왜 가브리엘 타르드인가? 335
- II. 타르드는 어떻게 재발견되었는가? 339
- III. 정동 344
- IV. 페이션시 354
- V. 어셈블리지 364
- VI. 대안 이론을 향하여 373
- 보론 1. 라투르와 감수-행위자 375
- 보론 2. 타르드의 파국주의 378

출처 381
참고 문헌 382

프롤로그

2011년 어느 봄날. 일본에서 대지진으로 원전이 파괴되었다는 소식을 들었다. 며칠 후 약속이 있어 영등포에 갈 일이 생겼다. 봄비가 내리고 있었다. 만나기로 한 장소에 도착하여 거리를 걷는데, 우산 아래로 빗물이 들이쳤다. 순간 후쿠시마의 파괴된 원전 이미지가 뇌리를 스쳤다. 나는 봄비의 오염 가능성을 생각했다. 뭔가 사악하고 위험한 것이 몸에 닿는 듯한 이물감에 순간 몸을 움츠렸다. 만물의 소생을 재촉하는 봄비에서 죽음과 파괴를 연상하고 발작적으로 그것을 회피하는 스스로의 몸짓을 자각한 나는 이유를 알 수 없는 낭패감을 느꼈다. 갑자기 눈앞의 건물과 행인들, 포말을 날리며 질주하는 자동차들, 검은 밤하늘 모두 이미 소멸된 무언가의 잔해나 물질의 유령들처럼 보였다. 지구라는 행성이 아득히 낯설게 느껴졌다.

21세기는 나에게 그렇게 왔다. 지식이 아니라 빗방울의 소름 끼침을 통해, 사상이나 철학이 아니라 매일 먹이고 입혀야 하는 아이의 육체에 대한 근심의 형식으로, 세계관이 아니라 세계감(感)의 형식으로. 아무것도 변한 것 없는 듯하지만 돌연 모든 것이 변해 버린 그 순간, 나는 21세기라는 새로운 느낌의 질서 속으로 진입했음을 직감했다. 그것은 세계가 존재하는 방식을 규정하는 부사(副詞)의 변화였다. 말하자면, 나는 '그냥'의 세계에서 '가까스로'의 세계로 거주지를 옮긴 것이다.

그냥의 세계는 삶의 자동성, 관성과 습관, 자연스러움, 영속성에의 믿음이 주도하는 세계다. 우리는 그냥 숨을 쉬고, 그냥 차를 마시고, 그냥 내리는 봄비를 보면서 기쁨을 느낄 수 있다. 그냥 불어오는 바람과 그냥 빛나는 태양을 향유할 수 있다. 그런 세계가 있다. 심각한 성찰이나 우려 또는 선택이나 결단 없이, 톱니바퀴에 맞물린 듯 돌아가는 세상을 적당히 신뢰하면서, 하늘이 무너지거나 땅이 꺼지리라는 생각, 도시에 핵폭탄이 떨어지거나 인류가 멸종될 것이라는 상상을 터무니없는 망상으로 치부하고, 소박하게 하루하루 살아 나갈 수 있는 그런 세계. 일상을 움직이는 경이롭고 견고하고 투명하고 무시무시한 부사인 '그냥'의 힘으로 안정적으로 굴러가는 세계. 거기 미래라는 것은 애써 꿈꾸지 않아도 때가 되면 저절로 흘러와 현재를 적셔 주는 샘물처럼 풍요로운 시간성이다. 물속에서 헤엄치는 물고기처럼, 그냥의 세계를 사는 자에게 일상은 습관적이고, 의미는 안정적이며, 질서는 자기 회복적이다.

이와 대비되는 '가까스로'의 세계는 결여, 결손, 위급성에 묶여 있다. '그냥'이 보장하는 평온한 무관심이 가까스로의 세계에는 존재하지 않는다. 충만도, 풍요도, 범람도 없다. 흘러넘치지 못하는 항상적 미달 상태와 불안. 21세기 생태 파국 속에서, 인간을 포함한 지상의 뭇 생명체는 그저 간신히 생존해 가고 있다. 지구는 이제 더 이상 자애로운 자연이 아니다. 우리는 절멸의 예감에 휩싸인 채 가까스로 살아 나간다. 아직 무너지지 않고 견디면서 겨우 버티고 있다. 이것은 희소하고 짧고 불확실한 현존의 양태다.

가까스로-있음에 대한 감수성은 사랑하는 존재를 돌봐야 하는 자들에게 더 예리하게 주어진다. 아이의 음식을 만드는 사람은 저절로 유물론자가 된다. 비관주의자가 된다. 그는 물질의 힘에 각성하고, 물질을 무시하지 않으며, 물질과 유기체의 관계에 집중한다. 걱정과 우려에 사로잡히고 물성(物性)으로 불안하게 일렁이는 현실을 아프게 지각한다. 사랑의 유물론, 비관의 유물론, 관계의 유물론, 파국의 유물론이다.

인류세는 '가까스로'라는 부사에 대한 눈뜸이다. 그냥의 종언이다. 자연과학이 선포하는 파국주의다. 심화되는 폭염에서, 꺼지지 못한 채 불타는 숲에서, 처참하게 오염된 바다에서, 녹아 버린 빙하와 시베리아 동토에서, 수많은 사람들이 가이아의 자기 파괴가 만들어 내는 종말론적 징후들을 목격하며 전율하지만 어떻게 해야 할지를 알지 못한 채 지치고 마비되어 있다. 종말은 이제 종교가 아니라 대중문화의 가장 흔하고 익숙한 주제가 되었다. 미래로 나가는 자동적이고 신뢰할 만한 '그냥'의 궤도는 증발해 버린 것이다. 느닷없이 도래한 이 가까스로의 시대에 사회학은 무엇을 해야 하는가? 이 책은 이 질문에 대한 내 이론적 고민을 담은 글들의 묶음이다. 책은 크게 두 부분으로 나뉘어 있다.

첫째, 시대 진단이라는 쟁점. 나는 우리 시대의 근본 문제를 가이아 파국으로 규정하고, 이에 대한 사상적 검토를 수행했다. 인류세는 발전주의, 탄소 자본주의, 인간중심주의의 한계를 넘어, 새로운 문명을 만들어 낼 것을 촉구한다. 인간 사회보다 더 큰 행성적 지구-사회(geo-society)라는 확장된 공생의 틀을 구축할 것을 명령한다. 그런데, 이러한 인류세 파국은 정치, 경제, 사회, 기술적 격변과 혼돈을 동반한다. 정치적 극단주의, 만연한 반지성주의, 혐오 정동의 확산, 심화되는 불평등, 플랫폼 자본주의와 알고리즘 통치성의 위험이 그것이다. 먼 지평으로부터 삶을 침식해 들어오는 궁극적인 생태 파국과 일상을 흔드는 사회적 혼돈의 중첩, 이것이 바로 우리가 겪는 파국의 이중 구조다.

21세기 사회학은 시대의 암흑 속으로 더 깊게 내려가야 한다. 지난 세기의 사회학은 진보와 발전과 질서의 자명성을 신뢰했다. 하지만, 우리는 지금 도처에서 과거의 시각으로는 이해하기도 힘들고 설명하기도 힘든 파열상들을 목도하고 있다. 사회학은 이 현장을 더 냉정한 눈으로 직시하고, 그로부터 이론적 언어들을 벼려 내야 한다. 나는 이를 '파국주의적 전회(catastrophist turn)'라 부른다. 파국주의는 파국적 리얼리티를 인정하고 그것의 최종 귀결을 막아 보려는 안간힘을 내포한다. 파국주의는 비관주의를 통해 비관적 현실을 변화시키기를 욕망한다. 이 책의 1~3장에서 내가 집중적으로 논의하는 것은 생태 파국이다. 생태 파국을 통해 파국주의를 이야기해야 하는 이유는, 우리가 지금 근대적 제도와 가치의 붕괴뿐 아니라 도달해야 하는 미래 그 자체의 소멸 가능성과 대면하고 있기 때문이다.

둘째, 대안 이론. 최근 수년간 나는 가브리엘 타르드부터 질 들뢰즈와 펠릭스 과타리를 거쳐 라투르에 이르는 프랑스발 사회사상을 연구해 왔다. 이들은 20세기 문과 학문을 주도했던 구조주의와 인간 중심주의를 비판하면서, 과정-관계론적, 생기론적, 사건 중심적 철학을 급진적으로 밀고 나갔다. 내 관심은 특히 저들이 표방하는 '존재론적 전회(ontological turn)'를 향한다. 타르드의 '모방 방사', 들뢰즈와 과타리의 '리좀', 그리고 라투르가 주창한 '행위자-네트워크' 개념은 모두 존재를 (실체와 본질이 아니라) 이질적 요소들이 연결되어 생동하는 어셈블리지(assemblage)로 파악한다.

이 통찰은 사회과학에 근본적인 충격파를 던진다. 사회란 무엇인가? 인간이란 무엇인가? 행위란 무엇인가? 물질과 정신은, 자연과 문화는, 미시와 거시, 언어와 실재는 구분될 수 있는가? 어셈블리지 존재론은 이런 근본 질문들을 풀어 가기 위한 독창적인 시각과 영감을 준다. 사회학이 무엇을 해야 하는지, 미래의 사회 이론이 어떤 모습을 띠어야 하는지에 대한 참신한 고민을 가능하게 한다. 이런 맥락에서, 책의 4~8장은 라투르의 행위자-네트워크 이론(ANT)에 대한 탐구에 할애되었다. 9장에서는 타르드 사회 이론의 대안적 성격에 주목한다. 아쉽지만 들뢰즈와 과타리의 분열분석에 대한 본격적 탐구는 차후의 독립된 저서를 기약한다.

나는 라투르를 21세기 사회 이론의 '필수 통과 지점'으로 평가하자고 제안한다. 우리에게 제기되는 시대적 난제들을 깊이 있게 다루고자 할 때, 라투르의 ANT를 우회하는 것이 결코 쉽지 않을 것이라는 판단에서다. 미지의 질서로 혼돈스럽게 이행해 가는 우리 시대의 생태적, 정치적, 경제적, 문화적, 영성적 현실을 제대로 '보기' 위한 이론적 관점과 시야를 우리는 라투르의 작업에서 풍부하게 발견할 수 있다.

라투르는 각별한 지적 충격과 각성을 제공한다. 그를 따라가다 보면, 우리는 마땅히 대면해야 했지만 그렇게 하지 못했던 물음, 현상, 경험, 행위자들을 만난다. 라투르는 우리 시대 문과 학문이 배출한 가장 뛰어난 이야기꾼 중 한 사람이다. 그가 들려주는 서사 속에 수많은 비인간 행위자들의 언어가 배음으로 울리고 있다. 비유컨대, 라투르는 새처럼 고공을 날면서 세상을 굽어보는 고고한 이론가가 아니라, 뱀처럼 평평한 땅바닥을 온몸으로 기어 가면서, 거기 거주하는 존재자들의 목소리를 자신의 성대와 혀로 옮겨 오는 복화술사와 같다. 그의 이념은 대지다. 표면이며 지구다. 날개의 힘으로 떠오르지 않고 바닥을 천천히 포복하겠다는 의지가 라투르 이론의 근본정신이다.

좋은 이론을 만나면, 뭔가를 알게 되는 것만큼이나 우리는 이미 알던 것이 무너지는 체험을 한다. 생산이 아닌 파괴, 상상이 아닌 파상(破像), 지식이 아닌 반(反)-지식, 기왕의 앎을 흔들고 새로운 앎을 향해 가는 운동. 좋은 이론은 불가피하게 이런 야생성을 갖는다. 인간을 뒤흔들고 변형시킨다. 이러한 이론은 '파괴-기계'다. 하지만 동시에 그것은 뭔가를 꿰뚫어 보게 하는 '직관-기계'이기도 하다. 좋은 이론과 연결되면 우리의 시각은 생생해지고 예리해진다. 흐릿하고 막연하던 것들이 또렷이 드러나고, 보이지 않던 실재의 단면들이 투시되는 것이다. 이론은 지성에 앞서 시각성 수준에서 작동한다. 마침내 이처럼 직관된 것들이 언어화되고 이야기될 때 이론은 '서사-기계'의 형태를 띤다. 탁월한 이론가는 현실의 카오스로부터 낯선 이야기들을 건져 올리는 불온하고 전복적인 존재다. 그의 정신에서 우리는 종종 시인이나 견자(見者), 혹은 예언가를 발견한다. 그가 들려주는 이야기의 힘으로, 우리는 한 시대의 바깥으로 나가는 길을 찾아낼 수도 있다.

벤야민, 시몬 베유, 들뢰즈, 해러웨이, 버틀러가 그랬듯, 라투르도 기존의 사유를 파괴하고, 새로운 직관과 서사를 통해 출구를 모색한다. 미지 쪽으로 나가는 통로를 연다. 이것이 어쩌면 이론의 참된 효용일지도 모르겠다. 나는 이 책을 통해 더 많은 독자들이 라투르와 연결되어 근대의 바깥으로, 자본주의의 바깥으로, 인류세의 바깥으로, 파국의 바깥으로, 우리가 맞이한 여러 위기들과 난국들의 바깥으로 나가는 틈을 뚫는 사고와 토론과 실천에 동참하기를 희망한다.

책이 나오기까지 많은 분들의 도움을 얻었다. 2019년부터 내가 공동 연구원으로 참여한 카이스트 인류세연구센터의 센터장 박범순 선생님, 그리고 라투르를 오래전부터 한국 학계에 소개하고 연구하신 김환석 선생님과 홍성욱 선생님께 감사의 말씀을 전한다. 대안 이론을 논하는 내 세미나와 수업에 참여했던 서울대학교 사회학과 학생들에게도 고마운 마음을 전한다. 책의 편집을 맡아 애써 주신 이임호 선생님과 정아린 선생님, 그리고 『서바이벌리스트 모더니티』에 이어 이 책의 출판을 허락하고 지원해 주신 이음 출판사 대표 주일우 형에게 감사드린다. 사랑하는 아들 연재와 우리집 고양이 연탄이에게도 고맙다고 속삭여 본다.

2025년 5월
김홍중

1장
인류세의 사회 이론

> 인류세는 시대성의 끝을 의미한다.
> 왜냐하면 인간과 함께 시작되었지만,
> 결국 인간이 없는 상태에서 끝날 것이기 때문이다
> [Danowski:Viveiros de Castro, 2017:5].

I. 새로운 파국주의

2016년에 타계한 영국 사회학자 어리(John Urry)에 의하면, 우리는 비관주의의 시대를 살고 있다. 대략 2003년부터, 유럽의 사회과학과 인문학은 인류의 미래를 어둡게 전망하는 서적들을 쏟아 내기 시작했다. 재난 탐구를 목적으로 하는 연구 센터들이 설립되었고, 종말론적 작품들이 대중문화를 지배하고 있다.[1] 불안이 낙관을 압도하고 있으며 근원적 안정감이 크게 동요되었다. 요컨대 "새로운 파국주의"가 부상했다[Urry, 2016: 34; Urry, 2011: 36].

사실, 오랫동안 사회과학은 사회 질서의 가능성을 두 가지 방식으로 상상해 왔다. 하나는 정치권력과 제도를 통한 홉스(Thomas Hobbes)적인 방식이다. 다른 하나는 구성원들이 공유하는 규범의 힘을 통한 파슨스(Talcott Parsons)의 방식이다. 그런데 우리가 살아가는 21세기에는 저 두 가지 (근대적) 질서 구축 원리의 실효성이 모두 상실된 것처럼 보인다[Urry, 2016: 39~40]. 미래에 대해 말하자면, 이제 사람들이 더 많은 관심을 기울이는 문제는 '질서'가 아니라 오히려 '붕괴'다[다이아몬드, 2005; 세르비뉴·스테방스, 2022]. 그중에서도 특히 폭넓은 공감을 얻는 (붕괴에 대한) 가설은 기후 변화와 생태 문제로 인한 '파국'의 가능성이다. 어리는 이렇게 쓴다.

> 석탄, 가스, 그리고 석유라는 화석 연료가 현재 에너지 사용의 80%를 책임지고 있다. 이런 화석 연료를 태우는 기술, 그리고 열을 에너지로 전환하는 기술이 지난 300년간 세계 경제와 사회가 체험한 가장 중요한 변동이었다. (…) 그런데 이처럼 기후를 변화시키는 석탄, 석유, 가스 같은 탄소 자원의 급속한 착취를 통해서 서구의 에너지 전환자

---

1. 종말론(eschatology)은 묵시록(apocalypse)과 흔히 결합하며, 서로 쉽게 혼동된다. 어원적으로 보면 종말론은 시간의 끝(eschaton)과 관련된 것이지만, 묵시록은 가리개(kalupsis)를 열어 보이는 것(apo), 폭로하는 것(apokalyptein), 즉 계시를 의미한다.

들은 지구의 궤도를 규정하고, 지질학적 시간의 명백히 새로운 단계를 촉발시킬 수 있었던 것이다[Urry, 2016: 41. 강조는 인용자].

어리가 말하는 "지질학적 시간의 명백히 새로운 단계"의 징후들이 무엇인지 우리는 잘 알고 있다. 지구적 기후 변화, 대양 산성화, 숲의 파괴, 인구 증가, 방사능 낙진, 미세 플라스틱의 체내 축적, 멸종이 그것이다[Ellis, 2018: 2~3]. 녹아 가는 빙하 위를 방황하는 앙상한 곰, 미세 플라스틱과 비닐을 위장에 채운 채 괴사한 고래의 시체, 체르노빌과 후쿠시마 원전 주변에서 발견되는 괴이한 돌연변이 생명체의 이미지는 우리 시대의 "장기 비상사태"[Kunstler, 2005]를 드러내는 어두운 아이콘이 되었다.

II. 인류세란 무엇인가?

그런데, 이런 재앙적 변화를 적시하는 한 개념이 2000년에 이미 제안되어 큰 반향을 불러일으키고 있었다. 그것이 바로 '인류세'다. 노벨상 수상자 파울 크뤼천(Paul Crutzen)과 생태학자 유진 스토머(Eugene F. Stoermer)는 2000년에 IGBP(International Geosphere-Biosphere Programme)의 뉴스레터에 발표한 짧은 글에서 '인류세(Anthropocene)'라는 낯선 개념을 제안한다. 이 용어는 약 1만 1,700년 동안 지속된 것으로 알려진 충적세(Holocene)를 대체하는 새로운 지질학적 시대의 이름으로서, 인간을 의미하는 'anthropos'와 새롭다는 뜻을 가진 'kainos'를 결합하여 만든 신조어다[Crutzen·Stoermer, 2000: 17~18].[2]

인간이 지구의 시간을 변화시켰을 수 있다는 크뤼천과 스토머의 문제 제기는 다음과 같은 여러 후속 질문들을 불러 일으켰다. 가령, 인류세 개념은 과학적으로 수용 가능한 것인가?[Zalasiewicz *et al.*, 2008] 인류세가 시작된 시점이 언제이며 그 원인은 무엇인가?[Smith·Zeder, 2013] '인간'이란 용어의 사용은 적절한가?[3][Malm·Hornborg, 2014: 65] 혹은, 인류세가 제기한 문제들에 대

2. 크뤼천은 2002년에 「인류의 지질학」라는 글에서 인류세 개념을 본격적으로 개진하였고, 2003년에는 윌 스테판(Will Steffen)과 함께 「우리가 얼마나 오랫동안 인류세를 겪어 왔는가?」를 쓴다. 2006년에는 엘러스(Eckart Ehlers)와 크라프트(Thomas Krafft)가 편집한 『인류세의 지구 시스템 과학』의 '인류세' 부분을 집필하고, 2007년과 2011년에도 윌 스테판을 비롯한 다수 동료들과 함께 인류세에 대한 논문을 연달아 발표한다[Crutzen, 2002; Crutzen·Steffen, 2003; Crutzen, 2006; Steffen *et al.*, 2007; Steffen *et al.*, 2011a].

3. 인류세라는 용어의 핵심적 의미소(意味素)인 '인간'이 "무차별적 전체(undifferentiated whole)로서의 인류"[Moore, 2016: 81]를 가리키는 것으로 이해하는 것은 문제적이다. 왜냐하면, 인류세를 야기한 '책임 소재'를 모든 인간 집단에게 동등하게 귀속시킬 수 없기 때문이다. 예컨대 말름(Andreas Malm)과 호른보리(Alf Hornborg)는 이렇게 질문한다. "21세기 초반에, 인류 인구 집단의 가장 가난한 45%는 탄소 배출

한 해결책은 무엇인가?[Moore, 2016; 해러웨이, 2021] 제시되는 해답의 차이에도 불구하고, 인류세 담론에 대한 논의들은 대개 다음과 같은 두 입장을 공유한다. 첫째는 인간 행위 능력의 '행성적' 영향력에 관한 것이다. 이는 크뤼천과 스토머가 2000년에 함께 쓴 텍스트에서도 핵심적 테마로 제기된 바 있다.

> 인간 행위가 지구와 대기에 미친 중요하고 점증하는 영향을 고려해 보건대 (…) 지질학과 환경학에서 인류의 중심적 역할을 강조하는 것이 참으로 적절하게 보입니다. 그리하여 우리는 현재의 지질학적 시대를 '인류세'라 부를 것을 제안하는 바입니다. (…) 인류는 수천 년 동안, 어쩌면 아마 다가올 몇백만 년 동안 주요한 지질학적 힘으로 남게 될 것입니다[Crutzen·Stoermer, 2000: 17~18].

인류세 개념에 내포된 '인간'의 이미지는 우리가 익히 알고 있는 자연의 미약한 피조물이 더 이상 아니다. 인류세는 천지인(天地人)이라는 존재 위계를 파괴한다. 이제 인간은 하늘과 땅의 구조를 바꾸어 버린 괴력난신(怪力亂神)적 존재로서 "거대한 화산 분출, 예기치 못한 전염병, 거대 규모의 핵전쟁, 소행성 충돌"에 비견할 만한 파국적 변형력을 지구 시스템에 가한다[Crutzen·Stoermer, 2000: 17~18]. 인류세의 인간이 "지질학적 행위자"[Wilkinson, 2005], "지질학적 슈퍼파워"[Ellis et al., 2016: 192], "지형 형성적(geomorphic) 행위

의 7%를 책임지고 있고, 대신 가장 부유한 7%가 50%의 배출에 책임이 있다. (…) 이런 기초적 사실들이 인류를 새로운 지질학적 행위자로 보는 관점과 화해 가능한 것인가?"[Malm·Hornborg, 2014: 64] 그러나, '인류'라는 용어를 주체가 아니라 행위 능력의 성격과 작동 방식을 지칭하는 것에 국한하여 사용하는 것은 가능하다. 차크라바르티 역시 2015년 태너 강연(Tanner lecture)에서 '인류세' 개념을 이루는 '인류'라는 단어가 "비인간적 지질 구조판의 변동, 화산 분출, 운석의 효과 등과 같은 지구물리학적/지질학적 힘들"이 아니라는 사실을 이야기하기 위해 사용되는 것(즉, '인간이 발생시킨(anthropogenic)' 것이라는 의미에서의 사용)은 충분히 이해 가능하다는 입장을 취한 바 있다[Charkrabarty, 2015: 156~157].

자"[Hooke, 2000], "환경적 힘"[Corlett, 2015: 36] 혹은 "대지적(telluric) 힘"[Hamilton, Bonneuil·Gemenne, 2015: 3]이라 불리는 이유가 거기에 있다. 아이러니한 것은, 이런 강력한 힘의 결과로 인간 자신이 멸종의 위기에 처해 있다는 사실이다.

인류세 담론의 두 번째 주요 입장은, 이처럼 행성적 수준으로 커져 버린 인간 행위 능력의 부정적 결과로 인해 머지않아 전대미문의 격변과 재앙이 닥쳐오리라는 전망이다. 이러한 전망은 현재를 '생존이냐 붕괴냐' 혹은 '지속이냐 종말이냐'라는 갈림길로 급변시키고, 두 가지 상이한 입장을 분기시킨다. 하나는 테크노픽스(technofix)나 지오-엔지니어링(geo-engineering)을 통해 환경을 통제함으로써 인류세적 상황에 적응해 나갈 것으로 예상하는 '연속론적' 시각이며, 다른 하나는 인류가 "고도로 불안정한 기후와 극도로 악화된 환경 속에서 자원 고갈을 겪음"으로써 행위 능력을 빠르게 상실해 갈 것이라고 보는 '파국론적' 관점이다[Semal, 2015: 88~91]. 크뤼천은 전자에 좀 더 무게를 두고 있다.

> 전 지구적 파국(운석 충돌, 세계 전쟁 혹은 유행병)이 없다면, 인류는 수천 년 동안 주요한 환경적 힘으로 남게 될 것입니다. 과학자들과 엔지니어들에게 주어진 녹록치 않은 과제는 인류세의 시대 동안 사회를 환경적으로 지속 가능한 관리의 방향으로 이끌어 가는 것입니다. 이것은 모든 수준에서 적합한 인간 행위를 요청할 것이며(will), 국제적으로 수용된 대규모 지오-엔지니어링, 가령 기후를 최적화하는 프로젝트를 요청하게 될 수도(may) 있습니다. 그러나 현 단계에서 우리는 아직도 미지의 땅을 걷고 있습니다[Crutzen, 2002: 23].

크뤼천은 사회적 행위자들의 전면적 변화와 국제 공조에 기대어 지구 시스템을 기술적으로 통치하는 "행성 관리(planetary stewardship)" 모델을 전망으로 제시하고 있다[Steffen *et al.*, 2011b: 749~754]. 예상치 못한 자연적 파국의 부재, 과학과 기술의 성공적 대응, 국제적 협조, 인간 행태의 근본적 변화 같은 요소들이 긍정적으로 작용한다면, 인류세에도 인간이 생태적 지속 가능성을 확보할 수 있으리라는 것이다.

하지만 여기서 중요한 것은 이 모든 일들이 상상(will)이나 개연성(may)의 영역에 속해 있다는 사실이다. "미지의 땅"이나 "녹록치 않은" 같은 표현이 함축하듯, 이 시도는 성공이 보장되어 있지 않다. 흥미롭게도, 크뤼천이 동일한 텍스트에서 미래가 아닌 현재 상황에 대해 언급할 때, 그는 희망이나 추측의 언어가 아니라 데이터와 숫자로 구성된 사실의 언어를 사용하고 있다. 의도했건 그렇지 않건 간에, 이는 머지않아 닥쳐올 것이 분명해 보이는 격변의 위중함을 냉정하고 객관적인 방식으로 환기시킨다.

> 지난 3세기 동안 전 세계 인구는 10배 정도 증가하여 60억에 육박하고 있는데, 21세기에는 100억까지 증가할 것으로 예상됩니다. 메탄가스를 뿜어 내는 가축의 수는 14억 마리에 이릅니다. 지구 표면의 30%에서 50%가 인간에 의해 착취되고 있습니다. 열대 다우림이 빠른 속도로 사라지면서 이산화탄소 배출과 종들의 멸종이 맹렬히 증가하고 있습니다. (…) 에너지 사용은 20세기 동안 16배 증가했으며, 연간 1억 6천만 톤의 아황산가스가 배출되었습니다. (…) 화석 연료 연소와 농업은 '온실가스'의 실질적 증가를 야기했습니다. 대기 중 이산화탄소는 30%, 메탄은 100% 이상 증가했는데, 이는 지난 40만 년 동안의 최고치이지만, 그 추세는 앞으로도 계속될 전망입니다. (…) 우리는 산성 강수(降水), 광화학 스모그, 그리고 기후 온난화를 겪고 있습니다. (…) 21세기 안에 지구의 기온이 1.4도에서 5.8도 상승할 것으로 보입니다[Crutzen, 2002: 23].

위의 인용문에서 보고되는 내용들은 과히 새로운 것은 아니다. 오래전부터 환경 재앙에 대한 연구들이 축적되어 왔고 우리는 그 사실들에 익숙해져 있다. 그러나 크뤼천의 담화에 열거되는 저 팩트들이 '인류세'라는 새로운 명칭에 수렴되는 순간, 개별 사항들의 총합을 초과하는 어떤 초과의, 잉여의, 창발적 에너지가 그로부터 생성되어 나온다. 생태 재앙의 데이터는 이제 더 이상 파편적이며 우발적인 관찰들이 아니라, 지구 시스템에 발생한 단절(인류세)을 입증하는 생생한 물적 증거로 변모하여, 은연중에 형성되는 파국의 예감으로 종합된다. 인류세라는 신조어는 결정적 단절점을 표시하는 '언표(énoncé)'로 작용하며, 이제 21세기 인류의 삶을 규정하는 시간은 다음과 같은 세 차원으로 분할된다.

A. 자신의 행위가 가져올 결과에 대한 자각 없이 인류가 지질학적 힘을 발휘해 온 과거
B. 인류세에 대한 인식 이후 새롭게 열린 현재
C. 파국이 도래할 미래의 특정 시점

과거(A)는 인류세라는 문제의식이 부재한 채 흘러간 시간이다. 미래(C)는 아직 도래하지 않은 미지의 시간이다. 이 두 시간 사이에 자기 인식의 시간인 현재(B)가 각별한 긴장감 속에서 열려 있다. 현재는 시간의 무상한 흐름에서 분리되어, 의미로 충만한 비상(非常)한 시간, 미래에 중대한 결과를 야기하게 될 결정적 행위들이 펼쳐지는 '카이로스(kairos)'로 전환된다. 크뤼천이 인류세 개념을 통해 실질적으로 변형시킨 것은 바로 이 '현재'라는 시간의 의미 그 자체였다.
　노벨상을 수상한 자연과학자에 의해 발화된 '인류세'라는 언표는 파국을 향해 가는 현재를 막연한 예감이 아닌 '사실'로 고정시키는 효과를 발휘한다. 크뤼천의 담화는 파국화(破局化)의 시간으로서의 현재를 인류세 서사의 핵심에 배치시키고, 인류를 파국화의 장기적 과정에 이미 휘말린 공동 운명체로 형상화한다. 철학이나 사회과학이 아닌 자연과학이 인류의 시간을 규정하는 초유의 사태가 발생한 것이다. 이제 인류는 최종 파국을 피해 가기 위한 집합적 생존 전략을 실천해야 한다는 과제를 부여받게 된다.

III. 문제-어셈블리지

인간 활동이 지구 시스템의 작동에 심대한 영향을 미침으로써 그 결과가 파국으로 귀환하고 있다는 이런 인식은 인류세 담론들의 공통분모를 이룬다. 이런 점에서 다수 논자들은 인류세 서사를 쿤(Thomas Kuhn)의 패러다임이나 푸코(Michel Foucault)의 에피스테메와 유사한, 인식의 선험적 프레임워크로 이해하기를 제안한다.

가령, 해밀턴(Clive Hamilton)에게 인류세는 하나의 "메타 서사"다[해밀턴, 2018: 129]. 인류세는 인간의 위기가 어디에서 왔으며, 이에 어떻게 대응해야 하는지를 이야기해 주는 거대 서사다. 린치(Amanda Lynch)와 벌랜드(Siri Veland)에 의하면, 인류세는 고유한 독트린, 공식, 상징으로 구성된 21세기의 "신화"다. 인류세 신화는 현실을 이해 가능하게 만들고 "변형된 미래에 대한 내러티브"를 제공한다[Lynch·Veland, 2018: 13~24]. 얼 엘리스(Erle Ellis)가 보는 인류세는 "오래된 서사들과 철학적 질문들이 그것을 통해서 다시 점검되고 다시 서술되는 새로운 렌즈"다[Ellis, 2018: 4].

그런데, 인류세를 이처럼 '인지적' 도식으로 파악하는 것은, 그것이 여러 영역을 관통하며 '존재론적' 힘을 발휘하고 있다는 사실에 대한 주목을 어렵게 만든다. 실제로 '인류세'라는 말이 처음으로 세상에 던져진 이후 지금까지 약 25년 동안 저 용어는 지속적인 동맹과 번역을 통해 학문, 저널리즘, 상상, 운동, 실천을 가로지르며 망상적(網狀的)으로 확장되며 다음과 같은 배치를 형성해 왔다.

'인류세'라는 언표-논문들-콘퍼런스들-기후정상회의들-파울 크뤼천-죽어 가는 북극곰-환경 난민들-녹는 빙하-기근-자연 발화 산불-이동하는 해충들-골든 스파이크-실험실-기상 위성-인류세 워킹 그룹-인류세 연구 센터들-IPCC-그린피스-이상 기온 사망자들-뉴스-신문 기사-다큐멘터리-인터넷 댓글들-재난 영화-미술 작품들-정치가들의 연설-친환경 기업 비즈니스-환경부 장관의 담화-핵

발전소-녹색당-시민적 책임 의식-환경 운동-저항 투쟁들-법적 분쟁들-종말에 대한 공포감….

여러 요소들이 연합하여 형성된 이 복잡다기한 관계망은 단순한 담론 구성체가 아니다. 제도나 이데올로기도 아니다. 운동이나 정책으로 환원되지도 않는다. 인류세는 언표, 정동, 행위, 제도, 운동, 사유, 가치, 규범, 욕망, 물질, 허구, 이야기, 이미지 같은 이질적 요소들이 모두 얽혀 이뤄진 리좀적 연합이다. 들뢰즈(Gilles Deleuze)와 과타리(Félix Guattari)를 빌려 말하자면, 일종의 '어셈블리지(agencement)'다. 들뢰즈는 이렇게 쓴다. "어셈블리지란 무엇인가? 그것은 수많은 이종적 조건으로 구성되는 다양체로서 나이, 성, 계(règne)와 같은 다양한 특성들을 가로질러 그들 간의 연결, 관계를 수립한다. 그래서 그 유일한 단위는 공통 기능에 있다. 어셈블리지는 공생이고, 공감이다. 그것은 혈연관계가 아니라 동맹과 합금이며, 세습이나 혈통이 아니라 전염, 유행병, 바람이다"[Deleuze·Parnet, 1996: 84].

다양한 요소들이 연합되어 만들어진 어셈블리지는 구조, 시스템, 장치보다 더 역동적이고, 생성적이며, 유연하고, 이질적이다. 그것은 유기체적 조직이 아닌 '기계적(machinic)' 다양체로서, 특권적 근원이나 기초 혹은 토대를 갖고 있지 않다[Guattari, 2006: 33~57]. 어셈블리지를 이루는 요소들은, 상황과 세력 관계와 생성의 흐름을 따라 언제든지 새로운 어셈블리지에 연결될 수 있다[들뢰즈·과타리, 2001a: 767; Delanda, 2016; Müller, 2015].

인류세 어셈블리지는 인류(생명)의 '생태-존재론적 긴급 상태(eco-ontological state of urgency)'를 최상급의 문제로 제기하고, 이를 해결하기 위한 다각적 시도들을 제출한다. 이를 통해, 문제와 맞서는 주체성을 생산하고, 탈영토화/재영토화 과정을 이끌어 가는 문제화의 힘을 발휘하며 작동한다.[4] 문제가 야기하는 고통을 고

---

[4] 인류세 어셈블리지의 요소들은 '문제화의 힘'을 통해, 문제화라는 "공통 작동

발하고, 파괴되는 존재자들을 가시화하고, 문제를 해결하려는 욕망을 증폭시킨다. 문제-어셈블리지는 문제를 중심으로 역동적 연합들을 창출함으로써 새로운 리얼리티를 생산한다. 인류세를 문제-어셈블리지로 본다는 것은 인류세를 과학적 명칭이나 인식틀로 보는 대신, 현실적인 힘을 발휘하며 새로운 리얼리티를 만들어 가는 행위자-네트워크로 파악한다는 것을 의미한다.

바로 이런 맥락에서, 인류세 어셈블리지는 근본적으로 횡단적(transversal)이다[Guattari, 2008]. 즉, 인간(생명)의 행성적, 사회적, 심적 존재양식을 하나의 평면에 재배치한다. 인류세는 미시와 거시의 구분을 지우고, 로컬과 글로벌 사이의 차이도 무의미한 것으로 만든다. 과거에는 쪼개져 있던 영토들의 경계선이 허물어지고, 새로운 문제의 영토가 생성된다. 인류세는 인간의 '삶'을 넘어서는 지구적 '생명'의 문제를 전면화한다. 전통적인 의미의 공적이고 정치적인 삶의 형식인 '비오스(bios)'를 넘어서, 생기적 힘 그 자체를 의미하는 '조에(zoē)'로 확장된 삶이 공적 고민과 논의의 대상으로 솟아난다. 생명의 문제는 인간-중심적 관점을 벗어나 "조에-중심적" 관점으로 이전된다[Braidotti, 2013: 81; Chakrabarty, 2015: 154~156]. 목숨의 수준에서 인간과 비인간의 수평성이 생성된다.

인류세가 새롭게 만들어 내는 세계에서 '산다는 것'은 무엇인가? '존재한다는 것', '실존한다는 것'은 무엇인가? 그것은 물질의 힘에 노출되어 원초적 안전감이 크게 동요되어 버린 삶을 사는 것이다. 이를 잘 보여 주는 중요한 테마 중의 하나가 바로 언어(상징)의 문제다[Lash, 2018: 132~137].

우리가 잘 알고 있듯, 20세기 인문학과 사회과학에서 인간은 기본적으로 언어적 존재로 형상화되었다. "언어가 존재의 집"이라

(co-fonctionnement)"을 수행하는 한에서 하나의 단위를 이룬다[Deleuze·Parnet, 1996: 84~86]. 과타리가 어셈블리지를 "기능적 앙상블"이라 부르는 것은 이 때문이다[Guattari, 2006: 35]. 어셈블리지를 하나로 묶는 것은 "연합된 관계들의 정동하고(affect) 정동되는(affected) 능력들"이다[Fox·Alldred, 2016: 18].

는 하이데거(Martin Heidegger)의 인식[Heidegger, 1990: 67], 비트겐슈타인(Ludwig Wittgenstein)의 '언어 게임'[Wittgenstein, 1978: 11], 라캉(Jacques Lacan)의 '상징계', 소쉬르(Ferdinand de Saussure)의 '랑그', 부르디외(Pierre Bourdieu)의 '상징 자본', 데리다(Jacques Derrida)의 '텍스트'에 부여된 중심성은 모두, 실재와 인식 사이에 '언어'가 특권적 심급으로 자리 잡고 있다는 인식을 공유한다.

철학적으로 말하자면, 20세기를 풍미했던 이 "언어적 전환, 기호적 전환, 해석적 전환, 문화적 전환"은 모두 언어에 과도한 힘을 부여하는 "표상주의(representationalism)"의 여러 버전들에 다름 아니었다[Barad, 2003]. 하지만, 인류세의 도래 속에서 우리는 언어의 자율성, 구성력, 매개 능력에 근본적 질문을 제기하게 된다.

점점 더 광폭해지는 기상 재난들 앞에서, 우리는 이제 더 이상 자연을 언어에 의해 상징화되는 수동적 대상으로 보지 못한다. 가이아가 적대적 힘으로 귀환하는 이른바 "가이아의 침입(intrusion)" 상황에서[Stengers, 2009: 50], 자연은 인간의 상징계에 포섭되고, 구성되고, 종합되고, 이해되고, 도식화되는 존재가 더 이상 아니다. 먼지, 독성 물질, 이산화탄소, 플라스틱 알갱이들, 구름, 바람 등은 기표 작용의 그물 사이로 새어 나와 활동력과 파괴력을 발휘한다. 원전에서 유출된 세슘에 오염된 물고기의 물질성, 즉 그것을 섭취한 생명의 신체에 가져올 치명적인 변용 가능성은 언어의 포섭력을 한껏 초과한다.

인류세는 자연과 인간 사이에 존재하던 상징의 두꺼운 작동 영역(문화, 언어, 텍스트, 의식, 표상)을 허물었다. 물질의 마성적이고 능동적인 역량은 이제 일상적 직관과 경험의 대상이 되었다. 우리는 구멍 난 상징계를 뚫고 엄습해 오는 물질적 실재와 인간(생명)이 근본적인 수준에서 뒤엉켜 있음을 실감한다. "상징적인 것은 세계를 상실한 사람들의 마술"[Latour, 1988: 187]이라는 라투르(Bruno Latour)의 신랄한 지적이 의미하는 바가 그것이다. 즉, 세계의 물질성이 일상적으로 감각되기에 이른 인류세에 상징계의 권위는 환멸적으로 해체되어 가고 있는 것이다.

 한 걸음 더 나가서, 이제 우리는 자연/사회, 인간/비인간 구분의 허구성을 인정하지 않을 수 없게 된다. 인류세의 '인간'은 자연과 분리되어 문화의 영역에 유폐된 '구조의 수인(囚人)'이 아니다. 인간은 비인간 행위자들과 결합하여 하이브리드들을 제작해 왔고, 자연과 사회를 역동적으로 뒤섞어 버렸다. 모더니티란 이런 방식으로 구축된 강력한 행위자-네트워크, 즉 탄소 자본주의 문명이 지배한 시기다. 라투르가 이야기하는 것과 달리, 우리는 명백히 근대인인 적이 있었던 것이다. 그 직접적 결과물이 바로 인류세다[라투르, 2009].

 인류세적 삶의 형식 속에서 행성, 사회, 개인, 영혼 사이의 존재론적 문턱들은 더 이상 유지되기 어렵다. 이들은 모두 동일한 평면에, 단지 상이한 경사도의 특정 지점을 점유하면서, 함께 속해 있다. 우리는 행성적 변화와 사회적 문제와 나의 실존이 하나의 상황에 응축되는 것을 일상적으로 체험한다. 나는 너와 그들과 새들과 버섯과 박테리아와 그리고 지구 시스템 그 자체와 물질적으로 연결되어 있다. 이 사실은 관념이나 도덕률이 아니라 직관을 통해 공통감각의 수준에서 체험된다. 그것은 자연과의 혼연일체라는 낭만적 경험이 아니라, 자연의 힘을 승화시켜 조작 가능한 것으로 전환시키는 상징계의 약화 과정에서 나타나는 "생태적 트라우마"[Morton, 2013: 9]에 더 가깝다.

IV. 지적 기후 변화

생태-존재론적 긴급성 속에서 펼쳐지는 인류세적 삶의 형식을 최상급의 문제로 구성하는 인류세 담론은 인문학과 사회과학에 근본적인 도전을 제기한다. 캐스트리(Noel Castree)와 그의 동료들의 재치 있는 주장에 의하면, 인류세는 일종의 "지적 기후 변화"를 불러일으키고 있다[Castree et al., 2014]. 폴슨(Gísli Pálsson)과 그의 동료들 역시, 인류세가 "새로운 연구 질문을 근본적으로 던지고, 새로운 사고와 행위 방식을 요청하는 완전히 새로운 상황"을 열었다고 본다. 기왕의 학문 분과 시스템이 이제는 개편될 필요가 있다는 제언이다[Pálsson et al., 2013: 4]. 해밀턴은 인류세가 가져온 역사적 균열 속에서 우리가 기존의 학문적 신념들을 의심해야 한다고 주장한다[해밀턴, 2018: 70]. 그는 다음과 같은 여덟 가지 테제를 제시한다[Hamilton, 2015a: 32~43].

1. 자연은 이제 전적으로 새로운 성격을 띠고 있다.
2. 인류세에 모더니티는 불가능하다.
3. 사회과학자들은 이제 지구물리학자가 되어야 한다.
4. 진보라는 철의 법칙은 폐지되었다.
5. 오직 가이아가 잠들어 있을 때만, 인간은 유토피아를 꿈꿀 수 있다.
6. 지구와의 협상은 이미 너무 늦었다.
7. 지구는 우리의 사랑에 무관심하다.
8. 모더니티는 끝까지 싸움을 멈추지 않을 것이다.

위의 주장에 의하면, 자연, 인간, 역사, 근대성의 개념에는 이미 돌이킬 수 없이 중대한 균열이 발생했다. 그리고 이러한 균열을 다시 근대적 사고방식으로 봉합하는 것은 이제 불가능하다. 유사한 성찰은 차크라바르티가 2009년에 발표한 「역사의 기후」라는 논문에서도 제시되고 있다. 그가 던지는 네 가지 테제 중 특히 두 번째와 네

번째 테제는 각별한 주목을 요한다.[5]

두 번째 테제는 "인간이 지질학적 힘으로 존재하는 새로운 지질시대에 대한 인류세라는 생각은 모더니티와 세계화에 대한 인간주의적 역사를 엄격히 재고하게 한다"[Charkrabarty, 2009: 207]이다. 사실, 근대 역사학이 상정한 역사의 전개 원리는 '자유'의 이념이었다. 역사를 움직여 간 모든 투쟁은 자유와 해방을 위한 것으로 인식되었다. 그런데 인류세 담론은 이 해방의 역사가 사실상 "화석 연료 베이스"에 구축된 지구 파괴의 역사였다는 당혹스런 사실을 드러낸다[Charkrabarty, 2009: 208]. 지구 시스템의 시선으로 보면, 자유 확장의 역사는 가속화된 자기 파괴의 역사와 중첩되어 있었던 것이다.

차크라바르티가 제시하는 네 번째 테제는 "종의 역사와 자본의 역사를 교차시키는 것은 역사학적 이해의 한계점을 탐색해 가는 과정"[Charkrabarty, 2009: 220]이라는 것이다. 이는 역사학 자체에 대한 급진적 성찰의 성격을 띤다. 사실 역사의식의 바탕에는, 자신이 태어나기 전에 살았던 사람들의 체험을 학습해서 지금의 자신에 대한 이해를 넓혀 갈 수 있다는 믿음이 자리 잡고 있다. 역사를 통해 개인은 집단의 체험을 배우고, 더 큰 단위의 주체(계급, 민족, 젠더)로 상승한다. 그런데, 인류세가 제기하는 '종(種, species)'이라는 단위는 과거의 경험 속에서 발견되는 실체가 아니다. 역사적 드라마

---

5. 그의 첫 번째 테제는 "기후 변화가 인간에 의해 생산된 것이라면 (…) 자연사와 인간사에 대한 인간주의적 구분은 무너진다"[Charkrabarty, 2009: 201]는 것이다. 세 번째 테제에서 그는 "인류세에 관한 지질학적 가설은 자본의 지구적 역사와 인간종의 역사 사이에 대화적 관계를 설정할 것을 요청한다"[Charkrabarty, 2009: 212]고 주장한다. 차크라바르티는 크뤼천이나 윌슨이 보여 주는 "종적 사유(species thinking)"가 인류세 문제의 핵심 원인으로 기능했던 자본주의적 생산관계와 제국주의적 지배 논리를 은폐할 수 있다고 본다[Charkrabarty, 2009: 213]. 인간 전체가 아닌 근대 고유의 "산업적 방식의 삶"[Charkrabarty, 2009: 217]이 인류세의 원인이며, 그 책임은 부유한 나라들과 부유한 계급에 돌려져야 한다는 것이다[Charkrabarty, 2009: 216].

의 주인공들은 민족, 국가, 제국, 인종, 계급과 같은 형태를 띠어 왔다. 하지만 '종으로서의 인간' 전체가 역사적 주체로 나섰던 실제의 역사 현장은 존재하지 않는다. 종이란 역사적 현실이 아니라 일종의 개념이었을 뿐이다.

그런데, 문제는 인류세에 접어들면서 우리가 '종으로서의 인간'을 드디어 역사 속에서 하나의 단위로 상상하고 지각할 수 있게 되었다는 점이다. 멸종이 그것이다. 미래의 파국에 대한 상상 속에서 종은 사라짐의 주체, 멸(滅)의 주체, "기후 변화라는 위험의 순간에 번쩍이며 나타나는 인간 보편사"[Charkrabarty, 2009: 221]의 주어로 나타나고 있다.[6] 말하자면, 인류가 종적(種的) 보편사를 가질 수 있는 것은 과거의 체험이나 역사를 통해서가 아니라, 아이러니하게도 "공유된 파국의 감각" 속에서인 것이다[Charkrabarty, 2009: 222].

해밀턴과 차크라바르티가 지적하듯, 인류세는 자연사와 인간사의 차이를 지운다. 사회과학과 인문학은 지구의 물리적 변화를 더는 외면하기 어려운 상황을 맞이했다. 미래에 대한 낙관에 기초한 유토피아적 사유도 현실성을 잃었다. 지구는 인간이 원하면 언제나 사용할 수 있는 값싼 자원이 더 이상 아니다. 지구는 인간의 희망과 무관한 법칙으로 움직이는 독자적이며 파괴적인 행위자로 등장했다. 근대의 해방사는 인간에 의한 생명종들의 파괴의 역사이자, 충적세의 지구 시스템을 변화시킨 교란의 역사로 다시 읽히고 있다. 역사의 동력은 미래에 대한 불안과 공포로 변환되었다. 사회

---

[6] 유사한 인식은 울리히 벡(Ulrich Beck)의 『위험사회』에서도 확인된다. 벡은 이렇게 쓴 바 있다. "위험의식의 중심은 현재에 있지 않으며 미래에 있다. 위험사회에서 과거는 현재에 대한 규정력을 상실한다. 그 자리는 미래가 차지하며, 존재하지 않으며 고안된 가공의 무엇이 현재의 경험과 행동의 '원인'으로서 등장한다. 내일과 모레의 문제와 위기를 예방하고 약화시키거나 주의하기 위해, 또는 그렇게 하지 않기 위해 우리는 오늘 행동하게 된다"[벡, 1997: 74]. 시간적 중심점은 '과거→현재'로부터 '미래→현재'로 이동한다.

학이 마주하고 있는 우리 시대의 근원적 문제가 바로 이것이다. 낙관적 미래를 꿈꾼 근대 사회학은 사고하지 않았던 행성적 파국을 21세기 사회학은 어떻게 이야기할 것인가?

V. 지구사의 천사

벤야민의 역사철학

벤야민(Walter Benjamin)의 1940년 텍스트 「역사철학테제」는 위의 질문에 대한 의미심장한 통찰을 제공한다. 이 글에서 벤야민은 역사를 파국의 연속으로 이해한다. 그런데 이 파국은 특수한 인식 가능성을 제공한다. 파국적 상황에서 인간은 자신들을 사로잡던 집합적 꿈(진보)으로부터 깨어나는 체험을 하게 된다는 것이다. 이 깨어남은 현실을 변화시킬 수 있는 정치적 가능성을 품고 있다[뢰비, 2017: 45~48; 김홍중, 2015: 57~67]. 역사를 이처럼 파국 프로세스로 본다는 것은 다음의 두 가지 함의를 갖는다.

첫 번째 함의는 근대 유럽의 간판 역사철학으로부터의 이탈이다. 주지하듯, 서구 근대는 인간 역사를 진보, 해방, 발전으로 이해하는 철학적 관점을 육성해 왔다. 벤야민에 의하면, "역사에서 인류의 진보라는 생각은 역사가 균질하고 공허한 시간을 관통하여 진행해 나간다는 생각"에 기초하고 있다[Benjamin, GS I/2: 701].[7] 역사의 시간이 양화(量化) 가능한 크로노스라면 그 끝에는 목적이 있고, 그 목적에 비추어 모든 순간의 의미는 선험적으로 규정될 것이다. 진보라는 이념이 상정하는 역사의 이미지는 이런 기계적 전진의 시간관이다.

그러나 벤야민에게 역사는 시간의 연속체가 아닌 "항구적 파국"이다[Benjamin, GS I/2: 660]. 단절, 도약, 붕괴, 휴지(休止)다. 동질적인 선(線)을 따라 목적을 향하는 운동이 아니다. 질적 차이를 폭력적으로 부가하는 사건적 '순간들'의 도래. 그러한 매 순간들에 위기와 가능성이 동시에 집결되는 것. 이것이 역사의 참된 모습이다. 그는 이렇게 쓴다. "진보의 개념을 파국의 이념에 기초한 것으로 설

---

7. 벤야민 전집(Gesammelte Schriften)을 인용할 때에는 약어 GS, 권수, 페이지를 표시하는 방식으로 했다[Benjamin, 1972~1989].

명해야 한다. 사물이 '이렇게 계속' 진행된다는 것, 그것이 바로 파국이다. 파국은 임박한 무엇이 아니라 순간순간마다 주어지는 사물의 상태이다. (…) 지옥은 앞으로 다가올 무언가가 아니다. 그것은 지금 여기서의 삶이다"[Benjamin, GS I/2: 683]. 파국이 전개되는 지금 이 순간은 다른 미래를 창조할 가능성을 품고 있는 유일한 시간[Benjamin, GS I/3: 1243], 혹은 "메시아가 들어올 수 있는 작은 문"이라는 새로운 의미를 부여받는다[Benjamin, GS I/3: 1252].

두 번째 함의는 이것이다. 즉, 역사를 파국으로 볼 때 우리는 비로소 (승자의 편에 서지 않고) 패배자의 눈으로, 폭력과 야만에 의해 파괴된 신체와 정신의 관점으로, 역사를 바라볼 수 있다. 승리자들은 자신들의 꿈(문명화, 유럽화, 근대화, 발전)이 실현되는 감격의 장면들을 기억한다. 하지만, 그들의 감격은 패자들의 피눈물을 숨긴다. 승자들의 성취는 패자들에게는 재난이다. 역사가 빛나는 성취로 기록하는 장소마다 기록되지 못한 참상의 이야기들이 흩어져 있다. 쫓겨나고, 다치고, 무시되고, 배제되고, 죽고, 잊혀지고, 삭제된 자들의 삶. 가까스로 버티면서 생존해 온 삶. 패자들에게 역사는 파국이다. 역사가의 자리는 바로 그곳이다. 그곳에 서 있는 역사적 주체의 이미지를 벤야민은 다음과 같이 제시한다.

이 그림의 천사는 (…) 자기가 꼼짝 않고 응시하던 어떤 것에서 멀어지는 듯 묘사되어 있다. 그 천사는 눈을 부릅뜨고 있고, 입은 벌어져 있으며, 날개는 펼쳐져 있다. 역사의 천사는 필시 이런 모습을 하고 있을 것임에 틀림없다. 그 천사의 얼굴은 과거를 향하고 있다. 우리에게 일련의 사건들이 모습을 드러내는 바로 그곳에서 그 천사는 잔해 위에 또 잔해를 쉼 없이 쌓아 올리고 또 이 잔해를 자기 발 앞에 던지는 단 하나의 파국을 본다. 천사는 머물고 싶어 하고 죽은 자들을 깨우고 또 산산이 부서진 것을 모아서 다시 결합하고 싶어 한다. 그러나 낙원에서 폭풍이 자신의 날개를 꼼짝달싹 못 하게 할 정도로 세차게 불어오기 때문에 천사는 날개를 접을 수도 없다. 이 폭풍은, 천사가 등을 돌리고 있는 미래 쪽을 향해 저항할 수 없이 천사를 떠밀고 있으며, 반면 천사의 발 앞에 쌓이는 잔해의 더미는 하늘까지 치솟고 있다. 우리가 진보라고 일컫는 것은 바로 이런 폭풍을 두고 하는 말이다[Benjamin, GS I/2: 697~698].[8]

그리스어(angelos)나 히브리어(mal'ach)에서 모두 '메신저'를 의미하는 천사는 지복, 선(善), 순수와 연결된다. 그런데 벤야민의 천사는 기형적이고 불길하며 비인간적이다. 천사를 둘러싼 상황은 '폭풍'으로 묘사되고 있다. 강력한 사건들이 지속적으로 발생하면서, 잔해를 하늘까지 치솟게 하며, 천사를 등 뒤쪽으로 떠밀고 있다. 천사는 충격을 극복하지 못한 채, 간신히 뒷걸음으로 미래를 향한다. 그는 미래를 보지 못한다. 목적을 향해 가는 것이 아니라, 재난의 에너지에 떠밀려 미래로 밀려간다. 그가 보는 것은 오직 과거의 파괴상이다. 그를 떠미는 힘은 광폭하여, 천사에게 이성적 계산이나 소통, 판단이나 숙고의 시간을 허용하지 않는다.

    천사는 전적인 수동성 속에 던져져 있다. 자신에게 발생하는 일들에 대한 통제권을 완전히 상실한 상태다. 자신에게 닥쳐오는 사태를 그저 겪고 있다. 오직 그의 눈동자만이 뭔가를 보고 있지만, 이때 '본다는 것' 역시 시각적 활동 특유의 능동적이고 구성적인 성격을 결여하고 있다. 정확히 말하면, 그는 자신의 눈동자로 쏟아져 들어오는 감각 데이터들에 압도되어 있다. 그가 무언가를 '보고' 있다기보다는 오히려 바라봄을 '겪고 있다'고 말하는 것이 더 정확한 표현이다. 그에게는 선험적 감각의 격자들, 오성의 범주들이 해체되어 있다. 천사를 휘감은 파국의 현장은 순수한 붕괴의 장소다. 해

---

8. 벤야민은 1921년 봄 뮌헨에서 클레(Paul Klee)의 데생 〈새로운 천사(Angelus Novus)〉(1920)를 구입하여 죽기 전까지 소장했다. 클레의 이 그림은 그에게 영감과 명상의 대상이었고, 주변인들에게 이 그림에 대하여 편지나 대화 속에서 여러 차례 언급한 것으로 알려져 있다[Scholem, 1995: 101~105]. 한편, 이 글의 한국어 번역은 미카엘 뢰비의 저서에 나오는 양창렬의 번역을 따른다[뢰비, 2017: 120~121].

체와 파괴가 진행 중이며, 그 목적과 의미가 무엇인지도 묘연하다. 초월적 지점도 없고, 출구도 없고, 구원도 없다. 내재성은 숨 막힐 정도로 고양되어 있고, 한 덩어리의 살이 그 복판에서 가까스로 잔존하며 고투하고 있다. 파국을 겪는다는 것은 바로 저 천사의 자리에 선다는 것이다. 천사의 자리란 무엇인가? 그것의 이론적 의미는 무엇인가?

페이션시

벤야민의 독특한 역사철학을 참조하면[Benjamin, GS V/1: 570~611], 우리는 이 천사에 대해 자못 흥미로운 생각을 전개시켜 볼 수 있다. 하나는 인식론의 문제다. 벤야민에 의하면, 역사의 주체(천사)는 파국의 순간에 그동안 인지될 수 없었던 무언가를 깨닫는다. 그것은 지배적 서사에 의해 구축되었던 질서가 흔들리면서 나타나는 과거의 진정한 이미지이다[Benjamin, GS I/2: 695]. 파국이 가져온 충격은 기왕의 습관화된 앎의 구조를 흔들어 리얼리티를 새롭게 보게 하는 이른바 "인식 가능성의 지금(Jetzt der Erkennbarkeit)"을 연다[Benjamin, GS I/3: 1237]. 역사가의 책무는 이 인식을 활성화시키는 것이다.

> 지금 막 덮쳐 오고 있는 불행이 얼마나 오랜 기간 동안에 걸쳐 준비된 것인가(이를 동시대인들에게 알리는 것이야말로 역사가가 진정 바라는 바가 되어야 할 것이다)를 인식하는 순간 동시대인은 자기 자신이 갖고 있는 힘을 더 잘 알게 된다. 그에게 이러한 것을 가르쳐 주는 역사는 그를 슬프게 만드는 것이 아니라 오히려 강하게 만든다[Benjamin, GS V/1: 603].

두 번째 변형적 생성은 주체성과 연관된다. 우리가 푸코를 따라, 주체가 자신의 "진실에 접근하기 위해 치러야 하는 대가를 구성하는 정화, 자기 수련, 포기, 시선의 변환, 생활의 변화 같은 (…) 탐구,

실천, 경험의 앙상블"을 영성(spiritualité)이라 부른다면[Foucault, 2001: 16~17], 파국이 발휘하는 효과는 맹백히 영성적 성격을 갖는다. 즉, 역사의 주체는 자신에게 들이닥치는 파국의 영향하에서, 원래의 자신과 다른 무언가로 변화해 가는 것이다. 그렇다면, 벤야민의 천사는 과연 어떤 주체성을 표상하는가?

우선 주목해야 하는 점은, 저 천사가 근대 유럽이 제출한 인간 주체의 어떠한 형상과도 닮아 있지 않다는 점이다. 천사는 합리적 인간, 내면적 인간, 도덕적 인간, 욕망하는 인간, 소통하는 인간, 노동하는 인간, 연대하는 인간과 별다른 유사성을 보이지 않으며, 활동성으로 충만한 '행위자' 고유의 면모를 결여하고 있다. 천사는 멈춰져 있다. 자발적 운동성이 꺾인 존재처럼 보인다. 외면뿐 아니라 내면 역시 경악에 사로잡혀 마비된 듯하다. 자신에게 가해지는 광폭한 작용을 그저 수용하고 받아들이는 상태에 던져져 있다.

말하자면, 천사는 일상적으로 흔히 환자라고 번역되는 감수자(感受者, patient)의 모습을 하고 있다. 감수자는 무언가를 '하는' 자가 아니라 '겪는' 자다. 행위(action)가 아닌 감수(passion)의 주체, 능동성이 아닌 수동성의 주체다. 이러한 감수자의 존재, 상황, 역량을 도덕철학에서는 페이션시(patiency)라 부른다.[9] 페이션시가 힘이라면 그것은 견디고, 버티고, 기다리고, 겪어 내는 능력을 가리킨다. 그것은 잘 드러나지 않는 존재론적 내공이다.

근대 사회 이론은 행위 능력, 행위, 행위자에 초점을 맞추고 페이션시, 감수, 감수자를 중시하지 않는 이른바 "행위자 편향(agential bias)"에 사로잡혀 왔다[Reader, 2007: 580]. 이 지배적 시선에 의해 관찰된 사회 세계는 오직 활동적이고 생산적인 '남성'의

---

9. 이 책에서 'action'은 행위, 행함, 함으로, 'agent'는 행위자로, 'agency'는 행위 능력, 행위력, 에이전시로 문맥에 맞게 다양하게 표기한다. 'passion'은 감수, 수난, 겪음으로, 'patient'는 감수자로, 'patiency'는 감수 능력, 감수력, 혹은 페이션시로 이 역시 문맥에 따라 다양하게 표기한다. 한편, 페이션시에 대한 기왕의 연구로는 다음을 볼 것[Reader, 2010: 200; Karlsson, 2002: 59~62; Haynes, 2014: 132].

전유 공간이었다. 침묵하며 견디고 신음하면서 시간을 응축시키는 감수자들의 체험 세계에는 충분한 관심과 언어와 가치가 부여되지 못했다.[10] 수동성의 세계는 차폐되었고, 피동성은 무시되었다. 그들의 존재는 부인되거나 오인되었으며, 겪는 자들의 주체성은 인정되지 않았다. 주류 사회학은 늘 행위를 말하면서도 경험을 이야기하지 않았고, 행위 능력을 고민하면서도 페이션시는 망각했다. 행위와 능동성의 의미 계열은 감수와 수동성의 의미 계열을 현저하게 압도하면서, 후자를 이론적 사유의 바깥으로 밀어내 버렸다[Reader, 2007: 593; Lash, 2018; Dubet, 1994].

이러한 행위자 편향을 넘어서기 위해서는, 행위와 감수, 능동과 수동, 행위 능력과 페이션시의 상호 얽힘에 주목해야 한다. 소란 리더(Soran Reader)가 말하듯이, "행위는 감수를 전제하고, 행하는 것은 겪는 것과 연관되어 있다"는 사실을 인식하는 것이 중요하다[Reader, 2007: 588]. 예를 들어, 누군가 주먹으로 책상을 칠 때, 이 타격(행위) 과정에서 주먹은 책상의 저항을 겪는 것이다(감수). 컵을 들어 올릴 때 역시, 손은 무언가를 들어 올리는 행위의 주격으로 나타나지만, 그와 동시에 컵의 무게를 겪는 감수자이기도 하다. 이처럼 특정 행위가 진행될 때, 그 과정에서 주체와 대상은 행위자와 감수자의 위치를 번갈아 맡는다[Reader, 2007: 588]. 리더가 말하듯, "행위 없는 감수는 맹목이고, 감수 없는 행위는 공허하다"[Reader, 2007: 594]. 행위와 감수는 분리되어 있지 않다.

---

10. 헤인스(Patrice Haynes)에 의하면, 행위/감수의 이분법, 혹은 감수 능력에 대한 행위 능력의 우선성은 근대적 젠더 이분법(남성/여성)에 기원을 두고 있다. 심지어 근대적 행위자 모형을 극복하고 등장하는 신유물론의 행위 이론에서도 이런 경향은 완벽히 청산되지 못한 채 잔존하고 있다[Haynes, 2014: 132]. 따라서, 진정한 문제는 '비인간에게도 행위 능력을 부여해야 하느냐'를 둘러싼 논쟁이 아니라, 인간과 비인간 모두에게서 행위/감수 코드를 횡단적으로 가로지르는 새로운 역능을 찾아내고 이를 이론화함으로써, 사회적 존재자들이 발휘하는 정동의 지도를 정확히 그려 내는 것이다.

한 걸음 더 나아가, 우리는 감수자의 페이션시가 시간 속에서 숙성되어 행위의 힘으로 전환되는 과정에도 주목해야 한다. 감수자는 외부에서 가해지는 작용을 겪어 가면서 특수한 방식으로 행위 능력을 축적해 가는 듯이 보인다. 감수의 힘은 행위의 힘과 분리되어 있는 것이 아니라, 은밀한 방식으로 연결되어 있다. 가령, (집합적이건 개인적이건) 중대한 사회적 행위들은 감수 속에서 응축된 어떤 힘의 효과로 창발한다. 견딤, 기다림, 고통, 인내, 침묵은 당시의 시점에서는 힘의 부재와 삭감으로만 비추어지겠지만, 시간의 흐름 속에서 미래 행위의 씨앗으로 생장해 간다. 배아(胚芽)와 같이 잠재적이고 분자적인 생성을 겪어 가면서, 이후의 불특정한 시점에서 실천의 동력으로 전환되는 이 감수의 능력을 나는 '행위형성적 페이션시(agentializing patiency)'라고 부른다.

이 독특한 유형의 힘은 감수 과정에서 육성되어 행위 능력으로 전환되는 역량이다. 행위형성적 페이션시에 대한 감각과 이해는 사회 세계에 대한 가시성의 구조를 변화시키는 데 큰 기여를 한다. 즉, 여러 존재자들이 어떻게 세계를 바꾸어 나가고, 차이를 생산하는지를 섬세하고 선명하게 조망할 수 있게 해 준다.

가령, 사회적 삶에서 새로운 가치, 현실, 운동의 창조는 종종 시야에서 벗어나 있던 (그간 미약하고 무력하다고 여겨져 왔던) 존재들로부터 예기치 않은 방식으로 시작된다. 그 이유는 그(것)들이 '행위형성적 페이션시'을 축적해 가고 있었기 때문이다. 지배적 관점에서 보면 단지 무기력하고 수동적이며 침묵하는 존재들(노동자, 식민지인, 어린이, 노예, 여성, 피해자, 동물, 사물, 물질)이 적극적 행위자로 변화해 가는 것은 단선적 역량 강화나 우연한 계기의 작용만으로는 설명되지 않는다.

사회적 저항이나 변혁의 주체들은 많은 경우, 특정 지배 구조가 야기한 폭력 속에서 수동적 상태로 오랜 고난을 견디며, 함께 겪는 자들과의 연합과 연대를 구축하거나, 아니면 스스로 에이전시를 회복하여 행위자로의 변화에 성공한 존재들이다[김홍중, 2024:

291~295]. 행위형성적 페이션시는 이 과정에서 발현되는 독특하고 역동적인 힘이다. 그것은 순수한 행위력도 순수한 감수력도 아닌 양자의 대위법적 상응이나 얽힘에 더 가깝다.

행위형성적 페이션시는 이런 점에서 우리가 흔히 인간 행위 능력을 이루는 가장 중요한 요소라고 생각해 온 합리성 혹은 계산 능력과 여러 각도에서 차이를 보인다. 이를테면, 페이션시는 협소한 합리성의 관점에서 보면 비합리적으로 보이는 여러 요소들을 포괄한다. 그것은 영성적 탈주체화의 과정, 억압에 대한 일시적 굴종과 타협, 판타지로의 도피, 초월적 유토피아에 대한 비현실적 추구, 복수심이나 원한 의식, 지배 구조에 대한 간과, 희망, 그리고 견딤의 시간이 끝나는 시점의 도래에 대한 강력한 욕망을 모두 내포한다. 더 나아가서, 행위형성적 페이션시는 심지어 무기력(無氣力)이나 무능력(無能力)도 배제하지 않는다.

페이션시를 전혀 읽지 못하는 이른바 감수맹(感受盲, passion-blindness)에 사로잡힌 눈에 능력을 결여하고 있는 것처럼 보이는 저 견디고 인내하는 감수자들은 단순히 무능력한 것이 아니라 다른 형태의 힘을 숙성시키고 있다.[11] 그들은 단지 수동적인 것이 아니라 버티고 있으며, 자신들에게 가해지는 힘을 상쇄하는 내적인 저항력을 발휘하고 있다. 우리가 사회적 삶에서 흔히 관찰할 수 있듯이, 행위의 힘은 많은 경우 부정적 체험들 속에서 자라나고 익어 가며 전수되고 소통되고 전염된다. 사회 세계에서 발생하는 변동들은 이와 같은 감수 능력과 행위 능력의 상호 침투, 감수 능력의 축적과 변형을 통해 이루어진다. 미묘하고 은밀한 이 힘들을 읽지 못할 때, 우리는 저 미약한 존재들이 왜 어느 순간 갑자기 맹렬한 행위자로 돌변하는지를 전혀 이해하지 못하게 된다.

---

11. 감수맹이라는 단어는 에두아르도 콘(Eduardo Kohn)이 스탠리 카벨(Stanley Cavell)에게서 빌려 온 혼맹(魂盲, soul-blindness)이라는 말을 비튼 것이다[콘, 2018: 204~205; Cavell, 2008: 93].

이런 관점에서, 우리는 앞에서 제시한 벤야민의 예화를 새롭게 읽을 수 있다. 즉, 이야기에 등장하는 두 행위소(actant)인 폭풍과 천사는, 인류세적 파국 상황이 선명히 드러내는, 감수와 행위의 교차를 보여 준다. 천사를 휘감고 있는 폭풍은 자연의 '감수자→행위자'로의 전환을 암시하는 동시에 인류세의 자연이 획득한 '행위형성적 페이션시'의 표현으로 읽힐 수 있다. 실제로, 근대적 자연은 사고와 의지와 활동과 생명을 결여한 순수 감수자로 취급되어 왔다. 인류세적 파국이란 이 수동적 "감수자-어셈블리지(patient-assemblage)"[김홍중, 2024: 293]가 오랫동안 인간의 작용을 가까스로 견디며 잔존하다가, 그러한 감수의 힘으로부터 생성된 광폭한 행위 능력을 발휘하면서, 파괴적 힘으로 회귀하는 사건이다. 대기의 흐름, 토양, 미세 먼지, 허리케인, 이산화탄소, 방사성 물질, 미생물, 강물, 바다, 그리고 이 모든 것들의 공생적 연결망인 가이아 그 자체가 거대한 행위 능력을 발휘하면서 복귀하고 있는 것이다. 가이아의 복수다.

이와 동시에, 폭풍에 휘말린 천사의 무기력은 재난 앞에 선 인간의 '행위자→감수자'로의 극적 전환을 암시한다. 공격적이며, 저돌적이며, 낙관적이던 인간 '행위자'가 자신을 엄습해 온 재난 앞에서 무력한 '감수자'로 전환되어 버린 것이다. 인류세는 자연의 '감수자→행위자'로의 변신과 인간의 '행위자→감수자'로의 전환이 장기적으로 펼쳐져 가는 새로운 시대다. 양자의 교차점에서 수많은 파국적 장면들이 생산된다. 라투르가 벤야민의 천사에서 "지구사(geohistory)의 천사"를 읽어 내고자 했던 이유가 바로 여기에 있다 [Latour, 2017a: 1~3, 242~245; Latour, 2010d].

인류세는 역사의 천사가 무력화되어 날아가지 못하는 멈추어진 시간이다. 그 자리에서 인간은 "갑작스런 회심, 일종의 메타노이아(metanoia)를 통해서 근대적 발전이 얼마나 많은 파국들을 만들어 냈는지를 깨닫"게 된다[Latour, 2010d: 486]. 인류세를 하나의 시대로서, 존재의 조건으로서 자각한 자는 역사의 천사가 선 자리가 자신의 자리라는 사실을 전율적으로 깨닫게 되는 것이다.
　요컨대, 인류세가 드러내는 어두운 진리는 우리 자신이 바로 벤야민이 말하는 저 역사의 천사라는 사실이다. 우리의 실존적 위치가 바로 저 자리, 천사가 머무는 파국의 한복판이다. 그 자리에서 세계는 가까스로 있다. 우리도 가까스로 있다. 인류세는 가까스로-있음의 시대다. '그냥'의 소멸이다. 어떤 존재자도 파국 속에서 그냥, 굳건히, 영속적으로 있을 수 없음을 뒤늦게 깨달은 우리는 사라짐의 속도와 강도에 경악한 채 벤야민의 천사처럼 어디론가 밀려가는 것이다.
　우리가 (무지나 행운에 의해) 아직 인류세의 위중함을 통감하지 못한다 해도, 언젠가 우리의 아이들은 저 천사의 자리에서 가이아의 폭풍에 휘말릴 수 있다. 만일 그들 역시 (무지나 행운에 의해) 파국을 피할 수 있다 할지라도, 그들의 아이들은, 그들의 아이들의 아이들은 저 폭풍의 중심에서 미래로 뒷걸음질 치며 떠밀려 갈 것이다. 이 모든 것은, 인류세를 생산한 '안트로포스'로서의 인간이 미지의 X로 변화해 가는 포스트휴먼적 과정이다. 그 미지의 X가 무엇일지, 어떤 사유, 예술, 도덕, 운동, 정치, 영성, 윤리, 정동, 테크놀로지가 그 자리에서 창발할지 우리는 아직 알지 못한다. 그러나 분명한 것은 수 세기 동안 유럽발 모더니티가 발전, 성장, 진보라는 정언명령을 보편화시켰다면, 이제 인간은 파국주의를 통한 문명적 재구성의 시대를 열어 갈 수밖에 없다는 사실이다.

VI. 파국주의란 무엇인가?

파국의 의미론

파국주의는 비관주의나 허무주의가 아니다. 그것은 인류세가 우리에게 가장 큰 문제로 제기하는 '생태-존재론적 긴급성'에 대한 사상적 대응이다. 이 긴급성은 '우리 시대의 근원적 실재가 파국이다'라는 상황 정의 자체에서 온다. 인류세는 파국을 종교적이고 환상적인 영역으로부터 리얼리티의 수준으로 끌어내리는 것을 불가피하게 만든다. 달리 말하자면, 우리를 휘감고 있는 파국이 왜 인간 행위에 의해 생성된 것인지(파국의 재귀성)를 드러내며, 파국이 어떻게 집합적 각성(파국의 성찰성)을 야기할 수 있는지를 보여 준다. 이런 점에서, 인류세 파국의 독특성을 나는 다음과 같은 네 가지 쟁점을 통해 제시하고자 한다.

첫째, 파국의 지속성. 파국은 '시간의 끝'이 아니라 '끝의 시간', 끝 이후에 펼쳐져 가는 시간이다[Agamben, 2000: 104]. 시간의 끝은 일회적 사건이다. 하지만 끝의 시간은 파국이 일상화되어 전개되는 지속이다. 이런 점에서 파국은 다가올 사건이 아니라, 지금 여기에서 이미 펼쳐져 가고 있는 현행적 '프로세스'다. 마수미(Brian Massumi)는 21세기의 지배적 파국 정동에 대해서 이렇게 쓴다. "그것은 고도로 불안정한 유사-카오스적 상황이다. 그 상황을 외부로부터 이해할 수 있는 관점은 존재하지 않는다. 우리는 상황 안에 잠겨 있다. 파국의 임박성(imminence)에 흡수되어 있고, 항상 파국에 대비하고 있다. 이 말은 파국이 삶의 장에 내재적인(immanent) 것이 되었다는 사실을 의미한다"[Massumi, 2015: 114].

우리 시대의 파국에는 임박성과 내재성이 동시에 존재한다. 인류세 파국은 사건으로서, 예감으로서, 혹은 과정으로서 이미 현실에 녹아 들어와 있는 일종의 '사회적 사실'이다. 우리는 그 외부로 나갈 수 없다. 우리는 인류세의 바깥이 어디인지 모르며, 바깥으로 가는 출구를 찾아내야 한다. 파국주의는 환상이 아니라 실제로 작동하는 사회구성의 새로운 원리, 발전주의를 대체할 미래 사회의 현실적 원리로 이해되어야 한다.

둘째, 파국의 일상성. 벡이 지적했듯이, 20세기 후반 이래 서구는 이미 "파국사회"로 접어들었다. 파국사회에서는 "예외 상황이 규범적인 것이 될" 가능성이 항존한다[벡, 1997: 59]. 이런 상황에서, 파국적 에너지가 재난 자본주의에 포섭되어 정치적으로 악용될 가능성도 있지만, 그와 동시에 평범한 행위자들의 삶에 각성을 야기하여 새로운 삶의 형식을 이끌어 낼 수도 있다. 예외 상태가 일상이 되어 갈 때, 우리는 파국과 함께, 문제와 함께 견뎌야 하는 시간을 맞이하기 때문이다.

해러웨이(Donna Haraway)는 인류세 파국에 대해 이렇게 쓴다. "나는 이것을 비상사태(emergency)라기보다는 긴급성(urgency)이라고 부른다. 왜냐하면 비상사태는 세상의 종말과 그 신화에 접근하는 무언가를 의미하기 때문이다. 긴급성은 다른 시간성을 갖는다. 그리고 이 시간들은 우리 것이다. 이것들은 우리가 사유해야 하는 시간이다. 이야기가 필요한 긴급성의 시간이다"[해러웨이, 2021: 37]. 긴급성이 일상이 되었을 때 우리는 역설적으로 그 안에서 이야기와 실천을 엮을 수 있다. 파국주의는 체념과 무관하다. 그것은 반대로 실천을 촉발하는 정동적 동력이다.

셋째, 파국의 합리성. 파국은 합리적 판단과 예측의 대상이다[Dupuy, 2002: 199~216]. 우리 시대의 파국은 소설, 영화, 게임이 만들어 낸 판타지가 아니다. 파국에 대한 감각은 자연과학이 제공하는 경험 데이터에 의해 확정되고, 미디어에 공유되며, 사람들의 공통 감각에 직관적으로 호소된다. 파국은 현실성을 띠며, 그에 대한 우려는 합리적 근거를 갖는다. 반대로 기술적 낙관주의를 통해 파국을 부정하려는 시도들이 오히려 환상적 믿음의 형태를 띠고 있다[Hamilton, 2015b]. 성장과 발전의 신화가 일종의 "잔혹한 낙관주의"가 되어 파국에의 감각을 약화시키는 결과를 낳는 것이다[Berlant, 2011].

넷째, 파국의 생산성. 파국은 단순한 파괴가 아니라 무언가의 '생산'이기도 하다. 파국은 옛것을 부수면서 최대치의 위기감을 조성하지만, 이는 동시에 기왕의 주체성, 사고-도식, 심리-도식을 파상(破像)하고, 다른 인식과 다른 주체의 변형적 생성을 가능하게 한다. 이를테면, 파국 속에서 형성되는 특수한 심적 역량(破像力)은 두려움과 절망의 작용하에서 한층 더 강화되고 집요해지는 희망과 연관된다. 파국이 무엇을 생산할 것인지, 무엇을 생산할 수 있는지는 결정되어 있지도 알려져 있지도 않다. 그것은 파국 속에서 만들어지는 주체성과 미지의 역량들에 달려 있다. 하지만, 중요한 것은 우리가 미래에 대해 가질 수 있는 희망은 파국 과정 속에서 태어나는 존재들과 그들의 실천에 유일한 근거를 두고 있다는 사실이다.

성찰성과 재귀성

파국주의는 이처럼 이해된 우리 시대의 재앙적 현실에 대한 생태적 비전이자 사회, 정치, 미학적 실천 방식이며, 새로운 주체들을 생산하는 정동적 장치이기도 하다. 파국주의는 맹목적인 낙관주의와도 무기력한 비관주의와도 대립하면서 현실의 심각성에 대한 냉철한 인식에 기초하여 변화 가능성을 모색한다. 이러한 인류세 파국주의의 특성을 정확히 이해하기 위해서 우리는 파국의 성찰성과 재귀성(再歸性)을 동시에 이해해야 한다.

성찰성과 재귀성은 모두 영어 'reflexivity'의 번역어다. 그런데, 양자는 상이한 사태를 지시한다. 재귀성은 거시적 변동에서 발견되는 "자기-대면(self-confrontation)" 운동과 연관되어 있다[Beck, 1994: 5]. 가령, 울리히 벡이 말하는 재귀적 근대화는 19세기 후반 산업 사회의 성취가 20세기 후반에 문제들로 변모하여 다시 부메랑처럼 돌아오는 귀환 과정을 가리킨다[Beck, 1994: 6]. 재귀적 근대화 속에서 초기 근대는 후기 근대와 파괴적인 자기-대면 관계로 묶인다. 이와 달리 성찰성은 개인 행위자가 자기 자신을 반성, 관찰, 평가, 진술할 수 있는 능력을 가리킨다[Beck, 1994: 5~6; Lash,

1994: 115~116].[12] 이를 파국에 적용하면, 파국이 발생하여 귀환하는 '재귀적' 논리와 파국의 효과로 주체성이 생산되는 '성찰적' 가능성이 구분될 수 있다.

우선, 인류세 파국의 재귀성은 '파국이 어디에서 비롯되었는가?'라는 질문에 대한 해답을 준다. 파국은 신이나 섭리, 또는 우연에서 온 것이 아니다. 그 기원은 근대 자본주의 탄소 문명이다 [Malm·Hornborg, 2014: 67]. 재귀적 파국주의의 관점을 취할 때, 우리는 인류세라는 문제의식이 자본세 개념으로 이어지는 것을 보게 된다. '에코-맑스주의'가 그 실례다. 근대 자본주의의 무한 축적 논리와 근대 경제의 작동 방식이 파국의 중요한 원인이자 메커니즘으로 설정되는 것이다. 이는 또한 근대 사회의 남근 중심성에 대한 비판을 유도한다는 점에서 페미니즘과의 친화성을 함축한다. 자본주의 사회 시스템, 심리 시스템, 그리고 생태 시스템에 대한 횡단적 탐구는 인류세 문제를 풀어 갈 단서가 서구 모더니티의 여러 작동 원리에 대한 심층적 분석과 그 실천적 변형에 있다는 사실을 암시한다.

그렇다면 파국의 성찰성은 무엇을 의미하는가? 사실 성찰성은 오랫동안 개인 행위자의 도덕적이고 인지적인 능력, 즉 능동성과 자발성의 관점에서 이해되어 왔다[Archer, 2007: 63~90]. 그것은 거울에 비추듯이 자기 자신을 다른 시점에서 바라볼 수 있는 역

---

12. 많은 연구자들이 'reflexivity'를 대개 '성찰성'으로 번역해 왔는데, 이 경우 개인 수준의 인지적 성찰성과 구조적 재귀성과의 차이가 드러나지 못한다. 양자를 정확히 구분한 거의 유일한 예외는 정태석이다. "기든스는 현대화의 과정에서 개인들의 성찰성 또는 반성 능력이 증대되어 간다는 점에 주목하고 있다면, 벡은 현대화의 산물들이 현대화 과정과 끊임없이 자기대면하게 된다는 점을 강조하고 있기 때문이다. 말하자면 재귀적 현대화는 체계의 자동적인 자기대면 또는 자기비판을 의미하는 것이다"[정태석, 2002: 249~250]. 딘(Mitchell Dean) 역시 다음과 같이 두 개념을 구분한다. "재귀성(reflexivity)은 성찰(reflection)과 날카롭게 구분된다. 재귀성은, 사회가 더 성찰적이거나, 사려 깊어진다거나, 의사 결정에 있어서 더 많은 정보를 활용하게 된다는 의미가 아니다. 그것은 모더니티가 자기 자신과 대면하게 된다는 것을 의미한다"[Dean, 1999: 135].

량이다. 이 내성(內省) 모델은 자연스럽게 성찰성에 대한 행위자적 관점을 부각시킨다. 즉, 행위자가 특정 의도와 의지를 가지고 자신을 반성의 대상으로 조망할 수 있다는 것이다. 그러나 이는 성찰의 또 다른 차원을 은폐한다. 내가 보기에, 강력한 성찰은 행위자가 의도와 의향을 가지고 자발적으로 수행하는 무언가가 아니라, 사건적이며 우발적으로 일어나는 일종의 감수 사건이다[Karlsson, 2002: 59]. 이 경우 행위자가 성찰을 수행한다기보다는 오히려 그에게 성찰이 도래한다고 말하는 것이 더 정확하다. 그가 성찰하는 것이 아니라, 성찰성의 힘이 그를 휘감는다.

실제로 우리가 의지를 발휘해서 할 수 있는 성찰은 능동성의 한계에 갇힌다. 노력한다고 해서, 시도한다고 해서, 성찰이 일어나는 것이 아니다. 자존심이나 자긍심의 완강한 저항에 가로막혀, 성찰 고유의 자아-해체적, 자아-파괴적, 자아-변형적 시선은 자아의 깊은 곳에 이르지 못한다. 반면에, 강력하고 근본적인 성찰은 무방비 상태에서 행위자를 습격하듯이 닥쳐온다. 우리는 이를 감수자적 성찰(patiential reflexion)이라 부를 수 있다. 성찰에도 페이션시가 작용하는 것이다.

감수자적 성찰은 자성적(自省的) 실천이나 장치를 통해 수행되는 것이 아니라, '사건'에 촉발되어 진행된다. 사건이 흔들어 놓은 일상적 감각의 혼란 속에서 자신에게 드리워지는 성찰의 빛은 폭력적이며 때로는 병리적이기도 하다. 그것은 도덕적 반성이나 인지적인 자기-모니터링과 비교할 수 없는 강렬도를 갖는다. 많은 경우 감수자적 성찰은 트라우마적이다. 성찰 속에서 자기 내부의 뭔가가 부서지기 때문이다. 그 결과 만들어지는 것이 바로 성찰적 주체다.

말하자면, 행위자가 자신의 의도대로 성찰을 수행하는 것이 아니라, 통제 불가능한 사건 속에서 성찰의 파괴력이 행위자의 자아를 해체하고, 그 해체의 자리를 비추는 잔인한 성찰적 조명 속에서, 결코 의도하지 않았던 자기 이해와 자기 직관이 일어나는 것이다. 이런 감수자적 성찰은 도덕적 반성에 비해 훨씬 더 집합적이고 정동적이고 전염적이며 파괴적일 수 있다. 우리는 이를 예컨대 세월호 참사나 후쿠시마 재난을 통해 체험한 바 있다.

누군가에게 후쿠시마나 체르노빌이나 심지어 코로나19와 같은 재난도 그저 스쳐 지나가는 '사고들'이겠지만, 다른 누군가에게는 그간 습관적으로 영위해 왔던 삶의 방식을 바꾸라는 벼락 같은 명령으로 들려왔을 것이다. 구제역으로 땅에 묻히는 돼지들의 비명을 들은 자의 인생은 그 소리를 듣기 이전과 결코 동일할 수가 없다. 뭔가가 마음속으로 들어와서, 우리를 정지시키고, 우리를 꾸짖고, 자아의 안일함과 타성을 아프게 찢어 놓는 것이다. 우리가 결코 계획한 적 없고, 바란 적 없는 저런 마주침들을 통해서 우리는 성찰적 존재가 된다.

앞서 언급한 벤야민의 천사는 바로 이런 의미의 성찰 속에 던져져 있다. 천사는 성찰의 수행이 아니라 성찰의 겪음 속에 있다. 수동적 성찰자이며 성찰의 감수자다. 천사는 부서지고 있다. 천사는 충격 속에서 자신이 갖고 있던 것을 상실해 가고 있다. 코나투스(conatus)가 아니라 케노시스(kenosis)다. 자기-비움이 강제되고 있다. 하지만, 이 자기-삭감 속에서 천사는 자신의 진실을 투명하게 깨닫는다. 어두운 계시이며, 괴로운 계시이며, 처참한 계시다. 이것은 위험한 은총이다. 피하고 싶고, 도망치고 싶은 이 특이한 삶의 순간을 만나는 자가 성찰자다. 바로 그런 순간의 감수자적 성찰성, 수동적 성찰성, 불가피한 성찰성만이 '나'를 결정적으로 바꾸는 영성적 순간이다.

인류세 파국주의가 '성찰적'이라는 것은 이런 의미에서다. 파국은 교육이나 계몽이나 설득이나 논쟁이나 토론과 구별되는 다른 경로를 통해 주체를 만든다. 파상의 체험이 그것이다. 언제나 동어 반복에 빠지는 자발적 성찰(자신이 이미 갖고 있는 기준에 맞추어 자신을 반성하는 행위는 반성할 수 있는 것만을 반성하기 때문이다)을 벗어나는 파국의 빛은 불길하다. 하지만 이 빛은 변형적 생성, 새로운 주체성의 탄생과 도주선을 보여 준다. 인류세의 정치적 가능성은 이러한 성찰적 파국을 어떻게 조직하느냐, 성찰적 파국이 방출하는 파국적 페이션시를 어떻게 조직하느냐에 달려 있다.

VII. 인류세, 자본세, 기술세

인류세라는 문제-어셈블리지가 지난 20년간 리좀적으로 확장될 수 있었던 이유는 그것이 효과적인 문제화의 역량을 발휘했기 때문이다. 문제화란 어떤 대상을 '문제'로 생산하는 과정이다. 인류세는 그렇다면 무엇을 문제화하는가? 그것은 21세기 인류(생명)가 대면하고 있는 생태-존재론적 긴급 상태다. 인류세 어셈블리지는 이 문제를 과학, 종교, 정치, 문학, 예술의 영역을 가로지르면서 제기하고, 표현하고, 강조하고, 변형시키고, 확산시킨다. 이런 점에서, 인류세는 표상이나 담론이 아니라 들뢰즈와 과타리가 말하는 '욕망의 흐름'과 같다. 그것은 언어나 상징으로 축소될 수 없는 정동이며, 전염이며, 기계 작동이다.

좀 더 거시적으로 보자면, 인류세는 자본세(Capitalocene)나 기술세(Technocene)라는 또 다른 문제-어셈블리지들과 공존하며 경합하고 있다. 인류세, 자본세, 기술세는 21세기 지구적 공론장에서, 때로는 경쟁하고 때로는 연합하면서 상호 작용하고 있다. 이들은 각기 상이한 영역을 최상급의 문제로 설정하고, 그에 대한 상이한 해결과 대응의 연결망을 구축한다. 가령, 자본세는 자본주의와 그 부정적/긍정적 작용을 문제화하는 힘을 통해 연결된 배치다. 기술세는 21세기의 새로운 기술 형식들(나노 테크놀로지, 인공 지능, 생명공학, ICT, 모바일 테크놀로지)이 창출하는 삶의 형식(리얼리티의 증강과 통제)을 최상급의 쟁점으로 생산하는 배치다. 인류세가 환경/지구의 생태 파국을 문제화한다면, 자본세는 축적과 발전의 무한성을 구현하는 것을 최상의 문제로 구성한다. 반면 기술세는 세계를 효과적으로 조작 가능하게 변화시킬 가능성에 집중한다.

한 사회의 문제 공간에는 여러 조건에 의해 선별된 특정 문제들이 지배적 위치를 점하며, 다른 문제들은 주변화된다. 문제화 능력의 배분과 집중은 해당 사회의 역사, 문화, 정치적 상황에 따라 상이한 모습을 보인다. 20세기에 포스트-식민 사회, 개발주의, 민주화, 신자유주의를 숨 가쁘게 통과해 간 '생존주의적' 한국 사회에서는, 기술세적 문제-어셈블리지와 자본세적 문제-어셈블리지의 동맹(예컨대, 4차 산업 혁명)이 우세를 보이고 있으며, 인류세적 문제-어셈블리지는 상대적으로 아직 미약한 흐름을 보인다. 그러나 생존주의는 인류세의 조건을 배경으로 더 확장된 형식으로 진화할 수 있다. 생존은 근대 한국 사회에서 지배적 통치성의 도구로 활용되어 온 바가 없지 않지만, 인류세에는 생명들의 생존이라는 문제가 오히려 급진적 정치의 가능성을 열 수도 있다[김홍중, 2024: 314~345]. 사회 이론은 바로 이 가능성을 집중적으로 탐구해야 한다.

보론. 기후의 느낌[13]

기억에, 날씨가 이상해졌다는 생각을 처음 한 것은 1994년 여름이었다. 나는 그해 봄에 제대를 하고 복학을 했고, 신림동 옥탑방에서 여름을 보냈다. 아침부터 건물이 슬슬 햇빛에 달아오르면, 정오부터는 망치로 때리는 것 같은 직사광선이 옥상을 가열했다. 옥탑방은 숨도 쉴 수 없는 열기로 가득 찬다. 에어컨이 없던 시절. 더위는 불쾌나 괴로움이 아니라 마비 상태를 야기했다. 몽롱해진 정신. 이 더위가 영영 끝날 것 같지 않다는 망상. 시간이라는 것이 열기에 녹아 버려 더 흐르지 못하고 기화해 버린 듯한 기분. 열대야의 밤하늘은 고흐가 그린 광기 어린 밤 풍경 같았다. 녹아 흐물거리는 치즈 같았다. 끈끈하고 밀도 높은 물질성.

그해 여름 김일성이 사망했다는 뉴스가 한반도를 강타했다. 냉전이 끝나고 미지의 새로운 시대가 열리는 것을 알리는 신호탄이 밤하늘 높이 쏘아 올려져, 불안과 희망이 뒤섞인 불규칙한 궤적을 그리며 서서히 사라져 가는 듯한 풍경. 이상한 계절. 날씨와 정치와 공간이 얽혀 만들어진 거미줄에 걸려 벌레처럼 갇혀 있는 듯한 느낌. 신체와 정신 모두 하릴없이 버둥거리기만 할 뿐인 무기력. 폭염은 그저 더운 것이 아니라, 행위 능력을 앗아 가는 마비의 상태, 그리고 불가항력적인 것과 마주치는 좌절을 동반했다.

이런 상황은 그해 이후 서서히 더 자주, 더 선명하게 반복되었다. 1997년에 친구들과 남도 여행을 떠날 때 만났던 폭우. 몇 시간에 걸쳐 쏟아지던 그 비는 강수량이라는 숫자로 가늠되지 않는 감각적 각인을 남겼다. 나는 그처럼 강하고, 집약적이고, 맹렬하고, 시야 전체를 가리며, 도저히 어디로도 움직일 수 없게 하는 비가 한반도에도 내릴 수 있다는 사실에 놀랐다. 동남아시아나 남미의 정글이 아닌 서울에 저런 빛깔과 밀도와 강도의 비가 내릴 수 있구나!

---

13. 이 보론은 다음 글을 수정하여 싣는다. 김홍중, 2022, 「기후의 느낌」, 『굿닛』 2.

이제 비는 적시고 스며드는 것이 아니라, 때리고, 깎고, 쓸어 가는 것, 가격(加擊)이나 타격(打擊)의 주어로 변한 것인가? 발작적으로, 숨 쉴 틈 없이 몰아치는 비, 하늘에 구멍이 뚫린 듯 쏟아지는 물줄기. 그러고 나면 지상에는 급작스런 카오스가 펼쳐진다. 저지대에 사는 사람들은 포식자처럼 습격해 오는 비의 먹이가 된다. 도시와 농촌 가릴 것 없이 여름이면 저 비가 우리를 공격할 것이다.

파리에서 보낸 1990년대 후반과 2000년대 초반에는 유럽에 적응하느라 날씨의 이상함을 미처 깨닫지 못한 채 지냈던 것 같다. 서유럽의 겨울에 내리는 빗방울들은 믹서에 갈린 유리 가루처럼 곱고 날카롭고 차가웠다. 뼛속까지 시려 오는 겨울비. 여름에는 늦은 밤까지 지지 않는 햇빛. 저녁 아홉 시 넘어 관목의 이파리나 옆 사람의 얼굴로 내려오는 빛은 지구가 아닌 화성이나 금성 어딘가로 도착한 햇빛처럼 생경하고 분열적이고 환각적이었다. 그리고 다시 돌아온 2000년대 중반의 서울은 확실히 뭔가 달라져 있었다. 사람들뿐 아니라 대기(大氣) 현상마저도. 미세 먼지라는 단어를 처음 알게 되었다.

그것은 새까맣게 밀려왔다 썰물처럼 빠져나가며 단기적 숨막힘을 야기하는 황사가 아니었다. 미세 먼지는 방대한 영역을 호흡 곤란 지역으로 만들었고 꽤나 오랜 시간을 잔존했다. 한번 미세 먼지에 휩싸이면, 한반도는 며칠이 지나도록 정체된 공기 속에 잠겨 있었다. 나는 미세 먼지로 인한 '폐쇄 공포'를 체험했다. 좁은 엘리베이터에 갇혀 꼼짝하지 못하는 상태에서 느낄 법한 공포증이었는데, 차이가 있다면 도시 전체, 혹은 국가 전체를 휘감은 먼지의 대기층에 갇혔다는 광활한 폐색감이라는 점, 광대한 공간에 갇히는 역설적 폐쇄의 느낌이었다는 점이다. 공기 청정기를 설치한 협소한 실내를 제외하고는 전부 오염된 세계 속에 버려진 기분이랄까? 지구라는 별에 유폐된 느낌. 지구를 뒤덮은 대기층 속에 갇혀 버린 느낌. 출구를 찾지 못할 것 같은 막연한 압박감에 짓눌리는 느낌.

사실, 이 패닉의 느낌에서 한 발만 더 나가면 우리는 비로소

'기후'라는 것에 도달한다. 기후는 날씨가 아니다. 우리는 오직 정해진 장소에서 특정 시간에 펼쳐지는 '날씨'들을 겪을 뿐이다. 하지만 기후는 인간 체험의 영역 밖에 존재하는 지구적 기상 시스템이다. 날씨는 변화하지만 기후는 비교적 영속적이고 항상적이다. 그런데, 지난 세기 말부터 우리는 날씨의 급변이 기후의 변화와 겹쳐지는 지점들을 실제로 체험할 수 있게 되었다. 우리는 이상해진 기후를 점점 더 자주, 점점 더 강하게 일상적으로 느끼기 시작했으며, 심지어 거기 적응해 가기 시작했다. 기후를 느낀다는 것은 기후가 문제적인 것이 되었음을 가리킨다. 『장자』의 한 우화가 말하듯, 물고기가 물을 인식할 때는 물 밖에 내동댕이쳐져 있을 때다. 물속의 물고기가 물을 느끼지 않듯, 우리는 기후의 변화를 느낄 수 없어야 한다.

     우리는 흔히 파국이 미래에 도래할 어떤 사건이라 생각한다. 하지만, 기억을 더듬어 보면 내가 약 삼십여 년 전 어느 날 마음속으로 '날씨가 뭔가 이상해'라고 중얼거렸던 때에, 적어도 나에게, 기후 파국은 이미 시작되어 진행 중인 사태다. 파국은 사건이 아니라 과정이다. 0%에서 100%로 진행되는 그래프 같은 것. 우리가 파국을 인지할 때는 파국의 그래프가 상당한 진척을 이루었을 때일 것이다. 매일 날씨를 염려하면서, 우리는 파국의 퍼즐들이 하나씩 맞춰지는 것을 느낀다.

2장
파국주의적 전회

> 나는 여기서 익사하고 있는데
> 너는 물을 묘사하고 있구나.[14]

---

14. 제임스 브룩스(James L. Brooks) 감독의 영화 〈이보다 더 좋을 순 없다〉(1997)의 주인공 멜빈 유달의 대사. 다음에서 인용[Lynch, 2012: 459].

I. 파국과 사회학

'파국(catastrophe)'은 그리스어로 뒤집힌다(katastrephein)라는 뜻을 갖는다. 'kata'는 아래(down)를 의미하고 'strephein'은 돈다(turn)는 의미인데, 양자를 결합한 위 동사의 명사형이 바로 '파국'이다[Ardau·Munster, 2011: 1]. 이 용어는 원래 그리스 비극에서 플롯의 결정적 전환점, 극의 최종 결말을 지칭하는 단어였다[Turner, 2023: 18~19]. 이처럼 오랫동안 연극적 함의를 가지고 쓰이던 이 용어가 현재와 유사한 의미를 획득한 것은 18세기에 이르러서다(O'Dea, 2008: 3].[15]

18세기에 유럽은 다수의 충격적 대재난을 체험했다. 1720년의 마르세유 페스트, 1755년의 리스본 대지진, 1783년의 칼라브르와 메신느 대지진이 그것이다. 한 세기 전만 해도 이런 재앙들은 대개 기독교적 해석의 대상(신의 섭리)으로 치부되곤 했다. 그러나 18세기에는 이에 대항하는 계몽주의적 서사들이 등장한다[Pujol, 2008: 95~109]. 특히 루소(Jean-Jacques Rousseau)는 파국의 의미를 자연을 넘어 사회로 확장시킨 인물로 잘 알려져 있다. 그에 의하면 진정한 파국은 불평등에 기초한 인간 문명 그 자체다. 이 파국을 교정하는 정치적 수단이 바로 사회 계약이다. 말하자면, 루소는 인간 역사를 "파국적 시나리오"로 보는 시각을 열었던 것이다[Pujol, 2008: 95~109].

19세기 이후 파국은 인간 사회에 광범위하게 적용되는 단어로 변화한다. 프랑스 혁명과 산업 혁명은 예기치 못한 순간에 사회를 엄습해 온 "사회적 파국" 또는 "인간적 파국"으로 받아들여졌다[Battistoni, 2014: 158~159]. 또한 20세기의 총력전, 전체주의, 홀로

---

15. 자연과학에서 파국 혹은 파국주의(catastrophism)가 중요한 개념으로 논해지는 대표적 영역은 지질학과 고생물학이다. 지질학적 변동이나 생명 진화가 예기치 않은 단절이나 멸종을 통해 이뤄진다고 보는 입장이 파국주의이며 반대로 완만한 연속성과 점진적인 변화를 상정하는 것이 균일주의다[Urry, 2016: 41].

코스트 속에서 파국이라는 단어에는 "이전에는 상상할 수 없던 최악의 시나리오 형태를 띠는 전대미문의 사건"이라는 포괄적 의미가 실리게 된다[Battistoni, 2014: 159].

흥미로운 것은, 근대 사회의 여러 격변들의 한복판에서 태동한 사회학의 역사에는 정작 '파국'이라는 용어가 발견되지 않는다는 점이다. 콩트(Auguste Comte)의 실증주의, 뒤르켐(Émile Durkheim)의 연대주의, 스펜서(Herbert Spencer)의 사회 진화론, 파슨스의 구조 기능주의는 모두 사회를 질서 잡혀 있고 진보하며 도덕적으로 통합된 체계로 그린다. 베버(Max Weber)가 자본주의를 비관적으로 전망한 것은 사실이지만 파국이 베버 사회학의 주된 테마라고 말하기는 어렵다. 짐멜(Georg Simmel)의 '문화의 비극'도 파국과는 거리가 있다. 사회 변동을 '혁명'으로 포착한 맑스(Karl Marx)의 사상은 분명 파국의 테마와 친화성을 갖고 있다[Roberts, 2007]. 그러나 맑스가 생각한 혁명은 더 나은 상태로의 이행을 위해 필연적으로 요청되는 '변증법적 계기'로 사고된다는 점에서, 종합이 기약되지 않은 순수하고 부정적인 사건성을 함축하는 파국 개념과 다소 차이가 있는 것이 사실이다.

파국에 대한 무관심은 20세기 사회학에도 적용된다. 근래 출판된 『파국의 이론』에서 터너(Bryan S. Turner)는 이렇게 지적하고 있다. "현대 사회학은 산업화, 근대화, 포스트모더니티, 그리고 세계화에 많은 관심을 기울여 왔다. 하지만 사회학이 20세기에 두 차례의 세계 대전을 포함한 다수의 파국들 가운데서 진화해 왔음에도 불구하고, 파국에 기울여진 관심은 거의 없거나 전무하다"[Turner, 2023: 8].

왜 사회학은 파국을 개념화하지 않았는가? 사회학은 왜 파국적 상상력과 감수성을 중시하지 않았는가? 파국 현장에 대한 관찰과 보고는 왜 사회학의 역사에서 발견되지 않는가? 구조주의적, 기능주의적, 보수주의적 유산이 너무 강해서인가? 파국이라는 용어가 환기시키는 불안과 혼돈이 '과학으로서의 사회학'이라는 이상을 교란시키기 때문인가? 지난 세기를 주도한 미국의 사회학이 파국을 알지 못하는 낙관주의적 사회를 모태로 융성했기 때문인가? 파국 개념의 비관적 정조를 사회학은 견딜 수 없었던 것일까? 아니면 좀 더 단순하게 말해서, 사회학이라는 학문은 파국을 사유할 수 있는 시각과 방법을 결여하고 있기 때문인가?

II. 인류세와 파국주의

중요한 것은, 21세기 사회학은 이제 '파국에의 무관심'을 더 이상 정당화하거나 유지할 수 없는 상황에 처해 있다는 사실이다. 왜냐하면, 우리 시대의 리얼리티는 '위기'라는 용어로 온전히 포착하기 어려운 심각성을 보여 주고 있기 때문이다.

단적으로, 산업화 이전보다 지구 온도가 1.5도 가까이 상승했고, 대기 중 이산화탄소 농도는 400ppm을 넘어섰다. 극지방의 빙하와 시베리아 동토가 녹고 있으며, 대양 산성화와 숲의 파괴, 대규모 산불로 다수 생명체들이 거주지를 잃고 떠돌고 있다. 기존의 불평등 구조가 생태 재난과 중첩되어 다중적 고통이 약자들에게 가중되는 현실과 사회학은 마주하고 있다. 자본주의적 생산/축적 논리가 생태적 한계와 부딪혀 발전과 번영이 더 이상 불가능해진 세계, 스탕게르스(Isabelle Stengers)의 표현을 빌려 말하면 "파국의 시대"다 [Stengers, 2009].

파국은 '위기'보다 타개 전망이 불투명하고, '재난'보다 구조적이고 복합적이며, SF 영화가 그리듯이 한순간에 모든 것이 사멸하는 '종말'과 달리 수많은 매개와 연결을 통해 지속, 변형, 확산되는 과정이다. 우리는 지난 200년간 지속된 자본주의 탄소 문명이 방출한 물질의 파괴력이 다시 인간 사회를 타격해 옴으로써, 인간을 포함한 다수 생명종들의 생존 가능성이 위협받는 '생태-존재론적 긴급 상태'와 마주하고 있다. 사회학은 이 현실을 어떻게 고민하고 있으며 거기에 어떤 응답을 던지고 있는가?

이 질문에 대한 해답으로 현시대의 파국적 양상을 사회 이론의 중심 의제로 설정한 두 사례를 소개한다. 울리히 벡의 '해방적 파국주의(emancipatory catastrophism)'와 브뤼노 라투르의 '가이아 이론'이 그것이다. 잘 알려진 것처럼, 벡과 라투르는 모두 독창적 이론과 방법을 창안하여 사회학의 혁신을 꾀했다. 주류 사회학이 사회적인 것의 내적 논리에 관심을 국한시켜 온 것과 달리, 벡의 위험사회론과 라투르의 행위자-네트워크 이론은 인간 사회 바깥의 힘들(글로벌 위험이나 비인간 행위자)이 어떻게 사회를 작동, 형성, 변화시키는지를 사고했던 희소한 실례를 이룬다.

또한 양자 모두 서구 모더니티에 대한 발본적 비판을 제출했던 탁월한 이론가들이라는 점도 지적될 필요가 있다[홍찬숙, 2017]. 벡은 일차 근대성의 성공이 어떻게 후기 근대에 위협으로 회귀했는지를 보여 주었고 국민-국가를 넘어서는 '코즈모폴리턴 비전'을 제안했다[벡, 1999]. 라투르는 유럽 근대가 제도적 차원에서는 자연과 사회를 분리했지만, 기술과학적 실천의 차원에서 양자를 무차별적으로 뒤섞는 일종의 분열증에 빠져 있었다고 주장한다. 그 결과 수많은 인간-비인간 하이브리드들이 증식했고 이는 작금의 생태 위기의 주된 원인이 되었다[라투르, 2009]. 이들의 근대성 비판에는 이처럼 생태적 관심이 짙게 깔려 있는데, 그 주요 배경을 이루는 것 중의 하나가 바로 인류세 담론이다.

'인류세'는 파울 크뤼천과 유진 스토머가 2000년에 제안한 개념이다. 인간을 뜻하는 '안트로포스'와 시간을 가리키는 '카이노스'를 결합해 만든 이 신조어는 약 1만 1,700년간 지속된 충적세 이후에 열린 새로운 지질학적 시대를 지칭한다[Crutzen·Stoermer, 2000: 17~18]. 이들의 문제 제기는 자연과학뿐 아니라 다른 여러 분야에도 큰 반향을 불러일으켰다. 특히 다수 학자들이 주목한 것은 인류세 담론이 암시하는 파국적 전망이었다.

차크라바르티는 인류세의 새로운 보편성이 "공유된 파국의 감각"에서 찾아진다고 본다[Charkrabarty, 2009: 222]. 해러웨이에 의하면, 인류세는 생명체들의 피난처, 즉 "레퓨지아(refugia)"가 사라진 시대다. 이제 "멸종 위기는 그저 은유에 불과한 게 아니"며 "시스템 붕괴도 스릴러가 아니"다[해러웨이, 2021: 173, 176]. 머천트(Carolyn Merchant)는 인류세 개념이 "(오늘날 우리가 알고 있는 바대로의) 지구가 미래에 더는 존재하지 않을 수 있음을 시사한다"고 쓴다[머천트, 2022: 8]. 다노프스키(Déborah Danowski)와 비베이루스 지 카스트루(Eduardo Viveiros de Castro)도 인류 멸종이라는 묵시록적 전망을 내놓는다[Danowski·Viveiros de Castro, 2017: 5].

벡과 라투르도 인류세 담론에 주목했다.『세계의 탈바꿈』에서 벡은 불평등 문제를 "지구사(地球史)의 새로운 지질학적 시대"(인류세)에 맞추어 조망하기를 제안한다. 과거에 계급을 논하기 위해 사용했던 여러 용어들을 "인류세적 불평등", "인류세적 계급", "인류세적 위치" 같은 개념으로 대체하자는 것이다[Beck, 2016: 83, 87, 106]. 벡에게 인류세는 단순한 '지질학적' 개념이 아니라 '사회학적' 동인으로 이해되고 있다[Beck, 2016: 42]. 라투르에게 인류세는 "인간이 세계와 맺는 관계의 심오한 변환"[Latour, 2017a: 8]이자 "지구 시스템 전체의 격변(bouleversement)"[라투르, 2021a: 69]으로 자리매김된다. 인류세의 도래는 거대한 "파국적 변화들"[Latour, 2017a: 39]을 야기할 것이며 "우리가 무엇을 지금 하건 간에 위협은 우리와 함께 수백 년, 수천 년 동안 남아 있을 것"이라는 어두운 전망이 제출되고 있다[Latour, 2017a: 39].

벡의 '해방적 파국주의'는 인류세 파국의 긍정적 가능성을 구제하려는 고민의 산물이다. 라투르의 가이아 이론 역시 인류세를 염두에 둔 급진적 정치생태학의 구상으로 읽힌다. 흥미로운 것은, 낙관주의적 스탠스를 잃지 않았던 벡과 달리 라투르의 현실 인식은 당혹스러울 정도로 암울하다는 사실이다. 그는 우리가 기후 파국(혹은 그의 용어를 빌려 말하면 '신기후체제'[16])을 합리적이고 제도적인 방식으로 극복할 수 있는 결정적 기회를 이미 놓쳤다고 본다. 파국은 미래의 사태가 아니라 이미 도래하여 진행 중인 현재적 사안이라는 것이다. 이러한 절박성을 숨기지 않은 채 라투르는 가이아 이론을 재해석하고 있다. '파국'은 저 두 걸출한 사회 이론가들의

---

16. '신기후체제'는 "근대인들이 당연하게 여긴 물리적 프레임워크와 그들의 역사가 상연된 토대 자체가 불안정해진 현 상황을 요약하기 위해 사용"된 개념으로[Latour, 2017a: 3], 아이쿠트(Stefan Aykut)와 다앙(Amy Dahan)의 저서에서 빌려 온 '기후체제' 개념을 변용한 것이다[Aykut·Dahan, 2014].

말년 작업 속에서 이렇게 사회학에 도입된다.[17]

17. 파국에 대한 논의의 심도와 폭에 있어서 벡과 라투르의 차이를 보여 준다. 벡은 2013년 11월에 포츠담에서 열린 기후 변화 워크숍에서 처음 파국주의를 언급했고 약 일 년이 지난 2015년 1월에 타계했다[Beck, 2014]. 벡이 파국을 집중적으로 논한 텍스트는 2016년의 유고작『세계의 탈바꿈』이 유일하다. 말하자면 벡은 파국주의를 이론화하기 위한 충분한 시간을 갖지 못했던 것으로 보인다. 라투르 역시 2022년에 타계하여 진행 중이던 정치생태학 논의가 급작스럽게 중단된다. 하지만 그는 2010년경부터 기후 파국 문제에 천착해 왔고 상당한 분량의 저서들과 논문들을 남긴다. 뒤에서 자세히 분석하겠지만, 라투르의 파국주의는 벡의 그것보다 이론적으로 더 급진적이고, 실험적이고, 논쟁적이며, 문제적이다.

III. 울리히 벡

파국사회

1986년에 출판된 『위험사회』는 '리스크'라는 키워드로 후기 근대를 진단한 중요한 저서다. 논의의 초점이 '리스크'에 맞추어져 있다 보니 거의 주목받지 못했지만, 사실 이 책에서 '리스크'와 '파국'은 두 차례에 걸쳐 개념적 등가물로 제시되고 있다. 해당 부분을 차례로 인용하면 다음과 같다.

> 위험사회에서 모습을 드러내는 것은 파국의 정치적 잠재력이다. 파국을 피하고 관리하기 위한 방법에는 권력이나 권위의 재조직이 포함될 수 있다. 위험사회는 파국사회(catastrophic society)다. 거기서는 예외 상황이 규범적인 것이 될 우려가 있다[벡, 1997: 59. 번역은 부분 수정].

> 근대화 리스크의 승인과 이 리스크가 포함하는 위해가 증대하면서 체계에 몇 가지 변화가 일어난다. 물론 이것은 공개된 것이 아니라 조용한 혁명의 형식으로 일어난다. (…) 이 상황은 한편으로 정상성의 외관을 갖지만 다른 한편으로는 파국을 몰고 올 힘을 보유하게 된다. 이 파국은 혁명의 정치적 의미를 충분히 달성할 수 있으며 그것을 초과할 수도 있다. 위험사회는 따라서 혁명적 사회가 아니라 파국사회다. 이러한 사회에서는 비상 사태가 정상 사태가 될 우려가 있다[벡, 1997: 141. 번역은 부분 수정].

파국 개념과 연관해서 벡은 슈미트(Carl Schmitt)를 원용하고 있다[슈미트, 2010: 16~28]. 슈미트에게 비상 사태란 규범과 비규범의 경계가 교란되어 주권적 결단이 요청되는 예외 상태다[벡, 2010: 127~128]. 위험사회가 파국사회라는 말은, 20세기 후반에 펼쳐지기 시작한 후기 근대 사회에서는 삶의 다양한 양상들이 리스크로 변모하고 있으며, 이 과정에서 기왕의 규범들이 근본적으로 재구성되는 정치·사회적 변화가 항상적으로 발생하고 있다는 사실을 의미한다. 위험사회에서는 파국이 정상성을 띠게 된다는 것이다.

그런데, 문제는 리스크와 파국의 이러한 동일시가 개념적 혼동을 야기할 수 있다는 것이다. 사실 벡의 텍스트에서 '리스크(risk)'와 '위해(danger)'는 엄격히 구별되고 있다. 위해는 현존하는 물리적 위협이지만, 리스크는 "근대화 자체가 유발하고 도입한 위해와 불안정성들을 다루는 체계적인 방식"이다[벡, 1999: 56. 번역은 부분 수정]. 리스크는 위해 그 자체가 아니라 그것을 처리하고 인지하고 상징화하고 그것에 대비하는 인식과 실천의 짜임을 가리키는 것이다. 따라서 위험사회는 '위험한(dangerous)' 사회가 아니라, 리스크를 중심으로 정치, 소통, 정책이 이뤄지는 후기 근대 사회를 가리킨다[Beck, 1994].[18] 이런 차이에도 불구하고 왜 벡은 '리스크=파국'이라는 등식을 제시하고 있는 것일까? 이에 관해서 두 가지 사항을 검토할 필요가 있다. 하나는 벡의 청년기 이력에서 발견되는 독일 생태 운동에의 관여이고 다른 하나는 체르노빌 참사다.

윌킨슨(Iain Willkinson)에 의하면,『위험사회』프로젝트는 학창 시절 독일 환경 운동에 참가했던 벡의 개인적 경험에 뿌리를 내리고 있다. 영미권에서와 달리 당시 독일에서는 제한된 자원, 핵(核), 화학 산업이 배출하는 오염 물질의 위해성과 연관된 종말 시나리오에 대한 논쟁이 환경 운동 진영에서 활발히 벌어졌다. 특히 20세기 후반을 '생태 파국'으로 보는 관점이 팽배해 있었다[Wilkinson, 2011: 48]. 벡은 이런 분위기의 영향을 받고 성장했으며 그의 리스크 개념이 다른 학자들에 비해 파국과의 친연성이 강한 이유가 거기에 있다.

18.『글로벌 위험사회』(2007)에서 벡은 "위험(Risiko)은 파국이 아니라 파국의 예상 (die Antizipation der Katastrophe)"이라 명시한다[벡, 2010: 127]. 한글 번역자들은 'Katastrophe'를 '파국'이 아니라 '재앙'으로 번역했는데 이를 다시 파국으로 수정, 번역한다.

또 다른 고려 사항은 『위험사회』가 구상, 집필, 출판된 1980년대 중후반에 유럽 시민 사회가 연이은 재난들에 의해 크게 동요되었다는 점이다. 가령 다양한 재생산 테크놀로지와 바이오 테크놀로지가 야기한 문제들, 1985년 오존층 구멍의 발견, 1988년의 온실 여름, 1989년 엑손 발데즈호 원유 유출 사건, 에볼라 바이러스, 광우병, 1986년 챌린저호 폭발 사고, 1986년 스위스 바젤 화학 공장 화재로 인한 라인강 오염 사고 등이 그것이다[Ungar, 2001: 272~273]. 그리고 결정적으로 이 리스트에 포함되는 것은 1986년 4월 26일에 발생한 체르노빌 원전 사고다.

인간학적 충격

1986년 5월에 벡은 「인간학적 충격. 체르노빌과 위험사회의 윤곽」이라는 의미심장한 제목의 논문을 집필한다. 체르노빌 참사가 발생한 지 며칠 지나지 않은 시점에 쓰인 이 글은 현실에서 발생한 초유의 사태에 대하여 한 사회학자가 경험한 정신적 진동의 폭과 깊이를 여실히 드러내고 있다. 논문에서 벡은 자신이 『위험사회』를 집필하기 시작한 것은 1984년 무렵이고, 체르노빌 참사가 발생했을 때는 원고가 이미 출판사에 넘겨진 상태였다고 밝히고 있다.

실제로 책이 출판될 무렵, 유럽과 전 세계는 온통 체르노빌의 충격파에 휩싸여 있었다. 그래서였을까? 마치 현실을 예언한 듯한 벡의 저서는 9개월 만에 4쇄를 찍는 돌풍을 일으킨다[Beck, 1987: 154]. 위험사회론은 단순한 사변적 이론이 아니라, 실제로 발생한 '초현실주의적' 재난과 공명하면서 읽히고, 이해되고, 소통되었던 것이다.

위의 글에서, 벡은 체르노빌이 가져온 사회 심리적 파장에 주목하면서 그것을 "인간학적 충격(anthropological shock)"이라 부른다. 인간학적 충격은 "다수의 인구 집단이 자신들의 의식에 지울 수 없는 각인을 남기는 끔찍한 사건에 종속되었다고 느끼고, 근본적이고 회복 불가능한 방식으로 자신들의 미래를 바꾸려 할 때 발생"하며 "새로운 존재양식, 시각, 그리고 정치적 실천 방식을 제공"하는 사건으로 정의된다[Beck, 2016: 122]. 그는 인간학적 충격의 실체를 다음의 세 가지 측면에서 분석한다[Beck, 1987: 154].

첫 번째 충격은 방사능 물질이 철저하게 비감각적 성격을 갖는다는 사실이다. 벡은 이를 "감각의 몰수(expropriation)"라고 표현한다[Beck, 1987: 154]. 말하자면, 파괴력의 차원에서 다른 물질과 비교할 수 없는 힘을 발휘하는 방사능 물질이 유출되었을 때조차, 인간은 그 물성(物性)을 감각적으로 지각할 수 없다는 것이다. 우리에게 주어진 생물학적 감각의 힘으로 리스크를 식별하는 것은 불가능하다. 이처럼 인간이 느낄 수 있는 범위 바깥에서 생성되어 진행되는 파괴에 대해 과연 어떤 대응이 가능한 것인가? 이 "감각들에 대한 주권 상실" 속에서 어떻게 안전한 삶과 사회를 만들어 갈 수 있는가? 체르노빌이 야기한 인간학적 쇼크가 제기한 질문들이 바로 이것이다[Beck, 1987: 156].

두 번째 충격은 자연과학이 제공할 수 있는 안전과 확실성의 한계와 연관되어 있다. 체르노빌을 겪으면서 사람들이 깨닫게 된 것은 가공할 만한 핵 위협에 대해 자연과학도 사실상 충분한 안전을 보장하지 못한다는 점이었다. 과학이 줄 수 있는 것은 오직 "개연적 안전(probable security)"이다. 체르노빌 참사는 "기술 발전에 대한 기술적 통제 가능성에 대한 비누 거품 같은 환상"을 파괴했다. 왜냐하면 "핵 시대에는 어떤 수학자도 감히 추정할 수 없는 정도로 미세한 수준의 오류의 개연성들마저도 모두의 생존 가능성에 역방향으로 작용할 수 있기 때문이다"[Beck, 1987: 157]. 이 "[실제적] 안전과 개연적 안전의 차이"가 두 번째 인간학적 쇼크를 이룬다[Beck, 1987: 157].

마지막 충격은 핵 위험 앞에서 거의 모든 사회적 장벽, 차이, 구별이 무의미해진다는 사실이다. 핵 위험은 "비선별적이고 글로벌한" 힘을 발휘한다. 그것은 "우리 세계가 이제껏 구축해 온 어떤 구별들도 알지 못"하며, 바로 그러한 이유로 "공산주의자와 자본주의자, 여자와 남자, 빈자와 부자, 문화 간, 네이션 간, 군사 블록 간의 대립"은 이제 의미가 없다[Beck, 1987: 158]. 핵물질은 무차별적으로 작용한다. 핵물질의 운동이라는 관점에서 보면, 사회적 구별들은 실존하는 단위들이 아니다. 군대도 주권도 헌법도 제도도 집합 행위도 저지할 수 없던 핵 구름은 대기의 움직임을 따라 모든 인위적 경계들(가령 국경)을 넘어 밀려왔다[Beck, 1987: 158].

　　이것이 벡이 체험한 파국의 실상이다. 체르노빌의 충격파 속에서 읽힌 『위험사회』가 단순한 경제학적, 보험적 계산이나 위협에 대한 합리적 관리술이라는 의미를 넘어서는 이유가 거기에 있다. 리스크 개념 또한 순수한 학술적 의미를 넘어 현실과의 공명 속에서 시대 진단적, 문명 진단적 언어로 승격되었다. 이처럼, 벡은 체르노빌의 충격 체험과 핵 문명이 야기하는 위협감을 사회학의 내부로 끌고 들어왔다. 인간의 감각과 실재가 어긋나 있고, 과학은 개연적 안전만을 제공하며, 위협이 사회적 구별을 초월하는 세계를 살아간다는 것은 무엇을 의미하는가? 이 질문을 던짐으로써 벡은 파국을 사고하고 파국을 중심으로 사회를 이해하는 후기 근대적 사회학을 구축할 수 있었던 것이다.

IV. 해방적 파국주의

세계의 탈바꿈

2015년에 벡이 타계한 후 일 년이 지나서 그의 유작『세계의 탈바꿈』이 출판되었다. 이 저서에서 벡은 그간 '위험사회' 개념으로 수행해 온 시대 진단을 심화시키며 두 가지 새로운 테제를 제안한다. '세계의 탈바꿈'과 '해방적 파국주의'가 그것이다[Han, 2015]. 전자는 21세기 지구적 변화의 심도를 강조하는 용어다. 우리는 "단지 변화하는 세계가 아니라 탈바꿈하는 세계"를 살아가고 있다는 것이다. 이때 탈바꿈은 우리가 흔히 말하는 '변화'보다 더 "급진적인 변환(transformation)"을 가리킨다. 그 변환 안에서 "근대 사회의 오래된 확실성은 사라지고 완전히 새로운 것이 출현한다"[Beck, 2016: 3].

원래 곤충의 변태(變態)를 가리키는 '탈바꿈'은 "세계를 바라보고 정치를 수행하는 다른 유형, 다른 리얼리티, 세계의 다른 존재 양태로의 완전한 변환"이라는 정의를 부여받는다[Beck, 2016: 6]. 그것은 "인간 실존의 본성" 수준에서 일어나는 변화, 새로운 규범과 가치를 만들어 내는 변동이다[Beck, 2016: 20, 39]. 탈바꿈 개념을 통해 벡은 20세기 사회학이 알지 못했던 전대미문의 현실을 문제시하고 있다[Beck, 2016: 40]. 그것이 바로 기후 변화다. 기후 변화는 인간 사회의 미래를 결정적으로 변화시킬 중요한 도전, 즉 탈바꿈의 동인으로 인식되고 있다.

그렇다면, 우리는 기후 변화를 어떻게 파악해야 하는가? 이에 대해 벡은 과도한 "묵시록적 상상계"를 경계해야 한다는 입장을 표명한다[Beck, 2016: 37]. 그는 여러 차례에 걸쳐서 기후 비관론을 비판했다[벡, 2000: 232~234; Beck, 2010: 258]. 그가 보기에 기후 비관론은 어떤 "무능력"에 뿌리를 내리고 있다. 기후 비관론자들은 21세기적 글로벌 리스크 시대의 가능성을 정확하게 파악하지 못한 채 기후 변화의 어두운 측면만을 보고 있다는 것이다[Beck, 2016: 37]. 그리하여, 벡은 다음과 같은 질문을 던지면서 발상의 전환을 요청한다. "글로벌 기후 위험이 묵시록적 파국이 아니라 적극적인 (문화적) 작업과 다수 행위자들의 협력적 정치에 의해서 일종의 '해방적 파국'으로 전환될 수 있을까?"[Beck, 2016: 117]

위의 질문은 벡 이론의 지향점을 잘 보여 준다. 그는 파국을 묵시록적 파국과 해방적 파국으로 구분하고 후자를 택하여 긍정적 파국 개념을 수립하고자 한다. 이를 통해, 벡은 두 가지 과제를 한 번에 해결하고자 한다. 하나는 기후 변화를 단순한 '위기'로 보는 관점을 넘어서는 것이다. 그는 기후 변화를 부인하지도 않고 그것을 합리적으로 해결 가능한 사소한 문제로 보지도 않는다. 벡은 기후 변화가 우리의 사회적 삶을 심대하게 탈바꿈시킬 파국적 사태임을 인정한다. 하지만, 이와 동시에 그는 기후 변화에 대한 비관론을 넘어서고자 한다. 파국이 반드시 종말일 필요는 없다. 그 대신, 문명적 탈바꿈의 동력으로 기능할 수도 있다는 것이다[Beck, 2016: 35~36].

벡은 해방적 파국주의가 단순한 관념이 아닌 역사적 사례라고 주장한다. 실제로 파국을 통해 사회 제도의 해방적 변화가 일어난 경우가 두 차례 있었다는 것이다. 하나는 제2차 세계 대전이다. 막대한 희생 이후 유럽은 UN, IMF, 월드 뱅크, EU를 창출함으로써 새로운 공존적 문명을 건설하고자 했다. 국민-국가를 넘어서는 정치 공동체를 구축하는 "코즈모폴리턴 탈바꿈"이 일어난 것이다[Beck, 2016: 115]. 또 다른 실례는 2005년 8월에 미국에서 발생했던 허리케인 카트리나다. 이 사건은 "생태적 도전과 미국 인종주의의 역사"를 서로 연결된 문제로 바라보게 하는 데 결정적인 역할을 수행했다. 비로소 사회 정의와 생태 정의가 사람들의 감각 속에서 하나로 결합하는 계기가 되었다는 것이다[Beck, 2016: 118~119].

이 두 케이스를 통해서 벡은 해방적 파국주의를 하나의 연쇄 메커니즘으로 이론화한다. 이를 도식화하면, '파국의 발생→인간학적 쇼크→사회적 카타르시스'라고 표현할 수 있다[Beck, 2016: 117~118]. 글로벌한 파국은 그때까지 성스러운 것으로 여겨진 사회적 규범들을 흔드는 인간학적 충격을 야기하는데, 이는 새로운 인식과 성찰을 촉발하는 사회적 수준의 정화 작용(카타르시스)으로 이어진다[Beck, 2016: 122].

역사를 움직이는 동인이 무엇인가라는 질문에 대해서 지금 벡은 상당히 파격적인 견해를 제시하고 있다. 근대의 어떤 사회사상가도 사회 변화의 동인(動因)을 저렇게 어둡고 부정적인 사태(파국)에서 찾은 적은 없다. 세상을 바꾸는 것은 인간의 이성이거나, 역사의 원리이거나, 아니면 집합적 욕망이거나, 미래에 대한 꿈이거나 비전이라 생각되었다. 하지만 벡은 지금 "인간학적 충격을 창출하는 파국의 체험"[Beck, 2016: 115]으로부터 변화(탈바꿈)의 가능성이 도출된다고 이야기하고 있다.[19] 벡이 파국주의를 사회 이론에 끌어들였다는 것은 바로 이런 의미를 갖는다.

비판적 평가

그런데 이런 해방적 파국주의 개념에는 몇 가지 이론적 한계점이 존재한다. 나는 이를 다음의 세 가지 쟁점으로 압축해서 논의하고자 한다. 첫째, 해방 개념의 낙관성. 둘째, 파국에서 해방으로 이행하는 과정의 단순화. 셋째, 파국적 주체 이론의 미비.

첫째, 해방 개념의 낙관성 문제. 앞서 언급한 것처럼, 해방적 파국 개념은 '파국'이 내포하는 비관을 '해방'의 낙관성으로 전환시키려는 이론적 전략의 산물이다. 파국의 부정성을 중화시키고 그 긍정적 잠재력을 강조하는 것이다. 당연히 여기서 방점은 '파국'이 아니라 '해방'에 놓인다. 이 절차는 울리히 벡 사회 이론의 책임성과 규범성을 방증한다. 무책임한 파국론이 가져올 폐해를 경계하는 것

---

[19] 여기서 각별히 주의해야 할 것은 벡이 지금 '해방을 위해서 파국이 필요하다'는 주장을 펼치는 것이 아니라는 점이다. 해방적 파국주의는 일종의 '사후 주장(post-argument)'이다. 파국의 해방적 힘이 "글로벌 위험이 가져오는 의도치 않고, 예기치 않은 해방적 부작용의 극적 힘"이라는 사실을 벡은 거듭 강조한다[Beck, 2016: 115~116].

이다.[20]

그러나 해방이 미래의 가능성으로 '전제'되어 있다는 점에서, 해방적 파국주의는 "단선적 편향을 갖고 있는 균일주의를 재생산하고 있다"는 비판으로부터 자유롭지 않다[Levy, 2016: 293]. 이 비판의 요체는 벡의 논의가 실제로는 파국주의의 가면을 쓴 '변증법'이라는 것이다. 변증법의 논리가 그러하듯, 반(反)은 언제나 합(合)을 향해 가는 하나의 이행 단계로 설정된다. 이럴 경우, 파국은 해방에 복무하는 기능적 계기로 축소된다. 즉, 파국이 통제 가능하고 조작 가능한 현실이라는 오인을 유도할 수 있다.

이로부터 두 번째 문제가 도출된다. 그것은 파국에서 해방으로의 이행 '과정'이 충분히 논의되지 못했다는 점이다. 가령 해방적 파국 개념을 도식화하면 '파국적 사건→해방적 제도화'로 표현될 수 있을 것이다. 여기서 핵심적 관심은 파국과 제도화 사이의 저 화살표에 모아진다. 어떤 실천이, 어떤 싸움이, 어떤 전략이, 어떤 생각과 서사와 정치가 파국을 뚫고 새로운 사회를 만들어 낼 수 있는가? 벡은 저 이행이 "의미심장한 문화적이고 정치적인 노력을 통해서" 일어난다고 말하고 있지만[Beck, 2016: 115], 그 구체적 내용에 대해서 충분한 언급을 남기지 않았다.

그런데 이 부재는 파국주의적 사회 이론의 실질적 의미를 무색하게 만들 수도 있다. 왜냐하면 사회 이론이 파국을 이야기할 때 집중해야 하는 지점은 사실 저 화살표이기 때문이다. 화살표는 파

---

20. 이런 점에서 벡은 기든스와 유사한 입장을 취한다. 기든스도 기후 변화의 중대성을 인정하면서도, 생태주의적 접근을 실효성이 없는 것으로 판단하며 파국적 사고를 비판한다. "나는 우리가 인류 멸망설을 액면 그대로 받아들여서는 결코 안 된다고 생각한다. 그보다는 차라리 일종의 경고의 의미로 받아들여야 한다. 인류 멸망설은 그 어느 것을 막론하고 우리가 제대로 소임을 다하지 못했을 때, 그리고 우리가 적절한 대비책을 마련하지 못했을 때 잘못될 수 있는 가능성을 엿보게 하는 정도에 불과하다"[기든스, 2009: 54]. 동시에 벡과 기든스의 입장은 루만(Niklas Luhmann)의 입장과 대립된다. 루만은 현대 사회의 기능적 분화로 인하여 생태 문제를 해결할 수 없다는 비판적 전망을 제출한 바 있다[루만, 2014].

국이 진행되는 장기적 시간과 그 안에서 발생할 다수의 사회적 사태들을 포괄하는 일종의 '파국-과정'이다. 재난들, 투쟁과 싸움들, 생명체의 멸종과 난민들의 고통이 거기 모두 응축되어 있다. 우리가 최종적으로는 해방을 '지향'함에도 불구하고, 그 해방이 반드시 실현된다는 보장은 어디에도 없다. 파국주의는 해방의 불투명성을 사회학적 사고에 과감히 끌어들일 수 있는 용기를 요청한다. 그렇지 않고서, 선험적으로 극복 가능한 파국을 상정한다면 굳이 파국이라는 용어를 사용할 필요가 없을 것이다. 파국주의는 비관성의 긴장을 견지해야 한다. 무모한 낙관주의가 가져온 근대성의 참혹한 귀결을 다시 낙관주의로 돌파하는 것은 이제 더 이상 가능하지 않기 때문이다.

셋째, 벡의 해방적 파국주의는 주체 문제를 충분히 논의하지 못했다는 아쉬움을 남긴다. 그는 이미 『위험사회』에서 "위험-위치(risk-position)"와 "계급-위치(class-position)"를 구분한 바 있다. 즉, 위험의 시대에 생성되는 새로운 사회적 범주들을 명확히 인지하고 있었던 것이다[벡, 1997: 82~85]. 20세기 후반부터 부의 분배만큼이나 위험의 분배가 사회적 구별 원리로 고려되어야 한다는 주장을 담고 있는 이 인식은 날카로운 현실성을 갖는다. 그는 이렇게 쓴다. "어떤 사람들은 다른 사람들보다 위험의 분배 및 성장에 의해 더 큰 영향을 받는다. 즉, 사회적 위험-위치들이 생겨난다. 이 위치들에는 계급 및 계층-위치의 불평등성이 따르지만, 이 위치들은 근본적으로 다른 분배 논리를 작동시킨다"[벡, 1999: 57~58].

이처럼 변화된 불평등의 구조로부터 출현한 집합적 주체를 벡은 "위난 공동체"라 부르고 그 정치적 가능성에 주목한다[벡, 1999: 94~95]. 그런데 아쉽게도, 위험사회론에서 선구적으로 제기된 이 주체론은 해방적 파국주의 단계에서는 특별한 심화와 확장을 겪지 못한다. 벡은 '인류세 계급' 같은 흥미로운 용어를 제안하고 있기는 하지만 무엇이 인류세 계급인지, 그것은 어떻게 형성되는지에 대해서 구체적 언급을 남기지 않았다.

또한 벡에게는 인간 행위자를 넘어서는 비인간 행위자에 대한 이론적 관심이 거의 존재하지 않는다. 그 결과 벡의 파국주의는 인간들로 구성된 사회의 파국으로 그 함의가 좁혀진다. 문제는 21세기 생태 파국이 인간과 비인간, 사회와 자연, 생명체와 물질 사이의 복잡한 상호 작용의 망(網)을 통해 발생하고 있다는 사실이다. 물질의 순환과 파괴적 영향력은 국경을 넘어서 이동할 뿐 아니라 인간/비인간의 경계를 허문다. 이런 점에서 우리 시대의 파국주의에 대한 성찰 속에 비인간 행위자의 존재와 능력과 작용에 대한 논의가 없다는 것은 중대한 이론적 한계로 작용할 수 있다.

V. 브뤼노 라투르

ANT와 가이아 이론의 동맹

미셸 칼롱(Michel Callon), 존 로(John Law)와 함께 라투르는 1980년대 과학기술학 영역에서 행위자-네트워크 이론(ANT: actor-network theory)을 창안했다. ANT에 의하면, 존재하는 것은 오직 네트워크뿐인데 이들은 오직 "간헐적으로(intermittently)"만 존재한다[Latour, 2005a: 79~80]. 그 이유는 네트워크 자체가 "한시적 연합(momentary association)"의 산물이므로 연합이 해체되는 순간 네트워크도 사라지기 때문이다[Latour, 2005a: 65].

이처럼 존재를 네트워크로 본다는 것은 존재하는 것들의 한시성과 희박성에 주목한다는 것을 의미한다. ANT의 기본 관점에 의하면, 존재는 '실체'가 아니라, 잠정적인 연결과 연합의 결과 형성된 무언가의 일시적 현존이다. 라투르에게 존재는 영속적이지도 자명하지도 않은 희귀한 사태인 것이다. 그렇다면, 그런 네트워크를 이루는 요소들의 사이에는 무엇이 있으며, 네트워크가 해체되면 그것들은 어디로 돌아가는가? 이에 대한 그의 이론적 해답이 바로 플라스마(plasma)다.

플라스마는 현존하는 망들의 외부, 아직 네트워트로 연결되거나 구축되지 못한 모든 배경을 가리키기 위해서 라투르가 사용하는 용어다[Latour, 2005a: 243~244]. 즉, 현존하는 존재자들이 해체되고 소실되고 쇠락하거나 소멸하면 플라스마에 흡수된다. 존재하는 모든 것이 언제든 플라스마로 함몰되어 사라질 수 있다고 본다는 점에서, ANT는 카오스에 대한 감각을 내포하고 있다[블록·옌센, 2017: 161]. 질서의 항상성보다 그 변화 가능성에 더 예민하게 주목하는 ANT의 이런 감각은 특히 정치생태학적으로 중대한 함의를 띤다. 파국을 사고할 수 있게 하기 때문이다.

라투르가 정치생태학을 논하기 시작한 것은 1990년대부터다. 1991년의 『우리는 결코 근대인이었던 적이 없다』에서 라투르는 서구 근대에 대한 심층적 비판을 시도하면서, 비인간을 정치적으로 대표하는 '사물들의 의회'를 이론적으로 스케치한다[라투르, 2009: 351~358]. 이어서 1995년의 논문 「근대화 혹은 생태화?」에서 라투르는 근대화의 대안으로 생태화를 제안하기도 하였다[Latour, 1995]. 이들 논의에서 초안 단계에 머물러 있던 정치생태학은 1999년의 『자연의 정치』에서 좀 더 구체화된다[Latour, 2004e]. 이 책에서 라투르는 세르(Michel Serres)의 『자연 계약』(1990)에서 받은 영감에 기초하여 독창적인 논의를 펼치지만 "생태적 아마겟돈이 임박했다는 세르의 절박감까지 공유"하지는 않고 있다[블록·옌센, 2017: 160].

2010년경부터 변화가 발생한다. 라투르는 2009년에 「비-인간들은 구원될 것인가」라는 생태신학적 논문을 썼고, 2011년에는 〈가이아를 기다리며〉라는 제목의 강연을 한다[Latour, 2009; Latour, 2021]. 또한, 2013년에 에든버러에서 행한 강의에 기초하여 2015년에 불어로 출판된 『가이아와 마주하며』에서는 러브록(James Lovelock)과 마굴리스(Lynn Margulis)의 가이아 이론을 전격 수용하여 파국주의적 정치생태학을 펼쳐 나간다[러브록, 2003; Lovelock·Margulis, 1974a; Lovelock·Margulis, 1974b].[21]

주지하듯, 가이아 이론을 창시한 러브록은 1960년대 중반에 나사(NASA)에서 외계 행성의 생물체 탐지 방법을 개발하는 팀의 자문 역할을 맡고 있었다. 어느 날 그는 지구 대기의 성분들이 다른 행성들과 달리 일정 농도로 유지되고 있으며, 그로 인해 지구의 기온도 일정하게 유지되고 있다는 사실을 깨닫고 이렇게 묻는다. "그렇다면 무엇인가 그것들의 농도가 항상 일정하게 유지되도록 조절하고 있는 것이 아니겠는가?"[러브록, 2000: 25] 살아 있는 지구라

---

21. 라투르는 『자연의 정치』에서 이미 가이아를 언급하고 있으며[Latour, 2004e: 199, 280], 이후 가이아를 주제로 지속적인 작업을 수행한다[Latour, 2014; Latour, 2017b; Lenton·Dutreuil·Latour, 2020; Latour·Lenton, 2019]. 라투르의 가이아론에 대해서 한국 학계에서도 다양한 연구들이 발표되었다[김환석, 2022; 송은주, 2021; 이지선, 2022; 조성환, 2022; 홍성욱, 2023].

는 착상은 이렇게 찾아온다. 그는 자신의 친구인 소설가 윌리엄 골딩(William Golding)의 제안을 따라 그리스 신화에 나오는 대지의 여신인 '가이아'라는 이름으로 지구의 이 생명성을 명명한다[러브록, 2003: 9].

이렇게 우연찮은 계기로 탄생한 가이아 개념은 이후 소수의 지지자들을 제외하고는 그다지 진지하게 다뤄진 적이 없으며 종교적이며 비과학적인 담론이라는 비판을 받아 왔다[송은주, 2021: 252~253]. 사실 비판의 어떤 부분들은 러브록 자신이 자초한 측면이 있다. 예를 들어 그는 가이아를 "지구에서 가장 커다란 생물체"[러브록, 2003: 92]라고 부르거나 "지구적 규모의 존재자"라고 칭하기도 한다[러브록, 2003: 50. 번역은 부분 수정]. 이러한 묘사는 지구 전체가 하나의 살아 있는 유기체라는 반직관적 인식을 불러일으켰다. 더불어 러브록은 "시스템, 항상성, 규제" 같은 사이버네틱스 용어를 반복해서 사용함으로써 가이아가 "단일하고 유일한 조정적 행위자"라는 오해를 불러일으키기도 했다[Latour, 2017a: 94~95].[22]

가이아 이론과 동맹을 맺을 때, 라투르는 이 비판들을 불식시켜야 하는 과제를 떠안고 있었다. 가이아가 종교적 존재나 유기체적 실체가 아니라면 그것은 과연 무엇인가?『가이아와 마주하며』에서 라투르는 이 질문에 해답을 제시하면서 비종교적, 비신화적, 비초월적 가이아 개념을 구축해 나간다. 이를 위해 라투르는 두 가지 새로운 관점을 동원한다. 하나는 '임계 영역'으로서의 가이아라는 관점이며, 다른 하나는 '행위자-네트워크'로서의 가이아라는 관점이다.

임계 영역이란 지구의 표면, 즉 "대기권과 기반암(基盤岩) 사

---

[22]. 이 혼동의 근저에는 근대 사회과학과 자연과학에 스며 있는 "전체론적(holistic) 관념"이 있다[Latour, 2017a: 95]. 그것이 생명에 대한 것이든 사회에 대한 것이든, 근대의 과학적 이성은 부분들을 초과하는 통합된 전체라는 "유기체의 유령"을 벗어나지 못했다[Latour, 2017a: 95].

이"에 형성되어 있는 수 킬로미터의 얇은 생물막(biofilm)"을 가리킨다[라투르, 2021a: 114; Gaillardet, 2020]. 지표면을 감싼 이 막(膜)은 수많은 생명체들이 오랜 기간 분투하며 자신들의 삶에 적합한 환경으로 창조해 낸 일종의 "생존층"[라투르, 2021b: 48]이다.

이처럼 지구라는 행성 전체가 아닌 임계 영역으로 가이아를 한정시킴으로써, 라투르는 러브록의 가이아 개념이 불러일으켰던 오해를 일정 정도 해소한다. "가이아는 구체(Sphere)가 아니다. 가이아는 오직 작은 막 하나를 점유하고 있을 뿐이다. 그것은 몇 킬로미터 두께도 되지 않는 임계 영역이라는 예민한 껍데기다"[Latour, 2017a: 140]. 공기와 물과 흙과 생태계를 갖춘 임계 영역 안에서 생명체들은 가까스로 생존할 수 있다. 그 밖으로 한 걸음만 나가도 생명체들은 생명을 이어갈 수 없다. 말하자면, 라투르가 재해석한 가이아는 생명체들의 협소한 공생 공간인 것이다.

두 번째 관점은 가이아를 행위자-네트워크로 보는 것이다. 앞서 말한 임계 영역은 수많은 행위자들이 자신의 생존을 도모하는 과정에서 환경에 가한 변화와 상호 작용의 결과로 조성된 것이다. 이에 주목하면서 그는 이렇게 쓴다. "지구상의 어떤 행위자도, 벽돌이 다른 벽돌에 포개지듯이 그렇게 서로에게 겹쳐져 있지 않다. 죽은 행성 위에서는 그 구성 요소들이 '한 부분이 다른 부분의 바깥을 이루면서(partes extra partes)' 존재할 것이다. 하지만 지구에서는 그렇지 않다. 각각의 행위 능력은 그 이웃들을 미소한 방식으로나마 변형시킨다. 자신의 생존을 조금 더 개연적인 것으로 만들기 위해서다. (…) 가이아 개념은 모든 행위자들의 분산된 지향성을 포착한다. 각각의 행위자들은 자신의 목적에 맞게 자신의 주변을 변경시킨다"[Latour, 2017a: 98].

환언하면, 가이아에는 초월적 섭리도, 선험적 구조도, 특권적 중심도, 고정된 체계도 존재하지 않는다. 그것은 일종의 "뒤죽박죽(muddle)"이다[Latour, 2017a: 100]. 수많은 행위자들은 그 뒤죽박죽 속에서 각자의 방식으로 "행위의 물결들(waves of action)"을 일으킨다. 행위의 물결들은 서로 간섭하며 뻗어 가며 공생의 네트워크를 만들어 낸다. 개체가 환경 속에 존재하는 것이 아니라 개체 자체가 이미 환경인 이유가 그 때문이다. 가이아에는 미시와 거시의 구별도, 로컬과 글로벌의 차이도 없다. 그것은 행성의 표층에 형성된 거대하고 평평하고 내재적이며 리좀적인 그물망, 즉 행위자-네트워크다[Latour, 2017a: 100~101].

안티-갈릴레오

가이아 가설을 이렇게 자신의 방식으로 전유함으로써 라투르는 21세기 인류세 파국의 원인 중 하나로 그가 판단하는 근대적 우주론을 비판할 수 있는 입지를 마련한다. 라투르에 의하면 17세기에 태동한 근대 과학은 다음의 두 가지 중요한 입장을 전면화하면서 일종의 "우주론적 변환"을 수행했다[Latour, 2022: 16].

첫 번째 입장은 기계론적 시각이다. 근대 과학은 우주에서 영혼(anima)을 제거했다. 물질은 비활성적이며 죽은 것으로 간주되고, 비인간 생명체들과 비생명적 존재자들에게는 행위 능력이 부여되지 않는다. 물질 전체는 "탈생명화(deanimated)"된다. 반대로 인간 정신에는 과도한 행위 능력이 주어진다. 그는 이를 "과잉 생명화(overanimation)"라 부른다[Latour, 2017a: 67~68]. 그 결과, 인간 이성을 제외한 우주 전체는 자발성도 생명도 행위 능력도 없이 기계적 인과 관계에 종속되어 움직이는 연쇄적 "당구공들"의 극장으로 간주된다[Latour, 2017a: 77].

두 번째 관점은 지구를 우주 중심에 놓던 신학적 시각을 폐지하며 등장한 "무한한 우주로부터의 관점" 또는 "시리우스로부터의 시선(une vue de Sirius)"이다[라투르, 2021a: 99; Latour, 2022: 24]. 이 시선은 우주의 불특정한 허공에서 지구를 바라보는 비장소성을 띠며, 그 시선하에서 지구는 다른 별들과 동일한 물리적 법칙의 지배를 받는 "갈릴레오적 객체"로 변모된다[라투르, 2021a: 99].

시리우스적 관점과 세계의 탈생명화는 결국 "지구적인 것에 대한 무관심"을 야기한다[Latour, 2017a: 186]. 근대 과학의 시선에는 정작 그 시선의 주체가 발을 딛고, 숨을 쉬고, 식사를 하고, 다른 생명체들과 상호 의존 관계를 맺으며 살아가는 지구라는 존재의 특이성(임계 영역을 갖고 있다는 사실)에 대한 고려가 결여되어 있는 것이다. 지구란 무엇인가? 과학적 이성은 답한다. 그것은 화성이나 목성과 다르지 않은 죽은 물질들의 덩어리다. 거기에는 어떤 영혼도 생기도 없다. 라투르는 21세기 생태 파국이 바로 이런 우주관과 깊은 연관을 갖고 있다고 보면서, 이와 다른 과학, 사고, 상상력을 통해서 생태 파국을 돌파해야 한다고 생각한다. 러브록의 가이아 이론에 그가 주목했던 이유는 여기에 있다.

라투르에게 러브록은 일종의 '안티-갈릴레오'다. 갈릴레오(Galileo Galilei)는 1609년에 자신이 제작한 천체 망원경으로 달을 관찰하고 "모든 행성들이 동일하다"는 생각에 이르렀었다. 지구나 화성이나 저 먼 우주의 끝에 있는 x, y, z라는 별들은 모두 같은 별들이다. 하지만, 300년 후에 러브록은 그 주장을 다시 뒤집는다. 러브록의 지구는 특이하고 희귀한 별이다. 생명체가 있다. 대기의 온도는 항상성을 유지한다. 지구는 관찰 가능한 별들 중에서 유일하게 살아 있는 행성이다[Latour, 2017a: 75~76]. 러브록은 갈릴레오의 과학과 다른 과학, 다른 발상, 다른 사유의 가능성을 보여 주었다. 이것은 러브록이 하늘에서 땅으로 시선을 돌렸기 때문에 가능했다. 러브록은 지구를 "완전히 아래로부터" 바라보았고, "지구를 연구하기 위해 지구로 내려와야 한다"고 생각했다[Latour, 2017a: 87].

요컨대, 가이아 이론의 핵심은 땅으로의 귀환이다. 가이아 이론은 행위 능력을 박탈당했던 지구에게 다시 생명을 부여하며 "가이아-중심주의(Gaia-centrism)"나 "가이아 과학" 같은 대안적 관점들을 제시한다[Latour, 2017a: 94, 216]. 라투르에게 가이아 이론은 이런 점에서 뉴에이지 영성이나 유사 과학 담론으로 치부될 수 없는 중대한 정치생태학적 함의를 갖게 된다.

VI. 가이아 파국주의

가이아의 침입

임계 영역인 동시에 행위자-네트워크로 재해석된 가이아는 사실 ANT가 오랫동안 주창해 온 사회의 모습을 띠고 있다. 이질적 연합체인 라투르적 사회는 서로 침투하고 정복하고 소유하는 '모나드(monad)'로 이뤄진 타르드의 사회나 화이트헤드가 제시한 '포착(prehension)'의 세계와 흡사하다[Latour, 2017a: 98]. 이들은 모두 인간 세계를 넘어서는 만물 중생의 사회 또는 지구-사회를 사고했다는 공통점을 갖는다. 지구-사회는 국민-국가를 넘어서며, 정치 경제적 질서인 '글로벌' 연결망도 넘어서고, 문화적 질서인 '코즈모폴리턴'한 차원도 넘어선다. 지구-사회는 '행성적' 실재다. 물질적 연결이며, 생명적 연결이다.

라투르는 러브록의 가이아 개념에서 이러한 지구-사회의 모습을 발견한다. 실험실에서 시작된 ANT는 지구에 구현된 가장 거대한 행위자-네트워크인 가이아로 귀결된다. 문제는 21세기 현재 저 지구-사회가 파국에 던져져 있다는 점이다. 이 지점에서 라투르는 스탕게르스가 말하는 "가이아의 침입" 테제를 인용한다[Latour, 2017a: 226]. 스탕게르스에 의하면, 인간과 가이아가 '소속' 관계로 표현되던 시대는 종언을 고했다. 가이아는 더 이상 우리를 자애롭게 품어 주는 어머니 대지가 아니며, 무상의 자원을 제공하는 자연도 아니다. 가이아는 광폭하고 예민하고 변덕스런 행위자로 인간 세계에 난입하고 있다[Stengers, 2009: 50].

가이아는 예민하다. 가이아가 하나의 존재자처럼 명명되어야 하는 이유가 그것이다. 우리는 지금 야생적이고 위협적인 자연, 연약하여 보호해야 하는 자연, 마음대로 착취할 수 있는 자연을 상대하고 있지 않다. 이것은 새로운 경우다. 침입하는 가이아는 '우리에게 아무것도 요구하지 않는다'. 가이아가 던지는 질문에 대답하라는 요구도 없다. 모욕을 받았음에도 불구하고, 가이아는 '누가 책임을 질 것이냐'고 묻지 않는다. 시비를 가리는 방식으로 행동하지 않는다. 가장 우선적으로 행성에서 제일 빈곤한 지역이 타격을 입을 것이다[Stengers, 2009: 53~54].

사태의 급박성은 "침입"이라는 단어에 적시되어 있다. 예상치 못한 뭔가가 느닷없이 들이닥치듯, 가이아는 폭풍과 해일과 기상 이변과 해수면 상승과 폭염 같은 파국적 재난들 속에서 침입자처럼, 난입자처럼 모습을 드러낸다. 파국은 "행위자들이 자신의 행위 능력을 그 안에서 증명하는 극적 장치", 즉 일종의 무대다[Aït-Touati·Coccia, 2021: 6].[23]

이처럼 라투르에게 가이아 이론은 파국주의를 구체적이고 현실적인 서사로 풀어 갈 수 있게 하는 이론적 장치로 기능한다. 무엇이 지금 우리를 위협하고 있으며 우리가 사고하고 논의해야 하는 파국인가? 라투르의 대답은 추상적이지도 않고, 관념적이지도 않고, 종교적이지도 않다. 그의 논리는 명확하고 단순하다. 문제가 되는 파국은 가이아의 파국이다. 가이아가 파국의 중심에 있다. 우주적이고 신학적인 종말이 아니다. 붕괴하는 것은 지구-사회. "거주 가능성"의 축소 또는 여섯 번째 대멸종이다[Latour, 2022: 47]. 라투르의 파국주의는 '가이아 파국주의'다.

전쟁 상태

가이아 파국은 이중의 파국이다. 한편에는 가이아 자체가 파괴되는

---

23. 라투르는 라스 폰 트리에(Lars von Trier)의 〈멜랑콜리아〉(2012)에서 가이아 침입 테제의 영화적 표상을 읽는다[Latour, 2017a: 144~145]. 이 영화는 지구가 외계 행성과의 충돌로 파괴되는 상황을 그린다. 거대 행성이 지구로 접근하고 사람들은 패닉에 빠져 있다. 결국 행성은 지구와 충돌하여 모든 것을 파괴한다. 다노프스키와 비베이루스 지 카스트루가 지적하듯, 영화에서 가이아는 파괴되는 지구가 아니라 지구로 다가와 그것을 파괴하는 외계 행성이다[Danowski·Viveiros de Castro, 2017: 41].

사태가 있다(가이아'의' 파국). 다른 한편에는, 깨어난 가이아가 스스로를 파괴하고 있다는 그런 의미의 파국이 있다(가이아'에 의한' 파국). 가이아는 파국의 주어이자 목적어다. 파국의 감수자(patient)로서 울부짖고 있지만,[24] 대격변의 작인(agent)이기도 한 것이다. 라투르는 이를 다음처럼 표현한다. "만일 가이아가 말을 할 수 있다면, 예수처럼 이렇게 말할 것이다. '너희는 내가 세상에 평화를 주러 왔다고 생각하지 말아라. 평화가 아니라 칼을 주려고 왔다'[마태, 10: 34]. 혹은 더 폭력적으로『도마복음』에서 말하듯이 '나는 이 세상에 불을 던졌노라. 보라, 이것이 타오를 때까지 내가 지키고 있노라'"[Latour, 2017a: 144].

가이아 파국은 정치철학적 언어로는 '전쟁 상태'로 번역된다. 여기서 라투르는 칼 슈미트의 정치철학에 기대고 있다. 슈미트에 의하면, 전쟁은 정치적인 것의 근본 코드인 친구와 적의 "궁극적 구별"을 원리로 한다[Schmitt, 2007: 26]. 적(enemy)은 상대방(adversary)이나 경쟁자(competitor)가 아니라 타협이나 중재가 불가능한 적대 관계로 맺어진 대상을 가리킨다. 전쟁은 적대 관계가 극단으로 치달았을 때, 환언하면 대립하는 두 존재 사이에 "무사심하고 중립적인 제삼자"나 "주권적 중재자"가 부재할 때 발생한다[Latour, 2017a: 236~237].

가이아가 전쟁 상태에 있다는 말은, 우리가 체험하는 생태 파국에는 사심 없는 주권적 제삼자가 없다는 것을 의미한다. 어떤 국가도, 인종도, 민족이나 조직도, 국제기구도 지구적 주권자가 아니

24. 가이아의 울부짖음(cri)이라는 테마와 연관해서 라투르는 프란치스코(Francis) 교황이 2015년에 발표한 회칙『찬미받으소서』를 여러 차례 언급한다[Latour, 2017a: 210; Latour, 2022: 25~31, 79~87]. 이 회칙에서 교황은 빈자(貧者)의 울부짖음과 대지(大地)의 울부짖음에 동시에 귀를 기울일 것을 촉구한다. 라투르는 한 인터뷰에서 교황의 회칙이『가이아와 마주하며』가 출판된 2015년에 나왔기 때문에 자신의 책에서 본격적으로 다루지는 못했지만, 매우 깊은 인상을 받았다고 술회한다[Latour, 2022: 16].

다. 생태적 적대 상황의 시비를 가릴 수 있는 중립적 심급은 존재하지 않는다. 이해 당사자가 아닌 사심 없는 판단자나 법정이 우리 세계에는 부재한다.

더구나 전쟁은 다중적이다. 가이아와 가이아 자신도 전쟁 상태이지만, 인간 행위자들과 멸종해 가는 비인간 생명체들 사이에도 전쟁이 진행 중이다. 인류세란 인간이 비인간 생명체들과 "실존적 부정"이나 "물리적 살해" 관계를 맺고 있는 시대다[Latour, 2017a: 237]. 라투르는 묻는다. 이것이 바로 (홉스가 일찍이 이야기한 바 있던) 만인과 만인이 전쟁을 벌이는 상호 부정의 관계, 즉 '자연 상태'가 아니라면 무엇인가? 21세기에 우리는 아직 지구 수준의 "기후 리바이어던"[웨인라이트·만, 2023]을 형성하지 못한 채 "만물과 각자의 전쟁"이라는 새로운 유형의 전쟁을 겪고 있는 것은 아닌가?

> 전쟁 상태가 있다는 사실을 인정하는 데 동의하지 못한다면 우리는 결코 생태학을 다시 정치화하지 못할 것이다. (…) 우리는 지금 만물과 각자의 전쟁(a war of all against each)을 겪고 있다. 그 안에서 이제부터는 늑대와 양뿐만이 아니라, 참치와 이산화탄소, 식물의 뿌리혹 혹은 조류(藻類)도 주인공으로 등장한다. 물론, 거의 모든 것에 대해서 의견을 달리하는 다수의 인간 도당들도 마찬가지다[Latour, 2017a: 227].

참치와 이산화탄소, 동물들과 방사능 물질, 화력 발전소와 곤충들, 바이러스와 인간 신체, 태풍과 빈민들, 산불과 코알라 사이에서 전쟁이 벌어지고 있다. 이는 우리 시대에 물질적 관계들의 거의 모든 매듭들에서 실존적 부정과 물리적 살해가 발생하고 있다는 것을 의미한다. 그렇다면, 인간 사회의 내부는 어떠한가? 라투르에 의하면, 거기서는 두 상이한 그룹을 중심으로 전쟁이 진행 중이다. 이들 그룹을 가르는 분리선은 계급도, 젠더도, 인종도, 종교도, 국가도 아니다. 그것은 파국에 대한 근본 태도와 입장에 의해 나누어지는 두 개의 그룹이다.
 한편에는 발전주의적 세계관을 견지하며 자신들의 이해관계를 지속해 가려는 자들이 있다. 라투르는 이들을 '근대인들(Moderns)' 또는 단순하게 '인간들(Humans)'이라 부른다. 이 범주에는 기후 회의론자들, 개발주의자들, 여전히 발전을 꿈꾸는 자들, 생각과 욕망이 충적세에 머물러 있는 자들, 인간중심주의자들, 근대적 가치를 고수하는 자들, 이들의 세계관에 부합하는 지식을 생산하는 과학자들이 포함된다. 반대편에는 '인간들'과 전쟁을 벌이는 또 다른 인간 집단이 있다. 이들은 가이아의 침입을 중대한 문제로 지각하고 있으며 대안을 찾아 가는 자들이다. 『가이아와 마주하며』에서 라투르는 이들을 "지구생활자(Terrestre)"[25]라 부른다. '지구생활자'에게 지구는 자원이나 수단이 아니라 다른 존재들과 상호 의존 관계를 맺으며 살아가는 거주의 장소다. 그들은 "가이아의 민중"이다[Latour, 2017a: 214].
 '인간'에게 지구는 아직도 개발하고, 이용하고, 이득을 취할 수 있는 값싼 자연이다. '지구생활자'는 인류세로 진입했지만 '인간'은 아직 충적세에 머물고 있다. '인간'의 과학과 '지구생활자'의 과학 사이에도 화해가 불가능하다. 두 집단의 관점은 중재될 수 없다. 인류세 생태 정치의 근본 적대는 '인간'과 '지구생활자'의 대립을 축으로 전개된다[Latour, 2017a: 251~252; 라투르, 2021a: 128]. 라투르는 『녹색 계급의 출현』에서 지구생활자에게 "생태 계급(ecological class)"[26]이라는 새로운 명칭을 부여한다. 생태 계급은 비인간들에

---

25. '지구생활자'라는 번역어는 김예령의 제안을 따른다[라투르, 2021b: 31]. 영어로 이 단어는 주로 'Earthbound'라고 번역되는데, 간혹 'Terran'으로 번역되는 경우도 있다[Danowski·Viveiros de Castro, 2017: xii].

26. '생태 계급'은 한국어로 '녹색 계급'으로 번역되었다[라투르·슐츠, 2022]. 라투르가 녹색 정치에 대해 비판적 견해를 취했던 점을 고려하여 이 글에서는 프랑스어 원래의 표현대로 '생태 계급'이라 부르고자 한다.

대한 의존 관계를 자각하고, 행성적 연대 의식을 갖고, 지구를 근대적 시각과 완전히 다른 '거주'의 관점에서 파악하는, 형성 중인 잠재적 집합체다[라투르·슐츠, 2022]. 이 개념을 정확히 이해하기 위해서는 라투르가 사용하는 '계급' 개념이 맑스나 부르디외의 그것과 어떤 연속성과 차이를 갖는지 살펴보아야 한다.

　　양자의 연속성은 계급 개념에 내포된 적대의 관점에서 찾을 수 있다. 계급이라는 용어를 라투르가 사용하는 이유는 그 개념에 내포된 수행성(performativity) 때문이다. 계급을 말하는 것은 곧 계급을 구성하는 실천이며 계급 투쟁을 조직하는 실천이다. 따라서 라투르가 계급 개념을 가져오는 것은 기후 파국의 주체를 수행적으로 구축하기 위해서다. "계급 투쟁의 개념은 결코 사회를 변화시키려는 시도와 분리될 수 없었다. 그러므로 '계급'에 관해 말하는 것은 언제나 전투 대형을 갖추는 것이다"[라투르·슐츠, 2022: 16].

　　하지만 생태 계급은 (맑스에게서처럼) 생산관계의 시스템이나 (부르디외에게서처럼) 사회적 장에 배태되어 있지 않다는 중요한 차이점이 존재한다. 생태 계급은 경제적 위치와 문화적 위치가 아닌 '지리-사회적(geo-social) 위치'에 의해 규정된다[라투르, 2021a: 93~94]. 가이아 파국 속에서 한 존재의 취약성은 그가 거주하는 장소에 크게 의존하기 때문이다. 해수면 상승으로 물에 잠겨 가는 적도 지방의 섬에 사느냐, 물 부족에 시달리는 사막에 사느냐, 파괴되는 정글에서 사느냐, 서울의 반지하에 사느냐, 아니면 모든 종류의 방어막을 켜켜이 두른 채 강남의 고가 아파트에서 사느냐, 원자력 발전소 근처에 사느냐, 고압선 아래에서 사느냐가 중요해진 것이다. 가이아 파국의 시대에 어떤 존재가 누릴 수 있는 삶의 질과 수준은 파괴적 힘들로부터 얼마나 안전하게 보호될 수 있느냐에 의해 결정되며, 그 보호는 지리-사회적으로 불평등하게 실행되는 경향이 있다.

　　이런 점에서 가이아 파국주의는 맑스의 사회 구성체론을 생산이 아닌 파괴의 관점에서 사고하도록 한다. 예컨대 맑스에게 사회 구성체는 하부 구조와 상부 구조의 접합으로 이뤄져 있으며, 하부 구조는 생산력과 생산관계로 구성된다. 인류세에 이 도식은 파괴의 관점에서 재구성될 수 있다. 즉, 파국사회의 하부 구조는 생산력과 생산관계의 결합이 아니라 파괴력(destructive force)과 파괴관계(relation of destruction)의 결합으로 이해될 필요가 있는 것이다. 여기서 파괴력은 사회적 힘을 넘어서는 생태적 파괴 작용들을 포함하며, 파괴 관계란 그런 파괴력을 차단하는 방어막들의 불평등한 배분 구조를 가리킨다. 즉, 누군가는 더 파괴될 가능성이 있는 삶을 살고, 누군가는 덜 파괴될 가능성이 있는 삶을 산다. 인류세의 불평등은 파괴 관계에서의 위치에 달려 있다.

이처럼 "생산 체계가 파괴 체계와 동의어"가 된 상황에서[라투르·슐츠, 2022: 26], 계급성을 담지하는 물질적 조건은 생산이 아닌 "생산에 대한 집착으로 인해 파괴된 삶의 조건들"에서 찾아져야 한다[라투르·슐츠, 2022: 13]. 생태 계급은 이러한 파괴 관계에서 취약한 자리를 차지하고 있는 존재들의 연합, 즉 파괴를 통해 만들어지고, 파괴에 저항하며, 파괴의 구조를 해체하는 "감수자-어셈블리지"다[김홍중, 2024: 293]. 라투르는 생태 계급을 반(反)-생태적 근대인들과의 전쟁을 수행하는 핵심적 존재로 이론화하고자 했다[라투르·슐츠, 2022: 90].

예방적 묵시록

라투르의 파국주의는 과격하고 급진적이다. 이러한 급진성은 『가이아와 마주하며』 6장에서 라투르가 파국을 벗어나기 위해서는 지금의 세계가 이미 종말을 맞이한 상태임을 인정해야 한다고 주장할 때 정점에 도달한다. 그는 생태 파국을 쉽게 타개할 수 있다고 보는 여러 안이한 입장들(테크노픽스나 합리적 제도를 통한 위기 극복)을 '광기'라고 질타한다[Latour, 2017a: 12]. 우리에게 요청되는 것은 미래에 대한 낙관이 아니라 지금이 곧 종말이라는 냉혹한 인식이라는 것이다.

역설적으로 보이겠지만, 대문자 묵시록(Apocalypse)를 분쇄하기 위해 (…) 우리는 묵시록적 언어로 돌아가야 한다. 우리는 지구적 뿌리 내림의 상황에 다시 현존해야 하며, 당신이 이해하겠지만 이것은 '자연'으로의 회귀('자연'에 대한 존경)와 더 이상 아무런 관련도 없는 것이다. 민감해지기 위해서, 말하자면 우리의 의무감을 느끼고 우리 자신의 행위로 돌아가기 위해서, 우리는 완전히 인위적인 단계들을 통해서, 우리 자신을 대문자 시간의 끝(End of Time)에 놓아야 하는 것이다"[Latour, 2017a: 212~213].

이 지점에서 라투르는 파국의 상상력과 깊은 연관을 갖고 있는 두 가지 지적 전통을 끌어오고 있다. (그가 명시하고 있지는 않지만) 하나는 벤야민이나 아감벤(Giorgio Agamben)이 천착했던 '메시아주의'이며, 다른 하나는 (그가 직접 저서에 인용하면서 언급하는) 독일의 반핵(反核) 철학자 귄터 안더스(Günther Anders)가 대표하는 '예방적 묵시록'의 입장이다.

우선 메시아주의와 연관해서 말하자면, 위의 인용문에서 언급되고 있는 구분인 "끝의 시간(end times)"과 "시간의 끝(End of Time)"의 차이에 주목할 필요가 있다. 아감벤의 다음 구별은 이를 이해하는 데 큰 도움을 준다. "묵시록과 메시아주의의 차이, 사도와 선지자의 차이를 정식(定式)으로 환원하기를 원한다면 (…) 메시아주의는 시간의 끝이 아니라 끝의 시간이라고 말할 수 있을 것 같다. 사도가 관심 있는 것은 최후의 날, 즉 시간이 끝나는 순간이 아니라, 압축되어 끝나기를 시작하는 시간이다"[Agamben, 2000: 104. 강조는 인용자].

아감벤에 의하면, 시간의 끝은 연대기적으로 흐르는 수량화된 시간의 최종 지점을 가리킨다. 종말을 시간의 끝으로 이해할 때, 우리는 종말에 아무런 개입을 할 수 없는 외부적 위치에 선다. 그러나 라투르는 시간의 '끝'이 아닌 끝의 '시간'을 강조한다[Latour, 2017a: 194]. 끝의 시간은 연대기적으로 전진하던 시간이 정지되고 열린 카이로스다. 끝의 시간 속에서 종말은 순간이 아닌 지속하는 과정으로 펼쳐지며, 그처럼 펼쳐지는 시간 속에는 어떤 실천적 가능성이 내재해 있다. 반드시 기대된 결과를 만들어 낼 수 있는 것은 아니지만 그럼에도 불구하고 미지의 기회가 주어질 수 있는 파국적 상태, 이것이 바로 끝의 시간에 부여된 메시아주의적 가능성이다.

둘째로 예방적 묵시록과 연관해서 라투르는 귄터 안더스가 1960년에 쓴 「유예」라는 글에 나오는 구절을 인용하고 있다. 이 구절은 사실상 라투르가 말하고자 하는 바를 의미심장하게 역설한다[Latour, 2017a: 217]. "우리는 새로운 유형의 묵시록주의자의 역할을 행할 기회를 얻게 되었다. 즉 '예방적 묵시록주의자(apocalypticiens prophylactiques)'가 그것이다. 우리는 고전적인 유대-기독교적 묵시록주의자들과 구분된다. 왜냐하면 우리는 (그들이 희망했던) 끝을 '두려워'하고 있기 때문이다. 또한, 우리의 묵시록적 열정은 묵시록을 방지하려는 목적 외에 다른 어떤 것도 갖고 있지 않기 때문이다. 우리는 '틀리기' 위해서만 묵시록주의자일 뿐이다"[Anders, 1960: 259].

예방적 묵시록은 종말에 대한 경고를 통해 종말적 과정에 수행적으로 개입함으로써 결국 그 경고가 잘못된 것이었다는 사실을 현실화하고자 한다. 종말이라는 진단이 오류로 판정될 미래의 상태를 만들어 내려는 목적으로 발화되는 담화, 이것이 예방적 묵시록이다. 환언하면, "'세계의 끝'에 대한 예언은 수행적으로 선포되어서 그것이 실제로 오지 않도록 해야 한다"는 것이다[Danowski·Viveiros de Castro, 2017: 85]. 안더스에게 깊은 영향을 받은 뒤피(Jean-Pierre Dupuy)의 "계몽된 파국주의(catastrophisme éclairé)"도 이와 동일한 메시지를 던지고 있다[Dupuy, 2002; Dupuy, 2005]. 뒤피 역시 파국을 막기 위해서는 파국이 이미 발생한 실제적 현상이라는 사실을 믿어야 한다는 역설적 발상을 제안하고 있다.

비판적 평가

우리는 앞서서 벡의 해방적 파국주의를 세 가지 쟁점을 통해 검토한 바 있다. 낙관주의, 해방의 과정, 그리고 주체성의 문제가 그것이다. 이 세 쟁점은 가이아 파국주의의 경우에 어떻게 이야기될 수 있을까?

우선, 라투르가 시도하는 "묵시록과 생태학의 융합"[Latour, 2017a: 218]에는 벡이 견지하는 낙관성이 들어설 자리가 없다.[27] 그는 인류세와 신기후체제에 대해 가차 없는 비관주의를 표방한다. 그에게 21세기는 "엄청난 파국이 진행 중"이며, "놀라울 정도로 전례 없는 상황"이 벌어지는 시대다[라투르·슐츠, 2022: 11, 70]. 많은 사람들이 직관적으로 파국을 절감하고 있으며 "지반이 무너지고 있다는 느낌"을 갖고 있다[라투르, 2021a: 28]. 하지만 정치는 무능하고 시민들은 행동에 나서지 않는다. 라투르는 주장한다. 우리는 문제 해결의 적시를 놓쳤다. "정치, 의식, 그리고 감수성의 중대한 과정들이 진보하는 것보다 더 빨리 빙하들이 줄어들고, 얼음이 더 빨리 녹고 있고, 종(種)들이 사라지고 있다"[Latour, 2017a: 108]. 상황에 변화를 가져오기를 바란다면 우리는 이 비관적 현실에 대한 냉정한 인정을 시작점으로 하여 가능한 실천을 모색해야 한다.

둘째, 라투르는 파국에서 해방으로 가는 경로의 필연성이 아니라 그 과정의 난관에 더욱 집중한다. 라투르에게 인류세는 전쟁 상태다. 인류세 파국은 모두에게 다음의 질문을 던진다. "누가 당신의 친구이며 누가 당신의 적인가?"[Latour, 2017a: 224] 즉, 평화와 조정 대신 생명을 둘러싼 적대가 전면화된다는 것이다. 라투르는 기후 문제가 자유주의적 이상으로는 해결되지 않을 근본 적대를 내포하고 있음을 강조한다. 라투르의 현실주의는 기후 파국이 근대적 '인간들'과 '생태 계급'의 역사적 대립, 충적세적 문명과 인류세적 문명의 전쟁을 불가피하게 동반한다는 사실을 강조한다.

---

27. 라투르는 트럼프(Donald Trump)의 파리 기후 협약 탈퇴(2017년 6월 1일)와 코로나19 팬데믹에 충격을 받고 더욱더 비관주의적 태도로 선회한다[라투르, 2021a: 20; 라투르, 2021b].

셋째, 라투르는 벡보다 선명한 주체 이론을 제시하고 있다. 그에게 파국은 새로운 주체를 생산하는 "민중-생성(démo-genèse)" 장치다[Latour, 2017a: 180]. 인류세 파국은 생태 계급을 생성시킬 것이며, 생태 계급의 현실성은 파국의 실재성에 뿌리내리고 있다. 21세기가 진행되면 될수록, 더 많은 인간 행위자들이 가이아 파국에 영향을 받을 것이며, 더 많은 사람들이 종말론적 현실을 절감하게 될 것이다. 이런 절박한 인식이 생각을 바꾸고, 그들을 '가이아로 귀환'시키고, 실천을 촉발할 것이라고 라투르는 본다. 생태 계급은 인류세적 파괴 관계에서 취약한 위치에 놓인 존재들, 이를테면 여러 토착민들, 청년 세대, 난민들, 생태 재난의 피해자들이 형성하게 될 감수자-어셈블리지, 더 정확히 말하자면 감수자-저항-어셈블리지(patient-resistance-assemblage)다.

VII. 파국의 이론 또는 이론의 파국

사회학의 역사에서 '파국'은 중요한 사고 대상으로 취급되지 못했다. (맑스를 제외하면) 걸출한 사회 이론가들은 파국에 주목하지 않았다. 이는 우리 시대의 사회학도 마찬가지다. 이런 점에서 벡과 라투르가 말년에 시도한 '파국주의적 전환'의 의미는 자못 심대하다. 벡과 라투르는 파국을 사회학이 고민해야 하는 최상급의 문제로 이해했으며, 이런 상황을 넘어설 수 있는 가능성을 사고하는 데 열정을 기울였다. 이들은 모두 인류세의 도래와 기후 변화가 현존 사회 제도를 탈바꿈시키거나 아니면 붕괴시킬 수도 있는 중대한 사태라고 생각했다. 벡이 파국의 긍정적 가능성에 주목했다면, 라투르는 기후 파국을 종말적 상황으로 보면서 그것을 돌파할 가능성을 생태 계급의 형성에서 찾았다. 마지막으로 이들이 주창한 파국주의적 사유의 세 가지 함의를 짚어 보면서, 논의를 정리하고자 한다.

첫째, 벡과 라투르의 파국주의는 자신들이 오랫동안 진행해 온 대안적 사회 이론(위험사회론과 ANT)의 진화 과정에서 자연스럽게 형성된 것이다. 벡의 경우, 위험사회에 대한 인식은 처음부터 생태 리스크에 대한 예민한 인지에 기초하고 있었다. 라투르 역시 생태 문제와의 대결 속에서 가이아 이론을 흡수하여 이론적 실험을 시도했다. 즉, ANT를 통해 라투르는 러브록의 가이아 가설을 정치생태학으로 번역하는 데 성공한다. 이처럼, 벡과 라투르에게 모두 파국주의적 전환은 사회와 인간과 자연을 보는 관점 그 자체에서의 이론적 혁신에 의해 추동된 것이다. 파국의 사상은 사상 자체의 파국적 재구성을 동반했으며 따라서 파국을 말한다는 것은 20세기 사회학의 철학적 전제들에 대한 급진적 문제 제기의 성격을 띤다.

둘째, 파국주의적 사유가 사회 이론의 20세기적 전제들을 쇄신하면서 생산이 아닌 파괴, 발전이 아닌 재난, 번영이 아닌 고통을 사고하게 하는 이론적 새로움을 가져옴에도 불구하고, 파국주의는 지적 변혁에 그치는 것이 아니라 현실 자체의 변화를 지향한다는 사실이 지적되어야 한다. 환언하면, 파국주의는 규범적 지평을 갖는다. 가령, 벡과 라투르는 공히 파국을 저지하기 위한 수행적 개입의 일환으로 파국을 말하고, 논의하고, 사고한다. '현실이 파국이다'라는 사실적 명제의 생산은 언제나 '파국이 저지되어야 한다'는 규범적 명제에 의해 정당화된다. 규범적 명제는 현실이 아니기 때문에 그 자체로 수행성을 갖는다. 이 수행성은 이론의 문제가 아니라 실천의 문제이며, 바로 이 점에서 파국주의적 주체의 문제가 중요하게 제기되는 것이다.

    마지막으로, 파국주의는 '사회 이론은 과연 어떤 존재들의 입장에서, 어떤 존재들을 대변하는 담론인가?'라는 정치적 질문과 연관된다. 역사를 진보가 아니라 파국으로 사고했던 거의 유일한 맑스주의자 발터 벤야민의 파국 사상은 흥미로운 선례를 제공한다. 그가 파국을 말하는 것은 역사철학적 입장에서 도출되는 것이 아니라, 파괴되고 고통받는 패배자들의 입장에서 역사를 이해하려는 노력에 뿌리를 내리고 있다. 「역사철학테제」에서 그는 반복해서 지적한다. 승자들이 말하는 진보는 패자들에게는 '비상사태'에 다름 아니었으며, 문화로 기억된 모든 것들은 실제로 야만적 폭력의 산물이었다[Benjamin, GS I/2: 691~704]. 패배자들에게 역사는 "항상적 파국"으로 체험되어 왔으며[Benjamin, GS I/2: 660], 진보사는 결국 가면을 쓴 파국사(破局史)였던 것이다.

    유사한 맥락에서, 다노프스키와 비베이루스 지 카스트루는 종말에 대한 서구적 담론들이 라틴아메리카 인디언들의 체험을 담지 못하고 있음을 비판한다. 인류 문명이 21세기에 파국을 앞두고 있다는 생각은 사실상, "아메리카 대륙의 토착민들에게는 '세계의 종말'이 이미 5세기 전에 발생했다는 것", "세계의 종말이 1492년 10월 12일에 일어났다는 점"을 은폐한다[Danowski·Viveiro de Castro, 2017: 104]. 토착민 대다수는 유럽발 바이러스로 몰살당했고, 그들의 세계는 허망하게 붕괴했다.

    겹겹의 보호막과 안전장치 뒤에서 세계를 유유히 관조할 수 있는 자들은 파국을 말할 필요가 없다. 그들에게 파국주의는 호들 갑이거나 과장일 수 있다. 진보와 낙관과 성장과 발전은 여전히 그들의 꿈이다. 하지만 재난에 휘말려 무기력하게 무너지면서 미래를 상실해 가는 자들의 입장을 대변하려는 사회 이론가는 비관주의를 선택하지 않을 수 없다. 파국을 말하지 않을 수 없다. 파국주의는 파괴되는 약자들과의 정치적 동맹이다. 벡과 라투르 파국주의의 핵심에 바로 이런 고통의 정치학이 자리 잡고 있다. 완성되지도 않았고 여러 쟁점에 열려 있음에도 불구하고 우리가 그들의 파국주의에서 21세기 사회 이론의 미래를 읽어야 하는 이유는 파국주의에 내재한 이 고통에의 공감과 연대 때문이기도 하다.

보론. 예방적 묵시록[28]

어느날, 누더기를 걸치고 온몸에 재를 뒤집어쓴 채, 노아가 사람들 앞에 나타났다. 이런 차림은 당시 관행으로는 자식이나 부인을 잃은 경우에만 허용된 상복(喪服)이었다. 수많은 사람들이 몰려들어 무슨 일이냐고 묻는다. 노아는 답한다. 정말 많은 사람들이 죽었다고.

누가 죽었냐고 사람들이 묻는다. 노아는 답한다. 죽은 자들은 바로 당신들이라고. 노아가 농담을 하고 있다 생각한 듯 사람들이 떠들썩하게 웃는다. 그러고는 또 다른 질문을 던졌다. 언제 그렇게 다 죽었단 말이오? 노아는 답한다. 내일. 내일 다 죽었다고. 당황해 하는 사람들에게 노아는 이어서 말한다. 내가 오늘 당신들을 만나러 온 것은 시간을 되돌리기 위해서입니다. 오늘 이 자리에서, 내일 죽은 당신들의 명복을 빌기 위해서입니다. 노아는 돌아가 방주를 짓기 시작했다. 저녁 무렵 누군가 노아를 찾아왔다. 자신도 함께 방주를 만들고 싶다 간청하면서 그는 이렇게 말했다. 산등성이에 비가 내리기 시작했습니다. 당신을 돕겠습니다. 제가 당신을 돕는 것은, 내일 세상이 망했다는 당신의 말을 잘못된 예언으로 만들고 싶기 때문입니다.

독일의 철학자 귄터 안더스가 자신의 『끝의 시간과 시간의 끝』 1장에서 각색하여 들려주는 노아의 방주 이야기다[Simonelli, 2004: 83~85; Dupuy, 2005: 10]. 우리에게는 잘 알려져 있지 않지만, 안더스는 20세기 유럽이 배출한 가장 급진적인 생태철학자다. 그는 1902년에 (현재는 폴란드에 속해 있으나 당시에는 독일 영토였던) 브로츠와프에서 태어났다. 프라이부르크대학교에서 후설(Edmund Husserl)의 지도를 받으며 박사 논문을 썼고, 같은 대학에 재직하던 하이데거의 수업을 들으며 실존주의 철학에 큰 영향을 받는다.

---

28. 이 보론은 다음 글을 수정하여 싣는다. 김홍중, 2024, 「종말론적 수행성」, 『염지혜, 마지막 밤』, 프라이머리 프랙티스 프레스.

1929년에는 한나 아렌트(Hannah Arendt)와 결혼한 후 1933년에 나치를 피해 파리로 망명, 1936년에 다시 미국으로 이주하였다. 아렌트와 안더스는 1937년에 헤어졌지만 서로 편지를 주고받으며 사상적 교류를 지속한다.

안더스 철학의 중심에는 20세기 핵(核) 문명에 대한 종말론적 관점이 자리 잡고 있다. 그는 히로시마와 나가사키의 원폭 투하에서 20세기 문명의 참된 묵시록을 보았다[Anders, 1958]. 핵무기가 지구상에 나타난 순간, 인간의 형이상학적 지위는 돌이킬 수 없는 종말적 상태에 접어들었다고 그는 판단했다. 인류를 절멸시키고도 남을 만한 숫자의 핵무기들이 배치된 이상, 우리가 아직 살아 있다는 것은 요행과 우연에 가깝다는 것이다. 이런 의미에서, 안더스는 20세기 인류에게 고유한 실존 방식을 '유예(délai)'라는 용어로 포착한다. 인류의 사멸이 선험적으로 규정되어 있고, 다만 그 현실화가 미래로 미루어져 있어서 인류가 아직 생존해 있는 시간은 소멸을 기다리는 유예의 시간이라는 의미다. 이것이 바로 안더스가 파악하는 20세기 인간의 존재론적 실상이다[Anders, 1960: 289~293].

이러한 관점은 초기 기독교 종말론의 시간 구조를 연상시킨다. 가령, 바울 신학에 흐르는 종말론적 정조는 예수의 도래와 재림 사이의 불확정적 간격에 대한 감수성을 중심으로 한다. 바울이 보기에, 메시아의 도래와 부활은 현세의 지배 구조에 근본적 균열을 가져왔다. 종말은 예수와 더불어 '이미' 개시된 사태인 것이다. 하지만 '하느님의 나라'는 아직 사실적으로 구현되지 않은 채, 고도의 긴장 속에서, 미지의 시점으로 미루어져 있다. 바울이 창설한 메시아적 '카이로스'는 이처럼 이미 시작되었으나 아직 완결되지 못한 끝의 지속, 끝의 시간, 끝의 과정을 가리킨다. 그것은 '이미(already)'와 '아직-아니(not-yet)' 사이에 열린 긴박하며 역동적인 현재, 미지의 가능성으로 충만해진 시간이다[Agamben, 2000: 115~116]. 모든 순간들은 이제 언제든지 그것을 통해서 "메시아가 들어올 수 있는 작은 문"으로 변모한다[벤야민, 2008: 350]. 바울의 주된 관심은 세상이 끝나게 될 '미래'가 아니라 종말의 도래가 야기한 변형을 통해 역동적으로 재구성된 '지금'에 놓여 있다.

이런 점에서 보면, 앞에서 소개한 노아의 이야기는 꽤나 흥미로운 쟁점들을 던진다. 우리가 잘 알고 있듯이, 『창세기』에서 노아는 분노한 야훼가 기획하는 대재앙을 통보받고, 방주를 지어 생명 종들을 보존하라는 명령을 하달받는다. 홍수로 모든 것이 쓸려 갈 것이며, 그의 방주만이 재앙에서 살아남을 것이며, 그렇게 세상의 끝은 새로운 시작으로 이어질 것이다. 그런데, 안더스는 홍수가 발생하기 바로 전날의 상황을 각색하여 서사한다. 노아는 종말 전날에 무엇을 했는가?

그는 내일이면 죽어 사라질 사람들 앞에 나타났다. 안더스가 설치한 종말론의 무대에 오른 노아는 의인(義人)이라기보다는 오히려 아방가르드 예술가를 닮아 있다. 상복을 입고 광인의 언어를 빌려 사람들에게 사유의 충격을 가한다. 노아가 보기에, 지금 살아서 웃고 떠드는 저들은 사실 시신들이다. 이것이 종말론적 시간 레짐이 가시화하는 진실이다. 산 자들의 면전에서 그들의 '이미 죽어 있음'을 선포하고 애도하는 이러한 퍼포먼스에는 계몽의 의도가 들어 있다. 저들을 깨우쳐 종말론적 시간에 동참시키고자 하는 것이다.

노아는 말한다. 당신들은 "내일 죽었다". 이 문장은 물론 문법적 오류다. "내일 죽을 것이다" 혹은 "어제 죽었다"고 말했어야 한다. 하지만 노아는 단언한다. 당신들은 내일 죽었다. 당신들이 미래로 느끼는 그 시간은 이미 지나간, 완결된, 다시 바꿀 수 없는 '과거적인 것'이다. 여기서 '내일'은 미래 고유의 미지성(未知性)을 결여하고 있다. 과거화된 미래, 결정된 미래, 비(非)미래, 이미 알려진, 이미 식민화된 미래다. 노아는 그 미래가 종말에 선점되었음을 본다. 이것은 (구약 성서의 문맥 속에서는) 절대적 사실이다. 믿지 않을 수 없는 확정된 사태다.

이제, 시간의 흐름은 역전된다. 시간은 (과거가 되어 버린) 미래로부터 (그 과거의 새로운 미래가 된) 지금 이 시간으로 역류해 온다. 그 역류를 타고서, 노아가 상복을 입은 채 나타나, 사람들과 이야기를 나누고 있는 것이다. 때는 종말의 전날. 그날 흘러가는 '지금'이라는 시간은 기묘한 이중성을 띠고 있다. 어떠한 이중성인가? 그것은 압도적인 무의미와 특이한 자유가 공존한다는 점에서의 이중성이다.

우선, 노아와 사람들이 머무는 저 현재는 이미 결정된 미래에 종속된 메마른 시간이다. 내일 홍수가 일어날 것이다. 모든 것이 정해져 있다. 이런 점에서, 지금을 지배하는 것은 철저한 무의미다. '내일 모두가 죽었다'는 사실이 요지부동의 확정성을 띨 때, 지금이라는 시간은 실체성을 상실하고, 꿈이나 환각같이 희뿌옇게 흘러가는 유령적인 시간이 된다. 무엇을 해도, 어떻게 해도, 죽은 자가 살아날 수 없음을 알기 때문에 행위가 불가능한 시간, 시간의 본질인 변화를 일으키는 힘 자체가 꺾여 버린 시간, 그래서 절대적 덧없음이 지배하는 시간이 되어 버리는 것이다.

그런데 이와 동시에, 안더스가 형상화하는 저 지금 속에는 덧없음과는 결을 달리하는 이상한 활력이 부글거리고 있다. 세 부류의 인간 유형이 각자의 방식으로 분주하게 움직이고 있다. 우선 노아가 이미 죽었다고 선포한 다수 인물들은 자신들의 '이미 죽어 있음'을 인지하지 못한다. 그들에게 시간은 여전히 과거에서 미래로 흐르는 '그냥'의 시간이다. 저들은 무지 속에서 웃고 떠들고 또 살아가고 있다. 저들은 종말이라는 개념이 존재하지 않는 듯한 방식으로 삶을 영위하고 있다.

그렇다면, 노아는 무엇을 하는가? 그는 대화를 나누고 있다. 종말을 고지(告知)하고 사람들을 설득하고 있다. 그러고는 돌아가서 방주를 마저 짓는다. 하지만, 이 실천들은 신에 의해 이미 결정된 것을 무효화하기 위한 것이 아니다. 홍수는 올 것이고 세상은 망할 것이다. 노아가 애를 쓴다 한들 세상이 망하지 않을 리는 만무하다. 노아가 지금 욕망할 수 있는 것은 '어떤 한 사람'을 구하는 것이다. 자신의 말을 듣고 종말에 눈을 뜨고 방주에 태워 구제할 행위자를 만드는 것, 누군가를 파국에 (혹은 파국주의에) 눈뜨게 만드는 것이다.

안더스의 이야기 속에서 우리는 실제로 누군가 노아의 말에 감응되어 그를 찾아오는 것을 본다. 그가 바로 이 이야기의 참된 주인공이다. 그는 노아와 함께 방주를 짓기를 원하며, 노아의 예언을 거짓으로 만들기를 원한다. 만일 그가 홍수에서 살아남는다면, 그가 바라는 바는 실행될 것이다. 신의 계획에 들어 있지 않던 어떤 작은 변화가 생겨날 것이기 때문이다. 노아의 예언도 부분적으로 거짓이 될 것이다. 정해져 있는 미래에 한 조각의 '차이'가 새겨질 것이다. '내일 죽은 사람'이 지금 주어진 시간 속에서 죽음을 피할 가능성을 만드는 데 성공했기 때문이다.

안더스는 암시한다. 노아와 그를 찾아온 사람은 지금 다른 미래를 생성시키는 실천을 하고 있다. 그것이 가능한 이유는 그들만이 '미래에 이미 종말이 도래했다'는 비문법적, 비현실적, 비직관적 사태를 믿었기 때문이다. 나는 이를 '종말론적 수행성(eschatological performativity)'이라 부르기를 제안한다. 종말론은 화용론을 갖는다. 수행성을 갖는다. 종말론은 수행한다. 뭔가를 행한다. 안더스가 말하고자 하는 것은 종말론을 통해 특정 주체를 생성시켜 미래를 변형시킬 수 있는 가능성이다. 그에 의하면, 오직 종말과 파국에 대한 뼈저린 통감에 사로잡힌 자만이, 종말이라는 것의 의미에 완전히 압도당해 그 바깥을 결코 상상할 수도 없이 종말의 기운에 적셔진 자만이, 역설적으로 종말을 피해 가기 위한 행위에 돌입한다는 것이다. 안더스 종말론의 본질은 바로 이 아이러니다.

이런 점에서 안더스는 기독교적 감각과 상당히 결이 다른 종말 이야기를 창안하고 있다. 그가 말하는 세상의 끝은 하느님 나라의 도래나 새로운 시작으로 이어지는 변증법적 성격을 갖고 있지 않다. 그는 전통적 종말론에 내포된 신생(新生)의 희망을 이야기에서 제거한다. 종말과 그다음 날에 일어날 재생(再生)의 섭리적 연결을 끊어 냈다. 그가 말하는 종말은 문자 그대로의 절멸인 것이다. 부활은 사고되지도 언급되지도 약속되지도 기대되지도 않는다. 요컨대, 안더스가 종말론을 이야기한다면 거기에는 오직 유일한 목적이 하나 있을 뿐이다. 종말을 피하고 지연시키는 것. 안더스에 의하면, 이를 위해 우리가 할 수 있는 일은 가장 철저하고 급진적인 종말론자가 되는 것뿐이다. 그는 이 패러독스를 '예방적 묵시록'이라 불렀다. 묵시록의 진실을 해체하기 위해 묵시록의 심장으로 들어가는 극단적 전략. 이것이 안더스가 주창한 예방적 묵시록의 실체다.

본문에서 언급한 것처럼, 라투르의 『가이아와 마주하며』의 저변에 흐르는 논리가 바로 이 예방적 묵시록이다. 2010년대에 접어들면서, 라투르는 21세기 문명의 미래에 대하여 가차 없는 비관적 입장으로 선회해 갔다. 그는 자신의 우려 섞인 전망을 숨기지도 않고 완곡하게 에둘러 말하지도 않았다. 특히 그의 대표적 정치생태학 저서인 『가이아와 마주하며』에서 이런 어조는 더욱더 극단화된다. 이 책에서 라투르는 안더스의 '예방적 묵시록'을 직접 인용하면서 종말론적 파국주의를 펼쳐 가고 있는 것이다[Latour, 2017a: 217].

즉, (노아나 안더스처럼) 라투르에게도 생태 파국은 이미 도래한 과거의 사태로 여겨지고 있다. 그는 대화, 타협, 혁신을 통해 문제를 해결할 수 있는 시간을 인류가 놓쳤다고 판단한다. 그가 최종적으로 채택한 문제 해결의 모델은, 생태 문제에 대하여 이해관계를 달리하는 두 그룹 사이의 화해 불가능한 적대, 즉 전쟁이다. 『가이아와 마주하며』에는 『마태복음』 10장 34절이 두 차례나 인용되어 있다. "내가 세상에 화평을 주러 온 줄로 생각지 말라. 화평이 아니요 검을 주러 왔노라". 이 인용은 라투르의 심중을 십분 반영하고 있다. 그는 종말론적 상상력을 자신 저서의 한복판으로 끌고 들어와 이렇게 진단한다. 우리가 사는 이 세상은, 생태적 관점에서 말하자면, 이미 시간의 끝에 이르렀고 지금 우리는 광기의 창궐을 목도하고 있다고. 무슨 광기인가? 라투르에 의하면, 생태 문제의 심각성 앞에서 사람들은 다음과 같은 네 가지 유형으로 미쳐 가고 있다는 것이다[Latour, 2017a: 11~12].

첫째, 기후 파국을 의심하거나 부인하는 자들의 광기. 둘째,

지오-엔지니어링 같은 기술적 대응을 통해서 기후 문제를 타개할 수 있다 생각하는 자들의 광기. 이들의 광기는 이 모든 사태를 몰고 온 근대성과 결별하는 것이 아니라, 그것을 더욱더 밀고 나가서 근대의 문제를 넘어서고자 하는 자가당착적 스탠스에 뿌리를 내리고 있다.[29] 셋째, 기후 변동을 인정하지만 그것을 교정할 수 없다고 생각하면서 슬픔과 무기력증에 빠진 자들의 광기. 마지막으로 "불리한 상황에도 불구하고, 뭔가를 할 수 있다고, 아직 늦지 않았고, 집합 행위의 규칙들이 여기서도 작동할 것이라고, 눈을 크게 뜨고, 이처럼 심각한 위협들 앞에서도, 현존 제도들의 틀을 존중하면서, 합리적으로 행위할 수 있다고 믿는 자들"의 광기다[Latour, 2017a: 12].

작금의 생태 문제에 대해서 취해지는 거의 모든 태도들을 광기라고 질타하는 라투르에게서 우리는 21세기의 노아를 본다. 그의 발화가 솟아나는 자리는 다름 아닌 노아의 자리다. 라투르는 지금 철학자, 사회학자, 인류학자의 언어가 아니라 노아의 언술을 사용하고 있다. 라투르-노아는 말한다. 세계는 끝났다. 그것을 사실로 받아들여야 한다. 거기서 시작해야 한다. 그것밖에는 우리에게 주어진 방법이 없다. 인류세가 가져온 것은 종교적 의미의 종말이 아니라, 과학적 데이터가 입증하는 종말, 가이아의 종말, 모더니티의 종말이다. 지구라는 별 전체의 종말이 아니라, 생명체가 살 수 있는 수십 킬로미터의 생명막(生命膜)인 임계 영역의 소실이다. 멸종이다. 이것을 부인하는 자들도 미쳤고, 이것에 압도당해 우울해하는 자들도 미쳤고, 테크놀로지를 통해 이 문제를 해결할 수 있다고 생각하는 자들도 미쳤다. 그리고 이 문제를 근대 문명의 합리적 틀 안에서 해결할 수 있으리라 믿는 자들도 미쳤다.

그렇다면 어떻게 해야 하는가? 라투르-노아는 말한다. 우리는 "시간의 끝"이 도래했음을 인정하고 묵시록의 언어 속으로 들어

---

29. 라투르는 명시하고 있지 않지만 '에코-모더니스트'들이 이 부류에 해당한다고 볼 수 있다.

가야 한다. 오직 그럴 때만 저 종말적 상황에 역설적 틈이 열린다 [Latour, 2013a: 212~213]. 노아의 말을 듣고 묵시록에 각성한 바로 그 '어떤 한 사람'을 만들어 내야 한다. 어떤 한 사람. 라투르-노아는 우리 시대의 가능성을 저 '어떤 한 사람'의 생성 여부에서 찾는다. 그것이 바로 그가 타계하기 전에 남긴 마지막 저서에 나오는 '생태 계급'의 참된 의미다. 라투르가 말하는 생태 계급은 이미 형성되어 지금 현존하는 사회적 계급이 아니다. 그들은 아직 그 정체를 알 수 없는 '미래로부터 오고 있는 자들' 혹은 '미래로부터 오고 있는 것들'이다. 생태 계급은 묵시록을 경유하여 묵시록을 파괴하려는 종말론적 계급이다.

3장
방법으로서의 코로나19

무한히 작은 세균 역시 얼마나 경이로운 정복자인가! 자신의 왜소한 크기보다 수백만 배나 더 큰 덩어리에게 절대적인 지배력을 행사하는 데 성공하니 말이다. 저 미소한 세포에서 얼마나 귀중한 팔뚝이 나오는가! 또한 다른 세포를 이용하거나 조종하는 얼마나 기발한 방법이 나오는가!
[타르드, 2015:122]

I. 코로나19가 가져온 사유의 충격[30]

초현실적 재난 상황이 마치 미래를 재현한 영화에서나 볼 수 있을 법한 낯선 풍경으로 펼쳐졌다. 전대미문의 사태였다. 코로나바이러스라 불리는 미물(微物)이 사회 세계를 이 정도 파괴력을 가지고 바꾸어 나가리라는 사실을 예측한 사람은 거의 없었다. 2019년 12월에 중국 우한시에서 최초 보고된 코로나19는 2020년 8월 4일 당시 전 세계를 통틀어 17,923,245명의 확진자를 낳았고(686,565명 사망), 한국에서는 14,389명의 확진자와 301명의 사망자를 낳았다.[31] 인명 피해는 물론이거니와, 변동의 폭과 깊이 또한 심대했다. 사회의 거의 모든 영역에서 전면적이고 복합적인 변화가 진행됐다.

가령, 대표적인 사회 공간들(학교, 학원, 극장, 교회, 병원, 군대, 공연장, 피트니스 클럽, 술집, 스포츠 경기장, 식당 등)이 부분적으로 셧다운되었고, 소위 '사회적 거리두기'가 일상적으로 실행되었으며, 사실상 '집'을 중심으로 생활 공간이 재편되는 양상을 보였다. 신자유주의적 세계화에 일시적으로 제동이 걸린 듯했고, 이는 로컬의 발견과 지방으로의 이동을 암시했다. 소비, 생산, 유통이 위축되고, 면대면 상호 작용이 온-라인 소통으로 대체되면서 '언콘택트(uncontact)' 문화가 확산되었다. 사회적 약자들의 삶의 질이 열악해지고, 취약 계층에 고통이 누적되어 갔다.

유럽과 북미 선진국들이 팬데믹 대처에 실패하고 오히려 아

---

30. 세계보건기구(WHO)는 2020년 2월 11일 코로나바이러스 감염병을 공식적으로 'COVID-19'으로 명명한다. 다음 날 한국 정부는 '신종 코로나바이러스 감염증 대응 정례브리핑'에서 이를 한국어로 '코로나19'로 통일하여 부르기로 했음을 밝힌다 (http://www.ktv.go.kr/content/view?content_id=593051). 이를 따라서, 이 글에서는 '코로나19'라는 용어를 일관적으로 사용한다.

31. 질병관리본부 홈페이지(http://ncov.mohw.go.kr/). 검색일: 2020년 8월 4일. 위의 문장에서 '당시'는 이 글의 원본이 되는 논문이 작성되던 2020년 여름의 시점을 가리킨다.

시아 국가들이 모범적 사례를 보여 주었는데, 특히 한국은 이른바 'K-방역'의 성공으로 국가 이미지가 크게 제고되었다. "생활 양식 전체의 갑작스러운 종말"[지젝, 2020: 12]이 진행되고 있다는 평가, 혹은 세계가 코로나19 이전(以前)과 이후(以後)로 선명히 구분될 것이라는 전망이 크게 과장으로 여겨지지 않았다[최재천 외, 2020].

이런 충격파의 결과, 언론과 서적을 통해 코로나19에 대한 수많은 관찰, 논의, 전망이 제시되고 있지만, 아쉽게도 팬데믹이 가져오는 '사유'의 충격을 주제로 하는 깊이 있는 (사회) 이론적 접근은 본격화되지 않았다. 이런 맥락에서 나는 코로나19가 드러낸 리얼리티를 사회 이론이 어떻게 해명할 것인지를 논하고자 한다. 그것은 다음의 세 질문에 대한 해답의 형식을 취할 것이다. 1) 바이러스가 발휘하는 강력한 힘을 이론적으로 어떻게 규정할 것인가?, 2) '사회적 거리두기'라는 용어의 '사회적'이라는 단어는 구체적으로 무엇을 지칭하는가?, 3) '비말(飛沫)'을 통해 드러나는 분산된 자아의 주체성을 어떻게 개념화할 것인가?

천관싱(Chen Kuan Hsing)의 '방법으로서의 아시아'라는 용어를 빌려 말하자면[Chen, 2010], 위의 질문들에 대한 해답을 찾기 위해서는 코로나19를 단순한 연구 '대상'이 아니라, 이론적 사유의 한 '방법'으로 설정하는 전략을 취할 필요가 있다. 코로나19를 방법으로 이해한다는 것은 재난 현상의 이모저모에 대한 철학적 논평이나, 데이터에 기반한 포스트-코로나의 예측, 혹은 개인적 체험에 기초한 현장 리포트 등과 차이를 갖는다. 어떤 차이인가?

우선 방법으로서의 코로나19라는 관점은 예기치 않은 재난이 발생하지 않았다면 가시화되지 않았을 리얼리티의 특정 양상들(바이러스, 사회적 거리두기, 비말)을 이론적 주제로 구성하여 사유하는 것을 의미한다. 이를 통해, 현실 적합성이 더 명확해지는 이론과 그 실효성이 희박해져 가는 이론을 대질시켜 그 차이를 분석하고 21세기를 위한 대안 이론을 모색하려는 것이다. 이런 맥락에서, 아래 제시되는 인간-너머의 행위 능력, 사회-너머의 사회성, 그리고 개인-너머의 주체성은 향후 더 깊은 논의를 펼쳐 가기 위해 마련해 놓은 개념적 의제들로 이해될 수 있다.

첫째, 인간-너머의 행위 능력. 코로나19는 바이러스라는 비인간 행위자를 인간과 함께 사회를 구성해 가는 공생적 존재로 부각시켰다. 이는 바이러스에게 행위 능력을 부여하고 그것을 행위자로 인정하는 이른바 '이론적 시민권'의 부여를 불가피하게 한다. 근대적 인간중심주의로 해명할 수 없는 새로운 현상들 앞에서, 인간과 더불어 세계의 생산과 변형을 수행하는 인간-너머의 행위자들에 대한 탄력적이고 개방적인 이론적 스탠스가 어느 때보다 더 긴요하게 요청되는 상황이다[Ulmer, 2017; 김환석, 2018].

둘째, 사회-너머의 사회성. 코로나19는 사회에 대한 고전적 이미지와 상당한 차이를 보이는 새로운 사회상을 부각시켰다. '사회적 거리두기'의 '사회적'이라는 용어를 분석해 보면, 팬데믹에 휘말린 사회가 보호막이 아닌 리스크로 재규정되고 있다는 당혹스런 사실을 확인하게 된다. 이러한 과정에서 사회는 '영역'이 아닌 '네트워크'의 형상으로 재의미화된다. 사회-너머의 사회성은 사회가 소멸한다거나, 사회적 관계가 사라진다거나, 인간이 사회 밖으로 이탈한다는 의미가 아니라, 서구 근대의 역사적 체험에 기초한 '사회적인 것'과 다른 형태의 사회성이, 미지의 가능성과 위험을 동시에 내포하면서 나타나는 현상을 가리킨다[어리, 2012; Latour, 2005a].

셋째, 개인-너머의 주체성. 비말을 통한 전염이라는 코로나19의 특성을 탐구해 보면, 우리는 더 이상 나눌 수 없는 실체로 여겨진 근대적 '개인' 관념의 허구성을 깨닫게 된다. 주체는 팬데믹 상황에서 물질적 상호 작용 속에 던져져 있는 다공적 신체(porous body)이자, 분산된 행위 능력의 흐름으로 나타나기 때문이다. 개인-너머의 주체성은 이처럼 근대적 개체 개념으로 포착되지 않는 인간 행위자의 새로운 특이성(신체성, 관계성, 그리고 연결성)을 강조하기 위한 용어다[앨러이모, 2018; Alaimo, 2016].

II. 인간-너머의 행위 능력

바이러스를 이해하기

재난의 사회학적 의미 중 하나는 한 사회가 이전에 인지하지 못했던 특정 존재의 역량을 집합적으로 식별하게 된다는 점에서 찾을 수 있다. 재난이 발생하면, 사회는 재난을 일으킨 것으로 여겨지는 특정 행위자에 대한 숙의와 인정 프로세스를 가동시킨다. 이 과정에서 어떤 힘, 존재, 실체가 사회적 가시권 혹은 가지권(可知圈) 속으로 모습을 드러낸다.

가령, 1990년대 중후반 일련의 거대 재난들(성수대교 붕괴, 대구 지하철 폭발, 화성 씨랜드 화재 사고 등)이 연이어 발생했을 때, 한국 사회는 압축적으로 진행된 근대화의 결과가 부메랑처럼 돌아오는 재귀적 운동의 힘을 학습했다. 2008년 광우병 촛불을 겪으면서 사회는 '프리온'이라는 감염성 단백질의 힘에 대해 눈을 떴다. 가습기 살균제 참사는 일상적으로 사용되는 화학 물질의 위해성에 대한 감수성을 제고시켰다. 지구 온난화, 태풍, 허리케인, 홍수, 미세 먼지, 환경 호르몬, 방사능 물질, 유출된 원유 등 재난의 작인으로 등장하는 비인간 행위자들은 21세기에 점점 더 빠른 속도로 사회적 관심의 장으로 진입하고 있다. 이들의 힘을 무시한 채 사회를 사고하고, 디자인하고, 탐구하는 것은 이제 거의 불가능해 보인다. 코로나19는 이 무대 위에 바이러스라는 비인간 행위자를 전격적으로 등장시켰다. 바이러스란 무엇인가?

바이러스는 단백질과 지질 껍질에 싸여 있는 RNA 혹은 DNA 조각들로서, 스스로 에너지를 생산하지 못하고 물질을 합성하지도 못하는 유전 단위다. 오직 숙주 세포의 핵산과 단백질 합성 기구를 이용하여 자신을 복제해야 하는 이른바 "세포내절대기생체"다[이원우, 2020: 44]. 생존을 위해 타자를 '절대적으로' 요구하는 기생체라는 점에서, 바이러스는 '관계적 존재론'을 실연하는 흥미로운 존재다[Barad, 2003: 815; 해러웨이, 2019: 122~123].

숙주에 침투하기 이전의 바이러스는 캡시드(바이러스 게놈의 핵산을 감싸는 단백질의 집합체)에 둘러싸인 입자에 불과하다. 비리온이라 불리는 이 입자는 숙주와 감염적 관계를 맺기 전에는 혼자서 생장, 생식, 대사할 수 있는 능력이 없다[김영재, 2017: 349]. 그러나, 일단 숙주에 침투하여 바이러스-숙주 어셈블리지를 구성하면 맹렬한 자기 복제를 실행하기 시작한다. 바이러스는 숙주를 변화시키고(감염) 그 자신도 변화된다(복제). 분자생물학자 솜페이락(Lauren Sompayrac)은 이처럼 명확한 논리를 가지고 움직이는 바이러스를 '생각하는 존재'로 간주한다.

만일 바이러스가 어떻게 "생각하는지"를 알고 싶다면, 즉 바이러스의 "마음을 헤아리고자 한다면"[Sompayrac, 2013: 5], 바이러스가 다음 네 가지 생존 문제를 어떻게 풀어 가는지를 관찰하면 된다고 그는 말한다. 1) 숙주 세포를 감염시키기, 2) 숙주 세포 내부에서 복제하기, 3) 숙주의 방어막을 피해 가기, 4) 새로운 숙주로 옮겨 가기[Sompayrac, 2013: 4~5]. 위의 문제들을 푼다는 것은 여러 가능한 행위 노선 중 어느 하나를 선택하고, 그 결과를 학습하고, 이를 반복할 수 있다는 사실을 의미한다. 바이러스는 자신에게 가해지는 작용에 기계적으로 반응하는 것이 아니라 이처럼 환경의 요소들을 적극적으로 선택하고 판단하며 움직이고 있는 것이다. 솜페이락은 열두 종의 바이러스와 가상 인터뷰를 수행하는데, 그중에서 인플루엔자 바이러스와 나눈 인터뷰의 일부를 발췌하면 다음과 같다.

 질문자: 제가 인터뷰하는 바이러스들에게 항상 물어보는 질문은 이것입니다. 어떻게 숙주들을 공격하시는 거죠? 그리고 왜 그 경로를 선택하는 겁니까? (…)
 인플루엔자 바이러스: 나는 호흡기 감염 경로를 선호합니다.
 질문자: 하지만 왜요? 가령, 왜 소화관을 통해서 침투하지는 않는 거죠?
 인플루엔자 바이러스: 지금 농담하시오? 당신은 내가 바보 바이러스처럼 보이시오? 내 삼촌 해럴드가 언젠가 한번 소화관으로 침투하려 했

었소. 위장까지는 갔는데, 위산이 삼촌을 산 채로 삼켜 버렸어요. 나는 절대 그렇게 하지 않습니다. 나는 쉬운 길로 가요. 호흡기 감염 경로를 통하면, 내가 좋아하는 표적 세포에 직접 도달할 수 있으니까요.
[Sompayrac, 2013: 21~22].

사회학에서 이해의 방법은 베버에 연원을 둔다. 베버는 사회의 기본 단위를 행위(action)에서 찾았고 이를 개념적으로 행태(behaviour)와 구분했다. 무의식적으로 팔을 들어 올리는 것은 행태지만, 질문을 던지기 위해 팔을 올리면 그것은 행위이다. 후자에는 "주관적으로 생각된 의미"가 부여되어 있기 때문이다[베버, 2003: 108~199]. 행위를 이해한다는 것은 이 의미를 파악하는 작업이다. 그런데, 베버는 이해의 가능성을 오직 인간 행위에 국한시킨다. 그는 비인간을 사회학의 영역에서 단호하게 배제한다.[32] "우리는 세포의 행태를 '이해'할 수는 없으며, 다만 기능적으로 파악하고, 그런 다음에는 그 경과의 규칙에 따라 확인할 수 있을 따름이다. (…) 동물의 행태도 우리에게 그 의미가 어느 정도나 '이해될 수' 있는가, 그리고 거꾸로 인간의 행태는 동물에게 그 의미가 어느 정도나 이해될 수 있는가 하는 문제는 (…) 여기서 전혀 논의하지 않기로 한다"[베버, 2003: 134].

베버 사회학은 '인간-의미-행위-이해 가능성-사회'의 축과 '비인간-비의미-행태-이해 불가능성-자연'의 축을 존재론적으로 구분하고, 후자를 사회학의 영역에서 제외시키는 전략을 취했던 것이다. 베버는 "바이러스를 이해하는 것"[Sompayrac, 2013: xiii]이 가능하다는 생각, 바이러스도 사고한다는 생각, 바이러스가 인간 사회의 내부에서 작용하는 또 다른 중요한 행위자라는 관점을 결코 수

---

32. 뒤르켐 사회학에서 어떻게 동물이 배제되었는지에 대해서는 다음을 볼 것[Tuomivaara, 2019: 4~11].

용할 수 없었을 것이다. 그러나 과연 그러한가?

원형-행위 능력

앞서 제시한 가상 인터뷰에서 우리는 바이러스가 '선택'하고 '선호'하고 '학습'하고 '기억'하는 존재로 묘사되는 것을 보았다. 이를 단순한 의인화로 치부할 수 있을까? 그렇지 않다. 20세기 후반 이후, 인간과 비인간 생명체(가령 동물) 사이에, 언어나 도구 사용, 사회성, 심리적 능력의 관점에서, 어떤 형이상학적 경계선도 존재하지 않는다는 사실이 널리 수용되어 있다[해러웨이, 2019: 23]. 라투르가 말하듯이 "해석학은 인간들의 특권이 아니라 말하자면 세계 그 자체의 속성"인 것이다[Latour, 2005a: 245]. 이는 미시적인 원시 생명체에도 적용될 수 있다.

예를 들어, 생물학자 니컬러스 머니(Nicholas Money)는 인간뿐 아닌 모든 생명체가 생존에 필요한 지성을 소유하고 있다는 사실을 지적한다. 그에 의하면 곤충들도 사고하고 판단하며, 두뇌도 신경 세포도 없는 곰팡이 역시 양분을 얻는 과정에서 학습 능력을 보여 준다[머니, 2020: 101~105]. 단세포 조류(藻類)나 균류 군집 역시 화학적으로 소통할 수 있다. 그에 의하면 "모든 생물은 느끼고, 생각하고, 소통한다"[머니, 2020: 106].

진화생물학자 린 마굴리스 역시 인간 중심적 관점과 데카르트적 기계론을 비판하면서, 미생물이 어떻게 감각하고 선택하는지를 보여 준다. 미생물은 열을 감지(sense)할 수 있고, 빛을 식별하여 이에 반응한다. 자기장을 탐지하기도 한다. 세균에게도 의식이 존재한다. 가장 원시적인 생명체 역시 "감각(sensation), 선택(choosing), 마음(mind)"의 능력이 갖추어져 있다[마굴리스·세이건, 2016: 300]. 스튜어트 카우프만(Stuart Kauffman) 또한 행위 능력을 인간에게 고유한 것으로 보는 관점을 거부하고, 좀 더 원형적인 생명 속에서 행위 능력의 기초적 양상들을 찾아낸다. 그에 의하면, 세균에게도 행위 능력이 있다.

포도당 농도 기울기 속을 헤엄치는 세균을 생각해 보자. 그때 충족되는 생물학적 기능은 먹을 것을 얻는 것이다. (…) 세균에게 의식이 있다고 가정하지 않아도 좋다. 이런 능력만으로도 이미 진화 과정에 행위자의 선택이 등장했다. 더불어 의미, 가치, 행동, 목적도 등장했다. 의미를 전문 용어로는 기호작용(semiosis)이라고 하는데, 쉽게 말해서 기호로써 다른 무엇을 가리킨다는 것이다. 세균이 주변 포도당 농도 기울기를 감지하는 경우라면, 포도당 농도 기울기가 곧 어느 방향에 포도당이 많은지를 뜻하는 기호이다. 세균이 스스로의 행동을 바꿔 농도의 기울기를 거슬러 올라가는 것은 기호에 대한 해석이다. (…) 의미는 새로 우주에 들어왔다. (…) 포도당은 세균에게 가치 있는 것이 된다. 이 조직적 활동의 기능은 먹을 것을 얻는 것이다. 따라서 먹을 것을 얻는 것은 이 활동의 목적이 되고, 세균이 수행하는 행동이나 행위가 된다"[카우프만, 2012: 150~151].

세균이 행위 능력을 갖는다는 것은, 세균이 베토벤처럼 교향곡을 작곡하거나, 닐스 보어처럼 양자물리학을 창안하거나, 말라르메처럼 시를 쓸 수 있다고 주장하는 것이 아니라, 세균의 생명 활동 속에서 우리가 기호작용과 의미 생성의 여러 정황을 발견할 수 있다는 것을 뜻한다. 카우프만에 의하면, 세균은 세계에 차이를 가져올 수 있는 힘이 있다. 세균은 방향을 선택하기 때문이다. 이쪽과 저쪽의 차이가 세균에 의해서 만들어진다. 이것이 바로 행위다. 행위한다는 것은 차이를 생산한다는 것을 의미한다. 행위가 없었다면 나타나지 않았을 무언가가 만들어질 때, 거기가 행위의 창발 지점이 된다. 세균에게는 목적과 능력이 있고, 그에 맞추어 세균은 활동을 한다. 인간과 다른 방식이긴 하지만, 세균에게는 의미 생성의 힘이 갖춰져 있다.

    물론, 세균의 행위 능력은 인간의 행위 능력과 동일하지 않다. 그러나, 인간의 완숙한 행위 능력도 사실 무(無)에서 솟아난 것이 아니라 어딘가에서 진화해 온 것이다. 그 어딘가에 존재하는 원형적인 능력들이 미생물에게서 발견되는 것이다. 환경에 던져진 생명체가 생존하기 위해서는 (먹이와 위험을) 식별하고, 사고하고, 결정하는 힘이 요구된다. 그것은 인간이나 원시적 생명 형태나 마찬가지이다. 카우프만은 이를 "원형-행위 능력(proto-agency)"이라 부른다[카우프만, 2012: 149]. 그런 능력을 발휘하는 세균은 "원형-행위자(proto-agent)"라고 부를 수 있다[카우프만, 2012: 140].

원형-행위 능력 개념은 비인간을 의인화하지 않으면서도 그 능력과 존재를 인정할 수 있게 하는 개념적 묘안이다. '원형적'이라는 점에서 그것은 호모 사피엔스의 행위 능력보다 훨씬 더 단순하다. 그러나, 양자 사이에는 연속성이 존재한다. 원형-행위 능력 개념은 인간/비인간 사이의 심연에 다리를 놓는다. 자연과 문화 사이에, 사유와 물질 사이에, 상징과 실재 사이에 설정해 놓은 건널 수 없는 강은, 우리가 수많은 원형-행위자들의 힘을 제대로 탐구해 들어가면, 더는 지지할 수 없는 환상적 가공물로 나타난다.

세계는 생각하는 인간과 죽은 자연으로 구성된 것이 아니라, 활동하고 작용하고 판단하는 수많은 원형-행위자들과 인간이 형성하는 역동적 관계의 총체로 구성된다. 데카르트적 사유가 석화(石化)시켜 놓은 자연에 우리는 생기성(vitality), 생명성(animacy), 그리고 행위 능력을 다시 부여해야 한다.

이런 관점은, 근대적 인간중심주의를 비판적으로 바라보면서 비인간 행위자의 힘을 재평가하려는 포스트휴머니즘의 문제의식과 공명한다. 바라드(Karen Barad)를 빌려 말하면, 포스트휴먼적 관점은 "인간과 비인간의 구분을 당연한 것으로 받아들이지 않겠다는 것"[Barad, 2007: 32], 그리고 비인간에게 "세계의 생성에의 적극적 참가자라는 응분의 자격을 허용하는 것"[Barad, 2003: 803]을 핵심으로 한다. 그것은 인간과 비인간의 차이를 부정하는 것이 아니라, 인간 행위 능력의 몇 가지 독특성만을 가지고 세계를 일의적으로 설명하려는 과잉된 욕망에 제한을 가하는 이론적 입장인 것이다. 이와 동시에 포스트휴머니즘은 인간-너머의 행위 능력에 '서사적 시민권' 또는 '이론적 시민권'을 부여함으로써, 인간-비인간, 자연-문화, 정신-물질의 연속체를 복원하려는 시도이기도 하다[라투르, 2009; 김환석, 2012].

이런 점에서 인간-너머의 행위자를 인정하는 것은 순수한 이론의 문제가 아니라 '정의(justice)'의 문제이기도 하다[Ulmer, 2017: 833]. 사회 세계의 구성에 비인간이 기여하는 바를 인지한 이상, 그들을 담론에서 배제하거나 그들의 현존과 능력과 행위를 부인하는 것은 지적 부정의의 한 형태이기 때문이다.

III. 사회-너머의 사회성

사회적 거리두기

코로나19 팬데믹이 가져온 두 번째 충격파는 '사회'의 의미론이 바뀌어 가고 있다는 사실에서 발견된다. 그 흥미로운 단서를 우리는 '사회적 거리두기(social distancing)'라는 용어에서 확인할 수 있다. 이 용어는 팬데믹 창궐 이후 언론과 대중 매체 그리고 일상에서 모두 광범위하게 사용되어 왔다. 말하자면, 이 언표는 그 자체로 사회적 생명력을 획득한 일종의 '사회적 사실'이자 '사회'에 대한 팬데믹 시대의 집합 (무)의식을 드러내는 유력한 징후인 것이다. 그렇다면, '사회적 거리두기'의 '사회적'이라는 형용사가 구체적으로 가리키는 것은 무엇일까?

일반적으로, '사회적' 거리는 서로 팔을 뻗어도 닿지 않을 2미터 정도의 신체 간 간격을 뜻하는 것으로 알려져 있다. '거리두기'는 그만큼의 물리적 간격을 확보하라는 규범적 권고다. 우리는 여기서 사회적이라는 말에 두 가지 상이한 의미가 결합되어 있다는 사실을 확인하게 된다. 하나는 거리의 물리성(物理性)이며, 다른 하나는 거리두기의 규범성(規範性)이다. 요컨대, '사회적 거리두기'란 감염병 예방을 위해 불편을 감수하더라도 서로 간에 물리적 거리를 두어야 한다는 규범적 강제(파스스)다. 마스크를 쓰지 않고 예배를 보거나, 집회를 하거나, 파티를 하는 사람들에 대한 분노와 질책이 그 실효성을 역설한다.

그런데, 시민들은 왜 이런 물리적 거리를 규범적으로 설정해야 한다는 사실에 동의하고 이를 따르는가? 혹은 시민들은 왜 사회적 거리두기라는 메시지를 수용하고, 실천하고, 수행하는가? 달리 말하자면, 사회적 거리두기의 정당성은 어디에서 나오는가?

그것은 사회적 거리를 유지하지 않았을 때 발생할 수 있는 감염에 대한 불안과 두려움에서 온다. 거리두기의 정당성은 시민들이 공유하는 감정에 뿌리를 두고 있다. 이것이 바로 '사회적'이라는 용어의 세 번째 심층적 의미이다. 즉, 사회적이란 형용사는 '익명의 누군가와 접촉하여 바이러스에 감염될 수 있는 가능성'을 수식하고 있다. 말하자면 사회는 (집과는 대조적으로) 감염병에 걸리거나 타인을 감염시킬 수도 있는 불가피한 접촉 공간, 관계, 반경을 가리키고 있는 것이다. 놀랍게도, 코로나19의 전개 속에서 사회가 하나의 리스크(risk)로 나타나고 있다.

사실, 사회와 리스크의 이런 의미론적 연결은 전통적 관점에서 보면 자못 당혹스런 현상이다. 왜냐하면 그 의미의 다양한 스펙트럼에도 불구하고, 근대 사회는 구성원들에게 발생하는 위험으로부터의 방어와 보호라는 도덕적 함의를 공유해 왔기 때문이다. 동즐로(Jacques Donzelot)가 보여 준 것처럼, '사회적인 것'은 프랑스 혁명 이후 해방된 주권자들의 빈곤 문제와의 연관 속에서 형성된 개념이다[Donzelot, 1994]. 사회는 민(people)의 생존을 보장하는 공화주의적 방어막을 뜻했다. 사회 보험, 사회 보장, 사회 국가, 사회권, 사회적 연대 같은 개념은 모두 이런 역사적 맥락에서 형성되었다[Ewald, 1986]. 국가의 폭력이나 시장에서의 배제가 야기한 고통을 함께 나누고 극복해 가는 공존 공간, 형제애와 상호 부조의 공간, 연대의 공간이 바로 사회였다.

그런데, 사회적 거리두기에서 사회적이라는 단어는 이제 정확히 그 반대의 의미와 연결되고 있다. 그것은 신체 접촉이 불러일으킬 수 있는 생존 위협을 암시한다. 사회는 이제 안전을 보장하는 것이 아니라 위협적 마주침의 장소가 된다.[33] 사회생활 또한 감염

---

33. 리스크로서의 사회라는 관념은 페미니즘 리부트나 미-투 운동의 정서적 바탕을 이루고 있다. 사회적 약자에게 '사회생활'이 과연 뒤르켐이 말하는 '도덕적' 삶으로 여겨질 것인가, 아니면 일상적으로 체험하는 부정의와 모욕으로 여겨질 가능성이 더 높은가? 비정규직 노동자들에게 '사회생활'이란 부르디외가 말하듯이 자신의 "존재 이유"를 발견하고 "행위의 행복"을 느끼는 장(場)에의 참여로 체험될 것인가, 아니면 매 순간 겪어 내야 하는 박탈과 결여의 모멘트로 여겨질 것인가?[Bourdieu, 1997: 344~345] 여기에 사회 이론이 직시해야 하는 한 과제가 있다. 고전 사회 이론이 상정

위험을 감수하면서 수행해야 하는 모험적인 무언가를 의미하는 단어로 전환되고 있다.[34]

언콘택트 문화가 등장하고, 온-라인 커뮤니케이션(원격 강의, 원격 마케팅, 원격 노동, 원격 의료)이 확장되며, 매체와 기술 혁신 산업 구조의 변동(4차 산업 혁명)이 가속화되는 것은 이런 사회성의 변동과 동시적으로 진행되고 있다. 이런 상황은 사회적인 것에 대한 근본 인식의 재검토를 불가피하게 한다. 이를 위해서 우리는 사회학의 역사에서 가장 선명한 방식으로 '사회적인 것'의 정의를 제공했던 고전 사회학자 뒤르켐의 생각을 살펴볼 필요가 있다. 그에게 사회란 무엇인가? 우리는 다음과 같은 두 가지 핵심 규정을 뒤르켐 사회 이론에서 읽어 낼 수 있다.

첫째는 '사회가 어떻게 나타나는가'라는 발생론적 규정이다. 뒤르켐은 사회가 일종의 집합적 열광 상태, 즉 사람들이 서로 모여서 역동적으로 먼 대 면 상호 작용을 하는 과정에서 나타난다는 사실을 발견한다. 사회는 인간들이 서로 얼굴을 마주 보면서, 한 장소

하는 사회적 삶의 도덕성, 신성함, 그리고 규범성은 사회 속에서 무시와 모욕과 상처와 폭력을 항상적으로 겪는 자들의 시선이 아니라, 사회를 운영하고 통치하고 디자인하는 입장, 그 안에서 활동의 의미를 누릴 수 있는 '유력한' 입장의 이론적 표상이 아니었을까? 사회 이론이 페미니즘, 퀴어 연구, 과학기술학(STS), 장애학, 문화 연구, 생태학, 행위자-네트워크 이론, 객체지향 존재론(Object-oriented ontology) 같은 학문에 더 많이 귀를 기울여야 하는 여러 이유 중의 하나가 바로 이것이다. 주류 사회학과 사회 이론이 아직도 수용하지 못하고 있는 이 분과들은 이미 오래전부터 사회적인 것의 우선성에 대한 다각적 문제 제기를 해 왔다. 이는 이들이 갖고 있는 '약자', '희생자', '박탈된 자', '비인간'의 입장에 대한 예리한 감수성과 존재론 때문에 가능했던 것이다.

34. 울리히 벡은 "빈곤은 위계적이지만 스모그는 민주적이다"라고 말하면서, 위험사회에서는 위험지위가 계급지위와 반드시 일치하지 않는다고 주장한다[벡, 1997: 77]. 그러나, 재난은 계급을 포함한 사회·경제·문화적 자원의 차이를 극명하게 드러내는 일종의 '촉매'로 작용한다. 코로나19 상황에서, 사회적 거리두기를 수행할 수 있는 직업군과 그렇지 못한 직업군을 가르는 선은 매우 선명하게 드러난다.

에 현존하면서 만들어 낸 것이다. 집합 열광으로 사회가 생성되는 순간은 『종교 생활의 원초적 형태』의 7장에 다음과 같이 묘사되어 있다.

> 사회가 분산된 상태에 있을 때 생활은 단조롭고 활기 없으며 지루하다. 그러나 코로보리가 일어나면 모든 것이 달라진다. (…) 한데 모인다는 사실 그 자체가 마치 비할 데 없이 강력한 흥분제처럼 작용한다. 개인들이 일단 모이고 나면, 그들의 모임에 의해 그들을 이상할 정도로 재빨리 열광시키는 일종의 전기 자극이 생겨난다. (…) 각 사람의 감정은 다른 사람의 감정을 불러일으키고, 또한 다른 사람의 감정에 의해 자신의 감정이 고무된다. 이와 같이 최초의 충동은, 마치 눈사태가 굴러가면서 커지는 것처럼, 그것이 진행되는 과정에서 더욱 증폭된다[뒤르켐, 1992: 308~309. 번역은 부분 수정].

집합 열광은 물리적으로 서로의 현존을 느끼고 개인들의 산술적 합을 초과하는 무언가를 발생시키는 정서적 폭발이다. 집합 열광 속에서 개인은 자신의 일상적(세속적) 한계를 깨고 나와서 자신보다 더 크고 궁극적으로는 성스러운 사회적 존재로 고양된다. 열광의 창조적 힘으로 사회는 자신의 존재를 느끼고 확인하고 실체화한다. 이 '역동적 면 대 면 상호 작용'을 통해 생성된 상징(토템)은 행위자들의 몸과 마음에 새겨져 향후 지속적인 규범력을 발휘한다[뒤르켐, 1992: 314~316].

둘째는 '사회가 어떤 방식으로 구성되어 있느냐'라는 구조론적 규정이다. 뒤르켐은 사회를 (베버와 달리) 명목론이 아닌 실재론의 입장에서 정의했다. 그가 생각한 사회는 중력처럼 작용하는 힘에 비유할 수 있는데, 그 힘은 개인들의 (의식과 존재) 외부에서 그들을 강제하는 효력을 발휘한다. 가령, 특정 사회는 그 안에서 살아가는 수많은 행위자들에게 공평하게 가해지는 어떤 '편재적 규제력'을 갖는다. 그 결과, 같은 사회를 살아가는 사람들은 유사한 방식으로 사고하고, 느끼고, 행위한다. 1895년의 『사회학적 방법의 규칙들』에서 뒤르켐이 제시한 '사회적 사실' 개념은 이를 잘 보여 준다.

> 여기 매우 뚜렷한 특성을 가진 사실의 범주가 있는데, 그것은 개인에 외재하며, 개인에게 부과되는 강제력이 주어져 있는 행위 양식, 사고 양식, 감정 양식으로 구성되어 있다. 사회적 사실들이 표상과 행위로 구성되어 있기 때문에, 그들을 유기체적 현상과 혼동하면 안 되며, 개인의식 가운데서, 개인의식을 통해서만 존재하는 심리적 현상들과도 구분된다. 그래서 사회적 사실들은 새로운 종을 구성하고, 그것에 대해서는 '사회적'이라는 형용사가 붙어야 한다[Durkheim, 1987: 5].

말하자면, 사회적 사실은 인간의 신체도 개별적 심리도 아니다. 그것은 표상의 형태를 띠면서 행위자들의 주관을 초월해 작용한다. 사회는 특정 영토 내에서 고르게 영향력을 행사하면서 사람들의 삶(행위, 사고, 감정)과 죽음(자살)마저 총체적으로 규제하는 보이지 않는 손이다. 편재하며 작용하는 일종의 구조, 혹은 보편적 독립 변수다.

코로나19는 이 두 가지 사회성의 원리를 모두 재편한다.[35] 역동적 면 대 면 상호 작용은 사회의 생성 원천이 아니라 이제는 오히려 사회를 위협하는 감염의 모멘트가 되었다. 대중이 모여 열광하거나 친교를 나누는 전형적 장소들(교회, 집회, 파티, 공연, 예배, 식사, 스포츠 관람)에는 차가운 경계의 시선이 던져진다. 사람을 만나는 것 자체가 문제가 되어 버린 것이다. 더 나아가 코로나19는 사회가 무엇인가에 대한 좀 더 본질적인 이론적 의문을 제기하게 한다. 사회는 과연, 뒤르켐이 그렇게 보았듯이, 균질화된 공간이며 편재

---

35. 코로나19 재난이 발생하기 훨씬 이전부터 이미 사회성의 이 두 원리는 상당히 침식되어 있었다. 비대면 커뮤니케이션은 디지털 테크놀로지, 인터넷, 모바일 소통 등의 기술적 확장 속에서 물리적 대면 커뮤니케이션을 실질적으로 대체해 가고 있었다[링, 2009: 67~92].

하는 결정력인가? 이에 관해서 우리는 바이러스가 사회 이론에 가져오는 통찰에 주목해야 한다. 즉, 바이러스는 어떻게 자신의 사회를 만들어 가는가? 바이러스의 사회는 과연 뒤르켐적인가?

네트워크란 무엇인가?

우리가 잘 알고 있듯이, 바이러스 전파는 면(面)이 아니라 선(線)을 통해 이루어진다. 가령, 사람들이 감염을 피하기 위해 원하는 지식은 특정 지역의 감염자 숫자 같은 '영역적' 표상이 아니다. 수(數)는 중요하지만, 사람들이 자신들의 안전을 위해 더 중요하다고 판단하는 것은 확진자들이 어디에서 어디로 이동했으며, 어디에 얼마나 오랫동안 머물렀으며, 누구와 접촉했는지에 관한 구체적 정보다. 즉, 확진자들이 그린 동선, 그들이 만드는 감염 네트워크의 지도다.

코로나19가 드러낸 흥미로운 사실이 바로 이것이다. 즉, 불안한 시민들은 사회를 영토나 구조로 체감하지 않았다. 팬데믹 상황에서 그들이 느끼는 사회라는 것은 선으로 구성된 망(網)이다. 한 지역을 봉쇄한다는 것도 사실은 특정 영토의 내부와 그 외부를 연결하는 감염선들을 차단하는 것을 의미한다. 사회는 막연하던 덩어리나 공간으로 여겨지다가 이제는 구체적이고 위협적이며 강렬한 감염 네트워크로 표상된다. 네트워크란 무엇인가?

네트워크는 다수의 노드(node)가 링크로 연결되어 만들어진 망상 조직이다[라투르, 2016: 356~357]. 그것은 전화선이나 철도망처럼 비용을 들여 건설하고 유지해야 하는 대상인데,[36] 그러한 이유

---

[36] 주의해야 할 것은 네트워크가 가령 전화선과 같은 기술적 연결망만을 가리키는 것이 아니라는 사실이다. 가설된 전화선은 네트워크의 최종 형태, 즉 "결과로서의 연결망"이다. 하지만, 전화선이 가설되기 위해서 움직인 사람들, 동원된 자원들, 설계도와 조직, 법률과 행정의 실천들과 구상들, 이 모든 것도 네트워크다. 라투르는 이를 "과정으로서의 연결망"이라고 부른다[라투르, 2023: 59]. ANT가 말하는 네트워크는 사실상 후자를 가리킨다. "따라서 같은 '연결망'이라는 단어를 쓰면서 우리는 '모든 것이 제자리에 있을 때' 순환하는 것과, 순환에 필요한 이질적 요소들의 집합

로 항상 "얇고, 연약하고, 듬성듬성한(tenuous, fragile, and sparse)" 상태로 존재한다[Latour, 1988: 220, 222]. 네트워크로 연결된 두 지점은 물리적 공간과 구별되는 특수한 위상학을 보여 준다. 가령, 공중전화로 국제 통화를 하는 사람은 일 미터 옆에 있는 누군가보다 수천 킬로미터 밖의 친구와 더 긴밀하게 연결되어 있다[라투르, 2010: 102].

반대로, 네트워크로 연결되지 않은 곳은 (공간적으로) 아무리 가깝다 해도 어떤 위상학적 등가성도 갖지 못한다[Mol·Law, 1994: 648~649]. 즉, 공간적 실재를 이루지 못한다. 네트워크는 사회를 "실체, 표면, 영역, 지역"과 같은 이미지가 아니라 "섬유, 실, 철사, 끈, 밧줄, 모세관"과 같은 형태로 바라보게 한다[Latour, 2005a: 242; 라투르, 2010: 100]. 코로나19는 사회에 대한 전통적인 이미지를 이러한 네트워크의 위상학으로 대체하게 하는 집합 체험을 제공했다.

예를 들어, 서울이란 무엇인가? 우리는 서울이라는 도시를 어떻게 상상하고, 표상하고, 체험하는가? 우리는 흔히 서울을 동그란 모양의 면적이나 영역으로 그리는데, 그 중간 부분을 가로지르며 한강이 흘러가고 있다. 말하자면, 서울은 가운데가 수평으로 잘린 감자 같은 모습으로 상상되는 것이다.

그러나, 실제의 서울은 이런 지리적이고 상식적인 표상을 넘어선다. 서울은 온갖 종류의 하수 시스템, 전기선들, 전자 시스템, 도로망, CCTV들, 무선 신호들에 의해 가로질러진 네트워크의 총체다. 서울은 지리적 면적 내부에 갇혀 있지 않다. 그 내부와 외부를

이 이루는 배치를 혼동하지 않도록 주의해야 한다. 러시아가 제국을 계속 운영할 수 있게 해 주는 천연가스는 코카서스의 가스전에서 프랑스의 가스난로로 지속적으로 순환하지만, 이 순환의 연속성과 애초에 순환을 가능하게 만든 것을 혼동한다면 커다란 오류일 것이다. 다시 말해 가스관은 '가스로' 만들어진 것이 아니라 강철관, 펌프장, 국제 조약, 러시아 마피아 단원, 영구 동토층에 고정된 철탑, 동상에 걸린 기술자, 우크라이나 정치인 등으로 만들어지는 것이다"[라투르, 2023: 61].

잇는 전신망, 인터넷 연결망, 전화, 교통, 철도, 항공, 인간과 사물과 자원과 정보 이동망의 총체가 서울이다. 서울로 날아드는 먼지들, 바람들, 비와 물, 그리고 야생 동물들이나 곤충들의 이동까지 생각해 본다면, 서울은 감자 모양의 도시가 아니라 오히려 폭발하여 터져 나가는 필라멘트 모양의 선들, 더 정확하게 말하자면 무수한 선들로 이루어진 거대한 다발에 더 가깝다[Latour·Hermant, 1998].

한 걸음 더 나아가서, 우리 각자가 체험하는 서울, 체험의 대상으로서의 서울이 또 존재한다. 가령 나는 서울에서 살지만 내가 체험하는 서울은 몇 개 되지 않는 지점들(집과 직장과 몇 군데의 장소들)과 그 사이의 동선들의 집합이 전부다. 나는 서울이라는 거대 도시 거의 대부분의 공간을 밟지도 않고, 소비하지도 체험하지도 바라보지도 않는다. 대신, 전화와 인터넷을 통해 서울 바깥의 수많은 지점들과 연결되어 있다. 그 연결들은 간헐적으로 활성화되고 수시로 끊어진다. 내가 수행하는 실제의 연결들은 명멸(明滅)하는 선들이다. 이런 점에서 보면, 진정한 서울의 모습은 아마도 서울에 거주하는 모든 시민들이 실제로 사용하고 수행하는 저 명멸하는 연결망들을 총체적으로 집결시켜 시각화했을 때 비로소 주어질 수 있을지도 모른다.

동일한 논리로 말하자면, 한국 사회 역시 한반도 휴전선 이하의 반도라는 지리적 형태로 환원될 수 없다. 한국과 연결되어 있는 모든 자본의 이동선, 물질의 이동선, 인간의 이동선, 정보의 이동선의 총체가 바로 한국 사회다. 한국 사회는 다른 국가들에 깊이 침투해 있고, 연결되어 있고, 얽혀 있다. 남미의 어느 나라에서 K-팝을 듣기 위해서 인터넷으로 한국과 실시간으로 연결되어 있는 사람들, 한국 내에 있는 물류 창고를 향해 다가오고 있는 화물선들, 전신망을 통해 한국과 연결되어 한국에 있는 사람들과 소통하는 한국 외부의 무수한 지점들, 이들도 한국 사회를 이루는 요소들이다. 이들은 지리적인 방식이 아니라 네트워크의 방식으로 한국을 이룬다.

이러한 사회의 이미지는 20세기의 대표적 사회상과 근본적인 차이를 노정한다. 뒤르켐에 의해 대표되는 근대 사회는 국민-국가 내부에서 인간들의 상호 작용에 의해 생성되어 편재적 결정력을 발휘하는 '구조'다. 이런 의미의 사회는 사실상 국가라는 정치적 단위의 바깥으로 나가지 못하고, 그 내부에 갇혀 있는 무언가로 상상된다. 그러나 바이러스 전염 과정이 직관적으로 보여 주는 사회, 그리고 시민들이 팬데믹을 겪어 가며 체감하고 있는 사회는 (뒤르켐적 사회가 아니라) 가브리엘 타르드가 구상한 사회의 모습에 훨씬 더 가깝다. 그것은 수직적으로 작용하는 '구조의 모델'이 아니라, 특정 감염의 원천으로부터 수평적으로 확산되는 "모방 방사(rayonnement imitatif)"의 선들이 빽빽하게 상호 교차하는 정동적 네트워크의 '콜라주 모델'이다[타르드, 2012: 48~49; Tonkonoff, 2017: 32].

이 책의 마지막 장에서 좀 더 정밀하게 논의하겠지만, 타르드는 사회를 정태적 구조의 시각에서 보지 않고, 역동적이고 유동적인 심리 에너지라는 관점에서 파악했다. 그가 주목한 믿음과 욕망이라는 심적 에너지는 바이러스적으로 전파되면서(모방) 서로 간섭하고 굴절되며 뻗어 간다. 사회는 영역이 아니라 네트워크 또는 유체(fluid)다[Mol·Law, 1994]. 끊임없이 변화하며 생성되는 연결선들의 집합. 서로 다른 연결의 수, 강도, 에너지의 차이를 가진 "무수한 어셈블리지들의 어셈블리지"[Tonkonoff, 2017: 38]. 이것이 타르드가 파악한 사회의 참된 모습이다. 이런 점에서 타르드에게 사회성과 바이러스성(virality)은 본질적으로 동일한 것이다[Sampson, 2012].

'사회란 무엇인가'에 대한 해답의 모색이 20세기 사회 이론의 핵심 과제였다면[김홍중, 2017], 이제 근대적 사회 개념을 넘어서는 새로운 관계성, 공통성, 연결성을 사고하는 것이 21세기 사회 이론의 중요한 과제로 주어지고 있다. 그것이 들뢰즈와 과타리가 말하는 어셈블리지 개념에 기초한 사회학이건[Pyyhtinen, 2016: 15~17; 데란다, 2019], 화이트헤드 철학에서 영감을 받은 관계적 존재론이건[Halewood, 2011], 타르드의 모방 이론이건[Høstaker, 2014], 라투르의 ANT이건[홍성욱, 2010], 혹은 신유물론적 사회학이건[Fox·Alldred, 2016], 우리는 20세기적 사회성의 기계론적 표상을 넘어서 좀 더 역동적이고 사건적이고 유물론적인 '사회-너머의 사회성'을 본격적으로 탐구해야 할 시점에 와 있다.

IV. 개인-너머의 주체성

비말[37]

마지막으로 살펴보고자 하는 이론적 충격은 '개인'이라는 관념과 연관되어 있다. 어원적으로 개인은 더 나눌 수 없는 존재(in-dividual)를 의미한다. 이것이 사회과학이 가정하는 근대적 개인관의 핵심을 이룬다. 개인들이 모여 그룹과 사회가 된다. 개인들은 사회의 빌딩 블록이며 원자다. 분할 불가능한 실체이자 통일체이기 때문에 개인의 내부(내면, 정신, 마인드, 심리)는 그 외부(환경, 자연, 사회, 타자)와 분리되어 있다. 양자 사이에는 통로가 없다. "봉쇄된 주체(contained subject)"가 근대적 개인을 규정하는 대표적 용어인 이유가 거기에 있다[Brennan, 2004: 2].

개인에 대한 이러한 관념의 기원은 17세기 유럽으로 거슬러 올라간다. '소유적 개인주의'에 대한 탁월한 분석을 남긴 맥퍼슨(C. B. Macpherson)에 의하면, 근대적 개인은 "본질적으로 자신의 신체와 능력을 소유한 자이며, 그런 것들을 소유함에 있어서 사회에 힘입은 바가 없다는 생각"에 입각해 있다[맥퍼슨, 2002: 3]. 개인은 타자의 의지나 영향으로부터 자유로우며 자기 자신에 대한 결정권과 소유권을 누린다. 따라서, 개인에게는 의지, 목적, 합리성 같은 행위 능력이 선천적으로 부여되어 있다. 이후 여러 형태의 이론적 변주와 변형을 거쳤음에도 불구하고, 개인이라는 형상은 여전히 사회이론이 상정하는 특권적 주체로 남아 있다.[38]

코로나19는 이처럼 자유주의적이고 자율적인 개인의 신화를 파상하고 있다. 앞서 우리는 바이러스의 전파가 리좀적 확산(전염)

---

37. "일반적으로 직경이 5마이크로미터보다 작은 침방울을 에어로졸(aerosol)이라 부르고, 이보다 큰 침방울을 비말(droplet)이라 부른다"[최강석, 2009: 87].

38. 뒤르켐에서 고프먼에 이르는 사회 이론의 흐름 속에서 개인은 성스러운 존재, 근대적 삶의 '신'으로 나타난다[뒤르켐, 1994: 359; Goffman, 1982: 232].

을 통해 이루어지며, 이것이 뒤르켐적 사회상과 배치되는 네트워크의 이미지를 직관적으로 드러낸다는 사실을 확인했다. 이를 세밀히 살펴보면 우리는 팬데믹 상황에서 개인 또한 어떻게 다른 모습으로 나타나고 있는지를 쉽게 이해할 수 있다.

예를 들어, 바이러스가 감염되는 과정을 'A→B'라는 단순화된 도식으로 표현해 보자. 여기서 화살표로 연결되는 두 점(A와 B)이 바로 우리가 흔히 개인이라 부르는 인간 행위자들, 즉 개별적 이해관계와 합리성과 내면성을 가지고 움직이는 것으로 표상되는 원자들이다.

그런데, 실제 바이러스 감염 상황을 살펴보면 우리는, 이들 개인들이 외부와 단절된 존재가 아니라, 환경에 열려 있는 구멍 뚫린 신체(porous body)라는 사실을 곧바로 깨닫게 된다. 바로 이 지점이 개인 개념의 봉합선이 뜯어지는 곳이다. 전염은 A와 B의 신체가 환경에 대해 완벽하게 닫혀 있다면 일어날 수 없는 사태다. 이들이 완전히 '봉쇄된 개체들'이라면 숨결, 호흡, 기침, 타액은 이들 피부의 내부에 갇혀 있어야 한다. 그러나 사실 A와 B는 비말을 뿜어내며 움직이는 전염적 유동체이며 자신들의 환경에 전적으로 열려 있다. 이 신체들은 타자와 언어로 소통하는 것이 아니라, 침과 호흡과 콧물과 같은 체액으로 소통한다. 즉, 신체성(감염성)으로 소통한다.

비유컨대, 감염자들은, 아우라를 둘러쓴 천사나 성인(聖人)처럼, 바이러스의 비가시적 환(環)을 자신의 신체 주변에 두르고 있는 것이다. 우리의 육안으로는 식별할 수 없지만, 이들 주변에는 바이러스가 흩어져 있는 일종의 전염 물질의 '비산구역(飛散區域)'이 형성되어 있다. 더 나아가, 감염자들이 접촉한 사물들과 이들이 머물면서 분비물을 분사한 장소들 역시 한시적인 '비말적 영토성'을 띠게 된다. 비말은 튀고 바닥에 떨어져, 거기 달라붙어 잔존하는 물질적 현존이다. 경계가 분명치 않으며, 그 단위 또한 명확하지 않다. 공기 중에서 흩어질 수 있지만, 물체에 부착되었을 때는 오랜 시간 동안 감염력을 유지, 발휘할 수도 있다. 비말의 존재 방식은 단순히 있느냐 없느냐의 문제, 즉 유무(有無)의 문제가 아니라 얼마나 많이 (강하게) 혹은 적게(약하게) 있느냐, 즉 다소(多少)와 강약(强弱)의 문제를 제기한다.

이런 점에서 보면, 개인이라는 관념은 그 자체로 문제적이다. 비말을 뿜어내는 행위자는 환경과 절연되어 있지 않다. 그의 기침은 그의 존재와 분리할 수 없다. 그가 뱉은 타액은 그 사람 그 자체이다. 악수하는 손, 눈물을 분비하는 눈, 콧물이 나오는 콧구멍, 침을 튀기는 입, 그가 만진 사물, 손잡이, 마스크, 숟가락, 또는 입을 댄 음식, 이 모든 사물에 자아는 분산되어 있다. '개체'가 아니라 '분체(dividual, 分體)'라는 표현이 이런 사태를 사실상 훨씬 더 생생하게 포착한다[Smith, 2012; Deleuze, 2003: 244].

개인과 같이 총체적이고, 전체적이고, 통일된 단일체가 아니라 주변과의 경계가 흐릿하고, 다른 존재자들과 물질적인 요소들을 나누고, 교환하며, 서로가 서로에게 물들어 가는 존재. 그 자체로 나뉘지고 쪼개져 흩어져 가면서 동시에 중심성을 가까스로 만들고 있는 존재. 즉, 개체의 하부 수준(sub-individual) 또는 개체를 관통하는 수준(trans-individual)에서 형성되는 역량의 형태로 분산되어 있는 존재[Anderson, 2010: 165]. 우리는 코로나19 팬데믹 상황에서 우리의 신체를 바로 그런 존재로 경험했던 것이다.

횡단-신체성

요컨대, 비말이란 분산되고, 비산되고, 분사된 자아(distributed, dispersed, sprayed self)다. 비말의 관점에서 보면, 자아는 물질적으로 퍼져 나가는 운동이자 과정이다. 이것은 원자론적 개체의 이미지와 상당히 다른, 유물론적이고 유동적인 이미지다. 사회적 주체는 피부 내부에 봉쇄된 존재로 표상될 수 없고, 뇌나 신경계 혹은 그가 선험적으로 소유하고 있을 것으로 판단되는 특정 행위 능력으로 환원될 수도 없다. 개인은 분산적이고, 비산적이고, 분사적인 몸이다. 피부 경계를 넘어서 활동하며 분비되고 터져 나가는 역량 그 자체, 자신 외부로 비말을 발산하고 흔적을 남기고, 확산되거나 응축되는 신체다. 체액의 분비, 대사, 생리 활동이 남기는 흔적, 그 흔적에 남아 있는 감염력, 감염력이 물질화되어 분포된 모든 잠재성의 영역이 모두 개인을 구성한다. 그의 내부와 외부는 구멍 뚫려 있다.

바이러스를 통해 우리가 발견하게 되는 것은 살과 살, 신체와 신체, 자아와 자아가 일종의 "다공성(多孔性)"을 통해 서로에게 열려 있다는 사실이다[Tuana, 2007]. 앨러이모(Stacy Alaimo)는 이를 "횡단-신체성(trans-corporeality)"이라 부른다[앨러이모, 2018: 18]. 신체가 서로에 투과되는 사태를 지칭하는 이 개념에 의하면, 개체의 내부와 외부는 서로에게 열려 있다. 근대적 개인, 즉 "투과 불가능한(impermeable) 서구적 인간 주체"는 현실에 존재할 수 없는 이론적 가상이다[Alaimo, 2016: 5].

이처럼 코로나19는 근대적 개인 관념을 비판적으로 재구성하고 '개인-너머의 주체성'을 사유해야 할 필요성을 부각시켰다. 이에 의하면, 개체는 물질적 네트워크를 초월해 있는 자기-소유의 자립적 존재가 아니다. 자아와 환경의 상호 투과(inter-permeability)는 지구적 존재자의 근본 조건이다. 자아는 확산되어 있고, 새고 있고, 비말로 퍼져 나가며, 미세 지각을 통해 외계의 요소들에 열려 있다. 자아와 세계는 물질적 네트워크의 얽힘 속에서 공존, 공진화하고 있다. 그 핵심에 '몸'이 있다. 몸은 다양한 존재자들이 상호 침투하며 작용하는 물질적 연결망의 한 지점에서 소용돌이치는 열린 과정이다. 이런 관점은 사회-너머의 사회성에 대한 앞선 논의와 불가피하게 연결된다. 이 몸은 사회적 힘이 그 위에 새겨지는 표면이 아니라, 사회적 힘들이 그 안에서 활동하고, 재생산되고, 변형되는 하나의 장소인 것이다.

이를테면, 노동자 계급의 허파는 사회와 분리된 자연적 신체가 아니라, 이미 그 자체로 하나의 사회다[앨러이모, 2018: 75~76]. 요양원 노인들, 택배 노동자, 신천지 교인, 콜센터 직원, 빈민과 홈리스의 허파는 사회적인 동시에 생물학적인 동시에 정치적 장소다. 이 신체들의 내부에서 사회와 자연이, 인간과 비인간이, 물질과 정신이, 주체와 대상이, 자본주의와 국가 통치성과 집합적 정동과 면역 시스템이 리좀적으로 연결되기 때문이다. 마스크의 의미는 여기에 있다. 그것은 서로에게 뚫린 구멍을 막는 막(膜)이다. 마스크는 자기와 오염된 세계를 가르는 차폐 장치이다. 그것은 새로운 상호작용의 인터페이스다. 마스크를 씀으로써 분사된 자아들 사이에 필터화된 자아(filtered self)의 영토가 형성된다.

사회과학이 오랫동안 자명한 것으로 여겨 온 사회/개인의 이분법, 그리고 미시/거시의 사회 존재론은 이제 개인-너머의 수준에서 흐르고, 통하고, 연결되고, 감응되는 것들에 대한 인식 속에서 그 적절성을 상실한다. 비말을 통한 신체 간 전염이 이루어지는 장소는 전통적 의미의 미시(개인)도 아니고 거시(구조)도 아니다. 미시의 기초 단위로 여겨진 개인은 그보다 훨씬 더 미시적인(들뢰즈처럼 말하자면 분자적인) 구멍 뚫린 몸에 분석적 우위를 내어 주어야 하는 것이다. 코로나19가 드러내는 진실은, 사회적 삶을 이루는 실제적 거점이 개인과 개인 사이에 흐르는 물질적이고 정동적인 흐름의 선들이라는 사실이다[타르드, 2013: 28~33].

'개인-너머의 주체성'이라는 테마는 인간에 의해 발굴, 채취, 가공되어 방출된 다양한 물질적 요소들이 인간과 사회에 예측할 수 없는 강력한 작용을 가해 오는 인류세에 더욱 큰 함의를 가질 수밖에 없다[최명애·박범순, 2019; 김환석, 2024a]. 바이러스 같은 원형-행위자는 사회의 외부가 아니라 사실 오랫동안 인간과의 공생적 진화를 거쳐 온 생존 파트너였다. 인간 사회는 바이러스를 포함한 여러 미생물과의 길고 복잡한 상호 작용을 거쳐 현재 모습으로 변화해 온 것이다[맥닐, 2020]. 오히려 문제의 핵심은 확장된 인간 행위 능력에 의한 생태계의 파괴와 교란, 초국적 거대 농축산업과 같은 메커니즘이다[월러스, 2020]. 신종 (인수 공통) 바이러스 감염병들의 창궐은 인간 행위자들이 생태적 안정성을 위협하면서 환경을 변화시켜 야기된 "에코데믹(ecodemic)"으로 보는 것이 정확하다[월터스, 2004: 14].

　이러한 인간-바이러스 얽힘은 국가적 방역 논리로만 대응하기에 너무나 깊고 다차원적이다. 인간의 인지적 행위 능력을 초월하여 작용하는 비인간 행위자들(바이러스, 미세 플라스틱, 방사능 물질, 유출된 오일, 화학 약품, 슈퍼버그, 환경 호르몬, 그리고 미지의 X)은 점점 더 실질적으로 인간 사회에 깊은 영향력을 행사하고 있다. 이에 대한 적극적 인정과 탐구는 이제 단순히 이론적인 의미만을 갖는 것이 아니라 생존에 필수적인 정치적 성격 또한 띠고 있다[Latour, 2004e].

V. 마치며

　두 가지의 다른 미래가 있다. 하나는 우리가 상상하고 대비하고 계획하여 길들이고 다스리고자 부단히 노력하는 미래다. 그 미래에는 현재를 살아가는 행위자들의 꿈과 희망과 불안이 짙게 투사되어 있다. 개인의 삶으로부터 더 큰 단위의 조직체에 이르기까지 이런 형태의 미래는 도처에서 만들어지고 있다. 가령, 개인은 자신에게 도래할 1년 후, 10년 후, 노후를 상상하며 설정된 목표를 향해 나아가며, 예상되는 문제에 대비한다. 가족에게도 꿈꾸는 미래의 비전이 있고, 기업이나 단체 또는 국가도 자신들에게 고유한 청사진에 입각하여 리스크를 계산하며 미래를 조립해 간다. 이를 '표상된 미래'라 불러 보자.
　그런데 '표상된 미래'를 순간적으로 파괴하면서 솟구쳐 나오는 또 다른 미래가 있다. 그것은 우리의 상상이나 계획에 쉽게 포섭되지 않는 미지의 미래, 느닷없이 도래하여 우리의 예상을 와해시키는 낯설고 야생적인 미래다. 이를 '사건적 미래'라고 불러 보자. 연대기적 직선을 그리며 전진하는 표상된 미래와 반대로, 사건적 미래는 시간의 진행을 전도시킨다. 사건 속에서 미래는 현재의 복판으로 치고 들어와 현재를 교란시킨다. 사건이 발생하면 그때 비로소 우리는 그간 그려 온 미래의 모습들이 얼마나 실재와 달랐는지를 깨닫는다. 사건적 미래의 여파 속에서 그간 지어 놓은 여러 미래상들이 폐기되거나 작파(作破)된다.
　미래라는 문제를 다루고자 한다면, 사회 이론은 표상된 미래와 사건적 미래를 모두 사고해야 한다는 과제를 떠안는다. 우선, 우리가 미래를 구상하는 방식(유토피아나 디스토피아) 그 자체가 의미심장한 사회적 사실이라는 점에서, 표상된 미래의 중요성은 정당화된다. 벤야민이 잘 보여 준 것처럼, 집합적 몽상은 그 사회의 특이성을 보여 주는 핵심적 징후인 것이다[김홍중, 2024: 64~66].
　이와 동시에 우리는 우리가 상상하고 사고할 수 있는 한계선의 바깥으로부터 그 한계를 처참하게 드러내면서 들이닥치는 사건적 미래가 가시화하는 문제들에 사고를 집중해야 한다. 이 과제는 특히 인류세를 살아가는 우리에게는 매우 중요한 것으로 부각되고 있다. 파국의 시대인 인류세에 우리는 점점 더 빈번하게 사건적 미래의 재앙적 도래를 체험하게 될 가능성이 높기 때문이다.

그렇다면, 전형적인 사건적 미래의 한 사례라고 이야기될 수 있는 코로나19 팬데믹을 겪어 가면서 우리는 과연 어떤 교훈을 얻었는가? 어떤 물음들을 갖게 되었는가? 본문에서 논의한 세 가지 쟁점인 인간-너머의 행위 능력, 사회-너머의 사회성, 개인-너머의 주체성은 바로 이 질문들에 대한 이론적 해답의 의미를 갖고 있다. 코로나19 팬데믹은 21세기에 우리가 어떤 사회를 지향해야 하는지를 징후적으로 드러내 주었다. 요컨대, 우리는 향후, 비인간과의 얽힘에 대한 사회적 인정을 기초로, 근대적 국민-국가를 넘어서 행성적 지평에서 일종의 지구적 생명 사회를 구축해 나가면서, 개체들의 얽힘으로 이뤄진 집합체의 공생을 지향하는 새로운 유형의 사회를 구축할 필요성을 느끼게 된 것이다.

현실적으로 그것이 가능할지 아니면 가이아 파국의 높은 장벽을 넘지 못하고 21세기가 파국에 파국을 거듭하는 카오스로 전개될지, 우리는 아직 알지 못한다. 그러나 중요한 것은 우리에게 근대적 사회 모델, 자유주의적 개인주의라는 가치, 그리고 인간중심주의는 더 이상 지속될 수 없는 이념이 되었다는 사실이다. 21세기는 이런 점에서 17세기와 조응한다. 중세의 긴 어둠을 뚫고 인간이 주체가 되는 문명을 상상하기 시작했던 바로 그 시기, 베스트팔렌 조약 이후 근대적 국가와 사회가 탄생했고, 새로운 과학적 패러다임이 등장했던 격변의 시기 17세기처럼, 우리 시대 역시 인간-너머의 문명적 미래를 향해 새로운 사상과 사유와 미학과 윤리와 영성의 등장을 목도하고 있다. 다음 장부터 살펴보게 될 라투르의 ANT는 이런 미래적 사회 이론의 한 흥미로운 사례다.

보론. 이론가는 왜 바보여야 하는가?

개브리엘 애번드(Gabriel Abend)는 2008년의 한 논문에서 사회학자들이 이론이라는 용어로 의미하는 바를 조사하여 다음과 같은 일곱 가지 유형을 추출하고 있다. 첫째, "변수들 사이의 관계를 설립하는 일반 명제, 또는 논리적으로 연결된 일반적 명제들의 시스템". 둘째, "특수한 사회 현상에 대한 설명". 셋째, "어떤 현상의 의미에 대한 해석학적 대답". 넷째, "맑스, 베버, 뒤르켐, 짐멜, 파슨스, 하버마스, 부르디외 같은 저자들의 저술에 대한 연구". 다섯째, "세상을 바라보고 해석할 때 준거하는 전반적 시각". 여섯째, "근본적인 규범적 요소를 갖는 해명들". 일곱째, "리얼리티가 사회적으로 구성되는 방식에 대한 논의"[Abend, 2008: 177~181].

애번드의 연구를 통해 우리가 발견하게 되는 것은 사회학에서 주로 사용되는 이론이라는 용어가, 그 의미의 다양한 편차에도 불구하고, 명확한 공통점을 갖고 있다는 점이다. 말하자면, 이론은 지식, 명제, 앎의 시스템과 동일시되고 있다. 위의 일곱 가지 범주는 모두 그런 입장을 취하고 있다. 이는 이론에 대한 상식적 견해와도 부합한다. 대개 우리는 이론을 난해하고 추상적인 언어의 조직체나 현상을 설명하는 지식의 시스템으로 간주하지 않는가?

그런데 여기 우리가 흔히 잊고 있는 중요한 사실이 있다. 그것은 이론이 원래 그리스어로 테오리아(theoria), 즉 보는 행위를 지칭한다는 점이다. 라틴어로 '관조(contemplatio)'로 번역된 이 단어의 어근은 바라봄 또는 시각(sight)을 의미하는 '테아(thea)'이며, 이로부터 극장(보는 장소)을 지칭하는 '테아트론(theatron)'이라는 단어가 파생되었다. 테오리아의 동사형인 '테오레인(theorein)'은 육안으로 바라보는 '응시(gazing upon)'부터 고도의 정신적 사고와 사변까지를 포괄적으로 지칭했다[Case·French·Simpson, 2012: 348;

Stempsey, 2016: 834; Dallmayr, 2013: 7~8].[39] 여기서 중요한 것은 이론이라는 용어가 일상적 앎의 세계 너머에 있는 어떤 실재(진리)와 시각적으로 마주치는 체험과 기원적 연관을 갖고 있다는 점이다. 그것은 눈동자와 대상 사이에서 발생하는 '바라봄(seeing)'이라는 사건, 바라봄을 매개로 보는 주체와 보여지는 대상이 연결되는 사건이다.

우리가 이론을 이런 각도에서 조망하게 되면, 이론을 하는 자(이론가)라는 주체에 대해서 새로운 형상화가 가능해진다. 즉, 이론가란 어려운 추상적 언어로 개념의 성(城)을 쌓는 사람이 아니다. 그는 반대로 세계를 새롭게 관조하고 느낄 수 있는 시선과 정신의 주체다. 체험하는 자, 현상 앞에서 경이로움을 느끼고 이것을 사고로 전환시키는 능력을 발휘하는 자다. 그래서, 이론가는 언제나 새로운 현실의 도래에 열려 있어야 하며, 오직 현실을 기준으로 과거에 만들었던 이론 시스템을 과감하게 교정하거나 경우에 따라서 폐기할 수 있는 용기를 갖고 있어야 한다. 이론이 현실을 재단하는 것이 아니라 현실이 이론을 조형하는 것이며, (루만을 빌려 말하자면) 사회학자가 사회를 계몽하는 것이 아니라 사회가 사회학자를 계몽하는 것이다[Luhmann, 1967].

이러한 인식은 21세기와 같은 파국의 시대에 중요한 함의를 갖는다. 우리 시대에 이론가의 눈이, 정신이, 감각이 꿰뚫어야 하는 리얼리티는 가이아의 물질적 수준에서 발원하는 자기-파괴적 운동과 그것이 사회적 차원으로 번역되어 나타나는 수많은 재난들과 정치, 경제, 사회, 문화적 난제들이기 때문이다. 고대 그리스인들에게 이론이 초월적이고 고요한 관조나 관상(觀想)이었다면, 우리 시대의 사회학자에게 그것은 어지럽고 불안하며 때로는 공포스러운 카오스를 직시하는 파상력(破像力)의 실천에 더 가깝다.

파상력이란 무엇인가? 이를 상상력과의 대비 속에서 말해 보

---

39. 'theoria'의 종교적 함의에 대해서는 다음을 참조할 것[임성철, 2007: 124~125].

자면 이러하다. 상상력은 부재하는 것을 현존시키는 힘이다. 하지만 파상력은 현존하는 것들의 공성(空性)을 직관하는 힘이다. 파상력은 이 세계의 가까스로-있음에 대한 예리하고 날카로운 감수성이다. 이러한 파상력의 주된 특성 중 하나는 우리가 그것을 사실 의도적으로, 자발적으로, 능동적으로 실천할 수 없다는 사실이다. 이것이 상상력과 파상력의 또 다른 차이이다.

상상은 우리가 원하는 순간 언제든 가능한 '행위'이다. 그러나 파상은 우리를 압도하는 외적 충격을 겪는 '감수'다. 파상이 일어나는 순간, 우리는 기왕의 세계를 구조화하던 상상적 인식틀이 깨지고, 부서지고, 효력 정지되는 상황과 그런 상황에서 발휘되는 각성의 예기치 않은 힘을 불가항력적으로 겪을 수밖에 없는 것이다. 요컨대, 파상력은 에이전시가 아니라 페이션시다[김홍중, 2024: 220]. 21세기 사회 이론이 깊게 성찰해야 하는 것은 바로 이 '겪음'의 조건과 가능성이다. 이런 점에서 아감벤의 다음과 같은 지적은 너무나 적절하고 예리하다.

> 연구(studium)라는 단어는 충돌이나 쇼크를 가리키는 st- 또는 sp- 의 어근으로 소급된다. 연구하는 것(studiare)과 놀라는 것(stupire) 은 이러한 의미에서 친근 관계를 갖는다. 연구하는 자는 충격을 받아서 그를 놀라게 한 것 앞에서 마비되어(stupéfait), 그것을 끝까지 이해하지도 못하고 그것으로부터 벗어나지도 못하는 상태에 빠진 사람과 같다. 연구하는 자(student)는 그리하여 언제나 어리석은 (stupide) 자다. 그러나 한편 그가 늘 대상에 집중되어 있고, 얼빠져 있으며, 그로 인해 연구란 본질적으로 고통이며 수난임에도 불구하고 다른 한편으로 말하자면, 연구 속에 내재된 어떤 메시아적 유산을 통하여 연구자는 자신의 연구의 결론을 내리도록 이끌어져 가는 것이다. (…) 이와 같은 마비와 명석의 교차, 발견과 상실의 교차, 감수(passion)와 행위(action)의 교차가 바로 연구의 리듬을 구성한다[Agamben, 1988: 45~46].

아감벤은 이야기한다. 연구의 본질은 감수자에서 행위자로의 전환이다. 연구의 시작점은 뭔가를 알아내야겠다는 의지나 욕망이 결코 아니다. 주체의 강력한 의사(意思) 같은 것이 아니다. 인식에의 관심이나 설명에의 욕망 같은 것도 아니다. 연구를 처음 개시하게 만드는 요인은 그러한 의지, 의사, 관심의 정지다. 연구는 명석한 두뇌에서 시작되는 것이 아니라, 그 두뇌의 작동 중지에서 시작된다. 연구는 마비로부터의 탈출 행위다.

우리가 아감벤을 따라서, 그가 연구자라 칭한 존재의 자리에 이론가를 놓는다면, 다음과 같이 이야기할 수 있을 것이다. 즉, 이론가의 본령이 응시라는 점에서 생각해 보면, 이론의 첫 번째 단계는 사실 아무것도 보지 못하는 상태, 이론의 불가능성이라고. 그것이 파국이 야기한 충격 때문이건, 아니면 이론가가 소유하고 있는 언어의 한계 때문이건, 이론이 응시의 불가능성과 만났을 때, 역설적으로 거기서 바로 이론의 가능성이 움트기 시작한다. 이론가는 불가능성의 경계선을 끈질기게 탐색하면서, 그 바깥으로 나갈 수 있는 출구를 찾아내려 고투하는 것이다. 그 과정에서 어떤 시선이, 어떤 언어가, 어떤 이야기가 생성되어 나온다. 아감벤이 메시아적 유산이라 부르는 것은, 이론 작업에 내재하는 이 어둠으로부터의 벗어남일 것이다.

바보만이 어둠에서 빛으로 가는 저 궤적을 가까스로 살아 낼 수 있다. 아감벤의 역설에 내포된 진실은 이것이다. 21세기의 이 경악스런 현실과 대면하면서 과연 누가 자신이 바보임을, 자신이 알고 있는 것이 실재와 어긋나 있음을 인정하지 않을 수 있겠는가? 우리에게 쇄도해 오는 미래의 낯선 힘들 앞에서 어느 누가 마비되지 않을 수 있으며, 어느 누가 자신의 한계를 인정하지 않을 수 있을까?

바보란 들뢰즈와 과타리가 말한 바 있는, 저 미래에 "도래할 악마적 힘들" 혹은 미래에 "구성될 혁명적 힘들"[들뢰즈·과타리, 2001b: 47]과 속절없이 마주친 자들의 이름이다. 그런 마주침은 바보를 얼어붙게 만든다. 그러나, 오직 그 자리에서만 사건적 미래의 힘들을 겪어 내고 새로운 이야기를 시도할 가능성이 움터 온다. 그 이유는, 바보가 머무는 그 불가능성의 자리가 바로 미래가 사건의 형식으로 현재를 뚫고 현현한 희귀한 현장이기 때문이다.

4장
21세기 사회 이론의 필수 통과 지점

> 옛 시대의 장비들로 현재의 도전에 응하는 것보다 더 큰 치척 범죄는 없다 [Latour, 2004a: 23].

> 만일 당신들이 개미들 연구한다면 (…) 개미들이 당신들의 연구에서 무언가를 '배우기'를 기대하겠습니까? 물론 아니지요. 개미들은 당신들의 선생님입니다. 당신들은 개미들로부터 배우는 것입니다 [Latour, 2005a: 15].

> 우리는, 우리가 흥미롭게 말하도록 하락한 바로 그것에 의해 흥미롭게 말하도록 하락된다 [Latour, 2000b: 376].

I. 〈굿 플레이스〉 패러독스

완벽한 관찰 능력과 계산 능력을 가진 지적 시스템이 있다. 인간의 모든 행동이 그 시스템에 의해 채점되고 기록된다. 선행(善行)을 하면 점수가 추가되고 악행(惡行)을 하면 점수가 깎인다. 행위의 도덕성은 숫자로 계산된다. 한 인간이 죽음을 맞이하게 되면, 시스템은 그가 생전에 행한 모든 행위에 매겨진 총점을 계산한다. 일정 점수를 넘으면 천국행이고 미달하면 지옥행이다. 넷플릭스 드라마 〈굿 플레이스〉가 그리는 사후 세계다.[40]

그런데 시즌 3으로 넘어가면 흥미로운 상황이 전개된다. 지난 500년간 어떤 인간도 천국에 가지 못했다는 사실이 알려지게 된 것이다. 이 사실을 깨닫게 된 주인공들은 행위 평가 시스템이 조작된 것이 아닌가 의심한다. 왜 모두 지옥으로 갈 수밖에 없었나? 근대인은 전부 다 악인이었단 말인가? 해답을 찾기 위해 이들은 시스템에 잠입하여 작동 기록을 확인한다. 놀랍게도, 발견된 것은 시스템 오류가 아니었다. 시스템은 정확히 작동했다. 문제는 전혀 다른 곳에 있었다.

가령, 1534년에 한 영국인 남성이 할머니 생신 선물로 장미를 한 송이 꺾어 드렸다. 그 결과 145점을 획득한다. 그런데, 2009년에는 한 미국인 남성이 자기 할머니에게 장미 열두 송이를 선물하고는, 도리어 4점을 감점당한다. 선한 행위를 했는데 왜 감점이 발생했을까? 드라마의 설명에 의하면 사정은 다음과 같다. 미국 남성이 장미를 주문할 때 그는 핸드폰을 사용했다. 그런데 그 기기는 노동력을 착취하는 악덕 기업주가 운영하는 공장에서 제조된 것이었다(감점). 그가 선물한 장미꽃은 유해 살충제를 남용하는 화원에서 재배되었고(감점), 막대한 탄소 발자국을 남기며 수천 킬로미터 떨어

---

[40] 이 드라마에 대해 알게 된 것은 몇 해 전 심보선 선생과의 사적 대화를 통해서이다. 이 기회를 빌려, 심보선 선생님에게 감사의 말씀을 전한다.

진 곳에 사는 할머니에게 배달되었다(감점). 게다가 화원의 소유자인 백만장자 CEO는 인종주의자이자 성폭력을 자행한 자였다(감점). 이 모든 감점을 합산한 결과 선물은 악한 행위로 판정된 것이다.

우리는 이제 왜 지난 500년간 아무도 천국에 가지 못했는지, 그 이유를 알 수 있다. 근대 세계에서 행위한다는 것은 행위자 자신의 고유하고 독립적인 행동이 아니라, 수많은 인간, 비인간 타자들과 연결되어 실행되는 복합적 사태가 되어 버린 것이다. 하나의 행위 속에는 수많은 타자들의 행위가 개입해 있다. 그래서 한 개인에게 오롯이 그 원인과 결과가 귀속되는 그러한 행위가 근대에는 불가능하다. 선/악이라는 도덕적 코드 역시 이와 같은 행위의 그물망 속에서 작동한다. 하나의 행위 안에 부분적인 선함과 부분적인 악함이 공존한다. 이 모든 세부들을 쪼개 살피기 전에 어떤 행위의 의미나 가치를 쉽사리 판단하는 것은 이제 불가능하다.

II. 사회학 행위 이론들의 한계

위에서 언급한 에피소드는 '행위'라는 문제에 대해 20세기 사회학이 제출한 주요 이론들의 현실 적합성을 재고하게 만드는 '사고 실험'의 계기를 제공한다. 예를 들어, 우리는 저 미국 남성이 할머니에게 선물하는 행위를, 사회학 행위 이론의 초석을 제공한 베버의 관점으로는 충분히 해명할 수 없다는 사실을 깨닫는다.

잘 알려진 것처럼, 베버는 행위의 본질을 "주관적으로 생각된 의미"에서 찾았다. 행위를 행위로 성립시키는 필수 요건은 행위자의 목적, 의향, 의도와 같이 합리적으로 지향된 내면적 의식이다[베버, 2003: 119]. 그러나 〈굿 플레이스〉가 극화(劇化)하는 바에 의하면, 저 선물 행위의 의미는 '할머니를 기쁘게 하겠다는 개인적이고 주관적이고 합리적인 의도'로 환원되지 않는다. 미국 남성의 의도는 악덕 기업주, 노동자들, 배달 업체, 화원 소유자 등 여러 행위자의 개입으로 변형되고, 왜곡되며, 결국 새로운 양상을 획득하게 된다.

파슨스의 '단위 행위(unit act)' 개념도 실질적 해명을 제공하기 어렵다[Parsons, 1937]. 앞서 언급한 것처럼, 남자의 선물 행위는 그 조건을 이루는 여러 행위와 불가분으로 얽혀 있다. 화원에서 누군가 꽃을 키웠어야 하고, 화원과 소비자를 연결하는 서비스가 가동되고 있어야 하며, 업체가 배달을 통해 꽃을 운송해 주어야 선물 행위가 성립할 수 있다. 행위를 하나의 단위로 고찰하는 것이 중요한 것이 아니라, 다수의 이질적 행위들이 어떻게 흐름을 이루며 흘러가는지, 그들이 어떻게 연결되고 접합되어 행위 연쇄가 수립되는지를 밝히는 것이 더 중요한 쟁점이 된다.

바로 이런 점에서, 하버마스(Jürgen Habermas)가 주창했던 '의사소통 행위 이론'도 별다른 함의를 던져 주지 못한다[하버마스, 2006]. 화원에서 할머니에게 이르는 저 긴 궤적의 어느 지점에 우리는 시스템과 생활 세계를 가르는 선을 그을 수 있을까? 도구적 합리성과 의사소통 합리성이라는 큰 개념으로 구획된 세계는 〈굿 플레이스〉가 보여 주는 모세 혈관적 연결망들을 포획하기에 너무나 큰 그물이 아닌가?

부르디외의 '하비투스' 개념은 그렇다면 이론적 묘안이 될 수 있을까? 그렇지 않아 보인다. 그 이유는 사회적 실천을 발생시키는 원리인 하비투스 개념이 기본적으로 장(場)으로 구획된 사회 공간에 전적으로 종속되어 있기 때문이다[Bourdieu, 1987: 22~23]. 변별적 위치들의 체계로 정의되는 장은 부르디외가 제시하는 사회적인 것의 알파이자 오메가다. 그런데, 위의 실례에서 손자가 할머니에게 하는 선물은 장 외부에서 이뤄지는 행위, 더 정확히 말하자면 장들을 횡단해 가면서 이뤄지는 행위다. 위의 사례를 사고하기 위해서는 (특정 행위자가 특정 장의 내부에서 어떤 위치를 차지하고 있으며, 그 위치에 적합한 특정 하비투스를 갖게 되었느냐를 규명하는 것이 아니라) 장과 장의 연결, 즉 장들 사이에서 진행되는 번역과 변환 과정을 규명해야 한다. 하지만, 부르디외가 장-횡단적 실천에 별다른 이론적 관심을 기울이지 않았다는 사실은 잘 알려져 있다[Lahire, 1999].

기든스(Anthony Giddens)의 구조화 이론도 선물의 역설을 풀기에 충분치 않아 보인다[기든스, 2012]. 지금 제기되는 쟁점은 구조/행위의 대립이나 그 지양(구조화)이 아니기 때문이다. 한 남성이 할머니에게 장미꽃을 선물한다. 그것이 전부다. 구조는 그렇다면 어디에 있는가? 글로벌 경제 질서, 유통망, 법적 규제 시스템, 자본주의적 노동관계 같은 구조적 차원들은 선물 행위의 내부에 모두 접혀 들어와(folded into) 있다. 행위와 구조를 이론적으로 대립시키고, 그것을 다시 이론적으로 종합하려 하는 대신, 어떻게 저 다양한 구조적 차원들이 구체적 행위 속에 주름 잡혀 들어와 작용하는지, 그 논리와 양상을 기술하는 것이 오히려 훨씬 더 중요해 보인다[Deleuze, 1988b; Pyyhtinen, 2016: 52~56].

요컨대, 〈굿 플레이스〉가 촉발하는 사고 실험은 사회 이론에 다음과 같은 중요한 질문들을 제기한다. 방대한 규모로 펼쳐진 글로벌 자본주의의 촘촘한 상품 사슬 속에서 노동한다는 것, 소비한다는 것, 선물한다는 것은 무엇인가? 즉, 우리 시대에 행위란 무엇인가? 극대화된 모빌리티의 시대 혹은 초(超)네트워크 사회에서 행위자란 과연 어떤 존재인가? 기후 변화와 생태 위기의 시대에 인간/사물, 자연/사회, 물질/관념을 존재론적으로 구분하는 것은 과연 가능한 것인가? 〈굿 플레이스〉는 21세기 사회 이론이 새로운 상상력을 발휘하여 이런 질문들에 대한 답을 제시할 필요성을 역설한다. 왜 근대인은 천국에 갈 수 없는지를 해명할 것을 요청한다. 바로 이런 맥락에서 주목을 요하는 것이 바로 브뤼노 라투르의 행위자-네트워크 이론이다. 내가 제시하고자 하는 핵심 주장은, 라투르 행위 이론이 21세기의 변화된 현실을 생생하고 유연하게 포착할 수 있게 하는 힘을 갖고 있으며, 이런 점에서 21세기 사회 이론의 "필수 통과 지점(obligatory passage point)"을 이룬다는 것이다.[41]

---

41. 필수 통과 지점이라는 용어는 원래 군사 용어로서, 적이 침투할 수 있는 결정적 지점들을 가리킨다. 방어하는 쪽에서 보면, 자신들의 힘을 그곳에 집중시켜야 하는 장소다[Latour, 1988: 43~44]. 라투르는 무언가와 연결되기 위해서 반드시 지나가야 하는 불가피한 지점을 지칭하기 위해 이 용어를 전용한다[라투르, 2016: 261].

III. 라투르 사상의 형성과 쟁점들

프랑스의 저명한 인류학자이자 사회학자이며 철학자인 라투르는 프랑스의 디종(Dijon)과 투르(Tours)에서 철학과 신학을 공부하고, 1975년에 박사 학위를 받는다.[42] 그가 인류학을 처음 접한 것은 대학에서가 아니라 현장 연구에서였다. 군 복무 시절인 1970년대 중반에 그는 서아프리카 코트디부아르에서 마르크 오제(Marc Augé)의 지도하에 현지 조사를 수행했다. 이어 세계적 신경내분비학자 로제 기유맹(Roger Guillemin)의 캘리포니아 소크 연구소에 초대되는 행운을 얻음으로써(1975~1976), 자신의 필드를 실험실로 확장하였다[블록·엔센, 2017: 24~28]. 그 결과물이 울거(Steve Woolgar)와 함께 쓴 『실험실 생활』이다[라투르·울거, 2019].

이후 라투르는 미셸 칼롱 그리고 존 로와 함께 ANT를 창안했고, 1991년에 출판된 『우리는 결코 근대인이었던 적이 없다』에서 서구 근대성의 헌법을 이루는 자연/사회 이분법을 급진적으로 비판하였다. 2000년대도 그는 중요한 이론적 작업을 지속적으로 수행한다. ANT를 사회 이론의 유력한 대안으로 제시하는 『사회적인 것의 재조립』(2005)과 프랑스의 철학자 수리오(Étienne Souriau)의 저작에 영감을 받아 시도한 존재론적 성찰인 『존재양식의 탐구』(2012)가 대표적이다. 2010년대 이후에는 특히 기후 위기, 인류세, 코로나19를 주제로 정치생태학적 논의를 활발히 전개했다. 『자연의 정치』(1999), 『가이아와 마주하며』(2015), 『지구와 충돌하지 않고 착륙하는 법』(2017), 『나는 어디에 있는가?』(2021), 『녹색 계급의 출현』(2022) 등이 그 주요 저작이다.

---

42. 브뤼노 카르상티(Bruno Karsenti)는 라투르를 "철학자-사회학자(philosophe-sociologue)"로 평가한다[Karsenti, 2012: 567]. 하먼(Graham Harman)도 라투르를 서구 철학사의 중요한 형이상학자 중 한 사람으로 이해하기를 제안한다[하먼, 2019]. 라투르 역시 자신이 철학자의 정체성을 망각한 적이 없다고 토로한다[Latour, 2010b: 600].

이처럼 다양한 영역에서 탁월한 업적을 쌓았음에도 불구하고, 라투르는 오랫동안 프랑스 학계에서 주변적 위치를 벗어나지 못했다. 그 표면적 이유는 라투르의 주된 영역인 과학기술학이 프랑스 주류 철학의 관심과 일치하지 않았다는 점에서 찾을 수 있다.[43] 하지만, 그 이면에는 라투르 이론이 드러낸 비판적 파괴력과 급진성에 대한 프랑스 학계의 반감이 있다.

실제로, 라투르는 20세기를 지배했던 간판 사회 이론들과 날카로운 대립각을 세워 왔다. 다수의 프랑스 사회학자들은 라투르가 노골적으로 표명하는 "강박적인 반(反)뒤르켐주의"에 대해 분개의 감정을 품었다고 한다[Fabiani, 2015: 178~179]. 파비아니(Jean-Louis Fabiani)는 다음과 같이 보고한다. "사람들은 라투르가 과학성의 관념을 약화시키고 형이상학의 부활을 제안하고 있다고 비판했다. 특히 (…) 숨겨진 이해관계와 무의식적 작동의 폭로에 기초한 비판적 사회학의 스탠스를 그가 거부하는 것을 보고 불안해했다"[Fabiani, 2015: 178].

상황은 충분히 이해할 만하다. 20세기 초반 이래 프랑스에서는 뒤르켐 학파가 사회학의 지적 헤게모니를 확고히 구축했다. 뒤르켐과 그의 탁월한 제자들은 개인에 외재하며 강제력을 발휘하는 구조로 상정된 사회(사회적인 것) 개념을 확립했다. 그들은 사회가 인간 행동을 인과적으로 결정하는 독립 변수로 작용하는 방식들에 대한 실증적인 연구를 수행했다.

이들에 의하면, 사회는 인간의 행위, 사고, 감정 방식을 규정하고[Durkheim, 1987: 5], 삶과 죽음(자살)에 깊은 영향을 미치며, 생각의 범주마저 결정하는 힘을 가진, 실재의 최상위 차원이다. 뒤르켐이 그 기초적 문법을 다졌고 후일 부르디외에게서 가장 화려한

---

43. 한국의 경우, 라투르를 선구적으로 소개한 대표적 학자는 김환석[김환석, 2001; 김환석, 2011; 김환석, 2012; 김환석, 2024b]과 홍성욱[홍성욱, 2010; 홍성욱, 2016a; 홍성욱, 2016b]이다.

성취를 보는 프랑스 사회학의 이러한 정통적 입장을 라투르는 "사회적인 것의 사회학(the sociology of the social)"이라 총칭하고, 이에 대한 가차 없는 비판을 가한다[Latour, 2005a: 22, 32~36, 102, 107].[44] 도대체 라투르는 왜 20세기 프랑스 정통 사회학을 그토록 집요하게 비판했던 것일까? 두 가지 이유를 제시할 수 있다.

첫째, 라투르는 정통 사회학이 상정하는 '사회(혹은 사회적인 것)'라는 관념을 이론적으로 거부했기 때문이다. 사회를 네트워크로 보는 라투르의 입장에서 보면, 정통 사회학이 상정하는 사회는 실제로는 존재하지 않는 일종의 관념적 구성물이다. 그것은 아인슈타인(Albert Einstein) 이전의 물리학자들이 믿고 있던 '에테르' 같은 이론적 허상에 불과하다[라투르, 2010: 101].

가령, 라투르는 20세기 사회학이 사회를 이해할 때 결정적인 개념으로 사용한 '구조'를 다음과 같이 비판한다. "우리가 구조라고 부르는 것은 우리가 사물을 멀리서 전체적으로 고찰할 때 우리의 무지에서 나오는 것에 불과하다! 그렇지만 우리가 사물을 가까이서 자세히, 따라서 어느 정도 안에서 고찰할 때는, 거기에는 구조 같은 것이 어디에도 없다는 것을 우리 자신의 눈으로 보게 된다"[라투르, 2015: 12]. 결과적으로 라투르에게 사회라는 것은 "사회과학에 남아 있는 초월의 잔여물"이자 "사회과학의 종교" 또는 "나쁜 신학의 어떤 형태들 속에서 신이 수행하던 것과 같은 역할"을 하는 텅 빈 기표에 불과한 것이다[Latour, 2004b: 84~85].

한 걸음 더 나아가 라투르는 사회가 무언가를 설명하는 독립변수라는 믿음이 인식론적으로 전도된 것이라 비판한다. 사회는 '설명항'이 아니라 '설명 대상'이며 사회의 형성, 작동, 지속은 사회학이 해명해야 하는 대상이라는 것이다[Latour, 2005a: 63]. 사회를 설명

---

44. 부르디외로 대표되는 메인스트림 사회 이론에 대한 비판적 태세가 최초로 드러나는 텍스트는 1981년에 라투르와 칼롱이 함께 쓴 「거대한 리바이어던을 해체하기」[Callon·Latour, 1981]다.

항으로 놓게 되면, 사회학은 대상이 무엇이든 간에 그것을 결정하는 요소를 사회에서 자동적으로 발견한다. 이를테면, 라투르는 사회적인 것으로 모든 현상을 설명하려는 사회학의 시도가 갖고 있는 결함을 다음과 같이 신랄하게 지적하고 있다.

> 종교와 대면했을 때 왜 우리는 우리의 연구를 종교의 '사회적 차원들'에 국한시키고 종교 그 자체를 연구하지 '않는' 것을 과학적 덕목으로 여기는가? (…) 예술에 대해서 탐구할 때 왜 우리는 걸작의 평가에 있어서 '사회적인 것'으로 스스로를 축소시키고 예술의 가치가 솟아날 수 있는 다른 수많은 원천들을 고려하지 않는가?[Latour, 2005a: 233~234]

예를 들어 사실 문학사회학은 텍스트의 의미를 작가의 사회적 위치나 문학장에서의 위치를 통해 결정된 것으로 보는 경향이 매우 짙으며, 그런 이유에서 주로 제도적 분석에 집중하면서 텍스트의 내재적 의미를 외면하거나 그것을 탐구하게 해 주는 개념, 도구, 감수성을 배제해 왔다. 그 결과, 문학사회학은 사회 내에서 문학이 발휘하는 여러 형태의 힘들, 문학 텍스트가 만들어지는 과정에서 형성되는 미시적 연결망들, 창작이나 독서 체험 같은 중요한 대상들을 모두 놓치게 된다. 그리하여 남는 것은 작가의 계급, 젠더, 세대와 작품의 판매량, 문학장에서 작가가 차지하는 위치 등 하드웨어적 요소들에 대한 조사들뿐이다. 문학에 대한 탐구의 시작 지점에서 이미 연구가 종결되는 듯한 당혹감, 이것이 문학사회학이라는 이름으로 수행되는 작업이 우리에게 주는 인상임을 어떻게 부정할 수 있을 것인가? 이런 상황에서 우리는 다음과 같은 자연스런 의문을 품게 된다.

문학사회학자는 예를 들어 한강의 『채식주의자』에서 구사된 문체나 한강이 지속적으로 사용하는 흰색의 상징적 의미, 혹은 그의 작품에 나타나는 한국 여성들의 새로운 '식물적 저항'의 정치적 가능성 같은 심층적 주제들을 논해서는 안 되는가? 한강 소설이 문학장을 넘어 시위 현장(정치장)과 교실(교육장), 또는 사회적 행위자들의 깊은 심적 세계(내면)로 확산되어 새로운 리얼리티를 생산하는 과정을 탐구하는 것은 불가능한가? 한강의 소설을 읽고 분노나 슬픔에 휩싸이거나, 실존적이거나 정치적인 질문을 품게 되는 독자들의 가치관과 감정 세계는 문학사회학의 탐구 대상이 될 수 없는가? 문학사회학은 오직 문학장의 구조나 작가의 사회 경제적 위치, 독자들의 사회 경제적 위치에 국한된 '문학 외적' 분석에 머물러야 하는가?

사실 이런 현상은 종교사회학이나 과학사회학에서도 마찬가지로 발견된다. 예를 들어, 종교사회학은 윌리엄 제임스(William James)가 말하는, '종교적 경험의 다양성'과 같은 주관적 차원을 중시하지 않았으며, 과학사회학의 주도적 패러다임으로 잘 알려진 에든버러 학파의 '스트롱 프로그램(strong program)' 역시 과학 지식이 사회적 존재에 의해 결정되거나 조건 지어진다는 전통적 지식사회학의 테제를 굳건하게 이어 간다[제임스, 1999; 블루어, 2000]. 하지만, 종교는 영적 격동과 정신적 깨달음을 내포하는 독특한 경험들로 특징지어지며, 자연과학적 지식은 다른 형태의 지식보다 더 큰 자율성과 전문성을 갖는다. 종교와 과학의 '사회성'을 탐구함에 있어서 환원적 입장이나 외적 접근이 한계를 가질 수밖에 없는 이유는 자명한 것이다.

김현이 언젠가 말했던 것처럼, 문학사회학이 (비록 사회학이지만) 문학의 울음을 울어야 한다면, 과학사회학 역시 과학의 울음을 울어야 하고, 종교사회학도 종교의 울음을 울어야 한다. 사회학이 문학, 예술, 종교, 과학에 대한 접근을 시도하면서 현상에 대한 설명 가능성을 극대화시켰다고 믿을 때, 사실 사회학은 자신이 탐구하는 대상을 사회적인 것으로 무리하게 환원하고 있거나, 아니면 대상의 깊은 지점까지 침투하지 못한 채 그 주변과 표면을 겉돌고 있었던 것에 불과하다. 사회학의 힘은 환원의 능력에 있는 것이 아니라, 미묘한 연결들과 물질적 과정들, 그리고 사건적 현장들에 대한 특유의 감수성에서 찾아져야 한다. 이런 점에서, 라투르는 사회적인 것의 사회학을 비판했던 것이다.

둘째, 라투르는 '사회적인 것의 사회학'의 행위자 모델에 반기를 든다. 그에 의하면, 사회학이 형상화한 행위자는 구조의 힘을 인지하지 못하고 잘못된 표상을 만들어 세계를 오인하는 존재다. 사회학의 전통적 과제 중의 하나는 행위자들이 만드는 허구적 표상(허위의식이나 이데올로기)을 비판하고, 그 너머에 있는 실재를 드러냄으로써 그들을 계몽하는 것이었다. 여기서 '비판'이란 행위자의 무의식을 폭로하는 것, 그리고 이를 통해 정신적, 사회적 구속에서 행위자를 해방시키는 지적 절차를 가리킨다.

문제는 비판 대상과 주체 사이에 언제나 이미 권력의 차이가 전제되어 있다는 점이다. 비판자는 행위자가 결코 알지 못하는 그의 무의식적 조건을 알 수 있는 독점적이고 특권적인 위치를 점하고 있다[김홍중, 2007: 196~202]. 맑스의 물신주의 비판, 프로이트의 정신 분석, 또는 니체(Friedrich Nietzsche)의 계보학은 모두 이런 스탠스를 취하고 있는 '비판적' 학문이며, 부르디외 사회학이 원숙한 경지에 이르렀을 때 그가 수행한 미적 취향 비판 역시 이와 궤를 같이하고 있다.

그런데, 라투르는 이런 "비판적 사회학(critical sociology)"이 전제하는 계몽주의적 입장에 동의하지 않는다[Latour, 2005a: 32~33]. 사회학자가 인식론적으로 특권적인 지점에서 행위자들을 계몽하는 비판 모델의 정당성을 그는 부정한다[Latour, 2004a]. 가령, ANT의 핵심 구호 중 하나는 "행위자들을 따라가라"는 명령이다[Latour, 2005a: 12]. 행위자를 따른다는 것은 "행위자들 스스로 프레임, 이론, 맥락, 형이상학, 나아가 자신들에 대한 존재론을 (…) 만든다는 것"을 인정함을 의미한다[Latour, 2005a: 147].

ANT의 입장은 확고하다. 행위자는 사회학자보다 열등하지 않다. 행위자는 자신의 사회학, 자신의 역사학, 자신의 형이상학을 갖고 있다[Latour, 1988: 51; Latour, 2005a: 50~51]. 사회학은 행위자를 가르치는 학문이 아니라 반대로 그들에게서 배우는 학문이다. ANT의 중요한 이론적 자원으로 그레마스(Algirdas J. Greimas) 기호학과 가핑클(Harold Garfinkel)의 민속 방법론이 거론되는 이유가 여기 있다. 라투르는 ANT의 "절반이 가핑클이고 나머지 절반이 그레마스"라고 단언한다[Latour, 1999: 19]. 인간 행위자에 대해서는 민속 방법론을 적용하고, 비인간 행위자에 대해서는 그레마스 기호학을 원용한다는 것이다[Latour, 2003b: 40]. 이 말의 의미를 이해하기 위해서 우리는, 가핑클이 인간 행위자들에게 자율성과 성찰성을 부여했고, 그레마스가 행위자 개념을 인간 세계 너머로 확장했다는 사실을 상기해야 한다. 분야는 다르지만, 두 사람 모두 행위자의 능력을 긍정했고, 행위자에 대한 이론적 사유의 폭을 넓히고 그 깊이를 심화시켰다.

그렇다면, 이처럼 구조주의적 사회 이미지와 계몽의 대상인 행위자 이미지를 부정한 자리에서 그가 제시하는 대안은 무엇인가? 그것이 바로 행위자-네트워크다. 이 개념은 정통 사회학에 대한 강력한 이론적 용해제로서, 구조의 초월성과 경직성을 녹이고 수동적인 행위자의 이미지도 부식시켜 버리는 파괴적 효과를 발휘했다.

IV. ANT의 철학적 기초

어셈블리지 사유

라투르의 독특한 입장은 타르드, 들뢰즈, 화이트헤드 같은 '소수파' 철학과 깊은 연관을 갖는다. 가령, ANT의 핵심 개념인 '행위자-네트워크'는 들뢰즈와 과타리가 말하는 '어셈블리지'와 거의 동일한 이론적 위상을 갖고 있다.[45] 어셈블리지는 이종적 다양체로서 상이한 요소들이 연결되어 잠정적 영토를 이루며 생성해 가는 배치물을 가리킨다[Zourabichvili, 2004: 6~10; Nail, 2017]. 들뢰즈는 어셈블리지의 예로 중세의 기마병을 거론한다.

기마병은 '인간-말-등자(鐙子)'로 이뤄진 복합물이다. 인간이 말과 접속되고, 또 말의 질주 속도를 발로 제어할 수 있는 도구인 등자와 연결되는 순간, 그의 손은 해방되어 창과 연결될 수 있게 된다. '인간-말-등자' 연합은 인간을 기사로 탈바꿈시키고 말을 전투 도구로 변환시킨다. 말하자면, 새로운 '기계적 연결 접속(connexion machinique)'을 통해 전투하는 '욕망 기계(machine désirante)'가 생성된 것이다. 기마병은 봉건제라는 역사적 상황에서 생성된 전투 행위자로서, 문화나 놀이(기마 시합), 연애(기사도적 사랑)의 주체로 기능했던 일종의 행위자-네트워크다[Deleuze·Parnet, 1996: 84~85].

흥미롭게도, 라투르 역시 행위자-네트워크의 실례로 기마병과 흡사한 존재를 거론하고 있다. 총기 소유가 법적으로 허용된 국가(미국)에서 '총을 든 사람'이 그것이다. 라투르가 보기에 '총을 든 사람'은 새로운 생성물로 이해되어야 한다. 그것은 총과 사람의 산

---

45. ANT의 네트워크 개념은 흔히 들뢰즈와 과타리의 리좀(rhizome)에 비유된다. 라투르는 '행위자-네트워크' 대신 "행위소-리좀(actant-rhizome)"이라는 용어를 사용했고[Latour, 1999: 19; Latour, 2005a: 9], 로와 싱글턴(Vicky Singleton)은 행위자-네트워크의 개념적 등가물로 "관계들의 웹(web)", "행위자-웹(actor-web)" 그리고 "리좀"을 언급한다[Law·Singleton, 2013: 490].

술적 합을 초과하는 창발적 속성을 보인다. "당신은 손에 총을 쥐고서 달라지며, 총은 당신에게 쥐어지면서 달라진다. 당신은 총을 쥐고 있기 때문에 또 다른 주체이며, 총은 그것이 당신과의 관계에 들어섰기 때문에 또 다른 객체다. 총은 더 이상 무기고-안의-총이나, 서랍-안의-총, 또는 주머니-안의-총이 아니라, 비명을 지르고 있는 누군가를 겨누고 있는 당신의-손-안의-총이다"[라투르, 2018: 287]. 말과 등자와 연결되어 전투 기계로 변형된 인간처럼, 총과 연합한 인간은 새로운 존재로 변모한다.

위의 두 실례를 통해 우리는 "어셈블리지 사유(assemblage thinking)"가 무엇인지, 그 힘이 어디에 있는지, 그것이 사회학에 어떤 새로운 시각을 제공하는지를 좀 더 직관적으로 이해할 수 있다[Acuto·Curtis, 2014: 9]. 어셈블리지 사유가 가시화하는 것은 인간 기마병 개인이 아니라 기마병과 말과 등자의 결합이다. 이때, 기마병 혹은 총을 든 사람은 (사회 행위 이론의 주인공인) 자유주의적 개체가 아닌 인간-비인간 하이브리드다. 어셈블리지 사유가 바라보는 사회 세계는 기마병 같은 하이브리드 행위자-네트워크들로 가득 차 있다. 이를 인정하는 것은 사회 이론에 심대한 결과를 가져온다. 즉, 누가 행위를 하는가라는 질문에 대하여 ANT는 한 명의 인간 개체가 아니라 네트워크 전체가 행위한다고 대답한다. 말하는 주체, 창조하는 주체, 투쟁하는 주체, 노동하는 주체도 언제나 행위자-네트워크다. 존 로는 이렇게 쓴다.

> 행위자란 이종적인 물질 간의 상호 작용으로 이루어진 규칙적 네트워크다. 즉, 사고하는 것, 행동하는 것, 글을 쓰는 것, 사랑하는 것, 소득을 벌어들이는 것 등 우리가 주로 인간에게 부여하는 특성들은 인간 신체를 넘어 네트워크를 통해 생성되는 것들이다. 따라서 행위자-네트워크라는 이름이 보여 주듯이 행위자는 언제나 행위자인 동시에 네트워크다[Law, 1992: 383~384].

이러한 통찰을 좀 더 구체적인 사회학의 용어로 풀어 보면 다음과 같은 이야기가 가능하다. 즉, 기마병의 행위를 연구한다는 것은 기사의 의식(베버)이나 무의식(프로이트), 규범(파슨스), 집합 표상(뒤르켐), 기사도 하비투스(부르디외), 성찰성(기든스) 혹은 그들의 무대 전면과 후면(고프먼)을 탐구하는 것으로 충분하지 않다. 핵심은 그런 인간적이고 사회적이고 문화적인 요인들이 아니다. 더 중요한 것은 앞서 말한 것처럼, 기마병을 하나의 어셈블리지로 만드는 여러 요소들의 연합 과정을 추적하는 것이다.

동일한 이야기를 방법론적 관점에서 말해 보면, 가령 기마병의 사회학은 그를 인터뷰하거나(의식), 그들의 꿈을 분석하거나(정신 분석), 기마병의 생각을 조사하는 것(서베이)으로는 충분치 않다. 기마병들이 쓴 일기나 텍스트를 해석하거나(담론 분석), 그들의 인적 네트워크(사회적 연결망 분석)를 분석하거나, 전투 자본이나 문화 자본을 측정하여 사회적 위치와 취향을 탐구하는 것도 비법이 될 수 없다. 기마병이라는 존재의 요체는 그런 사회적인 것의 바깥에서 형성되는 '인간-말-등자'라는 연합, 즉 "비-사회적인 끈들(ties)" 그 자체에 있기 때문이다[Latour, 2005a: 8].

라투르 이론의 예각은 이 지점에서 발견된다. 네트워크 형상에 기초한 그의 독창적 사회 존재론은 뒤르켐에서 부르디외에 이르는 정통 사회학이 주창하는 사회상과 날카롭게 대립한다. 톤코노프(Sergio Tonkonoff)는 20세기 프랑스 사회학이 뉴턴 물리학의 "거시물리적 전체주의(macrophysical totalism)"에 연원을 두고 있다는 점을 지적한다[Tonkonoff, 2017: 2]. 거시물리적 전체주의란 "부분들에 앞서고, 부분들을 초과하고, 그것들에 명령을 내리는 전체"라는 관념을 통해 세계를 파악하는 시각이다[Tonkonoff, 2017: 8]. 실제로 콩트와 뒤르켐이 생각한 사회는 부분들의 합을 초과하는 창발적 전체이자 실체였으며, 이는 프랑스 구조주의의 기본 관점을 이루고 있다[Tonkonoff, 2017: 9].

네트워크 형상은 이 거시물리적 전체주의가 상정하는 부분/

전체 도식을 허물어 버린다. 네트워크는 면이 아니라 선이다. 더 정확히 말하자면 에너지로 충만한 역선(力線)이다. 네트워크로 이해된 사회는 경계가 명확한 어떤 영토(근대적 사회 개념의 핵심을 이룬 국민-국가의 이미지)가 아니라, 출렁이는 네트워크들이 생멸하는 장이며, 에너지의 끊임없는 순환 공간이다[Latour, 1999: 19]. 이제 사회는 "지위, 계층, 영역, 범위, 범주, 구조, 체계" 같은 관념으로는 이해될 수 없다. 사회는 "섬유 모양의, 실과 같은, 철사 같은 끈 같은, 밧줄 모양의 모세관적 성격"을 갖는 무언가로 형상화된다[라투르, 2010: 100]. 이처럼 역동적이고 일원론적인 세계상은 내부/외부, 가까움/멂, 거시/미시, 인간/비인간, 자연/사회, 구조/행위와 같은 이분법들을 허용하지 않는다[라투르, 2010: 102~105].

행위자-네트워크

라투르는 사회를 이런 네트워크로 보는 "연합체의 사회학(sociology of the association)"을 주창함으로써 '사회적인 것의 사회학'과 정면으로 대립각을 세웠다[Latour, 2005a: 9]. 그는 사회학이 "사회적인 것에 대한 과학"이 아닌 "연합체의 과학"이어야 한다고 이야기하면서[Latour, 1988: 40], "연합체 사회학(associology)"[Latour, 2005a: 9]이라는 신조어를 제안하기도 했다. 그는 주장한다. "'사회적인(social)'이라는 말에 대한 다른 관념이 고안되어야 한다. 그것은 (…) 새로운 연합들의 추적과 그 연합들의 어셈블리지를 디자인하는 것에 엄격히 국한되어야 한다. 이런 이유로 나는 사회적인 것을 특별한 영역이나, 특수한 구역, 혹은 특정 종류의 사물이 아니라, 매우 특별한 재-연합과 재조립의 운동으로 정의한다"[Latour, 2005a: 7].[46]

---

46. 라투르 자신이 밝히고 있듯이, 그가 사용하는 네트워크 개념의 연원은 디드로(Denis Diderot)의 저서 『달랑베르의 꿈』(1769)으로 거슬러 올라간다[라투르, 2010: 99]. 디드로는 이 책에서 데카르트가 제시한 영혼과 물질의 이분법을 넘어서고자 노력하면서, 생명의 기원에 대한 흥미로운 사변을 펼친다. 이 과정에서 그는 "네트워크(réseau)"라는 용어를 27번 사용하고 있다[Latour, 2005a: 129]. 디드로의 네트워크

'행위자-네트워크'는 이렇게 이해된 사회 안에서 활동하는 모든 주격(主格)에 부여된 기술적 명칭이다. 확실히 이 용어는 모순적이며 내적인 긴장을 품고 있다. 왜냐하면, 행위자는 일반적으로 중심(의식이나 이성)을 가진 개별 인간을 가리켜 왔으며, 네트워크는 통상 그러한 중심성을 갖고 있지 않은 관계들의 다발을 가리키기 때문이다[Law, 1999: 5]. 하지만, 서로 다른 두 속성을 연결 부호(-)로 묶어 만들어진 행위자-네트워크 개념은 이제 새로운 의미를 갖게 된다.

우리는 그 이론적 함의를 다음 세 가지 테제로 요약할 수 있다. 첫째, 행위자는 언제나 그 자체로 네크워크다[Law, 1992: 384].[47] 둘째, 이미 네트워크인 행위자는 새로운 연결 속에서 또 다른 네트워크를 형성한다[홍민, 2013: 128]. 셋째, 이 다양한 네트워크들은 단순히 '존재'하는 것이 아니라 언제나 차이를 생산한다. 즉, '행위'를 수행한다[라투르, 2018: 290~291].

ANT는 행위자-네트워크들이 어떻게 형성되며, 그들이 사회 세계에 어떤 변형을 어떻게 가져오는지를 물질적이고 경험적으로 연구하는 접근법이다. 이론이라는 단어가 꼬리말처럼 붙어 있긴 하지만, 이때 이론은 우리가 일반적으로 생각하는 체계화된 지식을 의미하지 않는다. 그것은 구체적 경험 연구를 지도하는 "노하우"나 "기예(craft)"[Latour, 1988: 218]로 이해되어야 한다. 더 정확하게

개념은 기본적으로 존재론적이고 생기론적 성격을 띠고 있다[디드로, 2006: 44]. 자신이 사용하는 네트워크 개념을 디드로와 연결시킴으로써, 라투르는 ANT와 "사회적 네트워크 연구"를 효과적으로 구별하고 있다. 후자는 "개별 인간 행위자들의 사회적 관계, 예컨대 그 빈도, 분배, 동질성, 근접성에 관심을 갖는" 연결망들에 대한 연구로서, ANT와 달리 비인간 행위자를 고려하지 않는다[라투르, 2010: 98~99]. 인간들의 네트워크(사회적 네트워크)는 그보다 더 광활하게 존재하는 인간-비인간 네트워크들에 비하면, 일종의 빙산의 일각이라 할 수 있다.

47. 라투르는 인간 개체를 네크워크로 본다. 가령, "인간은 하나의 생각하는 네트워크(réseau pensant)다"[Latour, 1994: 64].

말하자면, ANT가 말하는 이론은 일종의 "감수성(sensibility)"이다 [Law·Singleton, 2013: 490][48]

왜냐하면 ANT는 대상과 무관하게 기계적으로 적용되는 프로그램이나 자동화된 테크닉이 아니라 연구자가 대상과 맺는 근본적 관계, 연구자가 사회 세계를 바라보는 근본 방식을 가리키기 때문이다. ANT는 머리가 아니라 눈동자 수준에서 작동하는 수행성을 발휘한다. 논문의 이론적 배경 부분에 정리해서 적어 넣는 물화된 이론이 아니라, 세계를 다른 시각에서 경험하게 하는 일종의 '보는 방법'이다. 좀 더 구체적으로 말하자면, ANT는 사회 세계와 사회적 행위의 "물질성, 관계성, 그리고 과정"에 대한 감수성을 그 핵심으로 한다[Law, 2004: 157].

이러한 감수성이 연구로 실현된 탁월한 실례 중 하나가 바로 『프랑스의 파스퇴르화』다[Latour, 1988]. 1984년에 출판된 이 책에서 라투르는 19세기 후반부터 20세기 초반까지 프랑스 제3공화정에서 사회적인 것이 구축된 과정을 파스퇴르라는 렌즈를 통해 탐색하고 있다. 잘 알려진 것처럼, 근대 사회에 대한 통상적인 사회과학적 이해의 중심에는 자본주의 사회를 이루는 두 계급(부르주아지와 프롤레타리아트)의 적대가 자리 잡고 있다. 근대 사회란 계급 간 적대와 거기서 발생하는 여러 사회 문제들(빈곤, 범죄, 파업, 실업, 질병 등)을 공화주의적 연대로 극복하여 형성된 인간 집합체로 이해되었다[Donzelot, 1994].

그런데 라투르는 감염병 문제에 주목함으로써 사회에 대한 이 지배적 관점에 수정을 가한다. 알 수 없는 이유로 다수의 시민이 죽어 가던 감염병 문제는 특히 1870년 보불 전쟁에서 패배한 이후 더 강한 군대와 더 건강한 국민을 양성하고자 했던 프랑스 사회의 중대 관심사였다[Latour, 1988: 17]. 이러한 상황에서, 세균의 발견이

---

48. "우리가 '이론'이라 부르는 것은 지하철 내부의 지하철 지도와 동일하게 실재적이다"[Latour, 1988: 220].

가져올 감염병의 통제 가능성에 주목했던 수많은 이해 당사자들(위생사, 의사, 행정가, 정치가)을 종횡으로 연합시킨 것이 바로 파스퇴르의 실험실이었다[Latour, 1988: 38].

이 연합은 인간 행위자들뿐 아니라 미생물과 가축(소에 대한 백신 실험)도 포함하고 있었으며, 식민지 군대에 백신이 활용되면서 프랑스를 넘어 북아프리카까지 뻗어 가게 된다. 라투르는 세균을 중심으로 형성된 이 행위자-네트워크의 형성 과정을 추적함으로써, 당대 프랑스 사회가 부르주아지와 프롤레타리아트라는 양대 계급으로 구조화된 것이 아니라 감염된 환자들, 농부들, 가축들, 과학자들, 행정가들, 의사들, 그리고 세균들이 혼종적으로 연결되어 만들어진 거대한 어셈블리지였음을 보여 주었다. 1987년에 출판된 『젊은 과학의 전선』에서 그는 이를 다음과 같이 상술한다.

> 파스퇴르와 위생학자들이 감염 질환의 근본 원인으로서 세균이라는 개념을 도입했을 때, 그들은 사회가 부자와 빈자로 구성된 것으로서 간주하지 않았다. 대신 상이한 그룹, 즉 병든 감염자, 건강하나 위험한 보균자, 면역자, 접종자 등으로 나눴다. 실로 그들은 그룹의 정의에 많은 비인간 행위자도 마찬가지로 추가시켰는데, 모기, 기생충, 쥐, 벼룩 또 무수한 효소, 박테리아, 단구균, 그리고 작은 곤충과 같은 것들이다. 이렇게 패를 다시 섞으면, 관련된 그룹은 달라진다. 아주 부유한 사람의 아들은 아주 가난한 하녀가 장티푸스를 옮겼기 때문에 죽을 수 있다. 그 결과 상이한 유형의 연대성(solidarity)이 떠오른다. (…) 미생물학자와 동맹한 위생학자들이 모든 규제의 중심에 자리 잡게 된다. 그때까지는 소수의 실험실에만 국한되어 왔던 백신, 여과기, 살균제, 노하우가 모든 가정에 확산된다[라투르, 2016: 232].

라투르의 파스퇴르 연구는 ANT의 파괴력을 역설한다. 첫째, ANT는 과학지식사회학이 흔히 그렇게 하듯, 특정 사회적 요소를 독립변수로 삼아서 파스퇴르 세균학이라는 종속 변수를 '설명'하려 하지 않는다. 반대로 파스퇴르와 세균의 어셈블리지가 어떻게 프랑스 사회를 구축해 갔는지를 '묘사'함으로써, 근대 프랑스 사회의 형성에 대한 탁월한 해명을 제공한다. 라투르는 사회가 경제 구조(맑스)나 규범적 질서(파슨스), 문화 구조(레비-스트로스)가 아니라 네트워크로 이뤄져 있다는 사실을, 이론적 주장을 넘어서는 경험적 연구를 통해 보여 주었다. 실험실은 인간과 비인간, 농촌과 도시, 정치와 생명, 제국과 식민지를 연결하는 결정적 장소였다. 이 연결들이 프랑스 제3공화국을 만든 모세 혈관들이다. ANT는 영역이나 영토로 표상되는 사회가 실제로는 다양한 형태의 역동적 선들로 이뤄져 있음을 보임으로써 구조주의적 상상계를 해체한다.

둘째, 라투르는 세균이라는 극미한 비인간 행위자를 사회의 핵심 구성 요소로 간주했다. 그에게 세균은 '자연적' 존재가 아니라 사회 속에서 인간들과 연결된 '사회적' 존재다. 백신 형태로 인간 신체에 투입되어 면역 시스템을 형성하는 데 결정적 역할을 수행하는 세균은 시민의 생명을 구하고, 질병으로부터 공화국을 지키는 중요한 사회적 행위소로 승인되고 있다.

요컨대, 라투르가 주목한 것은 계급 투쟁이나 이데올로기의 충돌(맑스)이 아니며, 기계적 연대나 유기적 연대(뒤르켐)도 아니다. 라투르는 훨씬 더 물질적이고 생리적이고 미생물적인 수준에서 작동하는 연대의 형식을 발견했다. 인간-너머의 행위 능력과 사회-너머의 사회성이 그것이다. ANT는 생명, 심리, 사회의 분리선을 가로지르는 행위자들의 네트워크를 찾아낸다. 신체와 심리와 사회는 횡단적 연결선들로 관통되고 있다. 이 연결선들을 정확히 찾아낼 때 한 사회의 경계가 비로소 명확히 드러난다. 라투르는 사회학이 인간중심주의를 넘어서 포스트휴머니즘(세균의 행위 능력을 인정하고 이를 고려하는 것)으로 전환하는 것이 왜 선택의 문제가 아니라 불가피하게 감행해야 하는 과제인지를 설득력 있게 보여 주었다.

V. 라투르의 행위자

기호학적 행위소

ANT는 20세기 사회학을 주도해 온 간판 이론들과, 단지 용어의 수준이 아니라 세계를 바라보는 철학적 관점에서, 상당한 차이들을 노정한다. '행위자' 개념도 매한가지다.[49] 라투르가 말하는 행위자는 인간 개체에 국한되지 않는다. 이 진술은 다음의 두 가지 의미를 함축한다. 첫째, 행위자는 인간뿐 아니라 비인간을 포함한다. 둘째, 행위자는 언제나 네트워크 속에서, 네트워크를 이루어, 네트워크로서 행동하는 (개체가 아닌) 행위자-네트워크다. 즉, 네트워크의 외부에는 행위도, 행위자도, 행위 능력도 없다.

이들 특성을 선명하게 표명하기 위해서 라투르는 'actor'라는 전통적 용어 대신 'actant'라는 다소 낯선 용어를 종종 사용한다. 이 용어는 흔히 '행위소(行爲素)'나 '행역자(行役者)'로 번역되는 그레마스 기호학의 기술적 개념이다. 라투르가 'actor'를 꺼리는 이유는 이 용어가 행위의 시발점이나 주도권이 개인에게 주어져 있다는 생각을 조장하기 때문이다. 이런 식의 사고 속에서는 의도, 의향, 의지를 가진 인간만이 온전한 행위자로 인지될 가능성이 크다. 이때 비인간 행위자들은 무시되거나 그 능력과 활동이 은폐될 수 있다[Latour, 2005a: 216].

> 앵글로-색슨 전통에서 행위자(Actor)는 언제나 의도적인 인간 개인 행위자이고 대개의 경우 단순한 행태(behaviour)와 대비된다. (…) ANT에서의 행위자는 기호학적 정의─행위소(actant)─이며, 이는 스스로 행위하거나 다른 존재로부터 활동을 부여받은 존재를 의

---

49. 라투르가 행위자를 지칭하기 위해 사용하는 용어는 "행동하는 행위자(acting agent)", "개입자(intervener)", '모나드(monad)', '엔텔레키(entelechy)' 등으로 다양하다[Latour, 2004e: 75].

미한다. 이는 개별적인 인간 행위자를 지칭하는 것이 아니며, 일반적으로 인간이 지닌 특별한 동기를 가정하지 않는다. 행위소는 문자 그대로 행위의 원천으로 인정받은 것이면 무엇이든 될 수 있다[라투르, 2010: 107].

위의 인용문에서 확인할 수 있듯이, 라투르는 베버가 설정한 인간적 '행위(Handlung)'와 동물적 '행태(Verhalten)'의 차이를 거의 무시한다. 그 이유는 두 이론가가 말하는 행위가 개념적으로 상이하기 때문이다. 베버에게 행위는 '의미+행태'다. 의미는 오직 인간의 것이다. 따라서 비인간의 비의미적 움직임은 행위가 되지 못한다. 이와 달리, 라투르는 행위를 좀 더 열린 지평으로 끌고 나간다. 그에 의하면, 행위의 본질은 주관적 의미나 동기에 있지 않다. 그렇다면 어디에 있는가? '차이'에 있다. "차이를 만듦으로써 사태를 변화시키는 것은 무엇이든" 행위자다[Latour, 2005a: 71]. 반대로 차이를 만들지 못하는 존재는 행위자가 될 수 없다[Latour, 2005a: 153].

라투르가 말하는 행위자는 "행위자-네트워크 안에서 어떤 일들이 발생하도록 만드는 능력을 획득할 수 있는 모든 존재자"를 일컫는다. 인간, 동물, 식물, 광물, 물질, 기계, 컴퓨터, 옷, 화폐, 문자, 숫자, 또는 정신적 개념들(기억이나 관념) 모두 행위자가 될 수 있다[Cerulo, 2009: 543].[50] '의미/비의미'라는 코드를 '차이/비차이'라는 코드로 대체함으로써 라투르는 행위자를 인격적 존재가 아닌 기호학적 주어로 이해할 수 있는 길을 연다[Latour, 1988: 35, 46; 라투르, 2016: 133, 169~170; Latour, 2014: 12].

기호학이 상정하는 행위자는 어떤 서술 속의 주어, 특정 서사

---

50. 이런 점에서 action의 한국어 번역어인 행위는 사실 라투르 이론에 반드시 적절한 번역어라 할 수는 없다. 왜냐하면 우리가 흔히 비인간 행위자에 의한 변화(바이러스에 의한 감염이나 화학 물질에 의한 변형 등)를 지칭하는 작용(作用)도 라투르가 말하는 행위에 포함되기 때문이다. 가령, 산소가 철에 작용하여 산화를 일으킨다. 이런 작용도 action에 포함된다.

적 기능을 담당하는 존재를 모두 가리킨다[Haraway, 2004: 115]. 그것은 반드시 현실에 물리적으로 실존할 필요가 없다. 상상의 존재들도, 환상적 존재들도 모두 행위소가 될 수 있다. "내러티브 속에서 역할을 담당하는 모든 존재"[블록·엔센, 2017: 100]는 행위자다. 실제로 그레마스 자신은 '행위(act)'를 무언가가 "존재하도록 원인을 제공하는 것(causing to be)"으로 폭넓게 규정하고 있다. 그리고 그러한 주체를 총칭하여 "행위소"라 일컫는다[Greimas·Courtés, 1982: 3~6]. 행위소는 당연히 (민담, 동화, 요정 이야기에서 확인할 수 있듯이) 비인간 행위자를 폭넓게 포함한다. 라투르는 그레마스를 우리의 일상적 삶, 사회적 삶의 한복판으로 끌고 들어온다.

> 주전자가 물을 '끓이고', 칼들이 고기를 '자르고', 바구니가 식량들을 '보관하고', 망치가 못을 '박고', 레일이 어린애들을 떨어지지 않도록 '하고', 자물쇠가 원치 않는 방문자들로부터 문을 '걸어 잠그고', 비누가 때를 '지우고', 시간표가 수업 세션들을 '목록화하는' (…) 등에는 의문의 여지가 없다. 이 모든 동사는 행위를 지적하는 것이 아닌가? (…) 만약에 행위가 선험적으로 '의도적인', '의미 있는' 인간들이 하는 것이라면, 망치, 바구니, 도어체크, 고양이, 양탄자, 머그잔, 리스트, 태그가 할 수 있었던 것이 무엇인지 우리는 알기가 매우 어렵다. (…) 차이를 만듦으로써 사태를 변화시키는 것은 무엇이든 (…) 행위소다 [Latour, 2005a: 71. 강조는 인용자].[51]

---

[51] 사실, 행위자의 이런 '기호학적' 위상에 대한 강조는 라투르뿐 아니라 다양한 학자들에게 폭넓게 공유되고 있다. ANT를 "물질성의 기호학(semiotics of materiality)"으로 규정하는 존 로는 "행위자-네트워크 이론은 기호학의 가차 없는 적용"이라고 말하고 있으며[Law, 1999: 3~4], 피커링(Andrew Pickering) 역시 비인간 행위자의 행위는 기호학적으로 이해되어야 한다고 주장한다(Pickering, 1995: 12]. 형상화(figuration)의 중요성을 강조하는 해러웨이도 "행위는 존재론적인 문제라기보다는 기호학적 문제"라고 단언하고 있다[Haraway, 2004: 115].

그렇다면 이처럼 비인간에게 기호학적 주격을 부여하는 것은 어떤 이론적 의미를 갖고 있는 것일까? 가장 중요한 의미는 ANT가 우리가 사는 이 세계에 대하여 근본적으로 새로운 그림을 제공한다는 사실에서 찾을 수 있다. 앞서 언급했듯이, 사회 세계를 유물론적으로 탐색하는 과정에서 ANT가 발견한 것은 사회가 오직 인간만으로 구성된 것이 아니라는 것, 비인간들도 무언가를 수행하며 인간과 함께 사회를 이루고 있다는 것, 그리고 비인간과 인간의 연합이 사회의 작동과 유지에 결정적인 역할을 한다는 점이다.

비인간의 능력과 기여는 비유가 아닌 실제다. 비인간은 무언가를 한다. 차이와 변화를 가져온다. 비인간이 수행하는 이 '함(doing)'을 부인한다면, 우리는 사회 세계의 작동에 대해 부적절하거나 불완전하거나 사실과 다른 그림을 제공할 수밖에 없다. 라투르는 강조한다. "한 사회를 지속 가능한 전체로서 묶어 주는"것 또는 "사회적 협상을 안정화"하는 것은 비인간 행위자들의 역할이다[Latour, 1990: 103; 라투르, 2018: 329].

논문 「상호 객체성(Interobjectivity)」과 「거대한 리바이어던을 해체하기」에서 라투르는 인간 사회가 수많은 비인간 행위소와 인간의 얽힘으로 이뤄져 있는 반면에, 개코원숭이 사회는 도구나 기구, 그리고 언어 같은 상징 매체를 거의 갖고 있지 않다는 사실을 지적한다. 그 결과 개코원숭이 사회의 전반적 사회성은 매우 취약하여 언제나 새로 갱신되어야 한다. 개코원숭이들은 매 순간 새롭게 사회적 관계를 창출해야 하는 필요에 몰려 있고, 강력한 상호 작용에 수많은 시간을 보내야 하는 것이다[Callon·Latour, 1981: 282~284; Latour, 1996]. 이 사실이 의미하는 바는, 우리가 비인간 행위소를 하나씩 사회에서 걷어 내면, 사회는 (개코원숭이의 사회처럼) 고도로 취약해지며, 결국 존립 가능성이 크게 약화된다는 것이다.

이처럼 사회적 실재에 대한 참된 접근은 비인간 존재자들이 행하는 역할에 대한 '인정'을 요청한다. 비인간을 행위자로 인정한다는 것은 비인간이 인간과 똑같이 생각하고, 인간의 말을 하고, 인간의 상징을 쓴다는 부조리한 주장이 아니다. 그것은 "세계 생성에 적극적으로 참여하는 참가자라는 응분의 권리를 사물에 허용하는 것"[Barad, 2003: 803]을 가리킨다. 사물이나 미생물이 수행하는 바를 진술하고, 비인간에게 이론적이고 서사적인 시민권을 부여하는 것이 그 '응분의 권리'를 인정하는 것이다. 울머(Jasmine B. Ulmer)가 지적하듯이, 포스트휴머니즘은 인간에게 특권을 부여하는 지식에 내포된 "잠재적 부정의"에 대한 이론적 저항의 의미를 띤다[Ulmer, 2017: 834].

실험실

그런데, 이런 비인간 존재자들이 중요한 행위자라는 사실이 명확히 드러나는 곳은 동화나 요정 이야기가 아니라 실험실이다. 실험실은 비인간 행위소가 출현하여 사회적 존재로 전환되는 결정적 장소다. 실험실을 주면 세상을 들어 올릴 수 있다는 라투르의 호언장담은 수사학적 과장이 아니다[라투르, 2004]. 우리의 일상적 삶에 짜여 들어온 수많은 비인간 행위자들은 거의 대부분 실험실에서 그 존재를 확인받고, 그 행위 능력이 확증되어, 비로소 행위자로 인정됨으로써, 사회적 생명을 획득한다.[52]

라투르가 『판도라의 희망』에서 분석하는 흥미로운 장면 중 하나가 바로 이 인간-비인간 네트워크가 하나의 존재자로서 사회적 생명을 얻게 되는 과정이다. 라투르는 파스퇴르가 1857년에 제출한

---

52. 실험실이 어떻게 비인간 행위자를 사회적 존재로 전환시키는지에 대하여 홍성욱은 이렇게 쓴다. "대부분의 과학자들은 실험실에서 실험을 하지요. 실험은 '비인간을 길들이는 인간의 행위'라고 볼 수 있습니다. (…) 지금 우리는 자동차, 비행기, 수천 가지의 전쟁 무기, 전파, 220볼트 전기, 레이저, 강화 유리, LED 광원, 원자핵 발전, 유전자 변형 식품, 온실가스, 항생제, 항암 치료제, 수천 가지의 약, 줄기세포, 나노 입자, 인공 비료, DDT 같은 살충제 등 수많은 비인간들과 같이 살아가고 있는데, 전부 과학자가 실험실에서 길들인 존재들입니다. 과학 기술은 비인간을 길들여서 세상에 내놓는 인간의 활동이며, 과학자들은 비인간과 인간 사이에 연결망을 만드는 역할을 하는 것입니다"[홍성욱, 2016a: 8; 홍성욱, 2020].

논문 「젖산 발효라 불리는 것에 대한 소고」를 분석함으로써, 어떻게 발효균(ferment)이 최초로 하나의 기호학적 행위소로 등장하게 되었는지를 검토하고 있다.

19세기 중반 당시, 발효 현상에 대한 가장 유력한 견해는 리비히(Justus von Liebig)의 화학적 설명이었다. 발효 현상은 생물의 개입과는 무관한, 불활성 물질의 분해로 여겨지고 있었다[라투르, 2018: 191~192]. 파스퇴르의 논문은 리비히의 견해를 뒤집는 새로운 결과를 보고한다. 발효가 생물학적 '행위자'인 발효균에 의해 일어나는 현상이라는 것이다. 그런데 여기서 주목해야 하는 것은 파스퇴르가 지금, 어떤 완벽하게 구획되고 인지 가능한 실체(발효균)를 단번에 확인하고 그것을 보고하는 것이 아니라는 점이다.

나중에 발효균이라 불리게 될 대상 X가 현미경의 접안렌즈를 통해 처음 파스퇴르의 눈에 포착되었을 때, 그것은 단지 회색을 띤 점착성의 물질에 불과했다. 논문에는 "무정형의 침전물의 조각과 유사한 불규칙한 얇은 조각"이라 명시되어 있다[라투르, 2018: 195]. 파스퇴르는 아직 현미경 속의 저 X가 무엇인지 알지 못한다. 그래서 실험을 통해 X가 어떤 반응을 보이는지 탐색한다. 서서히 X는 자신의 성질, 능력, 정체를 파스퇴르에게 드러냈다. 파스퇴르는 X의 행위 능력을 인지하기 시작한다. "그것은 뿌려질 수 있고, 발효를 촉진하고, 용액을 탁하게 하며, 석회 가루를 사라지게 할 수 있고, 침전물을 형성하고, 기체를 생성하고, 결정을 형성하며, 점성을 가지게 된다"[라투르, 2018: 196]. 그리고 마침내 파스퇴르는 이 물질이 일종의 "유기적 구조물"이며 하나의 독립적 존재자라는 판단에 이른다[라투르, 2018: 198].

라투르는 이를 "무대 연출(staging)"에 비유한다[라투르, 2018: 201]. 발효균은 이야기 속의 주인공처럼 여러 시련을 거치고 모습을 드러내, 인간 언어와 연결되어 이름을 얻고, 인간 사회에 접합된다. 라투르는 쓴다. "본질은 존재고, 존재는 행위다"[라투르, 2018: 201]. 발효균의 경우도 그러하다. 미지의 객체 X의 본질은 그것이 존재한다는 사실 그 자체이며, 동시에 X가 하는 작용/행위인 것이다. 이를 포착하고 기술함으로써, 파스퇴르는 정체가 불분명했던 물질 조각을 명실상부한 행위자로 승격시킨다. 라투르는 다음과 같이 쓰고 있다.

> 파스퇴르는 (…) 기존의 존재자들 사이에서 어떻게 새로운 존재자가 출현하는지에 대한 문제에 신선한 답을 제공한다. 존재자가 부유하는 감각 데이터로 만들어지고, 행위의 이름으로 여겨지고 나서, 최종적으로 식물과 같은 존재가 되어 잘 구축된 분류 안에 자리하는 유기적 존재로 변하는 단계들을 거침으로써, <u>실존하지 않던 존재자(non-existent entity)</u>에서 일반적인 <u>부류(generic class)</u>가 되는 것이 가능하다[라투르, 2018: 200. 강조는 인용자, 번역은 부분 수정].[53]

존재란 무엇인가? 사회적 행위자는 어떻게 존재하는가? 이 질문을 순수하게 논리적인 방식으로 사고했을 때 우리에게는 두 가지 형식적 범주만이 주어진다. 그 무언가(행위자)는 있거나 없다. 존재하거나 존재하지 않는다. 100%의 완벽한 있음이거나 아니면 0%의 있음, 즉 완벽한 부재다. 신은 있는가? 있거나 아니면 없다. 악마나 천사는 있는가? 있거나 아니면 없다. 아리스토텔레스의 형식논리학에서 말하는 배중률(排中律)을 가지고 말하자면, 있음과 없음의 중간에는 아무것도 없다. 이것이 우리에게 익숙한 존재론적 도식이다.

---

53. 이 과정은 일방적인 것이 아니라 양방향적인 것이다. 인간의 입장에서 보면, 인류 역사에서 최초로 '발효균'이라는 행위자가 역사에 기입된다. 그러나, 발효균의 입장에서도 그것은 '발효균의 역사상 최초로' 인간이 그들 세계에 기입된 것이기도 하다[라투르, 2018: 236]. 파스퇴르와 발효균은 하나의 어셈블리지(행위자-네트워크)를 이룬다. "실험의 과정에서 파스퇴르와 발효균은 그들의 특성을 상호적으로 교환하고 증폭시킨다. 파스퇴르는 발효균이 그 기질을 보이는 것을 돕고, 발효균은 파스퇴르가 그의 메달 하나를 획득하는 것을 '도왔다'"[라투르, 2018: 203].

그러나, 라투르가 관찰한 파스퇴르의 과학적 실천 속에서 존재자는 그렇게 존재하지 않는다.

가령, 파스퇴르가 처음 본 미지의 물질 X는 무엇인가? 그것은 어떻게 존재하는가? 파스퇴르와 물질 X의 연결 과정을 생각해 보라. 처음에 파스퇴르가 그 정체를 명확히 알지 못한 채 바라보고 있었을 X는 아직 '발효균'이라는 이름을 갖고 있지 않았다. 그것이 독자적인 하나의 존재자라는 사실을 알고 있는 인간도 (파스퇴르를 포함하여) 지구상에 존재하지 않았다.

X는 이름도 없고, 윤곽도, 표상도, 개념도 없었다. 파스퇴르에 의해 식별되기는 했지만 그렇다고 무언가로서 명확하게 존재한다기에는 너무나 미약한 방식으로, 너무나 희미한 방식으로 시공간을 차지하고 있었을 뿐이다. 위의 인용문에 나오는 표현을 빌려 말하자면, 그것은 "실존하지 않던 존재자"였다. X의 존재가 분명해지고 명확해져 간 것은 파스퇴르와의 반복된 관계(실험)를 통해서였다. 급기야 파스퇴르의 논문에 주격(主格)으로 등장하면서, X는 하나의 존재자로서 인간 사회에 등장하여 최초의 인정을 받게 된다.[54]

하지만 이것이 전부는 아니다. 논문 한 편에 등장했다고 해서 강력한 존재자가 되었다고 말할 수는 없기 때문이다. X가 누구도 부인하지 않는 확실한 존재자("일반적인 부류")로 받아들여지기 위해서는 더 많은 시간, 더 많은 연결, 더 많은 인정이 요청되었다. 21세기를 살아가는 우리는 지금 그 모든 과정이 지나간 이후 '발효균'

---

54. 행위자가 기호학적 존재라는 것은 그것이 어떤 행위(서술)의 주어의 자리에 온다는 것이다. 무언가를 주어의 자리에 놓을 수 있다는 것은 결코 흔하거나 용이한 일이 아니다. "발효균이 발효를 일으킨다"라는 문장은 인류 역사에서 오직 지난 100여 년 동안만 의미 있는 방식으로 발화된 명제다. 즉, 발효균을 주어로 하는 문장을 말한다는 것은 과학의 발전, 발효균의 발견, 논문의 작성, 논문의 전파, 다른 견해들에 대한 과학적 논쟁에서의 승리 등을 모두 요청하는 하나의 희소한 사건이다. 이처럼, 행위자가 기호학적 존재라는 관점은 행위자를 우리가 자의적으로 설정할 수 있다는 말과 정확히 상반되는 의미를 갖는다.

을 하나의 사실로, 실체로 인지하고 있다. 그러나 이러한 사실과 실체는 지난한 과정을 통해 구축된 것이다. 과학적 발견의 역사는 이런 존재론적 드라마들로 가득 차 있다.

발효균이 파스퇴르와의 연결을 통해 19세기 후반부터 인간 세계에 존재하기 '시작'했듯, 단백질은 1920년대 스베드베리(Theodor Svedberg)의 실험실에서 초원심 분리기에 의해 분리되면서 비로소 존재하기 '시작'한다[라투르, 2016: 184~185]. 엔도르핀, 소마토스타틴, 성장 호르몬 분비 인자(GRF) 같은 물질들은 로제 기유맹과 연결되면서[라투르, 2016: 184~185], 효소는 에밀 뒤클로(Emile Duclaux)와의 네트워크를 통해, 폴로늄은 마리 퀴리(Marie Curie)와의 연합 속에서 비로소 존재자들의 연결망 속으로 '진입'하였다[라투르, 2016: 176~178].

명제

이처럼 자연과학 실험실은 존재의 문제를, 추상적인 철학적 사유에서 구체적이고 경험적인 과정으로 끌어 내리는 것을 가능하게 한다. 즉, 수많은 실천을 통해 무언가의 '있음'이 한 조각씩 조립되어 간다는 사실을 물질적으로 관찰할 수 있게 한다.

행위자는 어떻게 존재하는가? 라투르는 대답한다. 무언가가 존재한다는 것은 언제나 어디에서나 그것이 똑같은 상태로 '현존한다'는 것을 의미하지 않는다[Latour, 2000a: 252]. 존재는 단순한 '있음'이 아니라 '있게 되는 과정'이다. 그것은 부동의 상태가 아니라 생성(becoming)이며 사건이다. 있음과 없음 사이에는 미세한 차이를 지니는 눈금의 스펙트럼이 있다. '없음'에서 '있음'으로 가는 진행 과정은 일순간의 도약이 아니다. 거기에는 수많은 단계가 펼쳐져 있다. '있음'의 극과 그것의 대척에 '무(無)'의 극만이 있는 것이 아니라, 강도가 다른 여러 '있음'의 양태들이 양자 사이를 채우고 있는 것이다. 더 많이, 더 강하게, 더 명확하게 존재하는 것들이 있는 반면에 덜 명확하게, 덜 강하게, 더 적게 존재하는 것들도 있다. 후일 라투르 존재론에 큰 영향을 주게 되는 에티엔 수리오의 표현을 빌려 말하자면, 존재는 "실존의 정도들", 또는 더 정확히 말하자면 "강도에 따른 실존의 정도들(degrés intensifs d'existence)"을 갖는다[Souriau, 2009: 93, 96].

요컨대, 라투르의 주장은 존재를 규정하는 것은 일종의 "변화율(gradient)"이라는 것이다[라투르, 2018: 478]. 그리고 변화율을 결정하는 것은 한 존재자가 다른 존재자들과 맺는 연합의 강도와 수, 즉 상관성이다[Latour, 2000a: 257]. 라투르는 이 독특한 존재론적 원리를 "상관적 실존(relative existence)"[라투르, 2018: 478]이라 부른다. 무언가의 실존(있음)이 다른 것들과의 관계 속에서 결정된다는 의미다. 여기서 핵심은 연결(어셈블리지)을 통한 존재의 점진적 강화다. 연결 속에서 존재는 자신 아닌 것들과 구별되는 어떤 경계선, 껍데기, 외피(envelop)를 갖게 되며, 정확하게 그만큼 분명해지고, 독립적이 되며, 명확해진다.

이처럼 무(無)에 가까운 희끄무레한 상태에서 강도 높고 선명한 존재로의 변환을 지칭하기 위해 라투르가 사용하는 용어가 '절합(articulation)'이다.[55] 라투르는 어떤 명제(행위자)가 다른 요소들과 연결되어 더 강한 실재를 획득하는 과정을 '절합'이라 부른다. 절합에는 형태론적 의미와 언어적 의미가 동시에 포함되어 있다. 원래 'articulate'라는 동사는 무언가를 명료하게 발음(표현)한다는 뜻과 명확한 단위들로 쪼개져 접합된다는 의미가 동시에 들어 있다. 그리고 절합됨으로써 존재하게 되는 행위자들을 라투르는 '명제(proposition)'라고 부른다.

명제와 절합은 라투르 행위 이론의 요체다. 가령, 라투르의 명제 개념은 화이트헤드 철학에 연원을 둔다. 화이트헤드가 말하는

---

55. 『판도라의 희망』을 번역한 장하원과 홍성욱은 'articulation'을 '접언(接言)'이라 번역하기를 제안한다[라투르, 2018: 99. 각주 13]. 하먼의 저서를 번역한 김효진은 같은 단어를 '부각(浮刻)'으로 번역하기를 제안한다[하먼, 2019: 176. 각주 2]. 이 연구에서는 상례를 따라서 '절합'이라고 번역한다.

명제는 주로 논리학적인 의미에서 사용되는 '진술(statement)'과 구별되는 개념이다. 진술은 진위 판단의 대상이며, 진술된 내용과 실제 현실 사이의 조응 관계를 중시한다. "지금 비가 내린다"라는 진술과 실제로 지금 비 내리는 상황이 일치하면, 그 진술은 참된 것으로 판단되고, 그렇지 않을 경우 거짓으로 판단되는 것이다. 그런데, 화이트헤드의 명제는 이와 같은 참/거짓의 판단을 주된 쟁점으로 하지 않는다.[56]

그는 명제를 "불순한 가능태(impure potentials)", "순수한 가능태와 현실태의 혼성물", "반음영적 복합체(penumbral complex), 또는 "영원한 객체와 현실적 계기 사이에 위치하는 복합적 존재" 등 다양하게 명명한다[화이트헤드, 2003: 85, 380, 400]. 저 해설들이 공통으로 겨냥하는 것은 이것이다. 즉, 명제란 실제로 존재하는 특정 주어(존재자)가 잠재적 가능성의 세계를 지시하는 술어와 합쳐져 만들어진 존재의 특정 범주라는 것이다.[57] 이러한 불순성과 혼합성이 명제라는 특수한 존재자에게 고도의 역동성을 부여한다. 왜냐하면, 술어에 가능태(potentiality)가 들어와 명제를 구성함으로써, 명제는 아직 현실태(actuality)가 되지 못한 무언가를 향해 나아가는 운동과 미래성을 품게 되기 때문이다. 현실태는 현실의 강고한 한계에 갇히지 않고, 창조적 변화와 과정에 열린다. "명제의 기본적인 역할은 세계가 새로움으로 전진해 갈 수 있게 길을 터 주는 것"이라는 말은 이를 잘 보여 준다[화이트헤드, 2003: 383].

56. 라투르도 이 점을 다음과 같이 명시하고 있다. "진술은 명제와 다르다. (…) 진술은 진술에 대응하는 사태가 존재하느냐 그렇지 않느냐에 따라서 참이거나 거짓이다. (…) 그러나 명제는 절합적이냐 그렇지 않으냐(articulate or inarticulate)에 따라서 좋거나 나쁘다고, 나는 말한다. (…) 절합적이냐 그렇지 않으냐는 참이냐 거짓이냐와 같지 않다"[Latour, 2000b: 374~375].

57. 화이트헤드가 제시하는 존재의 범주에는 여덟 가지가 있다. 현실적 존재, 파악, 결합체, 주체적 형식, 영원한 객체, 명제, 다수성, 대비가 그것이다[화이트헤드, 2003: 85~86].

이처럼, 화이트헤드가 말하는 명제는 언어적 표상의 차원을 넘어서 존재론의 영역으로 진입하게 되며, 실존하는 것들을 넘어서는 '가능성'의 세계를 포함하게 된다. 비록 지금 이 순간에는 아직 실존하지 않지만 가능한 세계를 매혹적으로 제안(propose)하면서, 그것에 감화되고 흔들리고 움직일 다른 존재들을 끌어당기는 힘을 발휘하는 존재, 그것이 바로 명제다. 화이트헤드가 명제를 "느낌에의 유혹(lure for feeling)"이라 부르는 것은 이런 의미에서다[화이트헤드, 2003: 508]. 명제는 느낌들을 합생(合生)으로 이끄는 유혹이다. 다른 존재자를 자신의 실현에 참여시키고, 새로운 연합을 만들어 가게 하는 정동적 힘이다.

라투르는 화이트헤드의 '명제' 개념에 이미 내포되어 있는 존재론적 함축을 더욱더 급진적으로 밀고 나가면서 그것을 ANT의 중요 개념으로 삼고, 자신이 행위소라 부르는 행위자에게 명제 고유의 존재론적 위상을 부여한다. 그는 이렇게 쓴다.

> 나는 앨프리드 노스 화이트헤드의 용어인 명제 개념을 빌려 와서 인간과 비인간 사이의 관계에 대한 완전히 다른 모델을 수립하고자 한다. (…) 무엇보다 명제는 행위소다. 파스퇴르, 젖산 발효균, 실험실은 모두 명제다. (…) 이는 정확히 앞에 자리 잡는다(pro-positions)는 뜻의 명제라는 단어가 제안하는 것이다. 그것은 (…) 입장, 사물, 실체, 혹은 본질이 아니다. 접촉을 시작하는 서로 다른 존재자에 주어진 계기인 것이다[라투르, 2018: 227~228. 강조는 인용자].

이 '행위소=명제'라는 흥미로운 테제는 라투르가 행위자를 바라보는 기본 관점을 선명하게 드러낸다. 즉, 그가 상정하는 행위자는 가능태 쪽으로 열려 있다. 관계, 생성, 변화에 열려 있다. 라투르는 이것이 화이트헤드의 명제 개념에 이미 선취되어 있다고 본다. 그는 2004년의 논문 「몸에 대해서 어떻게 말할 것인가」에서 명제라는 용어가 다음의 세 요소들을 결합하고 있다고 말한다. 첫째, 완고함

(obstinacy). 둘째, 결정적 권위의 부재. 셋째, 자신을 상실하지 않은 채 다른 존재들과의 협상을 통해 무언가를 구성할 수 있는 가능성.

완고함은 명제라는 단어의 어근인 '정립(position)'의 속성이다. 명제는 정립된(구성되고, 제작되고, 구축된) 하나의 존재자다. 명제는 스스로를 하나의 완결된 존재자로 설립하기에 이른 '완고한' 실존이다. 두 번째로 이야기된 권위의 부재는 명제의 관계성을 지시한다. 명제는 다른 명제의 앞에 제안되는 것(pro-position)으로서 언제나 관계 속에서 자신의 존립 근거를 확보한다. 마지막으로 언급되는 협상 가능성은 명제와 명제의 어셈블리지, 네트워크, 연합, 즉 절합 가능성을 가리킨다. 즉, 명제들은 언제나 협상을 통해 새로운 '조성(造成, com-position)'을 향해 나아갈 수 있다[Latour, 2004c: 7].

라투르의 이 명제적 존재론이 생생한 구체성을 띠면서 나타나는 장소가 바로 실험실이다. 앞서 우리가 살펴본 것처럼 실험실에서 출현하는 모든 행위소는 다른 행위자를 유혹하는 일종의 제안처럼 작용했다. 명제로서의 발효균은 파스퇴르와의 상호 작용을 통해 점점 더 확고한 존재로 절합되어 갔던 것이다. 라투르는 주장한다. "세계는 절합된 명제들(articulated propositions)로 구성되어 있다"[Latour, 2004c: 8~9]. 세계를 이루는 모든 존재자는 일종의 명제다[Latour, 2004e: 247~248]. 네트워크도 어셈블리지도 연합체도 명제다. 인간도 비인간도, 사물도, 생물들도, 도구도, 광자(光子)도, 슈퍼컴퓨터도, AI도, 쓰나미도, 태양도, 바이러스도, 원자력 발전소도 명제다. 라투르가 제안하고 있는 ANT도, 내가 지금 쓰고 있는 이 글도, 명제라는 개념 그 자체도 모두 다 명제다. 행위소는 명제로서, 명제의 자격으로, 명제처럼 존재하고 작용한다.

이 주장의 이론적 함의는 매우 강렬하다. 명제 개념을 통해 라투르는 사회 세계에 확고한 불확실성을 부여하고 있다. 만약 행위자가 100%의 강도로 존재하는 실체가 아니라, 기울어진 존재의 경사도를 따라 점점 더 존재해 가거나, 점점 덜 존재해 가는 명제라면, 우리는 행위자에 대해 선험적이고 완벽한 지식을 가질 수 없다.

행위자는 상관적 존재이며 미래성과 타자성을 갖고 있기 때문이다.

1857년 이전에 발효균이 거의 절합되어 있지 (알려지거나 이용되거나 논의되지) 않았던 것처럼, 지금 우리가 살아가는 2025년 현재에도 아직 충분히 절합되지 못한 미지의 행위자들이 어딘가에 나름의 방식으로 존재하고 있을 것이다. 우리는 지금 그들이 누구인지, 무엇인지, 무엇을 수행하는지 알지 못한다. 우리가 늘 정해진 목록에 넣고 이미 고정된 형태로 주어진 것으로 생각하는 존재들(자본가, 중산층, 노동자, 남성, 여성, 청년, 지식인, 의사, 농부, 운동가 등)이 사회를 구성하는 행위자 목록의 전부가 아니다.

2020년에 세계는 '코로나 바이러스'라는 행위자를 절합해 냈고, 그 몇 해 전에는 세계적 바둑 기사를 이긴 AI라는 행위자가 절합되어 나왔다. 명제적 존재인 행위자는 끝없이 절합되고, 생성되고, 사멸하고 있다. 모든 사회에 일반적으로 적용될 수 있는 행위자의 목록 같은 것은 없다. 사회가 왜 변화하는가? 언제나 새로운 행위자, 새로운 명제가 절합되어 나오기 때문이다. 사회는 미래로 열려 있는 미지의 운동이다. 라투르는 사회학이 행위자에 대한 이 근본적 무지를 인정해야 한다고 본다[Latour, 1988: 110]. 이 무지의 인정은 역설적으로 행위자의 힘에 대한 이론적 긍정에서 나오는 것이다.

VI. 행위란 무엇인가?

ANT는 행위자-네트워크가 수행하는 행위를 총칭하여 '번역(translation)'이라 부른다. 번역은 "행위자-네트워크들 간의 연결을 통해 보다 강력한 네트워크가 구축되는 데 필요한 절차"이며 "서로 다른 네트워크 간 연합이 이루어지는 과정"을 지칭한다[최병두, 2017: 25]. 번역은 "치환, 표류, 발명, 매개, (…) 연결의 창조"를 모두 포괄한다[라투르, 2018: 287]. 이른바 '번역의 사회학'이라 불리는 ANT가 보는 행위는 이런 점에서 정통 사회 이론의 어떤 행위 이론과도 유사하지 않다. 라투르 행위 이론의 이러한 특이성을 나는 다음과 같은 세 가지 테제로 나누어 분석한다. 1) 행위의 관계성, 2) 행위의 사건성, 3) 행위의 분산성.

관계성

베버로부터 파슨스를 거쳐 기든스, 하버마스, 부르디외로 발전해 간 20세기 사회학 행위 이론은 대부분 인간 행위자와 그가 소유하고 있다고 상정되는 행위 능력(기본적으로 합리성)을 전제하고 있다. 행위자들 사이에 상호 작용이 발생할 때도, 개인 행위자의 개체적 독립성은 침해되거나 변경되지 않는다. 개체가 먼저 있고 그 이후에 그들 사이에서 관계가 형성된다는 생각은 행위를 논할 때 거의 자명한 공리처럼 다루어진다.

하지만 라투르가 제시한 '행위=번역=연합=변형'의 시각에서 보면, 관계 이전의 고정된 실체는 존재하지 않는다. 관계는 요소들을 변형시킨다. 이 변형에도 불구하고 결코 변화하지 않는 선험적 본질 같은 것은 행위자에게 주어지지 않는다. 이런 점에서 라투르의 '행위=번역'은 캐런 바라드가 말하는 '내부-작용(intra-action)'과 유사하다. 내부-작용은 상호 작용(interaction)과 다르다. 이를테면, 후자는 관계에 돌입하는 두 행위자가 관계 이전에 이미 독자적으로 형성되어 있고, 이미 확립된 두 개체가 자신들의 상태를 유지한 채 관계에 묶여 들어오는 것을 가리킨다.

하지만 내부-작용은 행위자들의 동시적 변형을 함축한다.[58] 즉, 내부-작용 속에서 행위자와 관계는 서로를 구성하고, 서로를 규정하고, 서로를 생산한다. 행위자는 관계 속에서만 창발한다[Barad, 2007: 33]. 이것은 심오한 관계의 철학이다. 해러웨이처럼 말하자면, "모든 존재자는 관계에 선행해 존재하지 않는 것이다"[해러웨이, 2019: 122~123].

ANT는, 그것이 인간이건 비인간이건, 행위자 혼자서는 어떤 행위도 할 수 없다는 사실을 역설하고 있다. 행위자는 행위의 원천, 기원, 시발점이 아니다. 행위의 주권자도 완성자도 아니다. 행위자는 행위의 연결자, 매개자일 뿐이다. 행위는 언제나 이미 시작되어 진행되고 있는 흐름이며, 행위자들은 그 흐름에 참여하고, 그 흐름을 변형시켜 변화를 창조한다. 그리고 이 과정에서 자신도 변화한다[Latour, 2005a: 206].

라투르는 행위의 이런 근원적 관계성을 표상하기 위해, '행위가 수행된다'는 표현 대신 '행위가 인계/인수(overtaken)된다'는 표현을 즐겨 사용한다.[59] "행위는 인계된다. (…) 행위는 타자-인계된다

---

58. 라투르는 상호 작용 개념을 비판한다. 이에 관해서는 다음을 볼 것[Latour, 2011b: 806].

59. 이 단어를 라투르가 어떻게 사용했는지는 주목을 요한다. 비록 개념어로 사용되지는 않았지만, 행위를 묘사하는 중요한 동사라는 점에서 그러하다. 가령, 라투르는 2004년의 한 논문에서 "행위는 언제나 인계된다(action is always taken over)"고 쓰고 있고[Latour, 2004d: 224], 『판도라의 희망』에서는 "우리는 조금씩 행위에 의해 인계된다(we are slightly overtaken by the action)"고 쓴다. 이 문장을 한국어 번역서는 "우리는 조금씩 행위에 의해 압도된다"라고 해석했다[라투르, 2018: 444]. 참고로 같은 구절이 『판도라의 희망』 불어본에서는 dépasser(넘어서다, 추월하다, 초과하다)라는 동사로 표시되어 있다. 『사회적인 것의 재구성』에서도 "행위는 ovetaken된다"는 문장이 나온다[Latour, 2005a: 45]. 2006년에 나온 동일 저서의 불어 번역에서는 overtaken이 dépassée et débordée로 번역되고 있는데, 여기 새로 추가된 déborder는 범람하다, 넘치다, 초과하다 등의 의미를 갖고 있다.

(other-taken). 행위는 타자들에 의해서 취해지고(taken by others) 다중과 공유된다. (…) 우리는 이 세계에 혼자가 아니다. (…) 랭보가 썼듯이 '나는 타자다(Je est un autre)'"[Latour, 2005a: 45].

여기서 overtake는 여러 의미를 동시에 함축한다. 우선, 위의 인용문에서 볼 수 있듯이 그것은 앞서 이미 존재하는 무언가를 인계(引繼) 또는 인수(引受)한다는 뜻을 갖는다. 〈굿 플레이스〉의 예를 다시 들면, 할머니의 생신 선물을 위해 화원에 장미꽃을 주문하는 행위는 노동자들이 화원에서 그 장미꽃에 물을 주고, 비료를 주고, 해충을 잡고, 꽃들을 재배해 온 일련의 행위를 인수해 가는 것이다. 주문 행위 역시 주문을 접수하고 그것을 요청된 장소로 옮기는 배달 행위의 주체인 배송 업체로 다시 인계된다. 이처럼 하나의 행위는 선행하는 행위를 인계하며, 후행하는 행위자에게 연계적으로 인수된다. 이러한 기본적 이미지 위에 'overtake'의 비유적 의미인 '압도하다', '추월하다' 등이 부가될 수도 있다.

행위가 그 자체로 독자적으로 수행되는 것이 아니라, 반드시 다른 행위로 인계되거나, 후행하는 행위에 의해 변형되거나 굴절된다는 것은 행위를 타자성에 노출되어 있는 공동-생산적인 무언가로 보는 관점이라 할 수 있다(행위는 타자-인수/탈취된다). 그런데, 이런 관점이 좀 더 선명하게 드러나는 것은, 영어 단어 overtake와 take over가 라투르에 의해 불어 단어 dépasser나 déborder로 번역되었을 때다. 이들 동사는 모두 '초과'라는 의미와 더불어 '범람'이라는 의미, 흘러넘친다는 의미를 갖고 있다.

〈굿 플레이스〉의 선물 행위를 다시 생각해 보면 이를 쉽게 이해할 수 있다. 선물 행위는 겉으로는 단일한 행위처럼 보이지만, 실제로는 그에 선행하는 재배, 착취, 생산, 배송, 이동 등 타자들이 이미 수행한 (그리고 서로가 서로를 인수하고, 추월하고, 이어 간) 수많은 행위들로 채워져 있다. 선물 행위는, 마치 그릇에 물이 넘치듯이, 다른 행위들로 채워진 채 흘러넘치고 있는 것이다. 모든 행위는 자신이 아닌 다른 행위들로 범람하고 있다. 행위가 관계적이라는 것은 이처럼 행위가 행위자의 의도나 지향성으로 제어할 수 없는 타자들의 행위와 불가피하게 얽혀 있다는 것을 역설한다.

사건성

행위와 행위 능력이 이처럼 관계성의 관점에서 접근될 때, 우리는 어떤 행위를 전폭적으로 결정하는 단 하나의 요소(특권적 독립 변수)를 특칭할 수 없다. 예를 들어, 행위는 행위자의 의도나 지향, 동기나 목적에 의해 결정되지 않는다. 전통적 사회 이론에서 이런 현상을 설명하기 위해 사용되는 한 용어가 있다. 머튼(Robert Merton)이 말하는 "행위의 의도치 않은 결과" 또는 부동(Raymond Boudon)이 말하는 "사악한 효과(effects pervers)"가 그것이다[Merton, 1936; Boudon, 1993]. 선을 추구한 행위의 결과가 악으로 귀결되는 경우, 이와 반대로 악을 추구한 행위의 결과가 선으로 귀결되는 경우, 목적과 결과 사이에 곤혹스러운 간극이 생긴다.

이 간극을 고전 사회학은 정확히 인지하고 있었다. 특히 베버는 자본주의 경제 원리가 '경제적' 현상에 뿌리를 두고 있는 것이 아니라, 구원을 향한 '종교적' 욕망에 기인함을 보여 주었다. 말하자면 자본주의 경제 시스템은 종교적 열망의 예기치 않은 결과로 나타난 것이다. 이런 예리한 인식에도 불구하고, 목적과 결과 사이의 간극이 거의 모든 행위의 보편적 특성을 이룬다는 인식은 찾아보기 어렵다. 방점이 언제나 결과가 아니라 의도에 두어졌기 때문이다. 행위의 핵심이 의도, 목적, 의향일 때 의도치 않은 결과는 예외를 이루게 되는 것이다.

하지만 라투르에게 이는 예외가 아니라 행위의 필수적 구성 원리다. 그에 의하면, 모든 행위는 과소결정(under-determination)의 법칙을 따른다[Latour, 2005a: 45]. 행위의 원인은 행위 전체를 결정하지 못하고, 행위가 펼쳐지는 과정에는 언제나 원인으로 환원될 수 없는 놀라운 사건들이 개입해 들어온다. 라투르는 말한다. "원인들은 단순히 계기를, 정황을 그리고 선행자(precedent)를 제공할 뿐"이며, 행위가 전개되는 과정에서 "수많은 놀라운 생경한 것들(aliens)이 중간에 튀어나"온다[Latour, 2005a: 59]. 원인이 매개 없이 결과로 이어지거나, 의도가 변형 없이 효과로 이어지는 것은 없다. 그 사이에는 수많은 또 다른 행위자들이 개입해 들어오며, 행위의 방향성은 그들의 개입에 의해서 항상적으로 굴절된다. 따라서 "행위는 놀람(surprise)으로, 매개로, 사건으로 남아 있어야 한다"[Latour, 2005a: 45].

예를 들어 이 글의 서두에서 언급한 〈굿 플레이스〉에서 미국인 남성으로 하여금 자기 할머니에게 선물을 하게 한 '원인'은 무엇인가? 심리학자는 그것을 성격에서 찾고, 경제학자는 효용에서 찾고, 뇌과학자는 뇌의 특정 부분의 활성화에서, 생리학자는 호르몬에서, 문화인류학자는 증여를 갚아야 하는 의무감에서 찾을 수도 있다. 사회학자는 합리적 의도나 계급 위치, 세대나 젠더, 또는 그것들의 교차를 원인으로 제시할 것이다. 누군가는 그의 별자리나 MBTI로 행위를 설명하려 들고자 할 것이다. 그러나, 드라마는 다른 그림을 제시한다.

행위를 기록하고 판단하는 시스템은 정작 행위의 원인에는 관심이 없다. 원인이 중요하지 않기 때문이다. 중요한 것은 행위를 일으킨 원인이 '변용되어 가는 과정'이며 그 원인에 더해지는 다른 행위자들의 의도, 다른 존재자들의 목적들이다. 우리는 선물이 지구를 오염시키는 화물이라는 사실이 드러날 때 놀란다. 선물된 꽃이 악인의 부를 증가시킨다는 사실에 놀란다. 원인은 단순한 계기에 불과하다. 원인보다 더 중요한 것들이 행위의 흐름에는 다수 존재한다. ANT는 저 드라마에 나오는 시스템처럼 사고한다. 달리 말하자면, 행위의 단일한 원인을 찾는 게임을 시도하지 않는다. 대신 행위가 놀라움을 일으키는 순간들을 추적하여, 그 놀라움을 야기한 다수의 행위자들을 식별해 내고, 그들의 이야기를 듣고, 그 이야기들의 흐름을 서술한다.

행위의 놀라움은 특히 비인간 행위자의 경우 더욱 두드러진다. 사물, 도구, 광물, 생명체, 그리고 물질은 인간의 조작에 완전히 종속되어 있지 않다. 인간의 계산과 의도, 그리고 기대는 이들과의 관계에서 늘 어긋나고 배반된다. 말하자면, 우리는 비인간 행위자들에게 자주 놀라게 되는 것이다. 재난의 순간을 생각해 보라. 경악 내지는 경이 속에서 우리는 방사능의 힘, 수증기의 힘, 발암 물질의 힘, 화산 폭발의 힘, 바이러스나 세균의 힘에 압도된다. 행위의 사건성은 놀람을 동반한다. 라투르는 행위 이론의 중심에 이처럼 '놀람'을 배치했다[Latour, 2004e: 79; 라투르, 2018: 445]. 그것은 모든 행위자가 연결을 통해 새로운 사건을 일으킬 힘을 갖고 있다는 그의 철학적 전제와 부합한다. 심지어, 라투르의 세계에서는 신도 자기 행위의 결과에 놀란다.

> 만약 신이 이 모든 완전함을 가진다면, 어디에서도 창조는 없을 것이다. 화이트헤드가 그렇게 멋지게 제시했듯이, 신 역시 그의 창조물에 의해, 즉 신에 직면하여 변화되고 변경되고 수정된 모든 것에 조금씩 점유된다. (…) 그렇다. 우리는 실로 신의 이미지를 따라서 만들어졌다. 즉 우리는 또한 우리가 무엇을 행하는지조차 알지 못한다[라투르, 2018: 447. 번역은 부분 수정].

타자의 행위이건 자신의 행위이건, 행위가 있는 곳에 놀람이 있다. 그것은 행위가 기본적으로 타자와의 연합이며, 타자의 변형이자 번역이며, 이를 통한 차이의 생성이기 때문이다. "놀람의 요소"를 동반하지 않는 행위는 없다[Pyyhtinen, 2016: 70]. 행위자는 행위의 흐름에 휘말려 있고, 행위의 힘에 압도된다.

 소설가가 글을 쓸 때, 그는 이미 형성된 생각을 종이에 옮기는 것이 아니다. 소설가는 10분 후에 자신이 쓸 글의 내용을 미리 알지 못한다. 자신이 쓴 글에 스스로 놀라지 않을 때 그가 쓴 글은 좋은 글이 아니다. 이러한 사실을 경험해 보지 못한 자는 글쓰기의 경험이 일천한 자다. 이는 운동도, 저항도, 노동도, 학습도, 예술적 창조나 유희도 마찬가지다. 미리 정해진 대로 결과가 나올 때(원인이 방해나 간섭 없이 정해진 결과로 이어질 때), 그 행위는 성공한 행위가 아니라 실패한 행위다. 어떤 좋은 글도, 어떤 멋진 연구도, 어떤 중요한 운동도 그렇게 기계적인 방식만으로는 수행될 수 없다.

사회 세계는 프로그램대로 돌아가는 인과 관계들의 당구장이 아니라, 행위자들이 갖고 있는 기존의 앎을 넘어가는 놀라운 사건들이 지속적으로 발생하는 실험실이다. 화이트헤드를 빌려 말하자면, 세계는 "참신성의 섬광(flash of novelty)"으로 가득 차 있다[화이트헤드, 2003: 377~378]. 이처럼 놀람의 요소가 사회에 도입될 때, 사회는 정태적 질서가 아니라 새로움이 만들어지는 불확실성의 공간, 창조의 공간이 된다.

분산성

라투르 행위 이론의 세 번째 특성은 행위가 하나의 단위(unity)로 떨어져 나오는 것이 아니라 다양한 장소와 다양한 시간 속에 흩어져 있다는, 이른바 분산성 테제다. 라투르는 이를 개념화하기 위해서 들뢰즈의 '주름(fold)' 형상을 끌어온다. 하나의 행위를 위해 얼마나 많은, 다양하게 분산된 시간들, 공간들, 행위소들이 가동되어야 하는지에 대한 흥미로운 예화를 라투르는 자신의 2002년 논문에서 다음과 같이 제시한다.

> 나는 테크놀로지의 고유한 레짐을 '주름'이라는 관념으로 정의하고자 한다. (…) 기술적 행위 속에는 무엇이 주름져 있는가? 시간들, 공간들 그리고 행위소들이 주름져 있다. 작업대 위에서 내가 발견하는 망치는 지금 내가 하는 행위와 같은 시간을 공유하지 않는다. 그것은 여러 이질적 시간성들을 주름으로 접어 보유하고 있다. 그 시간성 중의 하나는 행성의 고대적 시간이다. 왜냐하면 망치를 주조해 낸 광물 때문이다. 반면에 또 다른 망치의 시간성은 그 손잡이를 이루는 참나무의 시대성이다. 또 다른 시간은 망치가 독일의 공장에서 생산되어 시장

에 나온 후 흐른 10년이라는 시간이다[Latour, 2002b: 249].

ANT의 관점에서 보면, 망치를 사용해서 못을 박는 행위 안에는 수많은 다른 행위들이 주름 잡혀 들어가 있다. 가령, 망치 머리는 누군가 광물을 가공하여 쇠로 변형시킨 작업의 결과물이다. 손잡이를 이루는 참나무는 어떤 숲에서 자란 나무를 누군가 벌채하여 다듬은 결과물이다. 공장에서 이 요소들이 조립됐을 것이며, 시장으로 옮겨져 판매되었을 것이다. 저 흩어진 장소들과 행위들이 지금 우리의 손에 들려진 망치에 고스란히 내입(內入)되어 있다. 망치로 못을 박는 행위가 가능하기 위해서는 이처럼 다수의 분산된 행위들이 이미 발생했어야 한다. 이런 점에서, 라투르는 행위가 언제나 "탈구되고(dislocated), 분산되고(dispersed), 분배된(distributed)" 것이라고 말한다[Latour, 2005a: 166].

여기서 흥미로운 것은, 행위의 이러한 관계성에 착목하는 순간 행위 능력(agency) 개념에도 의미심장한 변화가 야기된다는 점이다. 우리는 흔히 행위 능력을 '행위를 할 수 있는 힘(power to act)'으로 폭넓게 정의한다. 이때 행위 능력은 행위자에 의해서 소유된 것으로 여겨진다. 그러나 만일 행위가, 라투르가 말하는 것처럼, 다수의 분산된 행위들의 결과를 인수하는 다수 행위의 릴레이를 통해 이뤄지는 것이라면, 행위 능력에 대해서 우리가 갖고 있는 통념을 바꾸지 않을 수 없다. 즉, 그것은 더 이상 인간 행위자의 뇌나 마음에 국소화된 정신적 능력이 아닌 것이다.

요컨대, 행위 능력은 여러 다른 행위자에게 배분된 물질적 능력들이다. 망치로 못을 박는 행위는 못을 박는 사람의 능력과 망치의 능력이 결합해야 가능한 무엇이다. 이때 망치의 능력 안에는 광석에서 철을 뽑아낼 수 있는 대장장이의 능력, 철 그 자체의 강인하고 단단한 매질, 나무를 잘라 손잡이를 만들 수 있는 목수의 능력, 그리고 유연하고 가벼운 나무 자체의 물성(物性)이 모두 응축되어 있다. 행위가 분산되는 것과 동일한 방식으로 행위 능력들도 분산되어 있다. 행위가 조립되는 것처럼 행위 능력도 조립된다. 행위와 행위 능력은 주체를 이루는 네트워크에 흩어져 있고, 특정 행위가 발생할 때, 마치 그물이 출렁이듯, 일시적으로 소집되어 현행화된다.

바로 이런 이유로, 라투르는 행위 능력을 '뭔가를 하는 힘'이 아닌 다른 존재가 뭔가를 "하게 만드는 힘(making-do, faire-faire)"으로 재규정하는 것이다[라투르, 2018: 444]. 그의 표현을 정확하게 옮기면, 행위 능력은 "각각의 행위자가 다른 행위자들이 예상치 못한 일을 하게 만드는 능력(make other actors do unexpected things)"이다[Latour, 2005a: 129]. '하는 것(faire)'과 '하게 하는 것(faire faire)'의 구분은 이론적으로 매우 중요한 차이를 가져온다. 왜냐하면, (나의) 행위가 언제나 (나로 하여금 그런 행위를 하도록 만든) 다른 행위자와 연결되어 있음을 안다면, 우리는 모든 행위의 근저에 수동성이 숨겨져 있음을 간파할 수 있기 때문이다. 우리는 스스로 뭔가를 한다고 생각하는 경우가 많지만, 사실 뭔가를 할 때, 많은 경우 우리는 그렇게 "하도록 만들어진 것"이다[Latour, 2005a: 50]. 이런 점에서 라투르는 스스로 공언하듯이 가브리엘 타르드의 참된 적자다.

타르드에게 행위는 모방이다. 즉, 타르드의 행위자는 자신의 앞에 자신이 행위할 수 있게 만들어 준 또 다른 존재(자신이 모방하는 자)를 갖고 있다. 행위는 행위자로부터 시작되는 것이 아니라, 행위자가 모방하는 자로부터 시작되어 오는 흐름이다. 그리고 이 모방의 흐름은 후행(後行)하는 모방자들 쪽으로 끝없이 퍼져 나간다. 요컨대, (능동적으로) 행위할 수 있기 위해서는 앞선 모방 방사의 흐름에 노출되어 그 영향을 우선 (수동적으로) 감수해야 한다. 무언가를 하기 위해서, 무언가를 할 수 있기 위해서, 행위자는 우선 그렇게 하도록 유도되고, 암시되고, 만들어져야 한다. 행위자를 움직이는 욕망과 믿음은 그의 내면에서 나오는 것이 아니라 사회에 이미 흐르고 있는 모방 방사 광선들에서 오는 것이다. 타르드가 사회적 행위자의 전형으로 내세운 것이, 암시를 받아 움직이는 몽유병자라는 사실은 이를 단적으로 보여 준다.

　타르드나 라투르나 모두 행위(함)보다 감수(겪음)에 우선권을 주고 있다. 감수가 행위에 선행한다. 왜냐하면, 행위가 분산되어 있기 때문이다. 라투르가 "행위는 빌려 온 것, 분배된 것, 암시된 것, 영향받은 것, 지배된 것, 배반된 것, 번역된 것"이라 말할 때[Latour, 2005a: 46], 그는 정확히 타르드가 19세기 후반에 발견한 모방적, 바이러스적(viral), 리좀적 사회성을 천명하고 있다. 라투르의 행위자 역시 타르드의 행위자처럼 우선 타자의 영향을 감수하고 그 이후에 행위를 수행한다는 점에서 일종의 '감수-행위자(pati-agent)'다.

VII. 마치며

이상에서 우리는 라투르 사회 이론의 철학적 전제와 그의 행위자, 행위, 행위 능력 개념을 심층적으로 살펴보았다. 라투르의 이론은 20세기 주류 사회학의 기조와 대립하며 타르드, 들뢰즈, 화이트헤드의 철학과 깊이 공명한다. 그에 의하면, 사회는 오직 행위자-네트워크로만 이루어져 있다. 이때 행위자는 기호학적 행위소의 의미를 띠는 동시에 화이트헤드가 말한 명제의 성격 또한 갖는다. 어셈블리지 사유에 기초한 이 발상은 한편으로는 사회에 대한 실재론과 명목론을 넘어서고, 다른 한편으로는 구조주의와 개인주의 또한 넘어서는 이론적 혁신을 가져온다. 라투르는 행위를 인간 중심적이고 자유주의적인 전제들로부터 해방시키고 거기에 고도의 관계성, 사건성, 분산성을 부여하였다. 이를 통해, 행위의 유일한 원인을 찾아 내려 노력하는 대신, 한 행위가 다른 행위들과 연관되고, 변화하고, 새롭게 전개되는 양상을 경험적으로 탐구할 수 있는 방법적 혁신을 제안했다. 그것이 ANT다.

21세기 사회 이론은 라투르가 수행한 이런 혁신에 무관심한 상태로 남아 있기 더 이상 어려운 상황 속에 있다. 왜 그러한가? 〈굿 플레이스〉가 보여 주는 우리 시대의 풍경이 그 이유를 역설한다. 지구상의 한 지점에서 어떤 행위를 한다는 것은 지구 전체에 뻗어 있는 네트워크를 동시에 가동하는 것을 의미하기 때문이다. 내 일상이 '미시'이고, 글로벌 자본주의가 '거시'라고 생각한다면, 〈굿 플레이스〉가 보여 주는 선물의 역설은 그런 생각의 허구성을 파괴한다. 누군가 핸드폰으로 배달 서비스에 전화를 거는 순간, 바로 그 순간은 미시도 거시도 아닌, 그 모든 것이 연결된 특정 어셈블리지가 가동되는 순간이다. 거기에는 외국인 노동자들과 법률과 자본과 문화와 관습, 그리고 장미꽃이라는 비인간이 모두 접혀 주름져 들어와 있다.

우리의 행위가 펼쳐지는 구체적인 장소들은 이제 (사회, 정치,

경제적 의미의) 글로벌한 공간의 한 점이라는 의미를 넘어서 (물리적이고 지질학적 의미의) 행성적 위치성을 갖고 있다. 꽃이 배달되는 과정은 탄소 배출 과정이기도 하며 온난화에 영향을 준다. 온난화는 자연 발화 산불과 극지방 얼음의 용해에 영향을 주고, 그것은 다시 허리케인과 태풍의 규모, 그리고 미생물의 생태 환경의 변화에 영향을 준다. 자연과 사회의 경계선은 이 순환 속에서 고도로 허구적인 선으로 나타난다.

이것이 바로 우리가 사는 21세기 '인류세'의 현실이다. 인간은 비인간과 얽혀 있고, 거시는 미시와 얽혀 있고, 글로벌은 로컬과, 행위는 사건과 착종되어 있다. 만 년 넘게 지속된 충적세가 끝나고 이제 다수 생명종들이 멸종될 가능성이 커지는 생태적 파국 상황을 우리는 예견하고 있다. 어떻게 이런 상황이 발생했는가? 그리고 이런 상황을 어떻게 타개해 갈 것인가? 이와 같은 중요한 질문들을 풀어 가기 위해서 사회 이론은 라투르를 일종의 '필수 통과 지점'으로 삼아야 한다. 라투르가 제안한 도발적 사고, 방법, 이론을 깊이 고뇌해야 한다. 그것은 그의 이론이 특별히 체계적이라거나 완벽하기 때문이 아니라 그의 이론이 갖는 현실 적합성 때문이다. ANT가 행위를 이해하는 방식, 사회를 이해하는 방식, 그리고 물질과 비인간을 이해하는 방식이 우리가 풀어야 하는 이 일련의 과제들을 비추는 빛을 던지고 있기 때문이다.

보론 1. 라투르는 구성주의자인가?

결론적으로 말하자면, 그렇다. 하지만 이 해답에는 단서가 하나 붙어야 한다. 라투르는 전통적 의미의 구성주의자가 아닌, 스스로가 창안한 새로운 의미의 구성주의자다. 잘 알려진 것처럼, 라투르는 과학적 실재론과 사회적 구성주의 양자를 모두 비판하면서, 독창적인 구성 개념을 제안했다.[60] 라투르 구성주의의 특이성은 그가 파스퇴르에 대해 사용한 "구성주의적 실재론(constructive realism)"이라는 명칭에 잘 드러나 있다[라투르, 2018: 219~220]. 이를 본격적으로 논하기 전에 우선 실재론과 구성주의의 차이를 간단히 짚고 넘어가자.

실재론을 특징짓는 것은 어떤 객체, 사실, 현실이 실체적이고 객관적인 존재성을 갖는다는 믿음이다. 실재론자에게 객체, 사실, 현실은 그것들을 둘러싼 맥락에 의해 변하는 것도 아니고, 그것들에 대한 인간의 인식이나 해석에 의해 달라지는 것도 아니다. 객체, 사실, 현실은 만들어지는 것도, 제작되는 것도, 생산되는 것도, 상상되는 것도 아니다. 예를 들어 우라늄이라는 물질을 생각해 보자.

우라늄은 원자량이 238.029u이며, 원자의 반지름이 175pm이고, 3818℃에 이르면 끓기 시작하는 물질이다. 30억 년 전에도 300백 년 이후에도, 프랑스에서도 파라과이에서도 혹은 베트남에서도, 우라늄의 물리적 속성은 위와 동일할 것이다. 우주선을 타고 온 외계인들이 우라늄을 자신들의 언어로 명명한다 해도, 그 원자 번호(92)를 자기들 마음대로 바꾼다 해도, 그 물리적 속성과 작용력에는 아무 변화가 없을 것이다. 말하자면, 우라늄이라는 물질은 상징, 기호, 이름, 인식과 무관한 방식으로 실존한다. 우라늄은 '구성'될 수

---

60. 1979년에 라투르가 울거와 함께 쓴 『실험실 생활』에는 "과학적 사실의 사회적 구성"이라는 부제가 붙어 있었다. 그런데, 1986년에 나온 재판(再版)에서는 '사회적'이라는 단어가 빠지고 대신 "과학적 사실의 구성"이라는 부제가 등장한다. 이는 라투르가 사회적 구성주의와 구성주의를 이론적으로 명확히 구분하려 했다는 사실을 잘 보여 준다[Latour, 2005a: 91].

없다. 실재론자가 보기에 구성주의자들은 (우라늄의 저 불변하는 물성을 무시한 채) 자의적 상상이나 언어적 해석으로 실재에 대한 거짓 표상을 만들어 내는 자들이다. 그들이 바라보는 구성주의는 리얼리티의 실재성 자체를 부정하는 시각이다.[61]

반면에 구성주의는 이러한 실재론을 '순진하다(naïve)'고 보는 경향이 있다. 왜냐하면, 실재론은 동일한 물리적, 화학적, 생물학적 속성을 지닌 무언가가 그것을 둘러싼 환경 속에서 얼마나 다양한 변이를 겪으며, 상이한 의미를 획득하는지에 무지하기 때문이다. 구성주의자가 보기에 모든 존재는 관계 속에, 맥락 속에, 프레임 속에, 담론 속에, (데리다처럼 말하자면) 텍스트 속에 있다. 중요한 것은 존재의 속성 그 자체가 아니라 이 관계, 맥락, 프레임, 담론, 텍스트다. 따라서, 구성주의는 실재를 부정하는 것이 아니라 그 가소성(可塑性)에 주목한다고 말하는 것이 더 정확하다.

말하자면, 말보로 담배 한 개비의 물리적 동일성은 서로 다른 사회들이 담배에 부여하는 '의미'의 다양성을 설명하지 못한다. 이를테면, 담배는 조선 시대에 두통 '치료제'로 여겨지기도 했지만, 20세기 중반의 청년 문화에서는 권위에 대한 저항의 의미를 갖기도 했으며, 20세기 후반의 위험사회에서는 '발암 물질'이자 '중독 물질'로 여겨진다. 구성주의자는 묻는다. 어떻게 동일한 물리·화학적 성분을 지닌 사물이 치료제이자, 저항의 상징이자, 발암 물질이 될 수 있는가? 담배의 진실은 그 물질적 현존에 있는 것인가 아니면 그것이 사회에서 차지하는 위치와 관계에 놓여 있는 것인가? 구성주의자들에게 정답은 물론 후자다. 그들이 보는 객체, 사실, 현실은 사회

---

61. 『판도라의 희망』 1장에서 라투르는 구성주의 문제와 연관해서 자신이 겪은 한 난처한 경험을 진술하고 있다. 라투르를 사회적 구성주의자(혹은 포스트모더니스트)로 오인한 어떤 자연과학자가 그에게 불쑥 다가와 "당신은 실재(reality)를 믿습니까?"라는 질문을 던졌다는 것이다. 그 과학자는 사회적 구성주의자가 '실재에의 믿음'을 결여하고 있는 자들이라고 생각하면서 라투르에게 위의 질문을 던진 것이다 [라투르, 2018: 25].

적이고, 역사적이고, 문화적인 구성에 침투되어 있다.

  실재론과 구성주의의 대립은 특히 과학적 사실을 둘러싸고 첨예해진다. 라투르는 과학적 실재론과 사회적 구성주의 사이의 협로(峽路)를 뚫고 가는 전략을 취했는데, 그 요체는 '구성' 개념을 완전히 새롭게 재정립하는 것이었다. 앞서 언급한 것처럼, 통상적 의미의 '구성'은 인위적으로 제작된 '가짜(fake)'라는 함의로부터 자유롭지 않다. 뭔가가 구성되었다는 것은 그것이 '진짜(true)'도 '실재(real)'도 아니라는 의미를 함축하기 때문이다[라투르, 2023: 16]. 라투르는 이를 집요하게 무너뜨린다. 그리고 '구성=제작=연합=절합=네트워킹=조립'이라는 새로운 의미론적 사슬을 설득력 있게 제시한다. 라투르는 '구성' 개념을 해체해 버린다.

  『사회적인 것의 재조립』에서 라투르는 영어의 construction에 구성, 건축, 건설의 의미가 모두 담겨 있다는 사실을 환기시키면서[Latour, 2005a: 89], 건축 현장(construction site)을 예로 들어 자신이 제안하는 '구성'의 의미론을 설명한다. 예컨대, 건물이 한 채 세워질 때 무슨 일이 일어나는가? 행위자들의 연결이 일어난다. 건축가들, 목수들, 도시 계획가들, 부동산 업자들, 그리고 주택 소유자들이 비인간 행위자들(건축 자재들, 도구들, 가구들)과 연합하여 기초를 놓고, 건물을 올리고, 집을 세우는 것, 이것이 하나의 건물이 건설되는 것이다. '구성'은 실재에 대한 (인식론적) 작동이 아니라 실재 내부의 혹은 실재 그 자체의 (존재론적) 작동이다. 물질적 연결을 설립하는 것이며 절합하는 것이다. 그것이 라투르가 말하는 구성의 본질이다.

  역으로 말하자면, 뭔가가 '있다'는 것은 그것이 '구성되었다'는 것을 의미한다. 라투르는 건축의 실례를 일반적 존재자들로 확장시킨다. 예술품도 구성된 것이다. 문학 작품도 구성된 것이며, 컴퓨터도 구성된 것이며, 로봇 청소기도 구성된 것이다. 제작되고 만들어지고 조립되었기 때문이다. "영화도, 마천루도, 사실들도, 정치적 회합들도, 입사 의례들도, 고급 의상도, 요리도" 모두 구성된 것들이다[Latour, 2005a: 89]. 흥미로운 것은, 라투르가 말하는 '구성'을 규정하는 것은 (실재론자가 생각하듯이) '참/거짓'의 코드가 아니라 "품질, 스타일, 내구성, 가치"[Latour, 2005a: 89]를 지시하는 '좋은/나쁜'의 코드라는 사실이다.

만일 한 봉지의 라면이 (라투르적 용법으로) 구성된 것이라면, 어느 누구도 지금 끓고 있는 저것이 실제의 라면인지 환상인지를 묻지 않는다. 대신 우리는 그것이 '맛있는' 라면인지 혹은 '맛없는' 라면인지를 묻는다. 두통약을 복용하면서, 이 약이 실재인가 만들어진 것인가를 묻지 않는다. 우리가 묻는 것은 약이 잘 듣는가 아니면 그렇지 않는가다. 멋진 옷인가? 잘 쓴 논문인가? 잘 작동하는 컴퓨터인가? 구성된 것들에 대해서 우리는 이렇게 품질을 묻는다[라투르, 2023: 239]. 왜 그러한가?

대참사를 겪은 체르노빌 원자력 발전소를 예로 이야기해 보자. 체르노빌 원자력 발전소는 '구성'된 복합물이다. 그것은 수많은 부품, 철근, 모래, 시멘트, 플라스틱, 책상, 의자, 기계, 컴퓨터 같은 물질적 존재들과 설계자, 공사 인부들, 감독자, 운영자 같은 인간 행위자들의 연합체다. 건물이 서기 이전에 설계도와 건축 매뉴얼이 있었을 것이다. 원자력 발전소에는 물질적 요소뿐 아니라 정신적 요소들도 포함되어 있다. 소비에트 이념, 권력의 욕망, 공산당의 이해관계, 사회주의적 노동 윤리, 법적 규제, 엔지니어 교육 시스템, 프로파간다가 모두 발전소의 구성 요소다. 건물의 내부와 외부를 연결하는 교통, 전기, 통신, 하수망. 그리고 제대로 통제되지 않는다면 상상할 수 없는 재앙을 가져오는 무서운 비인간 행위자인 우라늄 235라는 물질.

원자력 발전소를 '구성'한다는 것은 저 요소들을 제대로, 효과적으로, 정확하게 조립하여, 안전한 방식으로 발전소를 짓고 운영한다는 것을 의미한다. 구성은 인식론적 작동이 아니라, 전기를 생산하는 물질적 작동이며, 문제가 생겼을 경우 수많은 인간, 비인간 유기체를 멸살시킬 수 있는 생사(生死)의 문제이며, 발전소를 운영하는 국가 시스템을 붕괴시킬 수도 있는 정치적·경제적 문제이기도 한 것이다. 잘못 구성된 원전은 묵시록적 재앙의 원천으로 돌변한다.

　이처럼 실천적, 물질적, 관계적 절합과 동일시되며 새로운 의미론을 장착한 라투르의 '구성'은 인간과 반드시 연관될 필요가 없는 개념으로 확장된다. 여기가 라투르 구성주의의 가장 심오한 지점이다. 라투르에게 구성은 인간적 상징계(사회, 문화, 언어, 텍스트)를 필수 요소로 하지 않는다. 지구도, 바다도, 태양도, 산맥도, 바이러스도, 가이아도 모두 구성된 것들이다. 인간과 무관한 시간과 공간 속에서, 인간이 없는 세계에서 나름의 방식으로 연결되고, 절합되고, 조립되어 존재하게 된 모든 것들은 구성의 산물이다. 인간이 개입하기 이전에 별들은 뭉쳐지고, 나무는 자라고, 동물은 성장하고, 산은 융기하고, 진화와 변화 속에서, 존재자들이 생성(구성)된다. 이러한 인식은 특히 『존재양식의 탐구』에서 매우 두드러지게 표명된다. 이 책에서 라투르는 단언한다. "세계 그 자체가 절합되어 있다"[라투르, 2023: 379].

　세계가 절합되어 있다는 것은 세계 자체에, 그것을 이루는 존재자들에게 이미 고유의 언어, 의미, 방향이 내재해 있다는 것을 가리킨다. 인간이 개입하지 않아도, 꽃의 씨앗은 자신과 같은 형질을 가진 꽃을 다시 탄생시킨다. 어머니-꽃으로부터 자식-꽃으로 이어지는 저 과정(구성)에는 어떤 인간 상징도 불필요하다. 생물학이 DNA를 과학적 존재자로 구성해 내기 훨씬 이전부터, 꽃들은 스스로의 기호학적 능력을 발휘하면서 재생산을 수행해 왔다. 존재는 기호학적이며, 해석학적이다. 절합은 인간에 의해서 자연이 상징화되는 것도, 인간 정신에 의해서 물질이 표상되는 것도 아니다. 비인간 존재자 모두는 각자의 언어를 갖고 있으며, 각자의 방식으로 의미를 생산하고, 각자의 방식으로 구성적 실천들을 행한다. 그렇기 때문에 그들이 '존재'할 수 있는 것이다. 이 지점에 이르면, 라투르의 존재론적 구성주의, 혹은 구성주의적 실재론은 자신의 원숙한 표현인 '실재=구성'이라는 등식에 도달하게 되는 것이다.

보론 2. 존재론적 페티시즘

ANT와 유사한 구성주의적 인식을 선구적으로 보여 준 고전 사회학자는 사실 맑스다. 『자본』의 상품 분석에 등장하는 '물신주의(fetishism)'가 그 좋은 실례다.

> 상품은 얼핏 보면 자명하고 평범한 물건으로 보인다. 그러나 상품을 분석하여 보면, 그것이 형이상학적 궤변과 신학적 잔소리로 차 있는 기묘한 물건이라는 것이 판명된다. (…) 상품 형태의 신비성은, 상품 형태가 인간 자신의 노동의 사회적 성격을 노동 생산물 자체의 물적 성격(물건들의 사회적인 자연적 속성)으로 보이게 하며, 따라서 총노동에 대한 생산자들의 사회적 관계를 그들의 외부에 존재하는 관계 즉 물건들의 사회적 관계로 보이게 한다는 사실에 있을 뿐이다. (…) 인간의 눈에는 물건들 사이의 관계라는 환상적인 형태로 나타나지만 그것은 사실상 인간들 사이의 특정한 사회적 관계에 지나지 않는다. (…) 이것을 나는 물신 숭배라 부르는데, 이것은 노동 생산물이 상품으로 생산되자마자 거기에 부착되며, 따라서 상품 생산과 분리될 수 없는 것이다[마르크스, 1989: 90~92].

맑스는 말한다. 상품은 수많은 노동들이 개입하여 만들어진 것이다. 이 노동들은 모두 구체적 사회관계들을 품고 있다. 하지만 상품이라는 존재 형식은 그러한 사회적 관계들을 은폐한다. 우리는 상품에서 화폐를 지불하여 교환할 수 있는 하나의 '사물'만을 볼 수 있을 뿐이다.

한 자루의 연필을 생각해 보자. 가령, 연필심에 사용된 흑연이 중국의 어느 광산에서 채굴되어 한국으로 수입된 것이라 가정하자. 또한, 나무 부분은 인도네시아의 숲에서 자라던 거목이 잘려 목재 공장의 가공을 거쳐 수송되어 온 것이라 가정하자. 수억 년의 광물적 시간성을 품고 있는 사물인 흑연이 채굴되는 과정에는 중국의 법체계와 노동 레짐, 그리고 광산이라는 구체적 사회적 장소와 관계들, 노동자들의 삶의 상태가 개입되어 있다. 또한 인도네시아의 나무는 그 지역 특유의 기후와 생태 환경, 벌목과 연관된 여러 사회, 정치, 경제, 법적 제도들의 작동과 연관된 사물이다. 이렇게 획득된 원료들이 한국의 공장으로 집결, 조립되어 시장에 나온 것이 바로 우리가 문방구에서 보는 연필 한 자루다.

이처럼 수많은 인간의 손과 도구 그리고 기계적 과정을 거쳐 진열대에 놓인 저 연필은 우리 눈에는 하나의 물건으로 보이지만, 실제로 그것은 무수하게 많은 관계들의 다발이자, 여러 장소들의 몽타주이자, 상이한 시간들의 회집(會集)인 것이다. 맑스가 상품 물신주의라고 부르는 것은, 연필의 실재와 외관 사이의 이 격차에서 기인하는 불가피한 오인(誤認)이다. 맑스의 지식사회학이 가져온 탁월성은 이데올로기의 (인식론을 넘어선) 존재론적 성격에 대한 통찰에 있다. 상품 물신은 허위의식이 아니라, 사물들 자체에 침윤되어 있는 자본주의적 생산관계의 효력이다. 즉, 우리가 아무리 눈을 비비고 바라보아도, 한 자루의 연필에서 인도네시아 숲과 나무를, 벌목하는 노동자의 팔뚝과 목재 공장을, 중국의 노동법을 지각하는 것은 불가능하다. 상품의 세계에서 사회적 관계들은 사상되고, 은폐되고, 비가시화된다. 자본주의적 이데올로기는 인간들의 두뇌가 아니라 세계 그 자체의 물질적 '구성' 속에서 이미 작동하고 있다. 의식이나 표상이 왜곡되기 전에 세계 그 자체가 물신주의적으로 '구성'되어 있다.

그런데, 맑스가 자본주의적 상품의 특이성으로 파악했던 저 페티시즘은 과연 자본주의적 상품 형식에서만 발견되는 특유의 현상인가, 아니면 다른 유형의 존재자들에게서도 발견되는 좀 더 보편적인 현상인가?

앞서 언급한 연필에 사용된 나무들이 자라던 인도네시아의 숲으로 가서 (아직 상품화되지 않은) 야생의 수목들을 관찰해 본다고 상상하자. 우리 육안에 보이는 것은, 나름의 색깔과 질감과 크기를 가진 특정 수종의 나무 한 그루일 것이다. 하지만, 저 나무는 사실 수많은 물질적 요소들로 '구성된' 결합물이다. 씨앗에서 뿌리들이 싹터 흙의 무기물을 빨아들이고, 광합성을 통해 햇빛을 변형시켜 체화하고 이산화탄소를 흡수하는 과정을 거치고, 미생물, 동물, 인접 식물과의 상호 작용을 겪어 지금처럼 형성된 것이다. 요컨대, 우리가 한 그루의 나무라고 인지하는 저 존재자는 실제로는 기후, 햇빛, 물, 흙, 미생물 등의 어셈블리지, 관계들의 다발인 것이다. 이런 점에서 보면, 우리가 생명의 단위라고 생각하는 유기체란 사실 물신적 성격을 갖는다. 유기체는 자신을 범람하는 생명성과 자신을 구성하는 타자들을 은폐하기 때문이다.

　기술적 존재자들은 또 어떠한가? 라투르가 말하듯, 기술의 본질은 "접힘(folding)"이다[라투르, 2023: 338]. 컴퓨터에는 수많은 부품들이 접혀 들어가 있다. 그 각각의 부품들은 모두 고유한 발명의 시간을 갖는다. 특정 부품의 발명과 사용이 컴퓨터의 두께를 얇게 하고, 가격을 내리고, 기능을 개선한다면, 그 부품은 컴퓨터의 구성에 결정적인 기여를 한 것이다. 이처럼 기술적 사물들은 요소들의 접힘, 시간들의 접힘, 수많은 사회관계들의 접힘이다. 문제는 우리가 이 접힘들을 볼 수 없다는 것이다. 기술적 존재도 물신의 성격을 띠고 있다.

　이러한 현상을 우리는 책과 같은 기호학적 사물에서도 발견한다. 한 권의 책은 어떻게 구성되는가? 책의 착상은 수년 전에 일어났을 수도 있다. 몇 개의 메모들이 수첩 여기저기 흩어져 있었을 수도 있다. 저자가 관련 자료들을 찾아 읽고, 여러 장소들과 사람들 혹은 문헌들을 뒤지며 자료를 확보해 가는 과정에서, 책의 형체가 어슴푸레하게 만들어지기 시작했을 것이다. 우리가 집필(執筆)이라 부르는 것은 이처럼 상이한 시공간에서 획득된 요소들의 최종 조립 절차에 불과하다. 한 권의 책은 다수의 시간들, 장소들, 만남들, 통찰들, 사실들, 인용들, 발견들의 구성물이다. 들뢰즈와 과타리가 책을 리좀이라 부르는 이유는 여기에 있다. 인쇄된 종이들의 묶음으로 나타나는 책의 존재론적 실상 역시 관계들의 다발인 것이다.

이런 시각에서 보면, 맑스가 상품의 특이성으로 지적했던 물신주의는 사실상 존재론적 문제임이 드러난다[브라이언트, 2020: 184]. ANT가 빛을 발하는 지점이 바로 여기다. 라투르는 존재자들에 대한 우리의 오인을 자본주의적 이데올로기의 효과로 보는 대신 네트워크 존재론의 일반적 현상으로 보았다. 존재가 네트워크로 '구성'되는 것이라면, 우리가 만나는 사물들은 그 최종적 구성물일 뿐이다. 라투르가 '사실물(matters of fact)'이라 부르는 것이 바로 이것이다.[62] 우리가 그 객체의 구성 과정을 거슬러 올라가면서 탐구하기 전에, 객체는 우리에게 불가피하게 물신으로 나타난다. 어떤 존재자가 어떤 과정을 통해서 그 자리에 지금 현존하게 되었는가를 역추적하는 것, 존재자들의 구성 과정을 따라가는 것이 ANT의 모토라면, 우리는 그 과제를 "존재론적 페티시즘"[브라이언트, 2020: 184]을 넘어서는 것이라 말할 수도 있을 것이다.

62. ANT적 관점에서 보면, 모든 구성된 사실들, 사물들, 존재자들은 물신이면서 동시에 사실인 '팩티시'[Latour, 2010c]다. 불어로는 faitiche로 쓰고 영어로는 factish로 번역되는 팩티시는 사실(fact)과 페티시(fetish)를 합성한 조어다. 한편, 사실(fait)이라는 불어 단어는 본래 만들다(faire)라는 동사의 과거 분사 형태다. 라투르가 자주 환기시키듯이 "사실들은 만들어진다"[라투르, 2009: 61]. 즉, 구성된다.

보론 3. 파스퇴르 이전에도 세균이 존재했는가?

풀어 말하자면, 파스퇴르가 세균을 과학적 존재자로 구성해 내기 이전에도 세균이 세상에 있었다고 말할 수 있는가? 이 질문은 라투르 존재론 전체를 관통하는 까다로운 물음이다. 라투르의 견해는 무엇이었는가? 그는 '파스퇴르 이전에는 세균이 존재하지 않았다'라는 관점을 취하고, 이를 독특한 시간론을 동원하여 해명하고자 하였다.

그런데 이 관점은, 실재(세균)가 오직 인간(파스퇴르)과의 관계를 통해서만 존재할 수 있다고 보는 상관주의(correlationism)의 색채를 띤다는 비판을 면하기 어렵다[하먼, 2019: 258~271].[63] 비판의 핵심에는 (인간-너머의 행위자와 행위 능력을 탐구해 온) 라투르가 정작 실재를 다시 인간과의 연관 속으로 회수해 오는 것이 아닌가, 그리하여 인간과 무관하게 존재하는 실재를 결국 인정하지 않는 것이 아니냐는 의구심이 자리 잡고 있다.

실제로 세균에 대한 존재론적 질문이 처음 정식화된 『프랑스의 파스퇴르화』에서 라투르는 이렇게 쓰고 있다. "파스퇴르 이전에 세균이 존재했는가? (이론적이 아니라는 의미에서) 실천적 관점에서 보면 세균은 존재하지 않았다. 파스퇴르는 희박한 공기 중에서 세균을 발명한 것이 아니다. 그는 (…) 세균에 형태를 부여했다"[Latour, 1988: 80]. "파스퇴르 전에는 어디에 세균이 있었나?"라는 부제가 달린 『판도라의 희망』 5장에서 역시 라투르는 거의 같은 입장을 반복한다. "상식을 지닌 사람이라면 (…) '그렇지만, 파스퇴르가 만들어 내기 전에 이미 발효균이 존재했던 거 아닌가요?'라고 물을 것이다. 대답을 피할 이유가 없다. '아니요, 그가 실험하기 전에 발효균은 존재하지 않았습니다'"[라투르, 2018: 235].

라투르가 어떤 논리를 가지고 이런 논의를 펼치는지 우리는

---

63. 상관주의에 대해서는 다음을 볼 것[메이야수, 2010: 17~24].

이미 살펴보았다. 그는 파스퇴르와 세균이 실험실에서 일종의 행위자-네트워크로 구성되는 복잡한 과정을 논의하면서, 세균이 우연히 '발견'된 것이 아니라 행위자들의 상호 작용을 통해 '구성'된 것으로 파악한다. 물론 라투르도 잘 알고 있다. 파스퇴르가 세균을 과학적 존재자로 절합하기 이전에도 무언가 세계 속에서 실제로 활동하고 있었다는 것을. 사람들이 그것을 생명체로 인식하지도 못했고, 세균이라 부르지 않았으며, 그 활동과 효과를 명확한 인과관계 속에서 파악해 내지도 못했지만, 그 무언가의 작용으로 퇴비가 썩고, 맥주와 치즈가 만들어지고, 전염병이 번져 사회에 치명적 위해를 가하기도 했던 것이다.

  그러나 라투르의 관점에서 보면, 파스퇴르 이전의 저 "그들-자신을-위한-세균"은 파스퇴르 이후의 "우리-인간을-위한-세균"과 결코 같은 존재라고 말할 수 없다[라투르, 2018: 236]. 후자는 실험실에서 배양되고, 가축과 어린이와 군인의 몸에 백신 형태로 주사되면서, 인간-세균 하이브리드를 이루어 프랑스 공화국의 기초를 이루게 되는 명실상부한 사회적 존재인 것이다. 이런 의미에서 라투르는 파스퇴르의 실험 이전에는 세균이 존재하지 않았다고 주장하는 것이다[라투르, 2018: 235].

  그는 이 시각에 세부적인 입체성을 제공하기 위해 독특한 시간론을 동원한다. 『판도라의 희망』 5장에 의하면, 역사적 시간은 두 가지 상반된 방향성을 모두 갖고 있다[라투르, 2018: 273~275]. 하나는 연대기를 따라 전진하는 선형적 시간이다. 가령, 1863년 이후에 1864년이 오며 그 이후에 1865년이 온다. 우리는 이를 자명한 사실이자 유일한 시간의 방향으로 인식한다. 하지만, 연대기적 진행과 반대되는 궤적을 가진 또 다른 시간성이 역사에 존재한다. 이후에 발생한 것이 이전에 일어난 사태를 소급적으로 재규정하는 "회고적 생산(retroproduction)"의 시간이 그것이다[라투르, 2018: 270].[64]

---

64. "과거에 대한 이러한 회고적 관점"[라투르, 2018: 270]은 역사적 사건들이 발생

라투르는 이처럼 뒤집힌 시간의 작용을 "역(逆)인과관계(backward causation)"라 부르며 이를 세균의 존재론에 적용한다[라투르, 2018: 269].

예를 들어, 1864년에 파스퇴르가 세균을 발견한 사건은 1864년 이전의 세계를 특정 방식으로 변화시킨다. 세균의 발견을 통해 사람들은 1864년 이전의 세계에도 세균이 있었다는 사실을 사후적으로 깨닫게 되는 것이다. 이처럼 1864년 이전의 세계는 (1864년에 발생한) 세균-파스퇴르 연결(네트워크)을 통해 세균 없는 세계에서 세균이 존재하는 세계로 전환된다. 달리 표현하면, 세균은 오직 1864년 이후부터 비로소 '1864년 이전에도 존재'하게 되는 것이다[하먼, 2021: 127].[65]

라투르는 이처럼 시간의 구조를 비틀어 세균의 존재론과 연관된 난제를 해소하고자 했다. 그에 의하면, 파스퇴르에 의한 세균의 발견이 일어나기 한 해 전인 1863년의 세계에는 세균이 현존하지 않았다. 하지만 파스퇴르가 세균을 발견한 1864년에 의해 소급적으로 과거가 재해석, 재정립, 재구성되는 현상들에서 흔히 관찰된다. 비근한 예로, 한국 사회에서 21세기에 발생한 미투 운동과 페미니즘 리부트라는 사건은 20세기 한국 문학이 남긴 여러 텍스트를 다른 시각에서 바라보게 하는 뒤집힌 인과성의 실례를 제공한다. 과거에는 별다른 주목을 받지 못한 채 통용되던 여성 혐오적 시점, 표현, 가치관이, 현실에서 발생한 사후적 변화들에 의해서 선명하게 가시화되고, 문제화되는 것이다.

65. '역인과관계'의 논리는 『브뤼노 라투르의 과학인문학 편지』의 「세 번째 편지─이것은 왜 과학이 아니란 말인가」에서도 사용된다. "나로 말하자면 2009년 10월 3일자 『르 몽드』에 달려들었습니다. '이 이집트 여인은 2600년 전에 결핵으로 사망했다'. 놀라울 것도 없다고 생각합니까? 그렇지 않습니다. 지난 세기에 이 미라를 연구했던 그랑빌 박사는 이 여성이 난소암으로 사망했을 거라고 진단을 내렸었거든요. 그런데 이제 도너휴라는 사람이 이 미라를 다시 연구하고는 폐에서 결핵을 일으키는 인자를 발견했다는 겁니다. '올해부터' 이르티에세누 부인(이게 그 미라의 이름입니다)은 2600년 전에 결핵으로 사망한 것이 되었습니다. 하지만 1825년에서 2009년까지는 난소암으로 '사망한 것이 되었었던' 것입니다"[라투르, 2012: 87~88. 강조는 라투르].

로 재구성된 1863년의 세계에는 세균이 존재한다. 일종의 시간적 멀티버스다. 라투르는 이런 사고 실험을 통해 구성주의와 실재론 사이의 좁은 길을 아슬아슬하게 통과하고자 했던 것으로 보인다.

하지만, 이처럼 여러 섬세한 이론적 장치를 동원하고 있음에도 불구하고, 여전히 그의 존재론이 상관주의의 흔적을 완전히 탈각하지 못한 듯이 느껴지는 것이 사실이다[하먼, 2021: 127]. 그 이유는, 라투르에게 세균의 존재를 규정하는 가장 중요한 요소가 결국은 세균과 파스퇴르의 연결, 세균과 인간의 시선/언어/사회와의 연결이기 때문이다. 내 생각에, 라투르가 이러한 상관주의적 사고의 자장에서 벗어나는 장면을 목격하기 위해서 우리는 2012년의 『존재양식의 탐구』를 기다려야 한다.

자신이 그간 수행해 온 수많은 연구 흐름을 통합하는 이 저서에서 라투르는 네트워크 존재론이라는 기본 관점을 유지하면서 이와 동시에 "존재론적 다원주의"[라투르, 2023: 46]를 표방하고 있다. 존재론적 다원주의는 라투르가 비판하는 서구 근대의 "존재론적 기근"[라투르, 2023: 442] 혹은 "존재론적 빈혈증"[라투르, 2023: 246]을 극복하기 위한 대안적 입장이다. 그에 의하면, 서구 근대는 자연, 사회, 정신, 물질, 주체, 객체와 같은 공소(空疏)한 거대 범주 속에 구체적인 존재자들(행위자들)을 모두 익사시켜 버렸다. 그 결과 실존하는 수많은 행위자에 대한 망각과 맹목이 발생했다는 것이다. 가령, 근대적 의미의 물질은 거대한 우주의 공간 전체를 포괄하는 것이지만, 기본적으로 활기와 생기와 생명을 결여하고 있는 것으로 간주되었다. 이는 물질의 생기와 활력, 즉 행위 능력을 인지하지 못하게 하는 결과를 낳는다.

라투르는 이처럼 몇 가지의 추상적 범주로 축소되어 버린 존재론적 사유를 회복하기 위한 시도의 하나로, 열다섯 가지의 서로 구별되는 존재양식들을 제시하고, 그들 사이의 외교적 공존 가능성을 모색한다. 연결망, 전치사, 더블 클릭, 정치, 법, 종교, 기술, 허구, 지시, 애착, 조직, 도덕, 재생산, 변신, 습관이 그것이다. 이 중에서 특히 재생산(reproduction)의 존재양식이 세균의 문제와 연관해서는 큰 중요성을 갖는다.

재생산의 존재양식에 속하는 대표적인 두 부류는 사물과 생명체다.[66] 명칭 자체가 암시하듯, 이 양식의 특징은 특정 존재자가 존재의 반복과 지속(재생산)에 실패하는 순간 돌이킬 수 없는 사멸 속으로 빠져든다는 점이다. 예를 들어, 하나의 바위가 지각 변동에 휘말려 용암에 섞여 들어가 녹아 버리면, 그 순간 이후 바위는 존재하기를 멈춘다. 마찬가지로, 한 그루의 나무가 가뭄에 말라 죽어 버리는 순간, 그 나무 역시 존재를 멈춘다. 사물이나 생명체의 경우, 파괴와 죽음을 되돌릴 가능성이 주어져 있지 않다. 다시 시작하는 것이 불가능하다. 그리하여 이들에게는 매 순간 '존재/비존재'의 갈림길이 삼엄하게 부과된다. 이것이 바로 라투르가 보는 재생산의 존재양식의 특이성이다[라투르, 2023: 321].

이처럼 바위나 나무 같은 재생산의 존재자들에게, 존재한다는 것은 매 순간 있음을 가까스로 이어 가는 것이다. 특정 시점의 있음과 다음 시점의 있음 사이에는 치명적인 간극이 존재한다. 이 간극을 건너뛰어 계속 존재할 수 있느냐, 아니면 그 간극에 빠져 소멸하느냐? 이것이 재생산의 존재자들이 '존재'하기 위해 풀어야 하는 가장 중요한 문제다.

이러한 시각의 이론적 의미는 심대하다. 왜냐하면, 라투르는 지금 바위가 바위로서 존재하고, 나무가 나무로서 존재하기 위해서 어떤 인간적 지식, 시선, 언어도 필요하지 않다고 말하고 있기 때문이다. 고양이가 고양이로서 존재하고, 강물이 강물로서, 아메바가 아메바로서 존재하는 것은 인간과 무관한 현상이다. 인간이 인지하거나 과학적으로 탐구한 적 없는 저 심해의 무수한 존재자들도 거기 현존한다. 인간이 탄생하기 이전에 지구에 나타났다 사라졌을

---

66. 재생산의 존재자들을 존재하게 하는 원리는 사물들의 경우 '힘의 선(線)'이며 생명체의 경우 '계보(lineage)'다[라투르, 2023: 157~158].

모든 사물과 생명체도 독자적 현존성을 갖는다. 재생산의 존재자를 존재하게 하는 것은 인간과의 연결이 아니라 존재자 자신에게 고유한 "존재 경로(path of existence)" 그 자체다[라투르, 2023: 133].

라투르는 세계의 존재와 인간의 인식을 이처럼 분리함으로써 상관주의의 혐의를 벗어난다. 『존재양식의 탐구』에서 그는 "재생산과 지시(reference)를 혼동하지 말아야 한다"고 강조한다[라투르, 2023: 120]. 여기서 지시는 과학적 지식이 대상을 존재자로 설립시키는 특정 양식을 가리킨다.[67] 그런 지시의 존재양식과 구별되는 재생산의 존재양식이 있다고 주장함으로써 라투르는 세계 그 자체에 (인간과 아무런 상관이 없는) 고유한 존재성을 확고하게 부여하고 있다. 이제 세계는 인간과의 연결을 통해 절합되는 것이 아니라 그 자체로 이미 절합되어 있는 무언가로 이야기된다[라투르, 2023: 379~380]. 이런 의미에서, 만약에 『존재양식의 탐구』를 쓴 라투르에게 우리가 '파스퇴르 이전에 세균이 있었는가?'라고 묻는다면, 그는 이렇게 답했을 것이다. 파스퇴르 이전에 세균은 존재했다고. 파스퇴르와의 연결 이전에도, 산이 산으로 존재했듯, 개구리가 개구리로 존재했듯, 세균은 세균으로 존재하며 활동했다고. 그것이 바로 재생산의 존재자로서 이해된 세균이라고.

---

67. 재생산의 존재자와 지시의 존재자를 구분해야 한다는 입장은 『존재양식의 탐구』 3장에 걸쳐 상세히 논의되고 있다.

5장
소용돌이 행위 이론──그림 형제와 라투르

좋은 과학은 좋은 글쓰기를 요구한다. 그렇지 않다면 사회적인 것은 (…) 나타나지 않을 것이다[Latour, 2005a:124].

무엇을 할 것인가? 먼저 대안적 서술을 만들어 내야 한다[라투르, 2021a:133].

만약 당신의 묘사가 설명을 요구한다면, 그것은 좋은 묘사가 아니다. 오직 나쁜 묘사들만이 설명을 요구한다. (…) 나는 좋은 묘사가 설명을 요구하는 것을 본 적이 없다[Latour, 2005a:147].

I. 서사-기계

어느 날, 달걀 껍데기 속에서 맥주를 빚던 이(蝨)가 거기 빠져 몸을 데었다. 이 광경을 바라본 벼룩이 놀라 비명을 질렀다. 벼룩 옆의 문짝이 무슨 일이냐고 묻는다. "이가 데었기 때문이야". 벼룩의 대답에 문짝은 삐걱거리기 시작한다. 이 소리를 듣고 빗자루가 "왜 그렇게 삐걱거리느냐"고 묻는다. 문짝이 대답한다. "어떻게 내가 삐걱거리지 않을 수가 있겠어. 이는 데었지, 벼룩은 울고 있는데". 이 소리를 들은 빗자루는 방을 쓸기 시작한다. 마차가 지나가다 왜 비질을 하느냐 묻는다. 빗자루는 답한다. "어떻게 내가 비질을 하지 않을 수 있겠어. 이는 데었지, 벼룩은 울고 있지, 문짝은 삐걱대는데".

이에 마차는 갑자기 정신없이 달리기 시작한다. 길가의 거름더미가 왜 그리 내달리느냐 묻는다. 마차는 대답한다. "어떻게 내가 달리지 않을 수가 있겠어. 이는 데었지, 벼룩은 울고 있지, 문짝은 삐걱거리지, 빗자루는 비질하고 있는데". 거름 더미가 미친 듯 타오르기 시작한다. 근처의 작은 나무가 왜 그리 타오르느냐 묻는다. 거름 더미는 답한다. "어떻게 내가 타지 않을 수 있겠어. 이는 데었지, 벼룩은 울고 있지, 문짝은 삐걱거리지, 빗자루는 비질을 하지, 마차는 내달리고 있는데". 이 소리를 들은 나무는 온몸을 흔들기 시작한다. 젊은 여자가 물동이를 이고 지나가다가 나무에게 왜 그리 흔들어 대느냐 묻는다. 나무는 대답한다. "어떻게 내가 온몸을 흔들지 않을 수 있겠어. 이는 데었지, 벼룩은 울고 있지, 문짝은 삐걱거리지, 빗자루는 비질을 하지, 마차는 내달리지, 거름 더미는 타고 있는데".

이 광경을 본 여자는 들고 있던 물동이를 깨 버린다. 샘물이 놀라 왜 물동이를 깨느냐 묻자 여자는 대답한다. "어떻게 내가 물동이를 깨뜨리지 않을 수 있겠어. 이는 데었지, 벼룩은 울고 있지, 문짝은 삐걱거리지, 빗자루는 비질을 하지, 마차는 내달리지, 거름 더미는 타고 있지, 나무는 온몸을 흔들고 있는데". 샘물은 말한다. "맙소사, 큰일이로군! 그렇다면 나는 마구 흘러내려야겠군". 샘은 물을 쏟아 내기 시작했고 이 바람에 여자, 나무, 거름 더미, 마차, 문, 빗자루, 벼룩, 이는 다 휩쓸려 빠져 죽었다. 그림 형제의 『이와 벼룩』이라는 동화다[그림 형제, 1999: 192~195].

몇 년 전 우연히 이 이야기를 발견하고 나는 즉각적으로 라투르의 행위자-네트워크 이론을 떠올렸다. 내 생각에, 뭔가 흥미로운 공통점이 둘 사이에 존재한다. 말하자면, 그림 형제의 저 동화는 라투르 이론의 요체를 이야기하는 데 훌륭한 예화의 가치를 지닌다. 사실 이론이라는 것은 추상적 개념과 복잡한 공리들의 집합이 아니다. 이론은 기본적으로 이야기다. 우리를 깊은 곳으로부터 움직이고, 사고하게 강제하는 특수한 이야기다. 어떤 이론도 이야기 외부에서 성립될 수 없다. 어떤 이론가도 이야기가 아닌 다른 방식으로 자기 생각을 표명할 수 없다. 하나의 이론이 만들어지는 것과 그에 고유한 서사적 운동이 전개되는 것은 동시적이다.

라투르에게도 특유한 이론적 서사 스타일이 존재한다. 들뢰즈와 과타리를 빌려 말하자면 그것은 라투르적 서사-기계다. 이론적 서사-기계는 단지 스토리텔링 방식만을 가리키는 것이 아니라, 한 이론이 생성되는 과정에서 이루어지는 모든 작동들을 포괄한다. 우선 그것은 선행 이론들을 해체하는 파괴-기계다. 모든 강력한 이론은 자신에 앞선 이론들과의 전선(戰線)에서 탄생한다. 충돌의 강렬도가 새 이론의 창의성과 종종 비례한다. 존 로는 이렇게 쓴다.

> 유클리드주의에 대해 전쟁을 벌이는 기계로서의 행위자 네트워크 이론을 상상할 수 있다. 그중에서도 가령 영역(regions)들이 네트워크로 구성되어 있다는 사실, 가령 국민 국가들이 전화 시스템, 페이퍼 워크, 그리고 지리적 삼각점들로 되어 있다는 사실을 보여 주는 것. (…) 행위자 네트워크는 본질적 차이들에 대해 전쟁을 벌이고 있고, 전쟁을 벌여 온 기호학적 기계다. 그것은 관계들과 그 관계들 속에서 객체들이 발휘하는 수행적 성격을 역설해 왔다[Law, 1999: 7].

하지만, 이론이 파괴에 머문다면 그것만으로 좋은 이론은 설립될 수 없다. 이론은 새로운 가시성의 레짐을 창조해야 한다. 이론이 던지는 빛의 레짐하에서 실재가 달리 보이게 만들어야 하는 것이다. 혁신적 직관. 이것이 없다면 이론은 무력하고 무의미해진다. 그것이 없다면 이론은 아카데미의 한 장소를 차지한 생명력 없는 죽은 지식들의 더미가 되어 버린다.

이론은 파괴하고, 보게 하고, 이야기해야 한다. 현실이 무엇인지, 문제가 무엇인지, 적이 누구인지, 희망이 어디에 있는지, 절망이 어디에 있는지, 우리의 오류가 어디에서 오는지, 누가 고통받는지, 누가 타자의 고통에 기생하는지를 보여 주어야 한다. 파괴-기계가 직관-기계로 전환되어야 한다. 다른 세계를 본 눈만이 다른 세계를 말할 수 있기 때문이다. 옛 이론의 시각으로는 지각될 수 없고 관찰될 수도 없던 리얼리티가 조명탄에 비친 듯이 드러나고, 그것이 마침내 이야기에 포섭되는 것, 이것이 서사-기계의 작동 방식이다.

요컨대, 이론은 개념들의 체계화된 시스템, 담론, 텍스트가 아니라 파괴, 직관, 서사의 수행이자 실천이다. 실제로 라투르는 20세기 주류 사회과학의 인간 중심적이고 구조주의적인 설명적 서사, 계몽적 서사, 비판적 서사를 과격하게 해체하고자 했고, 그 대안으로 네트워크와 비인간 행위자를 중심으로 하는 새로운 전망을 보여 주었다. 그렇다면 라투르의 서사-기계는 어떻게 작동했는가? 무엇을 파괴하고, 무엇을 보게 하고, 어떤 이야기를 창조했는가?

II. 이야기의 힘

현상의 복잡성을 환원할 수 있는 초월적 원리는 존재하지 않으며, 사회는 연합체들의 지속적 네트워킹 과정이라는 것. 이것이 라투르가 일관되게 보여 준 세계의 풍경이다. "번역의 사회학"[Akrich·Callon·Latour, 2006]이라는 ANT의 별칭이 암시하는 것처럼, 그것은 '번역=변형=전이=행위=차이화'가 지속되는 세계다. 그 작동 주체를 라투르는 행위자, 또는 그레마스를 원용하여 행위소라 부른다. 이들에게는 자신들에 고유한 이야기가 있다.

라투르는 강조한다. "ANT의 주요 강령은 행위자들 스스로 자신들의 프레임, 이론, 맥락, 형이상학, 더 나아가 존재론을 포함한 모든 것을 만든다는 것이다"[Latour, 2005a: 147]. 같은 맥락에서 그는 주장한다. "행위자들은 좋은 사회학자들이며 그만큼 좋은 역사학자들"[Latour, 1988: 51]이므로 "행위자들을 따르라"[Latour, 2005a: 12].

행위자들의 이야기를 따라가는 것, 이것이 ANT의 모토다. 행위자를 행위하게 한 다른 행위자, 그것을 행위하게 한 다른 행위자, 또 그 뒤의 행위자를 추적하는 것. 행위자들 '너머'에, 그들의 '하부' 어딘가에, 혹은 '배후'에는 아무것도 없다. 그들 '사이'의 연결만이 있을 뿐이다. ANT는 행위자들의 이야기를 따라가면서 자신의 이야기를 생산한다.

"우리는, 우리가 흥미롭게 말하도록 허락한 바로 그것에 의해 흥미롭게 말하도록 허락된다"[68][Latour, 2000b: 376]는 라투르의 인식은 심오하다. 어떤 연구가 흥미로운 것은 연구자의 생각이, 그의 글이, 그의 말이, 그의 해석이나 분석이 흥미로워서가 아니다. 연구자가 탐구하는 대상의 이야기가 흥미로울 때, 그것이 흥미로운 연구가 된다. 연구자가 말하는 것이 아니다. 사회학자가 말하는 것이

---

68. "we are allowed to speak interestingly by what we allow to speak interestingly".

아니다. 사회학자는 자신이 연구하는 행위자에게 그저 어떤 이야기 공간을 부여하는 것뿐이다.

말하자면 사회학자는 행위자들의 대변인이다. 세계는 이미 맹렬하게 말하고 있다. 대상들은 격렬하게 말하고 있다. 그것을 (단일 원인으로 환원하는 것이 아니라) 청취하고 번역하는 것이 학문적 실천의 본질이다. 모든 학문명에 붙어 있는 접미사인 '-logy'나 '-graphy'는 이 망각하기 쉬운 사실을 환기시키는 결정적 기호다.

> 만일 우리가 (…) 과학적 분과들이 그들의 사업에 붙이고 있는 '-logies'나 '-graphies' 같은 작은 접미사들을 진지하게 생각한다면 (…) 모든 학문 분과를 우리는 다음과 같이 정의할 수 있을 것이다. 즉, 학문 분과란 쓰고 말할 수 있는 능력을 세계에 부여하기 위한 복잡한 메커니즘이자, 침묵하는 존재자들을 읽고 쓸 줄 아는 존재로 만드는 일반적 방법이다[Latour, 2004e: 66].

사회학(sociology)은 사회와 행위자들의 말을 듣는 방법이고, 생물학(biology)은 생명체들의 말을 듣는 방법이며, 지질학(geology)은 지구의 말을 듣는 방법이다. "세계가 말하고, 쓰고, 의견을 개진하게 만드는 일을 과학자들보다 누가 더 잘하는가?"[Latour, 2004e: 137] 세계는 (인간 언어로) 번역되지 않은 이야기로, 로고스로, 언어로 충만해 있다. 라투르에게 이야기는 결코 주변적이지도 잉여적이지도 않다. 이야기는 학문의 핵심에 자리 잡고 있는 최대의 쟁점이다. 이런 이유로 라투르는 예술과 문학, 종교와 기호 현상 일반에 대하여 주류 사회학과 크게 다른 입장을 갖는다. 사회학과 문학, 사회학과 예술의 단절을 강조했던 지배적 경향과 달리, 라투르는 이야기를 통한 형상화의 실천들(픽션)이 오히려 사회학에 풍부한 가능성을 제공한다고 본다.

픽션을 다루기 때문에, 문학 이론가들은 어떤 사회과학자들보다도 형상화(figuration)에 대한 연구에서 훨씬 더 자유로웠었다. 그것은 특히 그들이 기호학이나 다양한 서사 과학을 활용할 때 그러했다. 이 것은 다음의 이유 때문이다. 예를 들어 우화 속에서라면, 마술 지팡이나, 난쟁이나, 요정의 마음속 어떤 생각이나, 혹은 수십 마리의 용을 죽이는 기사 모두 이들의 행위 능력으로 동일한 행위소가 어떤 행위를 하도록 만들 수 있기 때문이다. 소설들, 연극들, 그리고 고전 비극으로부터 희극에 이르는 영화들은 우리를 행위하게 하는 것에 대한 해명을 반복할 수 있게 하는 광대한 놀이터를 제공하는 것이다. (…) 바로 이 이유로 ANT는 서사 이론에서 (…) 운동의 자유를 빌려 왔다 [Latour, 2005a: 54~55].

서사, 기호학, 문학, 예술에 대하여 이처럼 전폭적인 수용성을 보여 준 사회학자는 없다. ANT는 이야기(픽션)를 단지 연구 '대상'으로 취급하지 않는다. 그 대신 연구-어셈블리지의 한 핵심 요소로 전유한다. 이것이 부르디외 문학/예술 사회학과의 결정적 차이다. 부르디외는 소설의 내용을 논하지 않았다. 소설가의 창작 과정이나 영감, 체험과 글쓰기를 탐구하지 않았다. 부르디외 사회학에서 작품은 그 자체로 존재하는 실존이 아니라 소설가의 사회적 위치의 함수로 전락한다. 하지만 라투르는 픽션의 힘을 서사-기계의 한 부품으로 육화시킨다. 그는 소설을 대상화하지 않고 그 힘과 연맹을 맺고자 한다. 이것이 라투르 사회 이론의 참된 무서움이다.[69]

신학의 경우도 마찬가지다. 라투르는 종교에 '대한' 사회학, 종교를 대상으로 하는 사회학을 수행하지 않았다. 대신, 그는 신학적 사유를 자신 이론 속에 삼켜 가지고 들어온다. 다음 장에서 자세히 살펴보겠지만, 1960년대 후반에서 1970년대 초반 라투르의 대학 시절은 불트만(Rudolf Bultmann)의 양식 비평과 페기(Charles Pé-

---

69. 라투르는 픽션과 형상화의 문제를 특히 『존재양식의 탐구』 9장에서 집중적으로 다룬다[라투르, 2023: 347~381].

guy)의 『클리오(Clio)』에 대한 신학적 탐구에 바쳐졌었다. 신학적 담론에 내재된 사유의 힘을 가지고 과학적 탐구가 이뤄지는 실험실로 들어간 것이다. 라투르의 과학인류학은 이런 점에서 신학과 인류학의 놀라운 결합물이다.

    라투르는 사회과학이 배출한 가장 탁월한 이야기꾼 중의 한 사람이다. 이런 비유가 가능할지 모르겠지만, 그는 셜록 홈즈처럼 작업한다. 자신들 머릿속의 고정된 도식으로 수사를 진행하는 경찰과 달리, 홈즈는 현장의 (분자적) 단서에 주목한다. 홈즈에게 단서란 살아서 말하는 목소리, 범죄의 이야기를 말하는 목소리다. 그는 사물들의 디테일, 행위의 흔적에 내재된 이야기를 추적하여 자신의 추리 이야기에 통합한다. 그에게 사물과 기호, 물질과 언어, 행위와 그 흔적은 분리되어 있지 않다. 아이러니하게도, 언제나 결정적인 이야기는 가장 보잘것없어 보이던 비인간 사물에게서 나오지 않던가? 홈즈는 단서들의 이야기를 번역하여 최종적으로 자신이 어떻게 범인을 잡았는지를 왓슨과 독자에게 진술한다.

    유사한 방식으로, 우리는 라투르 저술의 곳곳에서 이야기의 역량들이 인정되고, 그 역량이 활용되면서 이론적 통찰이 번개처럼 번뜩이는 장면들을 다수 목격한다[Latour, 1988: 3~12; 라투르, 2018: 200~201]. 예컨대, 실험실 연구가 대표적이다. 라투르는 1975년에서 1977년 사이에 라호이아 소크 인스티튜트에 있는 로제 기유맹의 실험실에서 인류학적 현장 조사를 수행했다. 거기서 라투르가 발견했던 핵심 사실 중의 하나는, 실험실이 과학자의 육안에 자연이 자신의 진실을 매개 없이 드러내는 계시의 장소가 아니라는 사실이었다. 실험실은, 마우스를 누르면 정보가 변형이나 왜곡 없이 투명하게 떠오르는, 소위 "더블-클릭 커뮤니케이션"의 공간이 아니다[Latour, 2005b].

    반대로, 실험실은 이야기들의 순환 공간이다. 자연과의 매개 없는 만남, 자연의 신비를 파악하는 일회적 발견은 존재하지 않는다. 실제로 일어나는 일은 복잡한 연쇄를 이루며 진행되는 '문헌적 기입(literary inscription)'들의 생산 과정이다. 그가 관찰한 과학자들은 "하루 대부분을 코드를 써넣고, 표시를 해 두고, 바꾸고, 수정하고, 읽고, 쓰는 데 소모하는 이상한 부족"이다[라투르·울거, 2019: 68]. 그들이 쓴 논문들 역시 이야기로 가득하다.

기유맹은 어떻게 성장 호르몬 분비 인자(GRF)를 발견했는가? 과학자의 육안과 GRF라는 물질이 현미경을 통해 즉각적으로, 매개 없이, 감각적으로, 일회적으로 만난 것인가? 그렇지 않다. 앞 장에서 상세하게 살펴본 것처럼, 과학적 사실의 구축은 명제의 절합 과정과 상응한다. 사실은 주어지는 것이 아니라 생산되는 것이다. 수많은 이야기가 제안되고, 검토되고, 선택되고, 연계되는 서사-기계들의 접합과 작동이 요구되는 것이다. GRF가 하나의 물질로 인정받기 위해서는, 신화적 영웅이 무수한 시련과 시험을 거친 후에 영웅으로 인정받게 되는 것과 마찬가지로, 다수의 실험과 검증을 거쳐야만 했다. 이런 점에서 과학 저술은 발견된 진리를 투명하게 제시하는 텍스트가 아니라, 특정 행위소(가령 GRF)가 겪었어야 하는 시험의 드라마가 전개되는 일종의 '오페라'와 같은 것이다.

피상적인 관점에서 보면 과학 텍스트들은 지루하고 생기가 없어 보인다. 하지만 독자가 이 텍스트들이 받아들이는 도전을 재구성한다면, 과학 텍스트들은 스토리텔링(storytelling)만큼이나 스릴 만점일 것이다. (…) 그것은 이제 하나의 진짜 오페라다. (…) 영웅들이 영웅으로서 인정받으려면, 어떤 고문, 시련, 시험을 겪어야만 하는지를 똑똑히 설명해 줄 것을 요청받는다. 그러면 텍스트는 이 시험에 대한 드라마틱한 이야기를 펼친다. 정말로 영웅들은 〈마술피리〉의 왕자처럼 모든 어둠의 세력을 이겨 낸다. (…) 이런 오페라들이 수천 번 『네이처』나 『물리학 평론』 속에서 펼쳐진다[라투르, 2016: 113~114. 번역은 부분 수정].

과학과 오페라를 과감히 겹쳐 보는 기호학적 시선의 활용이라는 맥락에서, 라투르는 브라이도티나 해러웨이와 깊이 공명한다. 브라이도티는 형상(figure)을 통해 새로운 이야기를 구성하는 작업을 대안적 정치 주체의 탐구와 연결한 바 있다[브라이도티, 2004: 26]. 그에게 형상화는 "사유할 수 없는 것을 표상 속으로 들여오는 방법"으로 자리매김된다[Braidotti, 200: 170~171]. 픽션의 가능성에 주목해 온 해러웨이도 이렇게 쓴다.

> 우리는 강력한 스토리들의 바다에서 존재한다. (…) 스토리 밖으로 나가는 길은 없다. 그러나 외눈박이 아버지가 무슨 말을 하든 간에 서술 내용은 물론 서술 구조도 여러 개 있을 수 있다. 물질적 의미와 기호적 의미에서 설화들을 바꿔 보는 것은 해 볼 만한 겸손한 개입이다 [Haraway, 1997: 44~45].

20세기 사회 이론의 지배적 서사 양식을 허무는 발본적인 비판을 던진 ANT의 개입은 그러나 결코 '겸손한' 것만은 아니었다. 사회과학의 새로운 서사적 가능성을 구축하기 위해 라투르는 가브리엘 타르드, 에티엔 수리오, 들뢰즈, 화이트헤드 같은 소수파 철학의 서사-기계들과 연합했다[Latour, 2010b]. 라투르의 개입이 향하고 있던 지점은 그의 한 저서의 제목이 명시하듯이 '사회적인 것의 재조립'이었다. 그것은 제도적 분과 학문으로 사회학이 성립되기 위해서 스스로 억압하고 배제하고 부인해야 했던 사회적인 것의 바깥을 어떻게 다시 서사할 것이냐는 문제로 귀결된다. 사회적인 것의 바깥에 대한 사회학이 가능한가? 자신의 바깥을 이야기하는 스토리텔링은 어떤 주어들과 어떤 형상들과 어떤 개념적 인물들을 요청하는가? 그것이 제공하는 것은 설명인가, 묘사인가?

III. 파국의 분열분석

서두에서 제시했던 그림 형제의 『이와 벼룩』으로 다시 돌아가 보자. 저 동화는 무엇을 이야기하고 있는가? 어떤 '사건'이 진술되고 있다. 홍수가 났다. 재해가 발생했다. 그 바람에 한 인간이 죽었고, 개울가 나무가 쓸려 갔고, 거름 더미와 마차와 문과 같은 집기, 사물들이 소실되고, 벼룩이나 이도 쓸려 내려갔다. 어떤 파괴적 사태가 일어났다. 이것이 동화가 전달하는 메시지의 전부다. 반대로 이 동화는 사건에 대한 건조한 진술 외에 어떤 설명이나 해명, 심리적 관찰도 제시하지 않는다. 등장하는 인물, 사물의 본성, 성격, 진실, 내면, 기억에 관한 서술도 없다. 동화가 그리는 세계는 사건만이 지배하는 미니멀한 세계다. 견고한 사건성만이 X-광선에 찍힌 것처럼 잔존하고 있다.

그런데, 이 사건성은 두 가지 다른 층위로 분리되어 있다. 하나는 이야기의 끝에 스치듯이 말해지는 홍수-사건이고, 다른 하나는 그것을 이루는, 반복되며 변이되는 미시-사건들이다. 양자의 차이는 들뢰즈와 과타리가 주창한 분열분석(schizo-analysis)의 용어를 빌려 말하자면, '몰적인 것(molaire)'과 '분자적인 것(moléculaire)'의 차이와 유사하다[들뢰즈·과타리, 2014: 468~472].

잘 알려진 것처럼, 분열분석은 들뢰즈와 과타리가 『안티 오이디푸스』와 『천 개의 고원』에서 실험적으로 제시한 철학적, 정치적, 윤리적 방법으로서, 정신분석학과 명확히 대립되는 관점, 시각, 개념들로 이뤄져 있다. 분열분석은 정신분석학이 상정하는 재현적 무의식, 결핍으로서의 욕망, 오이디푸스 삼각형을 비판하면서, 기계적 무의식, 생산하는 욕망, 그리고 탈개인적·탈가족적 어셈블리지를 제시한다. 『천 개의 고원』에서는 리좀학(rhizomatics), 화용론, 미시정치, 지층분석(stratoanalysis)과 개념적 동의어로 사용되면서, 언어, 정치, 학문, 예술 영역에 적용 가능한 통찰로 확장된다[김홍중, 2023: 160].

앞서 언급한 두 용어(몰적인 것과 분자적인 것)는 분열분석에서 사용되는 대표적인 기술적 개념들이다. 몰적인 것이 주로 "큰 수의 법칙들 아래서 형성되는 배열 형태"를 가리킨다면, 분자적인 것은 "현미경 미만 수준의 독자성들"을 지칭한다[들뢰즈·과타리, 2014: 480~481. 번역은 부분 수정]. 또한, 몰적인 것이 군집(群集)의 평균적 양태와 연관된 표상적, 인간적, 기표적(significant) 리얼리티라면, 분자적인 것은 이러한 몰적 현실이 탈지층화되면서 드러나는 정동적, 비언어적, 비표상적 흐름과 파동을 지칭한다[Bonta·Protevi, 2004: 114~115; 김홍중, 2023: 161].

이런 관점에서 보면, 이야기의 마지막에 나오는 홍수-사건은 일종의 '몰적' 사태다. 그것은 큰 규모의, 큰 숫자의, 큰 덩어리의 재난이기 때문이다. 이는 대개 우리가 '9.11 테러', '3.11 동일본 대진재', '체르노빌 참사'같이 하나의 이름으로 뭉뚱그려 말하는 재난, 그것을 이루는 수많은 작은 죽음, 작은 파괴, 작은 상처, 작은 기억, 작은 파손을 무차별적으로 그 안에 집어넣어 뭉뚱그린 채, 하나의 단위로 처리하고 있는 그런 재난이다.

그런데, 그러한 몰적 사태를 쪼개며 더 깊이 들어가면, 우리는 그 사태에 붙여진 이름이나 그것과 연관된 큰 숫자의 통계 수치들로 환원될 수 없는 독자성을 지닌 미시적이고 '분자적인' 사건들을 만나게 된다. 홍수-사건의 분자적 층위로 내려간다는 것은 인간적 지각, 통상적 이해, 통계적 표상, 지배적 상징 질서와 통념적 진실의 하부로 내려가는 것이다. 그리고 바로 그 순간 우리는 인간 행위자 집단에 포함되지 못했던 비인간 미시-행위자들(micro-actors)의 무리를 만나게 된다.

이것이 바로 그림 동화가 지루할 정도의 반복을 통해 묘사하고 있는 과정이다. 동화는 인간 육안에 보이지 않는 세계, 인정받은 적 없는 행위자, 주목받지 못하는 활동들을 하나씩 세심하게 끌어내어 진술하고 있다. 그 진술 속에서 비인간 행위자들은 '주격'으로 나타나 결정적인 역할을 수행한다. 이는 화상을 입고, 벼룩은 비명을 지르고, 문짝은 삐걱거리고, 빗자루는 방을 쓸고, 마차는 달리고, 거름 더미는 불타고, 나무는 온몸을 흔들고, 젊은 여자는 물동이를 깨뜨리고, 샘물은 흐르기 시작한다. 사건을 일으킨 것, 사건에 이바지한 존재들은 곤충, 도구, 식물, 인간, 자연물이다. 이와 벼룩과 인간과 나무는 지금 (적어도 기호학적 관점에서는) 동등한 자격을 부여받고 있다. 일종의 서사적 민주주의, 기호학적 민주주의, 이론적 민주주의다. 이 세계는 데카르트가 '연장체(res extensa)'라 부르며 '사유체(res cogitans)'의 자유로운 처분에 맡겨 버린, 정신과 생명이 존재하지 않고 근본적으로 비활성적인 무정(無情)의 사물계가 아니다. 이야기 속에서 사물들에게는 생명이 부여되어(animated) 있다.

이런 애니메이션(animation)이 가능했던 것은 그림 형제가 자유로운 상상력을 발휘할 수 있는 동화 작가였기 때문이라 생각할 수도 있다. 하지만, 비인간 세계에 생기를 부여하느냐, 부여하지 않느냐는 반드시 서사 '장르'의 문제인 것만은 아니다. 라투르는 사이먼 섀퍼의 한 논문을 빌려, 근대 과학도 초창기에는 주요 개념들을 생명화한 역사를 갖고 있다는 사실을 지적한다. 뉴턴이 '만유인력'이라는 새로운 개념을 창안할 때 그는 자신이 속해 있던 시대와 문화 속에서 한 형상을 빌려온다. 그것은 천사였다[Schaffer, 2009]. 말하자면, 만유인력은 천사라는 수사학적, 비유적 가면을 쓴 채 이른바 "천사 형상적(angelomorphic)"으로 과학 언어에 도입되었던 것이다. 천사학에 관해서 수백 페이지를 쓰고 나서야 비로소 뉴턴은 '힘'이라는 소위 '탈생명화된' 개념을 도입할 수 있었다고 라투르는 지적한다[Latour, 2014: 7; Latour, 2017a: 66].

> 모든 과학의 역사가 종종 보여 준 것처럼 (…) 과학자로 하여금 우선 과학적 개념들에 생명을 부여하고(animate), 그리고 오직 나중에 그것을 탈생명화(deanimate)하게 하는 방대한 문화적 배경을 고려하지 않은 채, 과학적 개념들의 창발을 이해하는 것은 어려운 일이다.

> (…) 생명 부여(animation)는 본질적 현상이다. 오히려 탈생명화가 피상적이고, 보조적이고, 논쟁적인 (…) 현상이다. 서구 역사의 주된 수수께끼 중 하나는 "아직도 애니미즘을 믿는 사람들이 있다"는 것이 아니라, 많은 사람이 아직도 생명성이 제거된 단순한 물질세계에 대해서 가지고 있는 순진한 믿음이다[Latour, 2014: 7].

세계를 애니머시(animacy)로 충만한 곳으로 바라보는 분자적 시선은 그림 동화, 타르드의 모나돌로지, 들뢰즈와 과타리의 분열분석, 라투르의 ANT를 이어 주는 서사론적 끈이다. 잉골드(Tim Ingold)의 표현을 빌려 말하자면, 그것은 "사유를 재-생명화하는 것(re-animating)"[Ingold, 2006]이기도 하다.

예를 들어, 『이와 벼룩』의 도입부를 다시 잘 읽어 보면, 우리는 거기 이보다 더 작은 존재의 현존이 암시되어 있다는 사실을 알 수 있다. 이는 맥주를 빚고 있었다. 맥주를 빚는 것은 맥아의 효소에 미생물이 작용하는 과정을 관장하는 것, 미생물이 화학적 작용을 할 수 있는 환경을 조성하고 이를 관리하는 것이다. 이와 미생물의 어셈블리지라고 할 수 있다. 그림 형제는 의도하지 않았겠지만, 이 이야기 속 홍수 사건의 참된 기원은 현미경으로만 볼 수 있는 미생물들의 '마이크로 코스모스'로까지 소급되고 있는 것이다. 이 대목에서 우리는 라이프니츠(Gottfried W. Leibniz)의 『형이상학 논고』의 다음 구절을 떠올리지 않을 수 없다.

> 물질의 각 조각은 식물들로 가득 찬 정원 그리고 물고기로 가득 찬 연못처럼 이해될 수 있다. 그러나 이 식물들의 각 가지, 동물의 각 지체, 그 체액의 각 방울은 다시금 그와 같은 정원 또는 연못이다[라이프니츠, 2010: 286].

아무리 극미(極微)한 곳으로 내려가도 우리는 순수한 단일체를 발견할 수 없다. 거기서도 모든 것은 다양체이며, 역동적 생명성으로 넘쳐난다. 라이프니츠를 사회학과 접목하고자 했던 타르드는 자신의 『모나돌로지와 사회학』에서 "우리가 무한소(infinitésimal)라고 말하는 이 작은 존재들이야말로 진정한 행위자들일 것이며, 우리가 무한히 작다고 말하는 이 작은 변화들이야말로 진정한 행위일 것"이라고 쓴다[타르드, 2015: 28~29]. 인간 육안에 보이지 않는 세계, 그 세계에서 끊임없이 일어나고 있는 미분적 변화들이야말로, 사회를 움직이는 참된 작용들이라는 것이다(기후 변화를 생각해 보라).

같은 맥락에서, 타르드는 물질이 단순히 수동적이고 불활성적인 것이 아니라고 주장하며[타르드, 2015: 29], 무기체와 유기체의 존재론적 차이를 지우기도 했다[타르드, 2015: 61]. 물질들도, 비인간 생물체들도, 미생물들도 모두 애니머시로 충만해 있다(방사성 물질이나 석면의 파괴적 능력을 생각해 보라). 가히 라이프니츠의 제자라 하지 않을 수 없다.

한편, 들뢰즈와 과타리가 강조하는 "비유기적 생명(vie non organique)" 개념은 또 어떠한가? 우리가 흔히 유기체 속에 가두어 두는 생명 관념의 외부에 존재하는 "물질적 생명성(vitalité matérielle)", 유기체적 구조와 기능 바깥에서 꿈틀거리는 생기와 활력을 의미하는 비유기적 생명은 고딕 예술이 보여 주는 불규칙한 선들에서도, 유목민들이 다루는 광물 속에서도, 프랜시스 베이컨(Francis Bacon)의 그림에도, 그리고 '기관 없는 신체'가 생성되는 어디에나 존재한다[들뢰즈·과타리, 2001: 789; Deleuze, 1993: 164~169].

라투르의 ANT 역시 이 분자적 세계, 분자적 생기성, 분자적 애니머시를 포착한다. 라투르를 통해 우리는 사회를 인간들만으로 구성된 상징적 집합 표상의 세계가 아니라, 기호학적인 동시에 물질적 애니머시로 충만한 존재자들이 역동적으로 연합하는 생성적 공간으로 직관할 수 있게 되었다. 또한 비인간 존재자들과 그들의 행위를 인간 언어로 번역하여 논의할 수 있는 확장된 공론장이나 정치체(사물들의 의회)를 상상할 수 있게 된 것 역시 라투르 이론의 큰 성과다. 그리고 이런 인식은 최종적으로 라투르가 타계 직전까지 몰두해 있던 정치생태학적 문제로 확장되어 인류세적 파국 상황을 사고해야 하는 사회 이론에 중요한 통찰들을 던져 준다.

사실, 그림 형제의 홍수 이야기는 무심한 외관과 달리 실제로는 비극적 결말로 끝이 난다. 별것 아닌 것들이 우연찮게 연결되는 와중에 파국이 발생하는 것이다. 사소해 보이는 사건들의 진행 단계에서 우리는 특별한 불안이나 위기감을 느끼지는 못한다. 벼룩이 뛰건, 마차가 질주하건, 대수롭게 여길 이유가 별로 없는 것이다. 하지만, 이 모든 미소한 것들이 작동하여 최종적으로 산출된 것은 죽음과 파괴다. 다 휩쓸려 사라져 버렸다.

이런 각도에서 보면,『이와 벼룩』은 가면을 쓴 묵시록처럼 읽히기도 한다.『요한 계시록』에는 파괴의 주역인 네 기사가 등장한다. 역병, 전쟁, 기근, 죽음의 기사다. 이들의 등장은 그 자체로 이미 파국의 시작이다. 처음부터 끝까지 파국의 전 음역(音域)은 동일한 고음으로 유지되고 있다. 이와 비교하면,『이와 벼룩』이 암시하는 파국은 이야기에 직설적으로 표현되고 있지 않다. 홍수라는 재난은, 작은 미물들이 일으키는 분주하고 번잡한 미시-사건들의 끝에 이르러서야 비로소, 마치 그런 미시-사건과 동일하게 작은 규모를 가진 사건인 듯, 은근슬쩍 언급되고 있을 뿐이다. 오히려 이야기가 끝난 이후에 파국감(破局感)이 느껴지는 이유가 거기에 있다.

21세기의 인류가 맞이하고 있는 기후 파국, 생태적 파국, 인류세의 파국은『이와 벼룩』의 방식으로 오고 있는 것이 아닐까? 파국에 대한 우리의 상상력이『요한 계시록』의 기독교 종말 서사에 너무나 깊게 침윤되어 있기 때문에, 우리는 실제로 파국이『이와 벼룩』이 그리고 있듯, 저렇게 '허접한' 방식으로, 어처구니없는 방식으로, 미세-지각을 통해 온다는 사실을 깨닫지 못하고 있는 것이 아닐까?

IV. 행위-소용돌이

모든 것은 맥주 통 속의 이 한 마리에서 시작되었다. 하지만, 그 조 그만 이를 아무리 뜯어보아도 거기서 홍수를 일으킬 만큼의 괴력을 발견할 수는 없다. 사건을 일으키는 참된 힘은 이 최초의 작인(이 한 마리)이 아니라, 그것에 덧붙여지면서 원래의 의향이나 상황과 사뭇 다른 방향으로 굴절되어 가는 네트워크 전체, 그 네트워크의 파동 전체였다.

동화를 쓴 작가들은 홍수의 기원에 거대한 폭풍, 신, 악마 같은 거대-행위자를 놓지 않았다. 가령, 폭풍을 몰고 오는 신적 존재로 인해 모든 일이 발생했다면, '신(원인)이 홍수(결과)를 일으켰다'라는 인과 관계가 제시될 수밖에 없다. 그것으로 끝이다. 사실, 사회과학 연구에서 발견되는 적지 않은 서사들이 '악령이 홍수를 일으켰다'와 매우 유사한 양상을 띤다. 폭풍의 신 대신 사회학이 호소하는 것은 자본주의, 근대성, 국가, 합리성, 무의식, 문화 구조, 경제적 하부 구조, 세계화, 시장, 사회 자본, 신자유주의 같은 개념들, 한마디로 말해서 '사회적인 것'이라는 구조다.

이처럼 거대 원인을 설정하고 접근한다면, 홍수-사건은 너무 쉽게 설명되었을 것이고, 이야기는 싱겁게 끝났을 것이다. 그림 형제는 그 반대쪽, 그러니까 분자적인 것, 무한소적인 것을 향해 시선과 서사를 끌고 간다. 사건은 괴력을 가진 한 슈퍼 행위자에 의해 발생한 것이 아니라 사소하고, 미천하고, 지각조차 되지 않는 미물(微物)들의 우연찮은 연결에 의해 발생했다. 이들의 활동이 의미 있는 차이를 낳고, 이들이 일으킨 미시-사건들이 흐름을 창조하며, 결국 사태를 예기치 않은 방향으로 끌고 갔다. 중요한 것은 원인이 아니다. "원인은 단순히 계기를, 정황을 그리고 선행자를 제공할 뿐이다"[Latour, 2005a: 59]. 행위를 초래한 원인이 무엇인지보다 더 중요한 것은, 그것이 다음 행위 속에서 무엇과 연합하고, 어떻게 번역되어 가냐의 문제다.

이때, '놀라움'은 행위가 전개되는 주요한 곡절마다 필수 불가결한 서사적 요소로 등장한다. 위의 동화에서 모든 행위가 시작되는 순간은 급작스럽고, 뜬금없으며, 돌연하다. 행위자들은 앞선 행위의 발생에 놀란 듯 허겁지겁 자기 차례의 행위에 느닷없이 돌입한다. 왜 행위는 놀라움을 불러일으키는가? 행위자를 초과하는 여러 힘이 하나의 행위 속에 함께 작용하기 때문이다. 행위자가 누구와 어떻게 연결될 것인지가 미리 정해져 있지 않기 때문이다. 이처럼 행위자가 자신의 행위를 완전히 통제하지 못하기 때문에 모든 행위는 놀람의 요소를 필연적으로 내포한다. 라투르는 이렇게 쓴다.

> 우리가 완전한 지배(mastery)를 가지거나, 심지어 가진다고 믿을 때도, 우리는 우리가 만든 것에 의해 놀란다. 심지어 소프트웨어 프로그래머도 소프트웨어의 2,000줄을 써 내려간 후에 그녀의 창조물에 놀란다. (…) 누가 행위를 지배한 적이 있는가? 내게 과거에 이뤘던 것에 의해서 놀라지도, 압도되지도, 매혹되지 않았던 소설가나 화가, 건축가나 요리사가 있다면 알려 달라[라투르, 2018: 447].

행위할 수 있는 힘은 실체적 능력의 형태로 행위자가 자신의 몸과 마음에 소유하고 있는 무언가가 아니다. 행위 능력은 행위자가 다른 행위자들과 함께 형성시킬 '어셈블리지'에서 발효(發效)되고 발휘(發揮)되는 잠재적 역량이다. 캐런 바라드는 한 인터뷰에서 다음과 같이 말하고 있다. "행위 능력은 소지되는(held) 것도 아니고, 인격이나 사물의 소유물도 아닙니다. 그것은 시행(enactment)의 문제, 그러니까 얽힘을 재배치할 수 있는 가능성의 문제입니다. 따라서 행위 능력은 자유주의적, 인간주의적 의미의 선택이 아니고, 신체적 생산의 물질-담론적 장치들을 재배치할 때 수반되는 가능성과 책임성에 관한 것입니다"[Dolphijn·van der Tuin, 2012: 54].

실제로, 그림 형제의 동화가 부각시키는 것은 행위자들 사이에서 이뤄지는 우발적 마주침들의 연결, 번역, 변형이다. 이야기

속의 모든 행위자는 자신들에게 닥쳐오는, 선행하는 "행위의 파도들"[Latour, 2017a: 101]에 몸을 싣고 어디론가 쓸려 가는 서퍼(surfer)를 닮아 있다. 파도는 순간적으로 갑자기 몰려오고, 서퍼는 파도에 몸을 싣고 파도와 한 몸이 되어 일정 시간을 움직여 나간다. 서핑의 비유를 계속 써서 말하자면, 이런 상황에서는 누구도 자기 마음대로 파도를 통제하거나 조장하거나 조종하지 못한다. 오히려 파도의 힘에 떠밀려 간다. 사실 능숙한 서퍼란 언제나 파도에 순응하면서, 그것을 이용하면서, 약간의 방향을 조절하면서, 다른 파도의 너울 위로 건너가는 존재들이 아니던가?

그림 형제의 동화가 보여 주는 것은 20세기 사회학의 간판 행위 이론들이 보여 준 그 어떤 이미지와도 닮지 않은 신선한 상상력이다. 행위란 무엇인가? 동화에 의하면, 그것은 "주관적 의미가 부여된 행태" 같은 것이 아니다[베버, 2003: 118]. 의식을 통한 결단이나 합리적 계산을 통한 결행도 아니다. 무의식적 충동의 발현도 아니며, 구조의 실현도 아니다. 그림 동화가 그리는 행위는 행위자의 내적 역량(의식, 동기, 욕망, 합리성)에 의해 추동되지 않는다. 행위의 참된 동력은 행위자의 '안(내면)'이나 '위(구조)'가 아니라 그의 '옆(다른 행위자)'에서 온다. 행위의 흐름은 수평적으로, 리좀적으로, 릴레이 주자들이 서로 바통을 건네주듯이, 바이러스가 전염되듯이, 모방 광선이 방사되듯이, 소용돌이치며 몰려온다.

1981년에 칼롱과 함께 쓴 논문 「거대한 리바이어던을 해체하기」에서 라투르와 칼롱은 『이와 벼룩』을 연상시키는 프랑스의 한 자장가를 소개하고 있다. "작은 행위자가 거시-행위자(macro-actor)가 된다. 프랑스 유모들의 노래에서처럼 말이다. 고양이가 냄비를 쓰러뜨리고, 냄비는 테이블을 쓰러뜨리고, 테이블은 방을 쓰러뜨리고, 방은 집을 쓰러뜨리고, 집은 거리를 쓰러뜨리고, 거리는 파리(Paris)를 쓰러뜨렸네. 파리, 파리가 쓰러졌네"[Callon·Latour, 1981: 296]. 이는 우리가 앞 장에서 살펴본 라투르 행위 이론의 세 가지 특수성을 상기시킨다. 행위는 관계적이고, 사건적이고, 분산적이다.

고양이가 냄비를 쓰러뜨리는 행위는 냄비가 테이블을 쓰러뜨리는 행위로 인수(引受)되고 인계(引繼)된다.

이런 상황에서, 무언가를 '하는 것(doing)'보다 더 중요한 의미를 띠는 것은 그 뭔가로 하여금 자신의 행위를 '하게 하는 것', 무언가를 '하게 만드는 것(making-do)'이다[라투르, 2018: 446]. '누가 하는가?'라는 질문보다 더 깊이 사태의 본질을 꿰뚫는 것은 '누가 그리고 무엇이 우리를 행위하도록 만드는가?'[Latour, 2005a: 52]라는 질문이다. 왜냐하면, 그림 형제의 동화가 보여 주듯이 행위의 원천은 행위자의 내면이 아니라 다른 행위자로부터 몰려오는 행위의 흐름이기 때문이다. 행위자들은, 그들을 움직이도록 하는 무언가에 접속되었을 때 비로소 행위에 착수한다. 벼룩이 놀라고, 그 놀람이 문짝의 삐걱거림을 유발하고, 그 삐걱거림이 빗자루의 비질을 야기한다. 이어서 거름 더미의 타오름이 여자가 물동이를 깨는 행위로 연계된다.

행위는 소용돌이치고 있다. 자신들과 무관한 곳에서 느닷없이 밀려와 자신을 삼키고 흘러가는 행위의 소용돌이에 휘말려야 비로소 행위자들은 행위한다. 바로 이 지점에서 라투르 행위 이론과 그림 동화는 묘하게 공명한다. 『이와 벼룩』을 해설이라도 하듯이, 라투르는 파스퇴르에 관한 연구에서 이렇게 쓴다. "자신의 힘만으로는 사람이 할 수 있는 일이 별로 없다. 하지만 누구든 움직일 수는 있다. 고대인들이 말하는 클리나멘처럼, 이 움직임은 작은 에너지를 사용하지만, 잘 배치되면, 다양한 에너지들을 소용돌이로 바꿔 버릴 수 있다. 이 소용돌이(vortex)는 모든 것을 삼켜 버린다. 이 이미지는 파스퇴르에 완벽히 부합한다"[Latour, 1988: 67. 강조는 인용자].

같은 책에서 라투르는 또 이렇게 쓴다. "어떤 행위소도 다른 행위소의 협력을 얻지 못할 정도로 약하지 않다. 두 행위소는 합쳐져서 (…) 하나의 소용돌이가 형성되고, 그것은 다른 많은 소용돌이(eddy)가 되면서 성장한다"[Latour, 1988: 159. 강조는 인용자]. 이처럼 그림 동화와 ANT가 제공하는 새로운 서사적 가능성에 의하면,

행위자는 사고하고 선택하고 의욕하는 개체라기보다는 휘말린 존재, 휘감긴 존재, 휩쓸린 존재다. 라투르가 상정하는 주체는 능동성과 자발성으로 무장하고 있지 않다. 오히려 역설적으로 주체는 수동성 속에서 주체로 태어난다. 행위는 겪음 속에서 생성된다.

라투르를 비틀어 말하자면, 우리는 단 한 번도 순수한 행위자였던 적이 없다. 왜냐하면, 모든 행위자는 사실상 행위자이기 이전에 감수자이기 때문이다. 행위자는 소용돌이에 휘말린 채, 그 제한적 상황에서 고민하고 움직이는 존재들이다. 이들은 소용돌이의 기미를 느끼며, 닥쳐오는 소용돌이에 놀라며, 그 속에 빨려 들어간다. 그것은 정서적, 물리적, 관계적 흐름들이 합류하여 만드는 소용돌이다. 그것은 행위자들을 서서히 움직이며, 행위 속으로 밀어 넣는다.

이미 완벽한 상태로 존재하는 '행위자'가 이미 완벽한 상태로 소유하고 있는 '행위 능력'을 발휘하여 이미 합리적으로 설정된 목적을 달성한다는 그런 '행위' 개념은 사실상 허구다. 그런 움직임은 행위라기보다 '감행(敢行)'이나 '결단(決斷)'에 더 가까운 것이다. 그것은 매우 드물고 희귀한 유형의 행위다. 화이트헤드가 말하듯, "우리는 출생의 순간부터 행위 속에 잠겨 있다"[Whitehead, 1925: 187]. 우리는 우리가 창조하지 않은 행위들의 여건 속에서 태어났다. 행위는 우리에 선행한다. 파도를 타듯이, 밀려오는 행위에 몸을 싣고, 언제나 흐름 속에서 운동하는 행위-소용돌이에 휘말리면서 비로소 우리는 행위자가 되는 것이다. 그리고 이 과정에서 잠재된 행위 능력이 구체적 연결과 연합 속에서 깨어나 현행화된다.

행위자는 개체가 아니다. 행위의 기원도 발원지도 아니다. 오히려 그것은 선행하는 힘들이 소용돌이치며 몰려드는 공간, 혹은 반대로 그런 소용돌이들을 자신 쪽으로 끌어당기는 텅 빈 중심에 더 가깝다. 행위자는 다양한 정동들이 그것을 향해 쇄도해 들어오는 특수한 지점을 이루며, "행위를 향해 몰려드는 방대한 존재자들의 움직이는 타겟"[Latour, 2005a: 46]처럼 존재한다. 행위자가 된다는 것은 소용돌이에 합류하는 것이며, 소용돌이의 진행 과정에 참여하는 것이다. 소용돌이-되기다. 소용돌이는 언제나 소용돌이들의 소용돌이다. 소용돌이의 내부에는 또 다른 소용돌이들만이 있다. 행위자 네트워크는 행위-소용돌이다. 이런 관점에서 보면, 인간과 비인간의 구분은 큰 의미가 없다.

V. 감수-행위자

흥미로운 것은, 그림 동화가 이 행위-소용돌이의 운동을 그려 내는 방식이다. 동화는 행위자들에게 묻는다. 당신은 왜 그런 행위를 하는가? 이 질문에 행위자들은 각자의 방식으로 자신의 행동을 정당화하는, 정형화된 채 반복되는 특정한 형태의 대답을 한다. 예를 들어, 문짝이 삐걱대자 비질을 시작하면서 빗자루는 이렇게 말한다. "어떻게 내가 비질을 하지 않을 수 있겠어. 이는 데었지, 벼룩은 울고 있지, 문짝은 삐걱거리는데". 이 진술은 두 가지 다른 내용으로 분해될 수 있다.

A. 빗자루가 '하게 된' 행위: "어떻게 내가 비질을 하지 않을 수 있겠어".
B. 빗자루질을 '하게 한' 선행 행위들: "이는 데었지, 벼룩은 울고 있지, 문짝은 삐걱거리는데".

A는 '무엇을 하게 되었는가?'에 대한 대답이다. 빗자루는 빗자루질을 하지 않을 수밖에 없는 상황에 던져졌다. 이것은 '함'이 아니라 '하게 됨'이다. 행위는 이미 수동성에 적셔져 있다. 그렇다면 왜 하게 되었는가? 이 질문에 대한 해답이 B에 담겨 있다. 빗자루질을 하지 않을 수 없게 하는 뭔가가 있었다. B가 진술하는 것은 이 '하게 함'의 논리다. 빗자루의 비질에 선행하면서, 빗자루가 빗자루질을 '하게 만든 힘'은 이와 벼룩과 문짝의 연속된 행위들에서 온다. '하게 됨'의 논리(A)와 '하게 함'의 논리(B)를 연결하는 존재가 빗자루다.

빗자루는 자신이 개입하기 전부터 작용해 온 '하게 함'의 힘(이와 벼룩과 문짝의 행위들)을 수동적으로 수용하면서 이제 무언가를 '하게 되는' 능동적 수행(빗자루질)에 돌입한다. '하게 함'과 '하게 됨', 수동과 능동, 감수와 행위는 빗자루라는 행위자 속에서 분리하기 어려운 방식으로 얽혀 있다. 그림 형제의 이야기는 지금 흔히 사회과학이 행위자에 부여하는 전폭적 능동성에 명확한 제한을 가하고 있다. 빗자루는 자발적으로 행위의 주도권을 쥔 적극적 행위자가 아니라, 자기 외부에서 오는 힘에 휘말리는 존재다. 즉, 행위-소용돌이의 힘을 '겪음'으로써, 행위-소용돌이 그 자체의 일부가 되어 빗자루질을 '하는' 것이다. 빗자루가 행위를 하는 이유는 그럴 수밖에 없는 힘에 휘말렸기 때문이다.

말하자면, 수동성이 능동성보다 근본적이다. 행위자(빗자루)는 처음부터 행위자로 존재하지 않았다. 휘말림 속에서 감수자의 위치를 점하다가 비로소 행위자로 전환된다. 행위 능력은 감수 능력에서 나오고 있다. 이것은 매우 독특한 행위자 모델이다. 말하자면, 빗자루는 (자발적이고 지향적이고 의식적인) 정통 행위자가 아니라, 감수에 바탕을 두고, 감수 속에서 형성된 행위의 힘을 실현하는 기묘한 존재, 이 책의 마지막 장에서 타르드의 모방 행위에 대한 연구를 통해 내가 제안하게 될 용어를 사용하자면 일종의 '감수-행위자'다.

철학자 이진경은 2011년 7월에 한진중공업 정리 해고 철회를 주장하며 고공 농성을 해 오던 김진숙 씨를 방문하기 위해 조직된 2차 '희망의 버스'와 연관된 자신의 체험을 회상한다. 상황인즉, 집회를 앞두고 갑자기 극심한 편두통이 발병하여 참여가 어려운 상황이 되어 여러 차례 망설였음에도 불구하고 결국 그는 부산으로 향했다는 것이다. 이진경은 당시를 이렇게 회상한다.

> 이 글을 쓰게 만든 것은 바로 (…) 무엇이 나로 하여금 정말 무리를 하면서까지 부산에 가게 했던 것일까 하는 의문이었다. 무엇 때문에 나는 아무리 생각해도 이해할 수 없는 짓을 했던 것일까? 정말 무언가에 휘말려 끌려간 것 같았다. (…) 생각해 보면 나처럼 그렇게 휘말려 들어 무언가에 끌려들어 가듯 버스를 탄 사람이 대부분이었을 것 같다. 어린애들을 안고 온 분들, 순박해 보이는 얼굴의 고등학생과 대학생들, 시를 쓰고 음악을 하는 사람들 (…) 우리가 말하는 '사건'이란, 정치

적 의미에서의 '사건'이란 이렇게 일어나는 것이 아닐까 생각했다. 변혁을 꿈꾸며 운동을 하는 사람들에게 '희망'이 될 수 있는 사건이란 이런 식으로 일어나는 것이 아닌가 생각했다. 무언가 진실을 '폭로'하고 사람들을 '의식화'하는 것이 아니라, 이유도 잘 모르는 채 무언가에 매혹되고, 무언가에 휘말려 들어가게 만드는 것, 그래서 힘든 몸도, 바쁜 일정도 제쳐 두고 그 무언가를 향해 끌려들어 가게 하는 것, 그것이야말로 혁명적인 흐름을 만들어 내는 방법이 아닌가 생각했다[이진경, 2012: 74. 강조는 인용자].

정치적 행위라 해서 반드시 명확한 이념적 지향, 사상, 또는 이데올로기를 갖고 있어야 하는 것이 아니다. 정치 현상은 정동적 휘말림의 관점으로 볼 때 오히려 더 깊은 진실을 드러낸다. '희망의 버스'를 탄 사람들은, 이진경이 관찰한 것처럼, 감수-행위자다. 이들을 이해하는 것은 이들의 사상을 이해하는 것이 아니라, 그들을 휘감은 소용돌이의 정체를 이해하는 것이다. 휘말림은 분열분석적 서사가 초점을 맞추어야 하는 특별한 현상이다. 휘말림이 있는 곳에서 우리는 소용돌이를 관찰할 수 있고, 소용돌이 속으로 끌려 들어가 주체로 변화하는 감수-행위자들을 목격할 수 있기 때문이다.

세계는 행위자들의 독무대가 아니다. 오직 능동적인 것처럼 보이는 행위자들도 사실은 감수자의 위치와 체험을 갖는다. 세계를 행위자들의 활동 공간으로 보는 것과 감수-행위자들의 변신 공간(겪음의 주체에서 행위의 주체로의 변신)으로 보는 것 사이에는 큰 차이가 있다. 휘말림이라는 수동적 겪음은 그 자체로 무기력한 수동성이 아니다. 그것은 수동적인 수동이 아니라 능동성을 품은 수동성이다. 언제나 가장 강력한 행위 능력의 원천에는 깊은 겪음의 시간이 있다. 휘말림 속에서 주체의 예기치 않은 변형이 일어난다.

1980년대 운동권 학생에게 왜 당신은 위험한 시위에서 화염병을 던지느냐고 물어보면 이렇게 대답하지 않았을까? "내가 어떻게 화염병을 던지지 않을 수 있습니까? 광주에서 민중이 학살되었는데, 선배들이 공장에 숨어 운동하고 있는데, 친구가 최루탄에 맞아서 다쳤는데, 후배가 구속되었는데…". 이것이 그들뿐일까? 어느 시대나 저항하는 자들은 저와 같지 않았을까? 시장에서 투자하는 자들, 노동하는 자들, 교육받는 자들, 교육하는 자들은 또 어떠할까? 인간 행위자를 넘어서는 비인간들에게도 저 질문이 던져져야 하는 것은 아닐까?

가령, 코로나19 바이러스에게 질문을 던진다면, 이렇게 답하지 않을까? "우리가 어떻게 인간 세계에 침투하지 않을 수 있습니까? 오랜 균형을 맞추어서 잘 살아가고 있던 숙주 박쥐의 서식처를 당신들이 마구 침범했는데, 그래서 박쥐들이 떠돌다가 당신들과 접촉했는데, 당신들이 만든 이동 통로를 따라 우리도 그렇게 이동했는데…". 우리는 이 질문을 구멍 뚫린 오존층에도, 이산화탄소에도, 미세 플라스틱에도, 방출된 세슘에도, 녹고 있는 빙하에도 던질 수 있는 것이다. 우리에게 되돌아올 해답은 바로 그림 형제가 상상한 행위자들의 대답이다. 이러저러한 소용돌이가 우리를 휘감아 우리가 거기 휘말렸는데, 어떻게 그렇게 행동하지 않을 수 있단 말입니까?

ANT를 수행하는 것은 자신이 쓰는 논문의 이론적 자원의 항목에 라투르의 논문과 저서에 등장하는 개념들이나 ANT의 작업 방식을 기계적으로 기재하는 것이 아니다. 험난한 현장이나 특이한 비인간을 찾아 여행이나 모험을 떠나는 지적 곡예나 극한 체험 같은 것이 아니다. 반드시 실험실에서 이루어지는 것도 아니며, 과학기술사회학의 영역에서만 실행될 수 있는 것도 아니다. ANT는 방법이나 이론이기 이전에 일종의 감수성이다. 느낌의 방식이며, 사고 스타일, 그리고 결정적으로 서사-기계다.

습관화되고 절차화된 방법과 생각, 더블-클릭 커뮤니케이션의 관성이 부서지는 곳, 블랙박스처럼 문제없이 작동하던 사물, 제도, 장치들이 고장나거나 기능하지 않는 곳, 연구자가 세계를 몰적인 것이 아니라 분자적인 것으로 지각하게 되는 경험들 속에서, 파상 속에서, ANT적 감각이 발동된다. 이 감각이 발동될 때 분열분석적 서사-기계가 가동된다. 새로운 대안적 이야기는 이런 감각과 느낌의 쇄신에서부터 시작된다. 그렇다면 그 감각은 어떻게 획득되는가? 그림 형제라면 이렇게 말하지 않았을까? 휘말려야 한다고. ANT의 소용돌이에, 라투르의 소용돌이에, 비환원과 분열분석과 미시-사회학의 이론적 소용돌이에, 우리 시대의 파국적 상황의 소용돌이에, 인간 언어의 가청권 바깥에서 들려오는 비인간 생명체의 신음이나 절규 같은 목소리에 당신이 휘말려야 한다고. 당신이 어떤 테크닉이나 지식을 습득하는 것이 아니라, 그것이 당신을 휘감아야 한다고. 모든 이야기는 아마도 거기서 시작될 것이라고.

보론. 평평한 존재론은 차이를 배제하는가?

결론적으로 말하자면, 그렇지 않다. 이유를 논하기 이전에 먼저 용어의 연원을 소개하면 다음과 같다. 원래 '평평한 존재론'이라는 표현은 로이 바스카(Roy Bhaskar)가 사용한 것으로 알려져 있다[Harman, 2018: 281~282]. 그런데, 데란다(Manuel Delanda)와 브라이언트(Levy R. Bryant)가 이 용어를 생산적으로 전유하여 사용한 후, 이 개념은 최근 대안 이론에 대한 여러 논의에 자주 등장하게 된다. 모든 객체들을 위계 없이 동등하게 대우해야 한다는 입장이 바로 이 개념의 기본 취지다[Delanda, 2002; 브라이언트, 2021: 345~347].

평평한 존재론이 가정하는 세계에는 메타언어나 초월적 기표, 또는 유일하고 최종적인 독립 변수 같은 것이 존재하지 않는다. 인간과 비인간이 다른 차원을 점하고 있지도 않고, 위계적 서열 관계로 배열되어 있지도 않다. 따라서, 모든 존재자들은 수직적 결정이 아닌 수평적 연합을 통해 서로 묶이고 풀어진다. 들뢰즈와 과타리가 말하는 내재면을 떠올려도 좋을 듯하다. 라투르의 ANT는 평평한 존재론의 탁월한 실례를 이룬다. 실제로 그는 사회 세계를 "평평해진 풍경"[Latour, 2005a: 241]이라 부르면서 "평평해진 위상학"[Latour, 2005a: 174]을 주창했고, ANT의 작업을 "평평해진 공간을 항해하기"에 비유하기도 했다[Latour, 2005a: 174].

그런데, 이처럼 초월성과 총체성이 결여된 순수 내재성을 주창하는 평평한 존재론에 대해 흔히 제기되는 문제가 하나 있다. 그러한 입장을 취할 경우, 존재자들 사이의 차이를 인지하지 못하게 될 수 있다는 우려가 그것이다. 만일 모든 존재자들이 평평한 평면 위에 놓인다면, 무엇이 중요하고 무엇이 사소한 것인지, 무엇이 강력하고 무엇이 보잘것없는지에 대한 차별적 인식이 불가능해지지 않냐는 것이다[Robins, 2017: 375]. 이러한 비판은 사실 평평한 존재론에 대한 오해에 기인한다. 이 오해를 불식시키기 위해서 우리는 이언 보고스트(Ian Bogost)의 다음과 같은 지적을 차분히 들여다볼 필요가 있다. 그는 말한다. "모든 사물들은 존재한다는 점에서는 동등하지만, 그렇다고 똑같은 방식으로 존재하는 것은 아니다(all things equally exist, yet they do not exist equally)"[Bogost, 2012: 11].

병기한 영어 원문을 보면 알 수 있듯이, 보고스트는 동일한 부사 'equally'의 위치를 바꾸어 반복함으로써 평평한 존재론이 그리는 세계에 대한 정확한 이미지를 제공한다. 우선, 처음 나오는 'equally exist'가 지시하는 '동등성'은 평평한 존재론이 상정하는 존재론적 원리 수준의 평등성을 가리킨다. 예를 들어, 평평한 존재론에서는 (맑스의 역사적 유물론에서처럼) 경제적 하부 구조와 관념적 상부 구조 사이의 존재론적 차이가 이야기될 여지가 없다. 그것이 사물이건, 관념이건, 정동이건, 이미지건, 법이건, DNA이건, 블랙홀이건, 정치적 이념이나 신, 악령 같은 종교적 객체이건, 동물이나 인간이건, 어떤 존재자도 다른 존재의 그림자나 반영물이 아니기 때문이다. 말하자면, 이들 모두는 '존재한다는 점에서 동등'하다.

그런데, 이 말은 존재자들이 모두 같은 방식으로 존재한다거나, 모두가 동일한 힘(권력)을 소유하고 있음을 의미하지는 않는다. 보고스트의 언명에서 두 번째로 사용된 'equally'는 존재의 원리가 아니라 존재의 방식이나 양태를 가리킨다. 말하자면, 평평한 존재론의 '평평함'은 모든 차이를 판판하게 눌러 동일하게 만든다는 의미가 아니라 다양한 존재 양태들의 다차원적 차이를 지시하는 것이다. 예를 들어, 서울시 지하철 노선도는 평평하지만, 그렇다고 오직 하나의 호선만이 존재하는 것은 아닌 것과 같다. 여러 노선들이 다른 색깔로 공존할 수 있다. 평평함은 "존재론적 다원주의"[라투르, 2023: 46]를 배제하지 않는다.

라투르가 『존재양식의 탐구』에서 보여 준 인식이 바로 이런 것이다. 말하자면, 고양이(재생산의 존재자)도, 돌멩이도, 귀신도, 봉준호 영화의 주인공도, 무속인이 섬기는 산신령도, 정치적 회합도, 시장도, 국회도, 공론장도, 과학적 사실도, 자아도 모두 '존재한다는 점에서 동등'하다. 그러나, 그들이 같은 양식으로, 같은 방식으로 존재하는 것은 아니다. 고양이는 물과 음식을 먹지 못하면, 존재를 멈춘다. 정치적 존재는 친구와 적을 가르는 정치적 원을 그리는 끝없는 실천이 중단될 때 존재하기를 멈춘다. 법적 존재자는 절차적 합리성을 통해 이어지는 연결망이 성립되지 못할 때 소멸한다. 인간의 자아는 자신을 존중하며 인격적 통일성을 부여하는 타자의 사랑이 없을 때 존재의 위기를 맞는다. 즉, 존재한다는 점에서 동등한 모든 존재자들은 존재양식의 수준에서 다양성과 차이를 띠는 것이다. 우리 세계는 이처럼 근원적 내재성과 다양성으로 특징지어지는 존재자들로 웅성거리는 민주적이면서도 무정부적인 장소다. 이것이 ANT가 보는 세계의 그림이다.

6장
ANT의 신학적 기원에 대하여

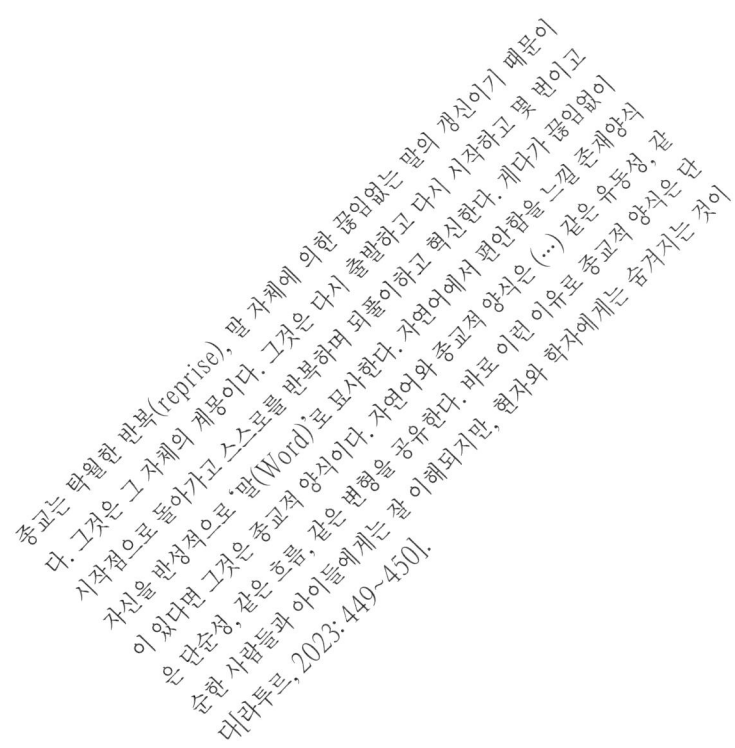

종교는 탁월한 반복(reprise), 말 자체에 의한 끊임없는 말의 갱신이기 때문이다. 그것은 그 자체의 체용이다. 그것은 다시 출발하고 다시 시작하고 몇 번이고 시작점으로 돌아가고 스스로를 반복하며 되풀이하고 혁신한다. 게다가 끊임없이 자신을 반성적으로 '말(Word)'로 묘사한다. 자연에서 편안함을 느낄 존재양식이 있다면, 그것은 종교적 양식이다. 자연와 종교적 양식은 (…) 같은 유동성, 같은 단순성, 같은 흐름, 같은 반향을 공유한다. 바로 이런 이유로 종교적 양식은 단순한 사람들과 아이들에게는 잘 이해되지만, 현자와 학자에게는 숨겨지는 것이다[라투르, 2023: 449~450].

I. 소수적인 것

들뢰즈와 과타리는 『카프카』에서 '소수적 문학(littérature mineure)' 개념을 제안한다. 여기서 '소수적'이란 산술적 숫자가 적다는 말이 아니라, (수가 아무리 많다고 할지라도) 주류나 표준이 되지 못하는 것들을 가리킨다. 배제된 위치, 주변적 위치, 바깥에 더 가까운 위치, 그러나 그런 지점에서만 가능한 특이한 인식과 전복적 역량을 가리키는 형용사다. 가령, 소수적 문학의 전형으로 거론되는 것은 카프카(Franz Kafka)의 소설이다.

카프카가 구사하는 프라하 유태인들의 어눌하고 빈약한 독일어는, 독일어가 모국어인 주류 문학가들처럼 세계를 아름답게 그려내지 못한다. 하지만 그 건조하고 미숙한 독일어로 쓰인 기이한 이야기들이 오히려 당대 유럽의 현실을 냉정하게 꿰뚫는 투시력을 발휘했다. 카프카의 소설은 근대적 사회 기계(자본주의, 법, 관료제, 가족)의 무자비한 작동을 드러냈고, 은밀하게 움직이는 미시 권력을 포착했다[들뢰즈·과타리, 2001b: 44~45]. 들뢰즈와 과타리는 이렇게 쓴다. "소수적이지 않은 위대한 문학이나 혁명적 문학은 없다. 모든 거장들의 문학을 증오하는 것. (…) 자신의 언어 안에서 이방인처럼 되는 것"[들뢰즈·과타리, 2001b: 67. 번역은 부분 수정].

"소수적이지 않은 위대한 문학이나 혁명적 문학은 없다"는 저 단언을 우리는 사회학과 사회 이론에 적용할 수 있을까? 그렇다면 그것은 누구의 사회학이며 어떤 이론일까? "주류적 규범의 균형을 깨뜨리는" 소수적 사회 이론이 존재한다면, 그것은 과연 어떤 모습을 띠고 있을까?[소바냐르그, 2009: 143] 사회학 '거장들'의 언어와 문법에 반(反)하여 "노마드, 이민자, 집시"[들뢰즈·과타리, 2001b: 51]의 목소리를 내는 사회학은 어디 있는가? 주류 사회학이 코드화하고 영토화한 사회 너머의 새로운 사회성을 탐색하는 불온한 이론, 인간 너머의 "유목적 탈영토화 운동"[들뢰즈·과타리, 2001b: 65]을 구현하는 사회학은 무엇일까?[70]

나는 위의 질문들에 대한 한 해답으로 브뤼노 라투르의 사회 이론을 제시한다. ANT는 소수적 이론이 무엇이며, 무엇과 싸우며, 무엇을 해야 하고, 무엇을 할 수 있는지를 명확하게 보여 주는 중요한 실례다. 사실 라투르는 오랫동안 프랑스 아카데미에서 전혀 인정받지 못한 채 오랫동안 주변적 위치를 면하지 못했다. 볼탕스키(Luc Boltanski), 테브노(Laurent Thévenot), 데스콜라(Philippe Descola) 같은 소수의 학자들을 제외하면, 그를 학문적으로 인정하고 수용한 경우는 매우 드물었다[de Vries, 2016: 16]. 오히려 프랑스 사회학계는 라투르에 대한 명시적인 반감과 우려를 표명해 왔다[Fabiani, 2015: 178~179]. 뒤르켐부터 레비-스트로스(Claude Lévi-Strauss)를 거쳐 부르디외로 이어지는, 강한 구조주의적 지향으로 특징지어지는 정통 사회학의 흐름을 라투르가 지속적으로 비판해 왔기 때문이다.

그런데, 2000년대 중반 이후 상황이 바뀌기 시작한다. 이를 상징적으로 보여 주는 몇 가지 사건들이 있다. 2006년에 라투르는 오랫동안 재직하던 국립광업학교를 떠나 명성과 전통을 자랑하는 시앙스포(Sciences Po)로 자리를 옮긴다. 이어 2007년에는 라투르의 60회 생일을 맞아 세리지-라-살(Cerisy-la-Salle)에서 일주일간의 콜로키엄이 열린다. 이는 그가 비로소 프랑스에서 완숙한 철학자로 인정받았다는 사실을 방증한다[de Vries, 2016: 16]. 더 나아가, 최근 부상하는 다수의 이론적 혁신(사변적 실재론, 신유물론, 객체

---

70. 닉 폭스(Nick J. Fox)와 팸 알드레드(Pam Alldred) 역시 신유물론을 사회학과 접목하려는 자신들의 시도를 '소수적 과학(minor science)'이라는 들뢰즈의 개념과 연결시킨다. "신유물론이 제안하는 것은 사회학의 전환이다. 들뢰즈와 과타리가 (…) '소수적' 과학(혹은 우리가 위반적(transgressive) 과학)이라 부르기를 제안하는 것으로의 전환. 이 소수적 과학은 특이성, 변이, 흐름, 사회 세계에서의 특이한 사건들을 찾아내는 것, 그리하여 변화와 변동 가능성을 인지하는 것을 목적으로 한다"(Fox·Alldred, 2016: 8).

지향 존재론, 포스트휴머니즘, 정동 이론 등)의 핵심으로 언제나 라투르 사회 이론이 거론되고 있다는 사실도 주목할 만하다. ANT는 과학인류학을 넘어서 인문학, 사회과학, 정치생태학, 예술 분야에 심대한 영향력을 행사하고 있다. 이런 현상들은 라투르 이론의 점증하는 중요성을 역설하고 있다.

II. 소수적 이론의 계보

흥미로운 것은, 이러한 성공에도 불구하고 라투르 사회 이론은 여전히 소수적인 것으로 남아 있고 앞으로도 그러할 것이라는 점이다. 이는 가브리엘 타르드의 '뇌간(腦間) 심리학'이나 들뢰즈와 과타리의 '분열분석'이 소수적 이론으로 남을 수밖에 없는 것과 같은 이유에서다[타르드, 2013: 28; 들뢰즈·과타리, 2001a: 50]. 왜일까?

그것은 타르드, 들뢰즈, 과타리, 라투르가 공유하는 "과정-관계적 철학"[Ivakhiv, 2015: 130]이 20세기 주류 사회학의 기본 전제들과 상충하기 때문이다.[71] 정통 사회학이 보건대, 저들의 이론에는 근본적으로 '비사회학적인 무언가'가 있다. 저들 이론의 비-사회학적 언어, 통찰, 영감, 논리, 서사, 윤리, 전략, 입장을 사회학으로 동화시키는 것은 불가능해 보인다. 타르드와 뒤르켐, 들뢰즈와 푸코, 과타리와 라캉, 라투르와 부르디외를 통합하는 것이 쉽지 않은 과제인 까닭이 거기에 있다.[72] 그런데, 이런 근본적인 어려움에도 불

---

71. 뒤르켐, 푸코, 부르디외와 달리 타르드, 들뢰즈, 과타리, 라투르는 파리 고등사범학교 출신이 아니다. 타르드는 지방 소도시 사를라(Sarlat)에서 태어나 거기서 오랫동안 판사직을 수행했고, 파리에는 법무부 사법 통계국장으로 임명된 1894년이 되어서야 올라오게 된다. 들뢰즈는 고등사범학교 입시에 실패하고 소르본에서 철학을 공부한다. 과타리는 빌뇌브-레-사블롱(Villeneuve-les-Sablons) 출신으로 대학에 가지 않고, 라캉의 제자 장 우리(Jean Oury)의 라 보르드(La Borde) 정신병원에서 의사로 일하며 운동을 수행한 활동가였다. 라투르는 디종 출신으로 부르고뉴대학교와 투르대학교에서 수학했다. 공교롭게도 타르드, 들뢰즈, 과타리, 라투르처럼 20세기의 주류 이론과 대립하면서 그들의 '바깥'을 구성했던 혁신적이고 창의적인 사유는 프랑스의 정통 엘리트 교육 기관의 (말 그대로) '바깥'에서 이뤄졌던 것이다. 한편, 이들의 전기와 사상을 엮어 서술한 저술들은 다음을 볼 것[Milet, 1970; Dosse, 2007; Schmidgen, 2015].

72. 뒤르켐과 타드르가 1903년 12월에 사회과학고등연구원에서 벌인 논쟁을 리뷰 형식으로 보고하는 글로서 다음을 볼 것[Tarde, 2010: 98~101]. 양자의 가상 대화를 프랑스 학자들(브뤼노 라투르, 브뤼노 카르상티, 프레데릭 아이트-투아티, 루이즈

구하고 사회학이 소수적 이론에 관심을 기울이지 않을 수밖에 없는 것은, 현재 우리 눈앞에서 펼쳐지는 현실이 주류 사회학에 가하는 '현실성 테스트(reality test)'의 압박 때문이라고 말할 수 있다.

이를 테면, 19세기 유럽 사회에 모태를 두고 있으며 주로 미국 대학에서 표준화되고 제도화된 사회학이 지난 100년간 축적된 개념, 방법, 이론을 가지고 21세기적 변화들을 과연 성공적으로 해명하고 있는가? 우리를 엄습해 온 생태 위기, 여섯 번째 대멸종, 인류세, 글로벌 모빌리티, 테러리즘, 가상 현실, 디지털 문명, 금융 자본주의, 플랫폼 테크놀로지, 인공 지능 같은 문제들을 20세기 사회학은 효과적으로 설명, 진단, 처방하고 있는가? 20세기를 이끌 사회학의 중요한 패러다임들은 21세기의 리얼리티에 대해서 어떤 새로운 시각과 예리한 진단, 해명, 설명의 가능성을 제공하고 있는가?

가령, 오존층에 난 구멍은 자연의 일부인가? 사회적 생산물인가? 아니면 담론적 구성물인가?[라투르, 2009: 29~35] 베버는 코로나19 바이러스를 사회적 행위자로 규정했을까? 뒤르켐, 짐멜, 파슨스, 파레토(Vilfredo Pareto)는 알고리즘을 사회학적으로 해명할 수 있는 개념을 갖고 있는가? 하버마스는 챗GPT가 수행하는 소통을 어떻게 평가했을까? 푸코는 대기 중 이산화탄소 농도를 관리하는 '기후 통치성'의 계보학을 왜 구상하지 않았는가? 부르디외의 장 외부에는 무엇이 있는가? 우리 시대에 사회란 도대체 무엇인가? 자연과 사회의 경계는 어디인가? 동물이나 식물, 광물이나 화학 물질의 작용을 사회학은 어떻게 사고, 논의, 정립할 것인가?

이 긴박한 질문들은 21세기 사회학자를 주류 사회학의 '바깥'으로 향하게 한다. 이들 문제는 전통 사회학이 상정하는 (자연과 구

살몽)이 재구성한 글은 다음을 볼 것[Latour et al., 2010: 27~43]. 푸코의 권력 개념과 들뢰즈의 욕망 개념 사이의 좁히기 어려운 철학적 차이에 관한 흥미로운 분석은 다음을 참조할 것[고쿠분 고이치로, 2015: 214~226]. 마지막으로, 라투르와 부르디외의 대화 가능성 혹은 차이에 관한 연구는 다음을 볼 것[Schinkel, 2007; Kale-Lostuvali, 2016].

분되는) 인간 사회의 내부에서 오는 것이 아니다. 환경, 자연, 기술, 기계, 동물, 미생물, 화학 물질, 대기, 바다, 토양같이 사회의 외부에서 오는 문제들이 사회를 흔들고 변형시키고 있다. 이런 상황에서 사회 이론은 더 이상 사회학의 바깥을 외면할 수 없다. 한국 사회 이론이 최근 "포스트-소셜 사회"[김문조, 2022], "사회적인 것의 재구성"[김왕배, 2021], "탈인간중심주의"[김환석, 2018; 김왕배, 2022], "사회과학의 감각적, 물질적 전환"[김은성, 2022], "사회 이론의 물질적 전회"[이준석·김연철, 2019] 등을 활발히 논의하고 있는 것은 이런 문제의식이 널리 공감되고 있음을 보여 준다.

이렇게 보면, 타르드에서 라투르로 이어지는 소수적 이론의 계보는 더 이상 특이하고 기이한 사고 실험이나 이론적 사변으로 치부될 수 없다. 사회학과 사회 이론이 이 소수적 이론을 탐구하는 것은 지적 유행으로 치부되어서는 안 된다. 그것은 현실의 절박한 문제들을 풀어 가기 위한 활로(活路)의 모색이다. 더 명확하게 이야기하자면, 소수적 이론이 제공하는 바깥의 숨결, 바깥의 공기, 바깥의 사유가 우리 시대의 사회학에는 시급히 요청되는 것이다.

주류 사회학이 거부한 그 바깥에는 무엇이 있는가? 거기에 생명이 있고, 지구가 있고, 기계가 있고, 공기와 물과 바이러스와 인간 심리와 문학과 예술과 종교와 신과 악마가 있다. 저 바깥은 언제나 내부와 연결되어 작동하며 움직이고 있었지만, 사회학이 분과 학문으로 성립되기 위해서 괄호에 묶어 놓았고 억압했고 밀어냈던 실재의 역량들, 운동들이라고 말할 수 있다. 사회학이 오직 '사회적인 것'만을 다루고, 사회적인 것 안에서 질문을 던지며, 바깥과의 지적 연결을 시도하는 자들은 사회학적이지 않다고 비판해 왔던 과거는 이제 근본적인 반성에 노출되고 있다. 반성을 불가피하게 하는 것이 바로 현실의 변화다.

문제는 사회학과 그 바깥의 이러한 연결이 결코 부드럽게 이뤄지지 못할 것이라는 점에 있다. 그 만남은 상당한 긴장과 갈등, 또는 혼돈을 야기할 가능성이 높다. 바깥과의 대화, 바깥과의 동맹은 주류 사회학의 입장에서 보면 불가능하거나 불필요해 보일 수 있다. 바깥은 사회학이 아니기 때문이다. 사회학이 아닌 것은 사회학과 연결될 가능성도 없고 필요도 없다. 혹시나 그런 연결이 있을 수 있다면, 바깥의 이론은 완전히 사회학의 공리계 속으로 흡수되어야 한다. 이런 경우 바깥 고유의 야성(野性)은 길들여질 것이며, 바깥 고유의 힘은 소실될 것이다. 주류 사회학은 바깥이라는 관점을 결여하고 있다. 실제로 타르드, 들뢰즈, 과타리, 라투르가 제도권 사회학과 맺어 왔던 불화 내지는 관계 자체의 부재는 이를 잘 보여 준다.

예컨대, 우리가 만일 타르드의 모방 이론과 신-모나돌로지를 진지하게 수용한다면 어떤 일이 일어날까? 우리는 고전 사회학의 기초 개념들을 그 근본에서 재고하지 않을 수 없는 당혹스런 상황에 처하게 될 것이다. 우리는 우선 국민-국가 이미지를 따라 상상된 뒤르켐적 '사회'를 심리 에너지(믿음과 욕망)의 역선(力線)들이 이루는 '네트워크'로 교체해야 한다. 베버가 본 합리적 '개인'은 타자의 미세 지각적 영향을 받아 움직이는 '몽유병자(피암시자)'로 대체해야 하고, 짐멜의 '상호 작용'은 '모방 방사'라는 일방향적 움직임으로 전환시켜야 한다. 즉, 사회와 인간에 대한 근본 관점들이 혼돈스런 논쟁 상태에 빠질 것이다.

동일한 맥락에서, 들뢰즈와 과타리가 '분자적' 욕망에 주목하는 분열분석을 제시할 때, 그것은 정신분석학 비판을 넘어 "통계적 큰 숫자들의 법칙"에 기대는 주류 사회학 비판도 함축하고 있는 것이다[들뢰즈·과타리, 2014: 468~469].[73] (다행인지 불행인지) 들뢰즈와 과타리는 20세기 사회학을 비판하는 데 자신들의 에너지를 투하하지는 않았지만, 만일 그런 시도가 있었다면 다수의 사회 이론은 자신들에 대한 가장 강력하고 신랄하며 근원적인 비판에 노출되었을 것이다.

---

73. 몰적인 것과 분자적인 것의 개념은 다음을 참조할 것[Bonta·Protevi, 2004: 114~116].

실제로, 들뢰즈와 과타리가 보는 사회는 뒤르켐적이거나, 레비-스트로스적이거나, 베버적이거나, 하버마스적이거나, 파슨스적이거나, 부르디외적이지 않다. 이들의 눈에는 가브리엘 타르드가 사회의 참된 역동성(분자적 욕망의 흐름)을 발견한 학자로 인식되었다. 『천 개의 고원』에서 들뢰즈와 과타리는 이렇게 쓴다.[74]

> 가브리엘 타르드에게 경의를. 오랫동안 잊혔던 그의 작업은 미국 사회학, 특히 미시-사회학의 영향을 받아 현재적 현실성을 획득했다. 타르드는 (…) 뒤르켐과 뒤르켐 학파에 의해 짓밟혔었다. 뒤르켐은 통상 이항적이고 공명하고 덧코드화된 거대한 집합 표상들 속에서 특권화된 대상을 찾았기 때문이다. (…) 타르드는 집합 표상들은 아직 설명을 요하는 것, 즉 '수백만 명의 인간들의 유사성'을 전제하고 있다고 반박했다. 이 때문에 그는 오히려 세부적인 세계 또는 무한소의 세계, 즉 표상 아래 단계의 질료를 이루는 작은 모방들, 대립들, 발명들…에 관심을 가졌던 것이다. (…) 이러한 미시-모방은 개인이 아니라 흐름이나 파동과 관련되어 있다. 모방이란 흐름의 전파이다. 대립이란 흐름의 이항화, 이항 구조화이다. 발명이란 다양한 흐름의 결합 또는 연결 접속이다. 그러면 타르드에게 흐름이란 무엇인가? 그것은 믿음이나 욕망(모든 배치물의 두 양상)이다. 흐름이라는 것은 항상 믿음과 욕망의 흐름이다. 믿음과 욕망은 사회의 토대이다. 믿음들과 욕망들은 흐름이며, 그래서 '양화 가능'하며, 진정한 사회적인 '양'인데 반해, 감각

---

74. 오랫동안 사회학계에서 망각되었던 타르드를 재발견하는 데 들뢰즈가 중요한 역할을 했다. 그는 『차이와 반복』(1968)과 『푸코』(1986)에서 "미시-사회학(micro-sociologie)"의 창안자로 타르드를 거론한다[들뢰즈, 2004: 183; 들뢰즈, 2019: 69]. 1999년에 프랑스의 생테라보(Synthérabo) 출판사에서 재출간한 다섯 권의 타르드 저작에 해설을 쓴 에리크 알리에즈(Éric Alliez), 장-클레 마르탱(Jean-Clet Martin), 르네 셰레르(René Schérer) 역시 모두 들뢰즈, 과타리와 깊은 연관을 가진 철학자들이다. 라투르 역시 여러 차례 타르드 사회학을 재평가했고[라투르, 2015; Latour, 2002a; Latour, 2010a], ANT의 선구적 모델로 타르드 모방론을 제시한 바 있다[Latour, 2005a: 13].

은 질적인 것이고, 표상은 단순한 결과물이다[들뢰즈·과타리, 2001a: 416~417].

소수적 이론이란 이런 것이다. 한 시대의 지배적 패러다임 바깥에서 몰인정과 오해와 비판에 시달리면서도, 그 패러다임의 한계를 꿰뚫어 보면서 시대를 앞서는 대안을 제시하는 이론. 그래서 소수적 이론은 특정 시대가 저물어 갈 때, 그 시대의 문제와 한계가 평범한 자들의 눈에도 자명하게 나타나는 바로 그 순간에 비로소 참된 의미를 드러낸다. 누구도 인지하지 못했던 것을 이미 오래전부터 문제시해 온 지적 움직임의 의미는 오직 그때, 그렇게 뒤늦은 방식으로 드러난다. 이것이 바로 소수적 이론의 (의도하지 않은) 예언성이다.

III. 비환원주의

이 글에서 나는 타르드, 들뢰즈·과타리, 라투르로 이어지는 이 프랑스발(發) 소수적 이론 중에서 라투르를 중심적으로 다루고자 하는데, 특히 그의 사회 이론이 '신학'과 맺고 있는 관계에 초점을 맞출 것이다. 뒤에서 분석하겠지만, 1960년대 후반에서 1970년대 초반에 라투르는 독일 신학자 불트만과 프랑스의 문필가 페기에 심취되어 있었다. 본인의 술회와 몇몇 연구를 통해 밝혀진 것처럼, 불트만의 성서 주해와 페기의 역사철학은 라투르에게 결정적인 영감을 제공했다.

실제로 라투르는 가톨릭 교도이며 신과 기독교 교리를 믿는 신자로 알려져 있다[Lamy, 2021: 108]. 1960년대에 그는 "기독교 학생 청년단의 전투적 활동가"로 복음 전파에 앞장서기도 했었다[Latour, 2019]. 개인적 이력에서뿐 아니라 연구에서도 라투르는 "가톨릭적 감수성과의 깊은 친화성"을 드러냈고[Heinich, 2007: 137], 종교에 대한 다수의 흥미로운 작업을 수행했다[Latour, 2010c; Latour, 2005b; Latour, 2013b].

20세기 후반 프랑스 학계의 지배적 입장과 달리, 라투르는 종교와 과학 사이에 대립적 관계를 설정하지 않았다. 오히려 그는 다수의 진리 양태가 공존할 수 있다는 관점을 표방하고 있다[Schmidgen, 2012: 22~23; Latour, 2005b; 라투르, 2023]. 라미(Jérôme Lamy)를 빌려 말하자면, 라투르에게는 "근본적으로 신학적인 입장(stand)"이 있다[Lamy, 2021: 109]. 실제로 그는 자신이 갖고 있는 신앙 표현을 숨긴 적이 없다[Lamy, 2017: 389]. 그렇다면, 이 근본적으로 신학적인 입장은 어떻게 형성되었으며(기원), 그것이 그의 사회 이론에서 실제로 수행한 것(수행성)은 무엇인가? 이 질문에 대한 해답을 모색하기 위해서 우리는 '청년' 라투르의 지적 세계 속으로 들어가 보아야 한다.

1972년의 회심

1984년에 불어로 출판된 『프랑스의 파스퇴르화』의 2부 "비환원(Irreduction)"에서 라투르는 1970년대 초반 자신에게 일어났던 한 인식론적 '계시' 경험을 토로한다. 1972년 연말에 그는 고향 디종에서 그레(Gray)라는 소도시로 차를 몰고 가던 길에 어떤 생각에 몰두해 있다가 갑자기 정신을 차리고 급히 차를 멈춘다. 라투르를 사로잡고 있던 것은 '환원(reduction)'이라는 문제였다. 그는 당시 자신의 의식을 통과하던 생각을 다음과 같이 회상한다.

> 기독교인은 (…) 세상을 거기로 다 환원시킬 수 있는 신을 사랑한다. 가톨릭교도는 세계를 로마의 구원사로 한정한다. 천문학자는 우주의 진화를 빅뱅으로부터 연역하고 빅뱅에서 우주의 기원을 찾는다. 수학자는 다른 모든 공리를, 그것의 결과이자 귀결로 함축하는 그런 공리들을 추구한다. 철학자는 근본 토대를 발견해서 다른 모든 것들을 그 부대 현상으로 만들기를 희망한다. (…) 롤랑 바르트의 추종자는 모든 것을 (…) 기표로 만들어 버린다. 남성은 인류 대신 '그'라는 단어를 쓰길 좋아한다. (…) 연금술사는 현자의 돌을 손에 쥐고자 한다[Latour, 1988: 162~163].

청년 라투르는 생각한다. 지적 세계는 환원의 욕망과 신화로 가득 차 있다. 모든 현상을 설명할 수 있는 유일한 원인, 토대, 근원을 찾아내려는 야심이다. 그것이 미립자건, 실체건, 이데아건, 신이건, 악마건, DNA이건, 호르몬이건, 계급이건, 젠더건, 경제적 하부 구조건, 합리성이건, 뇌이건, 문화적 심층 구조건, 장에서의 위치건, 복잡한 현상계를 하나로 환원할 수 있는 근본 원인을 규명하려는 욕망이 지식을 지배한다. 이런 환원주의의 만연에 극심한 피로감을 느끼던 찰나 새로운 인식이 불현듯 그에게 찾아온다.

> 그 당시 나는 지금 내가 쓰고 있는 것에 대해서는 아무것도 알지 못했

고 그저 스스로 다음과 같이 되풀이해 말했을 뿐이다. "어떤 것도 다른 무언가로 환원될 수 없고, 어떤 것도 다른 무언가에서 연역될 수 없고, 모든 것은 다른 모든 것들과 연합될(allied) 수 있다"고. 그것은 악령들을 하나씩 패퇴시키는 푸닥거리와도 같았다. 겨울 하늘이었고, 매우 푸른 하늘이었다. 나는 그 하늘을 더 이상 우주론을 가지고 지지할 필요가 없었다. 그림으로 그리거나, 글쓰기 속에서 묘사하거나, 기상학 논문에서 측정하거나, 내 머리 위로 떨어지지 못하게 타이탄의 어깨 위에 놓을 필요가 더 이상 없었다. (…) 나는 생애 처음 환원되지 않고 해방된(unreduced and set free) 사물들을 보았다[Latour, 1988: 163. 강조는 인용자].

어딘지 모르게 종교적 회심의 분위기를 풍기기도 하는 위의 일화에 의하면, 라투르 사회 이론의 핵심 이념은 이미 1970년대 초반에 확립된 듯하다. 그것은 반(反)-환원주의, 혹은 비(非)-환원주의다. 특권적 독립 변수의 존재를 거부하는 것. 모든 것을 설명할 수 있는 유일하고 결정적인 원인을 거부하는 것. 이것이 20대 중반에 철학적 통찰의 형태로 라투르가 획득한 자기 이론의 알파이자 오메가다.

이러한 비환원의 세계에서는, 존재하는 어떤 것도 다른 것에 의해 조작, 통제, 삭제될 수 없다. 어떤 존재자도 타자를 마음대로 규정하지 못한다. 왜냐하면, 존재한다는 것은 다른 존재자와의 관계에서 주어지는 시험(trial)에 저항한다는 것을 의미하기 때문이다. 라투르는 이렇게 쓴다. "리얼리티의 라틴어 res는 저항하는(resist) 것을 뜻한다. 무엇에 저항하는가? 힘겨루기(trial of strength). 주어진 상황 내에서 누구도 새로운 대상의 형체를 변경시킬 수 없다면 그것이 바로 리얼리티다"[라투르, 2016: 188].

라투르는 라캉과 달리 실재적인 것, 상징적인 것, 상상적인 것의 차이를 상정하지 않는다. 변화를 가져오는 모든 것은 존재하며, 존재하는 것은 모두 (상상적인 것이건 상징적인 것이건) 실재다. 즉, "저항하는 모든 것이 실재이므로 '실재'에 덧붙일 '상징적인 것'은 존재하지 않는다"[Latour, 1988: 188]. 그런데, 이처럼 실재하는 행위자가 발휘하는 역량은 그가 구축하는 관계에 달려 있다. "한 행위소는 오직 다른 행위소들과 연합함으로써만 힘을 획득"하기 때문이다[Latour, 1988: 160]. 미물도 특정 네트워크 속에서는 거인을 쓰러뜨릴 수 있다. 가령, "식사 중인 황제가 자갈에 숨이 막혀 죽는다면 자갈 하나가 제국을 파괴할 수 있다"[하먼, 2019: 45].

우리가 코로나19 팬데믹을 겪으면서 깨닫게 된 것처럼 인간 육안에 보이지도 않는 작은 존재인 바이러스가 인간 사회의 방대한 회로들과 연결되는 경우, 사회를 멈추게 하는 괴력을 발휘할 수도 있는 것이다. 약자들이 지배자의 질서를 허물고 새로운 질서를 창출하는 일은 역사에서 부지기수로 관찰된다. 말하자면, 행위자의 힘을 결정하는 것은 그것이 다른 행위자들과 맺는 연합의 수와 강도다.

번역의 세계

청년 라투르는 지금 모순을 이루는 두 특질을 동시에 행위자에 부여하고 있다. 행위자는 1) 다른 것으로 환원되지 않는 '독자성'을 가진 동시에 2) 오직 다른 것과의 연합을 통해서만 존재한다는 점에서 '관계성'을 갖는다. 독자성과 관계성이 교차하는 지점에 행위자-네트워크가 있다. 행위자-네트워크의 세계에는 초월적 원리, 특권적 원인, 결정적 독립 변수, 심층 구조, 혹은 물자체의 자리가 없다. 존재하는 것은 오직 행위자-네트워크다. 이들은 독립적인 만큼 연결되어 있고 연결된 만큼 독자적이다.

이런 점에서, 행위자-네트워크 개념에는 "모순 어법적 긴장"이 도사리고 있다[Law, 1999: 11]. 행위자의 '독립성'과 네트워크의 '연결성'은 서로를 견제하고 상쇄하면서 한 개념 속에 결합해 있는 것이다. 그런데, 이 긴장은 사실 라투르가 형상화하는 행위자가 어떤 존재인지를 좀 더 깊이 살펴보면 쉽게 해소된다.

라투르는 연결하는 존재를 '중재자(intermediary)'와 '매개자

(mediator)'로 구분한다. 중재자는 "의미나 힘을 변환 없이 전달하는 존재"다. 말하자면, 중재자는 자신에게 투입된 것 그대로 산출물로 토해 낸다. 반대로 매개자는 자신에게 투입된 것을 "변화시키고, 번역하고, 왜곡하고, 변형"시킨다. 즉, "자신이 운반하는 대상을 번역하거나, 재정의하거나, 재전개하거나 배신할 수도 있는 능력"을 발휘한다[Latour, 2005a: 39; 라투르, 2009: 209]. 라투르의 행위자는 중재자가 아니라 매개자다. '매개=번역=변형=차이화=저항'의 주어다. 이는 한 행위자의 독립성이 그가 연결 속에서 얼마나 많은 변화를 흐름에 가져오는가에 달려 있다는 것을 의미한다. 행위자가 더 특이하고, 독자적이고, 독립적이기 위해서는 더 많이 연결되고, 더 많이 변형시키고, 더 많은 차이를 가져와야 한다. 독립성과 연결성은 모순이 아니라 동일한 과정의 두 차원을 가리킨다.

매개자들의 세계에는 항상적으로 차이와 변형이 일어나기 때문에 즉시성, 투명성, 직접성이 들어설 자리가 없다. 라투르가 종종 사용하는 흥미로운 용어로 이야기하면, 그 세계는 "더블-클릭 커뮤니케이션(double-click communication)"을 알지 못한다[Latour, 2003a: 145~146]. 더블-클릭 커뮤니케이션이란 (마치 마우스를 두 번 누르면 원하는 정보가 즉각적으로 주어지듯이) "정확한 정보를 어떤 왜곡도 없이 전달하는 것", 혹은 "가시적 세계를 직접적으로, 단순하게, 문제없이 포착"하는 것을 가리킨다. 아무런 왜곡도 메시지의 손실도 없는 "변형 없는 이송"이라는 이상적 소통 모델이다[Latour, 2005b: 32, 37; Latour, 2013b: 22]. 더블-클릭 커뮤니케이션은 "'직설적 말하기'라는 불가능한 꿈"의 다른 이름이다[라투르, 2023: 211].

변형 없이 정보를 전송할 수 있다는 이러한 믿음은 환원주의와 불가피하게 친화적이다. 환원이 가능하다면 매개는 논의될 필요가 없다. 모든 것은 유일한 독립 변수로 회수될 것이다. 그러나 환원의 '악령'에서 벗어나는 순간, 세계는 끝없는 번역의 연쇄로 나타나게 된다. 1972년 겨울에 비환원주의를 발견한 순간, 약관의 라투르는 향후 50년간 자신이 일관적으로 수행하게 될 20세기 사회학 비판의 핵심을 선취하고 있다. 라투르가 보기에 사회학의 역사 또한 환원주의로부터 결코 자유롭지 않기 때문이다.

가령, 구조주의와 개인주의는 환원의 관점에서 보면 대립한다기보다는 서로를 닮아 있다. 그것이 사회적 사실이건, 공유된 규범이건, 문화적 심층 구조건, 경제적 토대건, 랑그나 상징계, 장에서의 위치건, 구조는 모든 현상을 최종 심급에서 설명할 수 있는 특권적 독립 변수의 자격을 누려 왔다. 라투르가 '사회적인 것의 사회학'이라 비판하는 이 흐름의 가장 정교한 버전인 부르디외 문화사회학은 '당신의 내밀한 취향도 사회가 결정한다'라는 메시지를 반복적으로 이야기해 오지 않았는가?

개인주의는 '사회적인 것'의 자리에 행위자의 '합리적 의도'를 놓는다. 행위의 원인은 행위자가 생각한 '의미'에서 찾아진다. 의미와 행위, 생각과 행동 사이에는 매개도, 왜곡도, 변형도, 연쇄 사슬도 없다. 행위는 의미로 온전히 환원된다. 오스트리아 한계 효용 학파에서 베버를 거쳐 20세기의 여러 버전으로 진화해 온 행위 이론은, 인간 언어를 매체로 행해지는 합리적 표상(판단, 동기, 지향)이 행위를 주재한다는 철학적 기조를 버린 적이 없다. 자기 완결적 개체의 '생각된 의도'로 행위를 환원할 수 있다는 투명성의 신화는 구조가 모든 것을 결정한다는 신화와 더불어 20세기 사회학의 전제를 이루는 주요한 관점이었던 것이다.

IV. 청년 라투르와 신학

1972년의 회심은 우발적인 사건인가? 간혹 과학자나 사상가에게 찾아오는 예기치 않은 영감의 순간인가? 저 일화를 이처럼 순수한 돌발성으로 본다면, 우리는 '모든 것은 연결 속에서 생성되고 존재하고 행위한다'는 라투르 사상의 요체를 정작 라투르 이론 자체에는 적용하지 못하는 딜레마에 봉착한다. 비록 충분히 서술되지 않았지만, 저 회심의 사건은 이미 형성되어 작용하고 있던 특정한 연결들을 바탕으로 일어난 것이다.

비환원주의라는 이념을 생산한 행위자-네크워크는 과연 무엇이었을까? 달리 말해서, 행위자-네트워크라는 결정적 발상을 가능하게 한 행위자-네트워크는 무엇이었을까? 이에 답하기 위해서 우리는 1960년대 후반부터 1970년대 중반 무렵까지 라투르가 지적으로 어떤 주제에 몰두하고 있었는지를 살펴봐야 한다. 결론을 좀 앞당겨 말하자면, 이 시기에 라투르를 사로잡고 있던 학문은 인류학도 사회학도 아닌 철학과 신학이었다.

먼저 철학에 대해서 말하자면, 청년 라투르는 니체, 들뢰즈, 과타리, 데리다를 탐독하고 있었다. 고등학교의 마지막 학년에 그는 학교 커리큘럼으로 니체의 여러 저작들을 통독했다. 특히『즐거운 지식』은 거의 암기할 정도로 읽었다고 술회한다[Latour, 2016: 465]. 대학 시절에는 데리다를 통독했는데『그라마톨로지』를 읽고 난 이후 자신이 '데리다주의자'가 되었다고 토로하고 있기도 하다[Latour, 2016: 465~466]. 또한 그는『스피노자』나『차이와 반복』같은 들뢰즈의 저서들도 즐겨 읽었고, 1975년에 아프리카에서 현장 연구를 하던 시기에는『안티 오이디푸스』를 항상 손에 들고 다녔다고 말하고 있다[Tresch, 2013: 304~305].[75]

---

75. 청년기의 이 철학적 관심은 우리가 좀 더 잘 알고 있듯이, 후일 세르, 수리오, 화이트헤드, 타르드, 스탕게르스에 대한 관심으로 확장된다.

철학과 더불어, 청년 라투르의 사상 형성에 결정적 영향을 준 것이 바로 신학이다. 이 시기에 라투르는 불트만과 페기라는 두 신학자와 지적으로 '연결'되어 있었다. 이들은 라투르로 하여금 매개의 연쇄로 이뤄진 네트워크의 세계(비환원의 세계)로 다가설 수 있는 결정적 단서를 제공하고 있었다. 우리는 이를 라투르 자신의 술회를 통해 확인할 수 있다. 2010년의 「철학자로서 커밍아웃하기」와 2012년의 「어떤 탐구의 전기」에서 라투르는 디종에서의 대학 시절 동안 자신이 얼마나 깊이 불트만과 페기에게 몰입해 있었는지를 토로한다[Latour, 2010b: 600~601; Latour, 2013a: 288~290].[76]

가령, 1973년에 페기 탄생 백 주년을 기념하여 오를레앙에서 열린 콜로키엄에서 라투르가 발표한 글 「왜 페기는 반복하는가?」는 이 시기 그의 학문적 지향을 선명하게 보여 준다. 이 글은 1977년에 『작가 페기』의 한 챕터로 출판되는데, 이것이 라투르가 세상에 내놓은 첫 텍스트다[Latour, 1977]. 또한, 1975년에 라투르는 투르대학교에서 클로드 브뤼에르(Claude Bruaire)의 지도하에 「성서 주해와 존재론: 부활 텍스트에 대한 분석」이라는 제목의 박사 학위 논문을 제출했는데,[77] 논문을 관통하는 테마는 '반복' 혹은 '부활(resurrection)'로서, 페기와 불트만이 가장 중요한 지적 원천으로 활용되고 있다[Howles, 2018: 226].[78]

---

76. 이는 다수의 인터뷰에서도 확인된다[Latour, 2019; 블록·옌센, 2017: 307; Tresch, 2013: 305; Howles, 2018: 365~367].

77. 이 논문은 2024년에 출판된다[Latour, 2024].

78. 이러한 자료들을 바탕으로, 2010년대 이후 몇몇 연구자들이 라투르와 불트만, 페기의 지적 연관성을 탐구하기 시작했다. 블록과 옌센은 2011년에 나온 저서에서 불트만과 라투르의 영향관계를 소략하게 언급하고 있다[블록·옌센, 2017: 104~105]. 더 브리스(Gerard de Vries) 역시 2016년의 저서에서 불트만과 페기가 라투르의 지적 진화에서 차지하는 의미를 살피고 있다[de Vries, 2016: 17~20]. 헤닝 슈미젠(Henning Schmidgen)은 2011년에 독일어로 출판되고 2015년에 영역된 라투르 소개서에

이상의 자료들을 다각적으로 검토하면서, 나는 불트만과 페기가 라투르에게 드리운 지적 그림자가 단지 그의 이론이 진화하는 한 단계에 불과했던 것이 아니며, 과학인류학적 연구에 국한될 수 있는 것도 아니라는 판단에 이르렀다. 요컨대, 나는 불트만과 페기의 신학적 사유가 라투르 ANT의 중핵인 '네트워크' 개념에 결정적 영감을 제공했다고 본다. 청년 라투르가 밑그림을 그리고 있던 '네트워크' 개념의 원형적 모델은 기독교-네트워크의 역사적 전개 과정이었던 것이다.

　어떻게 예수의 말과 행적이 지구상의 다양한 언어, 문화, 지역으로 그리고 다른 시간적 맥락 속으로 퍼져 갔는가? 어떻게 근동 지역에 살았던 한 청년의 말이 시간의 차이, 언어의 차이, 문화의 차이, 생각의 차이를 다 넘어서 다른 사람의 마음속으로 그토록 커다란 진동을 일으키면서 전달되었을까? 인간을 근본적으로 변형시키는 힘을 가진 종교적 진리의 불꽃이 어떻게 그 수많은 장벽들을 넘

서 청년 라투르와 불트만 양식 비평, 샤를 페기와의 관계를 검토하고, 「왜 페기는 반복하는가?」에 대한 소개를 시도한다[Schmidgen, 2015: 11~19]. 2012년에 발표된 논문 「사물들의 물질성?」에서는 좀 더 본격적으로 라투르와 페기의 지성사적 영향 관계에 초점을 맞춘 연구를 진행한다[Schmidgen, 2012]. 티머시 하울스는 2018년의 박사 학위 논문에서 종교와 신학이 라투르 철학의 핵심이라는 도발적 주장을 제시하면서, 라투르의 이른바 '정치 신학'을 탐구해 나간다. 이 과정에서 그는 라투르의 박사 학위 논문을 소개하면서 청년 라투르에게 페기와 불트만이 각각 어떤 의미를 갖는 지적 원천이었는지를 분석하고 있다[Howles, 2018: 224~237]. 제롬 라미의 2021년의 논문 「분과 학문 분기의 사회학」은 1960~1970년대 프랑스의 지적, 종교적 상황에 대한 고찰을 통해, 라투르의 학문적 이동(신학에서 사회과학으로의 전환)에 대한 지식사회학적 설명을 시도한다. 그는 제2차 바티칸 공의회(1962~1965)가 제공한 신학적 자원들이 어떻게 불트만 신학과 공명하면서 라투르의 이동에 영향을 주었는지를 탐색한다[Lamy, 2021: 111~114]. 이어서 그는 1969~1970년에 장 브룅(Jean Brun)의 지도하에 라투르가 제출한 석사 학위 논문 「실재로부터의 도피」와 1975년의 박사 학위 논문을 분석하고 있다[Lamy, 2021: 114~122]. 이상원은 2022년의 논문 「불트만의 신약성서 신학에서 라투르의 과학철학으로」에서 불트만 양식 비평과 라투르 과학인류학의 영향 관계를 분석한다[이상원, 2022].

어서 다른 세계로 퍼져 갈 수 있었는가? 이 질문에 대한 두 갈래의 해답이 불트만과 페기에게서 찾아진 것이다.

　　우선, 불트만으로부터 라투르가 통찰해 낸 것은 기독교가 사슬의 형태를 이루며 수평적으로 이어져 나가는 번역 네트워크, 즉 리좀적 어셈블리지라는 점이었다. 우리는 이를 네트워크의 '형태-존재론(morpho-ontology)'이라 부를 수 있다. 이런 관점에서 파악된 기독교는 역선(力線)들로 이루어진 그물망으로 나타난다. 또한 페기에게서 라투르가 본 것은 이러한 기독교-네트워크가 예수의 부활 사건을 지속적으로 창조해 가는 독특한 변이적 박동(搏動), 즉 반복을 통해 구축된다는 사실이다. 우리는 이를 네트워크의 '시간-리듬론(tempo-rhythmics)'이라고 부를 수 있다. 시간-리듬론은 네크워크가 확장될 때 새로 연결되는 링크들이 원래의 메시지(예수의 언행이나 성령)를 생생하게 반복한다는 사실과 연관된다. 신학에 대한 약 십여 년의 집중된 탐구를 통해 청년 라투르는 후일 자신 이론의 중심을 이루게 되는 네트워크 개념의 두 축을 형성시켜 나가고 있었다.

V. 루돌프 불트만과 라투르

양식 비평

앞서 언급한 것처럼, 라투르는 대학에서 사회학을 전공한 순도 100%의 사회학자가 아니다. 그는 1966년부터 1972년까지 프랑스 디종의 부르고뉴대학교에서 철학을 전공했다. 바로 이 시기에 라투르는 자신의 지적 이력에 결정적 영향을 미치게 될 앙드레 말레(André Malet)를 만난다. 말레는 원래 가톨릭 사제였지만 후일 개신교로 개종하고 폴 리쾨르(Paul Ricoeur)의 지도하에 박사 학위를 획득한다. 그는 루돌프 불트만의 『공관복음서 전승사』(1921)를 불어로 번역하였고, 불트만 신학에 대한 저술을 남긴다[Malet, 1962]. 라투르는 말레의 지도하에 불트만을 '집중적으로' 공부하며 대학 시절을 보낸다[Schmidgen, 2015: 12~13].

불트만은 1884년생의 독일 신학자로서, 1921에 마르부르크대학교 신학 교수로 부임하여 1951년까지 재직하였다[불트만, 1981a: 313~315]. 1923년부터 1928년까지 같은 대학의 하이데거와 지적 교류를 나누면서 이른바 실존주의 신학을 정립했다. 이는 신약 성서에 스며든 우주론적 신화와 종말론적 신화를 걷어 냄으로써(탈신화화), 현대인들이 자신들의 '삶의 자리'에서 예수의 진리와 만나게 하려는 시도였다[불트만, 1981a: 317; 불트만, 1981b; 윤철호, 2019: 149]. 이에 조응하는 성서 주해 방법이 독일어로는 양식사(Formgeschichte), 영어로는 양식 비평(form criticism)이라 불리는 방법이다[부스, 1997: 112~138].

양식 비평은 원래 궁켈(Hermann Gunkel)에 의해 구약 성서 연구에 사용되었고 이후 디벨리우스(Martin Dibelius)에 의해 신약 성서 연구에도 적용된다[Aune, 2010: 140]. 그 주요한 목적은 "서사, 예수의 발언, 혹은 우화의 진정한 형태를 결정하기 위해 차후에 첨가된 것들을 식별해 내는 것"이다[de Vries, 2016: 17]. 불트만이 자신의 『공관복음서 전승사』에서 시도한 것이 바로 이 방법이다. 그는 복음서를 이루는 다양한 요소 중 후대 주석가들이 덧붙인 것으로 판단되는 것들을 제거함으로써, 이른바 '나사렛 예수'에게 실제로 귀속시킬 수 있는 (예수가 실제 사용한 아람어로 발화되었을) 극소수의 진정한 문장들을 판별해 내고자 했다[불트만, 1970]. 이는 원래의 복음, 원래의 예수를 추출하고 이를 통해 예수와 현대인 사이에 실존적 소통 가능성을 확보하려는 시도였다[de Vries, 2016: 17; Lamy, 2021: 112; Schmidgen, 2015: 13].

「철학자로서 커밍아웃하기」에서 라투르는 이러한 불트만의 양식 비평을 일종의 "산성물질(acid)"에 비유한다. 혼합물을 녹여 그 구성 요소들로 분해하는 힘을 발휘하는 방법이라는 의미에서다[Latour, 2010b: 600]. 말하자면, 양식 비평을 통해 우리는 성서가 유기적으로 통일된 하나의 텍스트가 아니라 구전, 전승, 발명으로 온통 뒤섞인 "번역들의 네트워크"[Latour, 2010b: 600]라는 것을 깨닫게 되는 것이다. 이러한 발상은 라투르가 1975년부터 2년간 수행한 기유맹 실험실에서의 현장 연구에 결정적인 영향을 주었다. 라투르는 불트만에게서 배운 성서주석학을 과학적 실천에 대한 탐구에 활용했던 것이다. 그는 이렇게 쓴다.

> 불트만이 내게 행한 것은 (…) 이것이다. 캘리포니아의 생물학 실험실에 들어갔을 때 (…) 나는 과학적 실천의 거대한 복잡성 속에서 그 주석학적 차원(exegetic dimension)을 간파해 낼 의향을 갖고 있었다. 따라서 나는 과학의 문헌적 측면에, 시각화 도구들에, 거의 분간할 수 없는 흔적들을 해석하는 집합적 작업에, 내가 기입(inscription)이라 부르는 것에 매혹되어 있었다[Latour, 2010b: 601. 강조는 인용자].

이 장면에서 우리는 두 가지 흥미롭고 놀라운 지적 운동을 발견한다. 하나는 라투르가 종교라는 영역과 과학이라는 영역을 가로지르고 있다는 점이다. 과학 텍스트들을 다루기 위해서 라투르는 불트만 신학에서 얻은 영감을 활용하고 있다. 완전히 상이한 성격의, 아니 더 정확히 말하자면 서로 화해할 수 없을 정도로 대립하고 있는 것처럼 보이는 두 영역이 라투르에 의해 연결되고 있다. 또 다른 운동은 이 과정에서 라투르가 불트만을 단지 수용하는 데 그치지 않고, 그의 근본 통찰을 과감하게 전도시켜 버렸다는 점이다. 라투르의 불트만은, 라투르 자신의 용어로 말하자면, 번역된 불트만이다. 이 전도의 핵심은 다음의 두 인용문에 드러나 있다.

> 불트만 자신은 긴 사슬을 이루는 기독교 화자들이 마구 발명해 놓은 모든 연쇄적 첨가물들을 하나씩 지워 감으로써 진정성(authenticity)에 도달하고자 노력했지만 (…) 내가 그로부터 읽어 낸 것은 반대로 복음서의 진리 조건은 오직 그 지속적 발명의 긴 사슬 안에 존재한다는 것이었다[Latour, 2010b: 600. 강조는 인용자].

> 매개(mediation)가 실재와 진리를 생산하는 확고한 방법이라는 내 생각은 성서주석학으로부터, 그리고 루돌프 불트만에 대한 조금 별난 해석에서 나왔습니다. 불트만은 결국 여호와 예수라 불릴 수 있는 누군가가 언명했을 네 문장 정도를 끄집어내기 위해서 복음서 전체를 해체하는 놀라운 작업을 하고 있었습니다. 그렇지만 반대로 나는 그것을 긍정적으로 해석합니다. 나는 이렇게 말하죠. "보라. 또 다른 매개를 통해서 복음서는 여전히 하나의 현상, 종교적 현상을 생산해 낼 수 있다. 그것이 구원이고 삶과 죽음 간의 차이다"[블록·옌센, 2017: 307].

앞서 언급한 것처럼, 불트만의 양식 비평은 후대의 첨가물들을 "치우고, 제거하고, 구분해 내는 것(cleaning away, cleaning out, sorting)"을 핵심으로 한다[Howles, 2018: 367]. 이를 통해 결국 예수가 발화했을 실제의 언표들에 도달하고자 했던 것이다. 하지만 라투르는 진정한 것을 찾아 가는 이 '정화' 작업이 가망 없는 일이라 생각했다. 오히려 반대로, 그는 수많은 번역 사슬들 전체가 기독교적 진리를 이룬다고 보았던 것이다.
　　라투르는 '매개'와 '번역' 개념을 통해 불트만 양식 비평을 뒤집는다. 라투르에게 진리는 "중간 단계의 수를 줄이는 것이 아니라 매개의 수를 늘리는 것"을 통해 획득되는 무엇이다[Latour, 2010b: 601]. 부가물들을 '청소'함으로써 도달하게 되는 순수한 기원은 없다. 기독교적 진리는 덧붙임이 일어나는 모든 과정, 즉 "긴 사슬을 이루는 지속적 발명들" 그 자체다[Latour, 2010b: 600]. 이로부터 결국, "텍스트의 층들이 각각 다른 방식으로 더 많이 해석되고, 변형되고, 새로 인수되고, 다시 꿰매져 봉합되고, 재연되고, 다시 직조될수록, 그것이 내포하고 있는 진리는 더 명확해진다"는 새로운 인식이 도출되었던 것이다[Latour, 2013a: 289]. 후일 번역의 사회학이라 불리게 될 ANT의 핵심인 네트워크 개념이 이렇게 형성되고 있었다.

네트워크의 형태-존재론

사실 라투르의 네트워크 개념은 공간적 차원과 시간적 차원을 모두 내포한다. 기술적으로 표현하면, 네트워크의 '형태-존재론'과 네트워크의 '시간-리듬론'이 그것이다. 라투르가 불트만 연구를 통해 구체화한 것이 형태-존재론이라면, 페기의 『클리오』에 대한 탐구를 통해 라투르는 시간-리듬론의 뼈대를 만들어 낸다. 두 경우 모두 라투르의 원형적 사고를 규정한 것은 기독교 복음의 전파 과정이라는 문제다.
　　가령, 청년 라투르는 기독교를 어떻게 바라보았는가? 그에게 기독교란 무엇인가? 그것은 맑스가 말하는 상부 구조(이데올로기 또는 허위 의식)인가? 아니면 뒤르켐이 말한 독트린과 의례의 복합체인가? 혹은 베버적 생활 양식 또는 에토스인가? 앞서 언급한 것처럼 불트만으로부터 기독교가 번역 네트워크라는 사실을 배운 라투르는 고전 사회학이 보여 준 이런 '인식론적' 관점보다 훨씬 더 선명한 '존재론적' 성격을 종교에 부여한다. 바꿔 말하면, 라투르에게 기독교는 인식의 렌즈나 믿음의 시스템이기 이전에 리얼리티 속에서 실제로 생장하고 변화하는 그물망으로 이해된다(『존재양식의 탐구』에서 라투르는 종교를 열다섯 가지의 존재양식 중 하나로 설정한다).

즉, 기독교-네트워크는 예수로부터 십자가 사건으로, 그리고 다시 오순절 성령 강림과 바울의 회심으로 이어져 가는 기독교적 진리의 전달과 번역의 선들, 사랑의 영성, 포도주와 성물, 성서, 종교 재판소, 악마들, 천사들, 지옥과 교회 건축들, 방대한 신학 텍스트, 수도원, 바티칸, 교황, 신도들, 사제들, 스테인드글라스, 동방 교회의 이콘(icon), 식민주의, 비기독교인의 대학살, 광신적 배타주의 같은 인간, 비인간, 사물, 관념, 이미지, 건축물, 지식을 포함하는 거대한 망이다. 기독교-네트워크는 로마 제국을 넘어 아메리카 대륙과 중국, 동아시아, 남미, 아프리카로 퍼져 왔다. 기독교는 성령이라는 힘이 흐르는 역선들의 출렁이는 그물로 이해되는 것이다.

청년 라투르가 신학적 탐구 속에서 스케치한 이 형태-존재론은 진정한 하나의 기원 대신 다수의 번역 사슬을, 구조나 시스템 대신 생동하는 평면을 실재의 참된 모습으로 제시한다. 영역이나 구역이 아닌 "얇고, 위태롭고, 듬성듬성한" 어셈블리지의 이미지가 전면화되는 것이다[Latour, 1988: 222]. 가히 "범-연결주의(pan-connexionnisme)"라 불러도 좋을 이런 발상은 사회에 대한 전통적 이미지에 적용되면, 과격한 이론적 혁신을 가져온다[Jambois, 2016: 58]. 즉, 네트워크로 이해된 사회는 유기체도 아니고, 개인들의 집합도 아니며, 집합 표상도 아니다. 하부 구조와 상부 구조의 접합도 아니고, 국민-국가도 아니다. 면(面)도 지역도 아니다[Mol·Law, 1994]. 사회는 이질적 요소들의 연합으로 조성된 연결망이다.

이처럼, 라투르 ANT는 사회학의 가장 근본적인 질문(사회란 무엇인가)의 수준에서 정통 사회학과 대립한다. 라투르 이론이 소수적일 수밖에 없는 이유가 거기에 있다. 즉, 라투르는 주류 사회학의 지배적 사회상을 허구로 보면서 연합체의 사회학을 주장한다. 이러한 스탠스의 이론적 함의는 매우 크다. 사회를 네트워크로 본다는 것은 사회적으로 의미 있는 존재자들 사이에 위계를 설정하지 않는다는 것을 의미한다. '어셈블리지'처럼 네트워크는 사물들과 기호들, 인간과 비인간을 하나의 평면 위에 올려놓는다. 들뢰즈와 과타리는 이렇게 쓴다. "어셈블리지에는 하부 구조와 상부 구조, 심층 구조와 표층 구조가 없다. 어셈블리지는 오히려 자신의 모든 차원을 평평하게 만든다. 상호 전제와 상호 삽입이 일어나는 바로 그 공속면(plan de consistance) 위에서 말이다"[들뢰즈·과타리, 2001a: 175]. 네트워크는 평평하다. 네트워크는 거시와 미시, 글로벌과 로컬, 구조와 행위의 구분을 넘어선다. 그것은 새로운 스케일의 존재 양태다[데란다, 2019].

라투르의 네트워크 존재론은 우리가 알고 있는 다수의 사회과학적 개념들을 다른 각도에서 바라보게 하는 힘을 발휘한다. 그 대표적 실례가 자본주의다. 라투르의 관점에서 보면 자본주의는 자본주의적 실천, 제도, 법률, 정동, 이미지, 인간, 도구, 기술로 이루어진 평평한 망이다. 기독교가 특정 지역에서 발생하여 지구 전체로 퍼져 나간 선들의 총체이듯, 자본주의도 "긴 네트워크의 다발(skein)"[라투르, 2009: 301]이며 "확장된 네트워크"[Latour, 1988: 173]다. 자본주의를 네트워크로 본다는 것은 자본주의의 힘을 과대평가하지 않고 그것의 소멸 가능성, 그것의 외부를 탐색할 가능성을 확인하는 것이다.

> 자본주의는 오늘날에도 여전히 주변적이다. 곧 사람들은 깨닫게 될 것이다. 자본주의란 오직 자본주의의 적들과 옹호자들의 상상 속에서만 보편적이라고. 가톨릭의 보편성이 오직 로마의 채널 속에서만 흐르고 있었음에도, 로마 가톨릭들이 그들 종교의 보편성을 믿었던 것처럼, 자본주의의 적들과 지지자들은 가장 순수한 신비주의적 꿈을 믿고 있다. 즉, 절대적 등가성이 이미 달성되었다는 것이다. 하지만 미국이라는 진정한 자본주의 국가마저도 그 이상에 도달하지 못한다 [Latour, 1988: 173].

방금 태어난 아기의 뇌는, 그 신체는, 마음은 자본주의적이지 않다. 로키산맥 협곡에서 쏟아져 내리는 물줄기도, 창공을 날아가는 독수리도, 구름도, 뉴올리언스의 보도블록에 버려진 담배꽁초, 텍사스 사막에서 자라고 있는 선인장들도 아직 자본주의에 포섭되지 않았다. 자본주의는 북아메리카 대륙 전체를 같은 강도로 누르는 중력 같은 것이 아니다. 전일적이지도 총체적이도 않다. 자본주의의 촉수는 가늘고 길며 촘촘하여 다른 어떤 네트워크보다 강력한 흡인력을 가진 것이 사실이다. 그렇다고 해서 존재하는 모든 것이 자본주의에 완벽히 포섭되었다고 말하는 것은 과장이다. 매 순간 자본주의 네트워크는 아직 자본주의화되지 않은 것들의 운동과 대립한다.

 자본주의는 비용과 노력으로 언제나 재건하고 수선해야 하는 값비싼 그물망, "구멍투성이인 레이스 천"이다[라투르, 2023: 215]. 네트워킹에는 노동, 비용, 시간, 노력이 요구된다. '병참(logistics)' 혹은 '지도 제작법(cartography)'의 원리다[Latour, 2005a: 171]. 이런 이유로 네트워크로 이뤄진 세계에는 점프를 통해 도달할 수 있는 메타적 '구조' 같은 것이 존재하지 않는다[Latour, 2005a: 174]. 자본주의도, 국가도, 조직도, 민주주의도, 신자유주의도, 공화주의도 (크고 강하기 때문에 구조물처럼 보이지만) 근본적으로는 네트워크다. 구조란 수많은 연결선들이 오랫동안 축적되어 형성된 것으로서, 구축과 해체에 열려 있다. 네트워크의 형태-존재론은 이처럼 사회학이 다루는 수많은 사회적 실체들에 대한 새로운 존재론적 시야를 열어 준다.

VI. 샤를 페기와 라투르

샤를 페기의 『클리오』

라투르는 기독교의 진리가 "막대한 수의 매개들"[Latour, 2010b: 600]에 존재한다는 생각에 도달했다. 복음서의 진리 효과는 원본에서 나오는 것이 아니라 그것을 번역하고 반복하며 이어 가는 해석의 연쇄 속에서 창출된다. 그런데 여기에는 중요한 전제 요건이 하나 있다. 이러한 연쇄적 "발명들이 '음조가 잘 맞춰진 채로(in the right key)' 행해져야 한다"는 것이다[Latour, 2010b: 600].

여기서 '음조가 잘 맞춰진 발명'이란 "단순한 반복이 아니라 원본의 의도를 어느 정도 진전시키는" 그런 발명들을 가리킨다[블록·옌센, 2017: 104]. 원본의 의도를 어느 정도 진전시키기 위해서는 네트워크가 확장되는 매번의 링크마다 원래 메시지가 실효성 있게 반복되어야 한다. 네트워크가 전개된다는 것은 이러한 반복 사건들이 중단되지 않은 채 펼쳐져 가는 것이며, 따라서 네트워크에 대한 위상학적 이해는 네크워크를 이루는 반복의 시간성에 대한 고려와 함께 가야 한다[Latour, 2010b: 600].

예를 들어, 기독교 네트워크가 만들어지기 위해서는 그 기원적 진리(예수)가 아무리 강렬하게 세상에 나타났다 해도 그 자체만으로는 충분하지 않다. 진리는 사람들에게 퍼져 나가야 한다. 진리가 퍼져 나간다는 것은 무엇을 의미하는가? 그것은 어떻게 가능한가?

진리가 연결망을 이루려면 그것이 단지 '복제'되는 것만으로는 충분치 않다. 동일한 것의 동일한 전달, 기계적 반복이어서는 안 된다. 그렇게 된다면, 예수의 원래 언행의 힘이 시간과 공간의 상쇄적 힘에 소모되면서 생생함을 잃어 갈 것이기 때문이다. 십자가에서 오순절 다락방으로, 지중해의 교회들과 이방인들에게로, 로마와 세계의 다른 지역으로까지 가는 모든 연결선은 그 각각의 자리에서 예수 사건을 참신하게, 변형적으로, 창조적으로 반복해야 한다. 그 모든 각각의 장소들이 원래 예수의 언행이 보여 준 힘을 되살려 내야 한다. 즉, 네트워크를 이루는 "각 링크가 원래의 메시지를 '올바른 방식'으로 새로 갱신"해야 한다[Latour, 2010b: 600].

라투르가 보는 기독교의 역사는 이런 변형적 반복의 역사다. 청년 라투르가 반복을 핵심 테마로 하는 페기의 『클리오』를 탐독했던 이유가 바로 여기에 있다[Latour, 2010b: 600~601].[79] 「탐구의 전기」에서 그는 자신이 디종대학교에서 "역사의 뮤즈이자 해석학의 위대한 대가인 클리오의 가르침과 성서주석학의 꼼꼼하고 광신적이고 풍요로운 스콜라십을 융합하고 있었다"[Latour, 2013a: 288]고 쓴다. 사실, 라투르와 페기의 인연은 대학 시절보다 훨씬 더 이전으로 거슬러 올라간다. 자신의 술회에 의하면, 라투르는 이미 열두 살 경부터 페기를 읽어 왔다[Latour, 2019]. 매년 구월에는 페기 페스티벌에 참가하기 위해 부모와 함께 오를레앙으로 순례 여행을 떠나곤 했다[Latour, 2013a: 288]. 페기는 누구이며 『클리오』는 어떤 텍스트인가?

시인, 언론인, 철학자로 활동했던 페기는 프랑스 지성사의 독특한 존재로 기억되고 있다[Riquier, 2017]. 그는 고등사범학교에서 베르그송(Henri Bergson)에게 철학을 배웠고, 화폐와 진보의 이념이 지배하는 근대성에 대해 니체를 연상시키는 통렬한 비판을 수행했다. '소르본 대학'이 상징하는 실증주의 역사학과 사회학을 페기는 매섭게 공격했다.[80]

---

79. 2014년에 라투르는 「우리는 패배자들이다」라는 글을 통해 다시 한번 페기의 사상을 논한다. 이 글은 2015년에 「샤를 페기. 시간, 공간, 그리고 근대 세계」라는 제목으로 영역되었다[Latour, 2015].

80. 1906년의 「근대적 시간 안에서 역사학과 사회학의 상황에 대하여」와 「근대 세계 안에서 지성파의 상황에 대하여」가 대표적이다[Péguy, 1988a: 481~519; Péguy, 1988b: 519~565]. 페기가 비판한 소르본파에는 귀스타브 랑송(Gustave Lanson), 에르네스트 라비스(Ernest Lavisse), 샤를-빅토르 랑글루아(Charles-Victor Langlois), 샤를 세뇨보스(Charles Seignobos) 같은 역사학자들 그리고 사회학자 에밀 뒤르켐이 포함되어 있었다. 페기가 뒤르켐과 적대적 관계였다는 사실을 상기시키면서, 라투르

1900년에 그가 창간한 잡지『반월수첩(半月手帖, Cahiers de la Quinzaine)』에는 로맹 롤랑, 아나톨 프랑스, 조르주 소렐, 장 조레스, 쥘리앵 방다, 앙리 베르그송 등 당대의 저명한 작가들과 정치가들의 글이 실린다[Lundy, 2019: 120]. 드레퓌스 사건의 소용돌이 속에서 그는 가장 열렬한 드레퓌스파의 일원으로 열정적 활약을 펼친다. 그리고 1914년 제1차 세계 대전이 발발하자 곧바로 참전, 불행히도 마른(Marne) 전투에서 전사한다.

베르그송의 제자답게 페기는 직관과 제도, 신비와 정치, 기억과 역사, 기성(既成)적인 것과 지금 형성 중인 것을 대립시킨다[Péguy, 1992c: 1253~1256]. 그는 습관, 폐쇄성, 고루함을 넘어서는 창조의 시간성을 중시했다. 그가 남긴 여러 텍스트 중『클리오』는 역사의 뮤즈(클리오)가 페기 자신과 나누는 대화 형식으로 쓰인 글이다. 이 텍스트에는 두 가지 다른 판본이 있다. 첫 번째 버전의 원제는 "베로니카. 역사와 육적 영혼의 대화"이고, 두 번째 버전의 제목은 "클리오. 역사와 이교적 영혼의 대화"다. 현재 두 텍스트는 모두 갈리마르 출판사에서 나온『페기 산문 전집』제3권에 실려 있다[Péguy, 1992a; Péguy, 1992b].

네트워크의 시간-리듬론

페기의 다른 산문들도 그렇지만 특히『클리오』는 "부단한 탈선, 괴물 같은 패러그래프, 광포한 가속"으로 점철되어 있다[Latour, 1977: 79]. 예를 들어, 모네(Claude Monet)가 그린 수십 편의 수련(Nénuphar) 연작 중 무엇이 최고인가를 논하면서 근대적 진보 개념을 비판하는 다음의 글을 보자.

이것이 바로 진보의 이론이다. 기만의 이론, 환멸의 이론이다. 이것은

는 왜 페기가 가브리엘 타르드를 한 번도 언급한 적이 없는지에 대한 의아함을 표명한다[Latour, 2015: 60].

이념이다. 이것은 인간과 인류를 위한, 규정되지 않은 시간적 진보의 이론이다. 우리는 증명했다. 본질적으로 근대적인, 이 이론은 본질적으로, 근대적인 것 안에서, 일종의 저축의 이론, 저축 은행의 이론 (…) 비축의 이론, 자본화의 이론, 자본화 시대의 이론이라는 것을. 난 당신에게 말한다. 예술의 창조, 그 작동은 결코 부르주아적 자본화의 작동이 아니라고 말이다. 예술이 매번 잘나가고, 매번 뭔가 얻을 때, 예술은 늙는다고. 예술이 능숙해지고, 습관(이익)을 들이는 것과 동시에, 그것은 매번, 그것은 늙는다고. (…) 예술은 신선함을 상실한다고, 최초의, 이 유일한, 다시 재생시킬 수 없는 순진무구를 상실한다고. 난 당신에게 말한다. 첫 번째가 최고라고, 왜냐하면 첫 번째는 가장 덜 습관화된 것이기 때문에. 첫 번째 수련이 최고라고, 왜냐하면 그것은 탄생 그 자체이므로. 작품의 여명이므로, 왜냐하면 그것은 무지의 '최대치', 순진무구의, 신선함의 '최대치'를 내포하고 있으므로. 나머지가 다 똑같다면, 첫 번째 수련이 최고라고, 왜냐하면 그것이 제일 조금 알기 때문에, 왜냐하면 그것은 아무것도 알지 못하기 때문에. (…) 습관. 이 (위대한) 힘. 이 위대한 약점[Péguy, 1992a: 595~596].

페기의 산문 스타일이 이러하다. 우리말 번역으로는 프랑스어 본문의 느낌을 완벽히 살려 내기 어렵겠지만, 그럼에도 불구하고 페기의 문체적 특이성은 감출 수 없이 드러나고 있다. 유사한 단어들이 리드미컬하게 반복되며, 연속적인 중얼거림, 부언, 첨언 속에서 특정 테마가 변주되고 있다. 작가의 의도가 명확히 전달되는 대신, 과잉된 쉼표의 사용 속에서 말들이 짧게 끊어진 채 부자연스럽게 접속되어 있다. 이 과정에서 단어들이 평소의 의미를 잃고 낯설어지고 새로운 뉘앙스를 획득한다. 그런데, 이처럼 '읽기 어려운' 『클리오』에서 정작 제일 중점적으로 다루어지는 테마는 아이러니하게도 '무엇이 좋은 읽기(lecture)인가'라는 문제다[Latour, 2015: 45; Latour, 1977: 81].

페기는 『클리오』에서 호메로스, 보마르셰, 위고 같은 작가들의 문학 작품, 역사라는 텍스트, 더 나아가『마태복음』이 그리는 그리스도 수난 이야기 같은 종교 텍스트를 어떻게 읽어야 하는지를 가르치고 있다. 페기는 자신이 제시하는 여러 유형의 읽기 중에서 이른바 "탈습관화된(déshabitué) 독서"를 최상으로 평가하고 있다[Latour, 1977: 81].

말하자면, 습관적 독서는 수평적 흐름을 따른다. 왼쪽부터 오른쪽으로 쓰인 글자를 눈으로 좇는 선형적 독서다. 탈습관화라는 것은 이런 수평적 독서가 교란되는 사건을 가리킨다. 읽는 자의 의식과 목적에 종속된 읽기가 아니라, "텍스트가 멀리서 지금 이 순간으로 '도래하는' 사건"을 제공하는 읽기가 그것이다[Latour, 1977: 81]. 이런 점에서, 페기가 생각하는 이상적인 독자는 흥미롭게도 아파서 아무것도 할 수 없는 환자(patient)다. 그 이유는, 우리가 아플 때 우리는 "배우려 하지도 않고, 작업하려 하지도 않고, 그저 읽기 위해 읽는 순수한 독자"가 되기 때문이다[Péguy, 1992b: 1007].

그런데, 읽기가 사건이 되기 위해서는, 수평적으로 연쇄되는 단어들을 그냥 따라가는 자동화된 흐름이 중단되고, 모종의 "수직적 하강"이 일어나야 한다[Latour, 1977: 81]. 수평성이 지배하는 습관이 중단되고, (수직적 운동을 통해 도달하게 되는) 다른 시간과의 연결이 도입되어야 한다. 일반적인 산문처럼 편안하게 읽는 것을 불가능하게 하는 페기의 반복 기법의 참된 의미가 여기에 있다. 그것은 "습관의 전도"[Latour, 1977: 80]를 겨냥하고 있다. 그렇다면, 페기는 왜 역사철학과 시간의 문제를 다루면서 이처럼 읽기의 문제에 집중하고 있는 것일까?

그것은 읽는 행위의 특이성, 즉 독서 행위에 내포된 시간성 때문이다[Schmidgen, 2012: 12]. 읽는다는 것은 시차(時差)를 둔 메시지의 전달과 해석 행위다. 과거에 쓰인 텍스트가 (독서 속에서) 시간을 건너뛰어 읽는 자와 만난다. 일종의 반복 현상이다. 페기는 강조한다. 읽기는 "작품을 수동적으로 수용"하는 것이 아니다[Péguy, 1992b: 1007]. 만일 우리가 텍스트를 그저 수동적으로 받아들일 뿐이라면, 읽기의 주권은 전적으로 작가에게 주어져 있을 것이다. 하지만, 텍스트는 그것이 쓰이는 순간이 아니라 읽히는 순간 완성된다. 작가의 메시지는 독자들에게 일방적으로, 작가가 원하는 방식으로 전달되지 않는다. 독자는 언제나 "진정으로 새로운 방식으로 오래된 텍스트를 읽는다"[Schmidgen, 2012: 13].

    페기가 본 독서는 "읽는 주체와 읽히는 대상, 작품과 독자, 책과 독자, 작가와 독자의 공동 작동"이다[Péguy, 1992b: 1007]. 그는 독자에게 권력을 부여한다. "내 불쌍한 친구여. 그토록 수많은 위대한 작품들과 그토록 수많은 위대한 인물들의 작품들과 그토록 수많은 위대한 인물들의 완성, 완수, 정점이 우리에게 달려 있다는 것은 참으로 경이롭고, 거의 가공할 만한 운명이 아닐 수 없소. 우리에게 던져진 얼마나 무서운 책임이오"[Péguy, 1992b: 1008]. 참된 읽기는 과거의 텍스트를 지금 여기서 반복하고, 그 의미를 갱신하여, 텍스트를 '부활'시키는 행위다. 1973년 페기 탄생 백 주년 기념 콜로키엄에 참가하기 위해 주최 측에 보낸 발표 신청 편지에서 라투르는 페기의 반복에 대한 자신의 통찰을 다음과 같이 선명하게 정립하고 있다.

    제가 제시하고자 하는 본질적 생각은, 방법의 관점에서 보면, 페기의 반복적 문체와 그가 역사와 시간에 대해서 갖고 있는 관념들의 관계입니다. 문체의 측면은 문체론적이지 않은 토대를 갖고 있는 것입니다. (…) 페기는 반복을 사용하지 않을 수 없었는데, 그 이유는 이 형식의 디테일이 '그의 사유의 바탕 그 자체'이기 때문입니다. 이 바탕은 무엇으로 이루어졌을까요? 그것은 다음과 같이 몇 마디로 제시될 수 있습니다. 즉, 자연적인 것은 재생산됩니다. 흥미롭지 않은 것은 지나가고 머물지 않습니다. 거짓된 것은 그저 되풀이됩니다(se rabâche). 본질적인 것은 '반복'됩니다(se répète). 중요한 것은 현존하는 것으로 남고 그래서 그냥 지나가 버리지 않도록 끝없이 다시 택해집니다(repris). 단지 되풀이되지 않기 위해서 다르게 택해집니다[Latour, 1977: 77].

위의 인용을 좀 더 분석적으로 풀어 보면 다음과 같이 정리될 수 있다. 첫째, 페기에게 반복은 단순한 문학적 스타일, 글쓰기의 스타일이 아니라 그보다 더 근본적인 하나의 사유 방식이다. 둘째, 반복되는 것은 (흔히 사람들이 생각하듯이) 식상하거나 무의미한 것이 아니라 본질적이고 중요한 것이다. 반복되는 것은 시간의 흐름 속에서 사멸하지 않고 회귀하며, 생명을 유지하며 지속해 나간다. 달리 표현하면, 반복되는 것은 '가치'를 갖고 있다. 셋째, 표면적으로 유사하지만 실제로는 구별되어야 하는 두 가지 서로 다른 반복이 있다. 하나는 '되풀이'고 다른 하나가 '반복'이다. 되풀이가 동일한 것의 재생이라면, 반복은 차이와 변형이 동반된 갱신이다. 라투르는 강조한다. "반복은 후렴구(ritournelle)와 되풀이(rabâchage)에 대항해 페기가 발명한 전쟁 기계다"[Latour, 1977: 80].

라투르에 의하면 페기의 반복 개념은 결국 신학적 사유로 수렴된다. 페기는 기독교를 일반적 의미의 믿음의 시스템이나 제도 종교로 보지 않았다. 그가 본 기독교는 훨씬 더 사건적이며 시간-리듬적이다. 그의 기독교는 반복의 종교다. 페기에게는 "반복이 오순절 성령 강림의 사역을 갱신한다"[Latour, 1977: 93]. 어떤 "본질적 리듬"이 기독교를 기독교로 만든다고 본 것이다[Latour, 1977: 91]. 그런데, 그 핵심에는 예수가 있다. 페기가 본 예수는 과거의 어느 시점에 특정 지역에 살았고, 특정 언어로, 특정 메시지를 발화했던 "역사적 인물"이 아니라, "신의 언어를 자신을 통해 구현하고, 구체화하고, 마침내 기입하는 궁극적 사건"이다[Schmidgen, 2012: 13].

페기의 예수는 하나의 운동이다. "절대적 창조의 분출, 절대적 탈습관성"이라는 운동[Latour, 1977: 93]. 라투르는 말한다. "페기가 '예수'라 부르는 것은 시간이 실행되는 리듬, 탈습관화의 운동, 역사의 저항할 수 없는 열림" 그 자체다[Latour, 1977: 93]. 기독교 네트워크가 확장되는 매 순간 다시 나타나 움직이는 감화력, 시간의 생동하는 시간성, "시간의 진실한 작동"[Latour, 1977: 95], 그것이 바로 예수다.

이처럼 라투르가 페기에게서 획득한 신학적 통찰의 핵심에는 기독교 네트워크를 이루는 반복이라는 시간-리듬론이 자리잡고 있다. 『클리오』는 이 새로운 시간에 대한 이해를 통해 근대 역사학의 '동질적이고 공허한' 시간을 폭파하고자 했던 시도로 읽힌다.[81] 페기의 최대 관심은 '지금'이다. 그는 "현재의 인간"이다[Latour, 2015: 48]. 그런데 이 지금은 시계나 달력의 한 점이 아니라, 과거의 어떤 것이 다시 솟아나 부활하는 질적 시간(카이로스)이다. 반복 속에서 차이가 생성되는 순간이다. 이런 이유에서 라투르는 페기를 '복음서 저자'라 부르는 것이다[Latour, 1977: 94, 97]. 미래를 말하는 예언자와 달리 복음서 저자는 과거에 이미 도래한 좋은 소식을 지금 여기서 누군가에게 전달하는 반복의 주체, 연결의 링크다[Latour, 2005b: 28]. 복음을 말한다는 것은 예수의 도래와 부활을 되살리는 것, 즉 "사건의 지속적인 열림"을 실천하는 네트워킹, 매개, 번역, 변형인 것이다[Latour, 1977: 94]. 도저한 불연속성을 뚫고 가까스로

---

[81] 라투르는 『가이아와 마주하며』의 한 각주에서 『클리오』의 핵심 기획이 "근대인들에게 시간성을 회복시켜 주는 것"이라 말하고 있다[Latour, 2017a: 243]. 페기가 회복시키고자 했던 이 독특한 시간성을 들뢰즈와 과타리는 'internel'이라 명명한다[Deleuze·Guattari, 1991: 106~108]. 이 단어는 영원을 의미하는 불어 형용사 'éternel'의 'é'를 'in'으로 대체하여 만든 들뢰즈와 과타리의 조어다(영어로는 'aternal'로 번역된다). 그 정확한 의미를 저자들은 자세하게 밝히고 있지 않지만, 추측해 보면, 외부의 의미가 들어 있는 'é'를 'in'으로 바꿈으로써 시간의 바깥으로서의 영원이 아니라 시간의 내부에 스며들어 있는 영원성을 지칭하고자 한 것으로 보인다. 사실, 페기는 자신의 저작들 곳곳에서 "시간적으로 영원한 것(temporellement éternel)" 혹은 "영원히 시간적인 것(éternellement temporel)", 혹은 "영원한 것의 시간적 삽입" 같은 다양한 어구를 통해 이런 역설적 시간성을 반복적으로 표현한 바 있다[Péguy, 1992a: 598, 602, 624; Péguy, 1992b: 1011~1013]. 이처럼 페기의 역사철학은 실증주의나 목적론과 선명히 구별되는 "사건의 형이상학"[Riquier, 2011]의 성격을 띠고 있다. 페기의 '시간적으로 영원한 것'이라는 개념은 베르그송의 '지속(durée)', 벤야민의 '기원(Ursprung)', 니체의 '동일자의 영겁 회귀', 로젠츠바이크(Franz Rosenzweig)의 '계시', 블로흐(Ernst Bloch)의 '비동시적인 것의 동시성'과 맥을 같이 한다[김홍중, 2006: 96].

무언가를 이어 가는 연결인 것이다.

    우리는 이제 왜 청년 라투르가 페기의 반복 개념에 몰입해 있었는지를 더 명확히 이해할 수 있다. 페기는 기독교 네트워크의 시간-리듬적 원리를 라투르에게 가르쳐 준 것이다. 이 가르침은 또한 라투르가 불트만을 자신의 방식으로 이해하는 데 결정적인 영향을 주었다. 2014년 하울스와의 인터뷰에서 라투르는 자신의 불트만 이해에 (이미 탐독하고 있던) 페기의 관점이 십분 활용되었다고 말한다. 반복되며 변형되는 시간의 맥박에 대한 인식을 통해 불트만의 순수한 기원에 대한 추구를 넘어설 수 있게 된 것이다[Howles, 2018: 366~367].[82] 기독교 네트워크의 사슬(불트만)은 매 순간 창조적 반복의 리듬(페기)을 요구한다. "샤를 페기와 루돌프 불트만의 수렴"[Latour, 2013a: 288] 내지는 "페기와 불트만 사이의 혼합"[Tresch, 2013: 305]은 이렇게 이뤄지고 있었다.

---

82. 하울스가 "페기에게 영감을 받아 이뤄진 불트만의 전도"라 부르는 이 과정에는 데리다 철학의 영향도 존재한다[Howles, 2016: 237]. 페기의 반복과 데리다의 차연(différance)의 개념적 유사성에 관해서는 차후의 연구를 기약한다.

VII. 비-사회학적 사회 이론

터키풍 옷차림을 한 인형이 장기를 두며 사람들을 모두 이기는 기계 장치가 있다. 그런데, 저 장치 속에는 장기의 명수인 한 난쟁이가 숨어서 인형을 조종하고 있다. 거울이 설치되어 있어서 사람들은 난쟁이를 보지 못하고, 인형이 장기를 두는 것으로 착각한다. 그러나 사실 그 기계는 인형과 난쟁이와 거울의 어셈블리지다. 벤야민이「역사철학테제」의 서두에서 소개하는 유명한 알레고리다.[83] 그는 맑스주의적 역사 유물론이 승리하기 위해서는 그것이 강력하게 비판하는 신학과 동맹을 맺어야 한다는 도발적 주장을 저 장기 두는 기계의 알레고리를 통해 펼치고 있다. 역사 유물론이 인형이라면 신학은 숨어 있는 난쟁이다[벤야민, 2008: 329~330].

사실 이 알레고리는 벤야민 자신의 학문에도 적용된다. 벤야민은 맑스주의와 유태교 메시아주의를 결합함으로써 새로운 역사 철학을 실험했다. 그는 『아케이드 프로젝트』에서 자신의 철학이 신학을 은밀하게 품고 있다는 사실을 다음과 같이 표현한다. "나의 사고와 신학의 관계는 압지(壓紙)와 잉크의 관계와 같다. 나의 사유는 신학에 흠뻑 젖어 있다. 그러나 압지를 기준으로 본다면 쓰여진 것은 무엇 하나 남지 않는다"[벤야민, 2005: 1072]. 벤야민은 신학자도 아니고 신학에 대한 글을 쓰지도 않았다. 하지만 그에게 신학은 보이지 않는 지적 자원으로 움직이면서 맑스주의에 고도의 생기와 긴장 그리고 힘을 불어넣는 원천으로 작용하고 있다.

여기서 주의해야 하는 것은 벤야민이 지금 '맑스주의 신학'이나 '신학적 맑스주의' 같은 종합적이고 변증법적인 학문을 제창하거나 추구하는 것이 아니라는 사실이다. 윌슨(Edward O. Wilson)이 말하는 통섭이나 융합, 혹은 간학문성 같은 것과도 아무런 상관이

---

83. 이 알레고리를 벤야민은 에드거 앨런 포의 단편 소설「멜첼의 체스 기사」(1836)에서 가져온 것으로 알려져 있다[뢰비, 2017: 58].

없다. 굳이 말하자면, 신학은 맑스주의 역사철학 속에 보이지 않는 방식으로 '기생'해야 한다. 기생체가 숨어서 숙주와 공생하면서 숙주에게 영향을 주듯이, 신학은 그렇게 비가시적으로 사유와 감각에 녹아들어 가서 가시적 사유에 영향을 주어야 하는 것이다. 일종의 '이론적 미토콘드리아'다.

이런 관점에서 말하자면, 라투르 사회 이론 역시 '장기의 명수인 난쟁이'를 가지고 있는 이론-기계라고 말할 수 있다. 라투르 역시 신학자가 아니고 종교 연구자도 아니다. 그러나, 그가 청년기에 천착했던 신학적 주제들은 라투르 사회 이론의 보이지 않는 '동맹자'로 작용했다. 그는 신학적 고민을 사회과학의 경험 연구 속에, 사회과학적 이론화 과정에 녹여 냈다. 결국, 중요한 것은 난쟁이의 자리에 무엇이 있느냐가 아니라 그 외부성의 자리 그 자체의 현존이다. 누군가에게 그것은 신학일 수 있고, 누군가에게는 예술이나 문학일 수도 있고, 또 누군가에게는 물리학, 생물학, 법학일 수도 있다. 중요한 것은 비-사회학적인 것과 사회학의 창조적 어셈블리지다.

토우스(David Toews)는 타르드 이론을 다루는 글 「사회학의 비-사회학적 토대」에서 이와 유사한 관점을 주창한다. 그가 보는 타르드는 비사회성(unsociability)을 사회학의 강력한 동력으로 전환시킨, 탁월한 "비사회성의 사상가"다[Toews, 2010: 80]. 타르드 사회학은 비사회적인 것, 비사회학적인 것을 사회 현상에 대한 사고 속에 끌어들임으로써 사회학을 사회에 대한 학문이 아니라 다양한 연결과 연합의 학문으로 확장하고자 했다는 것이다. 토우스에 의하면, 이것은 타르드의 약점이 아니라 오히려 우리 시대의 사회학이 고민해야 하는 하나의 가능성이다.

> 사회학은 비사회성(예컨대 다수의 창조적 실천들의 비사회성)을 모든 사회적 사안들의 중심적 항수로서 이해해야 할 필요성이 있다. 이 상수는 의식적으로 수용되어 사회 안에 통합될 수 있다. (…) 우리는 비사회적이고(unsociable) 비-사회학적인(non-sociological) 사

고(원한다면 이를 철학이라 불러도 좋다)를 단순히 어떤 이데올로기나 문화의 징후로 볼 것이 아니라 적극적이고 생기 넘치는 사회학의 동맹이라는 이미지로 형성해야 한다[Toews, 2010: 91].

비-사회학적인 사고를 사회학이 자신의 동맹으로 만들어야 한다는 제언은 매우 중요한 함의를 갖는다. 21세기 사회가 더 이상 그 외부와 물질적으로 구분될 수 없는 것처럼, 21세기 사회학 역시 '사회적인 것의 사회학'의 한계를 넘어서야 하기 때문이다. 사회가 모든 것을 설명한다는 전통적 서사로는 더 이상 현실의 복잡다기한 문제들을 풀어 가기 어렵다. 사회학은 토우스가 말하는 '사회학의 비-사회적 토대'와의 어셈블리지를 만들어 내야 한다. 즉, 사회학은 자신의 바깥과 동맹을 맺어야 한다.

들뢰즈에 의하면, 소수적 문학은 '말을 더듬는' 문학이다[Deleuze, 1993: 135~143]. 어눌하고, 심지어 소통에 서툴지만, 그 미숙과 무능을 통해 역설적으로 달변(達辯)의 공허함을 넘어서고, 문학 고유의 힘을 발휘하는 그런 문학이다. 사회학은 문학이 아니지만, 우리가 소수적 사회 이론을 사고하고자 한다면, '말을 더듬는' 사회학을 상상해 내야 한다. 제도가 가르치고, 공인하고, 규범화한 지식 생산의 시스템 속에서 유창하게 구사되는 사회학의 언어 대신, 생경하고 무시무시한 현실 문제와 뒤엉킨 채 '말을 더듬는' 사회학. 이것이 소수적 이론의 자리가 아닐까? 우리를 전율시키고 변화시키며, 사회적 현실의 압도적 양상을 우리 앞에 가져오는 힘 있는 소수적 이론의 자리가 아닐까?

보론. '사회'의 폐기인가 아니면 '사회'의 확장인가?

라투르가 사회 개념에 대해 보여 주는 거부는 단호하고 일관적이다. 그의 저서 여러 곳에서 우리는 사회적인 것의 사회학이 부정되고 기각되는 장면을 목격하는데, 이는 그의 철학적 스탠스에 비추어 보면 당연한 결과로 보인다. 선명한 비환원주의 관점(특정 독립 변수로 모든 현상을 설명하려는 시도에 대한 비판)을 표방하는 ANT의 시각에서 보면, 사회를 일종의 "디폴트 포지션(default position)"으로 상정하고 모든 현상을 그것으로 설명하려는 시도는 지지되기 어렵기 때문이다[Latour, 2005a: 3].

라투르에게 사회적인 것은 연합을 통해 형성된 네트워크다. 따라서 그가 사회라는 용어 대신 '집합체(collective)' 같은 개념을 사용하자 제안하는 것은 논리적으로 자연스럽다. 전통적으로 통용되던 여러 형태의 사회상(유기체, 시스템, 구조, 전체, 총체) 대신 네트워크라는 새로운 존재론적 원리를 제시함으로써, 라투르는 사회를 탐구할 수 있는 혁신적 가능성과 이론적 돌파구를 열었다. 사회 개념의 폐기가 실질적인 대안과 맞물리고 있는 것이다. 그런데, 여기에는 생각보다 곤혹스런 문제가 하나 존재한다. 사회라는 말에 짙게 내포되어 있는 도덕성이 그것이다.

영어권에서 사회(society)라는 단어는 14세기부터 본격적으로 사용되기 시작한다[윌리엄스, 2010: 444~445]. 또한, 16세기경부터 사용되기 시작하는 사회적(social)이라는 형용사는 당시에는 주로 "관계를 형성할 수 있는 능력"을 수식했던 것으로 알려져 있다[Poovey, 2002: 45~46]. 프랑스어로 사회를 의미하는 소시에테(société)는 17세기 말까지 주로 소규모의 친교, 즉 "작은 연합들과 그 안에서 발생하는 함께 즐기는 삶"을 가리키는 용어로 사용되어 왔다[Gordon, 1994: 51].[84] 그 동일한 단어가, 지금 우리가 일상적으로

---

84. 개코원숭이를 오랫동안 연구한 인류학자 셜리 스트럼(Shirley C. Strum)과 함

사용하는 한국 사회, 일본 사회, 프랑스 사회 같은 용례를 보이기 시작하는 것은 근대적 국민-국가의 등장 이후다. 이때 사회는 '네이션'과 동일한 의미를 띠며 '국민 사회(national society)'를 지칭하게 된다[어리, 2012: 27].

19세기 이후 서구에서 이른바 사회과학이 형성되면서, '사회'는 학문적으로 중대한 함의를 품는 용어로 변모한다. 2017년의 한 연구에서 나는 근대 사회 이론(사상)에 나타나는 사회 개념의 의미론을 다음과 같은 다섯 가지 유형으로 분류하여 살펴본 바 있다[김홍중, 2017]. 첫째, 인간 삶의 최종 심급(뒤르켐). 둘째, 역사적으로 형성된 특정 통치 섹터(푸코와 아렌트). 셋째, 관계를 만드는 근본 역능(짐멜). 넷째, 근대의 대중적 삶의 형식(니체). 다섯째, 공존을 지향하는 유토피아(맑스).

의미론적 차이에도 불구하고 저들의 사회 개념은 중요한 특성을 공유한다. 거칠게 말하자면, 사회는 정치나 경제와 구분되는 호혜성의 영역과 관계를 가리킨다. 사회는 서로 주고, 받고, 돕고, 사귀고, 나누는 삶과 깊은 연관을 갖는 용어다. 공생적 삶에 대한 도덕적 가치 부여가 그 말에 깊게 각인되어 있는 것이다.

사회적 행위, 사회적 관심, 사회적 관계, 사회적 정의, 사회적 공간, 사회적 문제, 사회적 경제, 사회적 약자, 사회 민주주의, 사회적 권력, 사회적 가치, 사회적 책임, 사회적 합의, 사회적 윤리, 사회 보장, 사회 보험, 사회적 안전과 같은 단어들을 깊게 들여다보라. 우리는 저들 단어에 사용된 '사회적'이라는 형용사를 '정치적'이나 '경제적'이라는 형용사로 바꾸어 보면, 그 의미가 얼마나 달라지는지 쉽

께 쓴 글에서 라투르는 '사회적(social)'이라는 용어의 어원이 'seq' 혹은 'sequi'로 그 의미가 '따르다(following)'임을 밝히고 있다. 라틴어로 사회를 가리키는 단어인 'socius'는 친구라는 뜻을 가지며, 사회를 의미하는 또 다른 용어인 'socio'는 연합하거나 공유하는 것을 가리켰다. 라투르는 이런 어원 분석을 통해 '사회적'이라는 형용사의 세 가지 주요 의미를 끌어낸다. 첫째, 누군가를 따르기. 둘째, 가입하거나 연합하기. 셋째, 공유하기[Strum·Latour, 1987: 793~794].

게 깨닫는다. '사회적'이라는 말은 특정한 도덕적 감수성, 규범적 태도, 약자나 소외된 자들에 대한 관심의 촉구, 개체 중심적 사고에 대한 비판을 함축하고 있기 때문이다. 사실, 우리가 사회학, 사회학과, 사회학자에 대해서 갖고 있는 일반적 인상 역시 그러하지 않은가?

요컨대, 사회라는 말은 중립적 기호(sign)가 아니라, 근대 세계에서 나타나는 여러 문제들, 운동들, 약자들과의 소통과 연결들, 저항적이고 비판적인 담론들, 대학의 학과와 사회학이라는 학문, 자발적 결사체들, 친교 집단들, 공통의 삶이 어디로 흘러가는지에 대한 우려, 감정, 정동이 이루는 방대한 네트워크 속에서 살아 생동하는 (라투르 자신의 용어를 사용해 말하자면) 일종의 '명제'인 것이다. 하나의 명제로서, 사회는 화이트헤드가 말하는 '느낌에의 유혹'이고, 학생들과 시민들의 마음에 대한 호소이며, 연결에의 제안이다. 제도와 체험과 감성과 지식과 운동으로 짜인 채 작용하는 존재자, 더 강해질 수도 있고, 더 약해질 수도 있는 네트워크, 그것이 사회다.

이런 맥락을 고려했을 때, 우리는 다음과 같은 질문을 던지지 않을 수 없다. 라투르가 '사회'를 기각함으로써 그는 사회학의 귀중한 자산인 도덕적 열망과 규범적 지향, 사회라는 말이 담지하는 가치 또한 함께 버리고 있는 것은 아닌가?[85]

나는 이렇게 생각한다. 라투르는 사회 개념과 그것이 내포하는 가치를 버렸다기보다는 오히려 그것을 급진적으로 확장시키고자 했던 이론가로 보는 것이 더 정확하다. 그가 파괴하고자 했던 것은 사회라는 관념 일반이 아니라, 20세기 사회과학에서 별다른 반성 없이 사용되고 있던 (특히) 구조주의적, 환원주의적, 인간 중심

---

85. 실제로 그는 『사회적인 것의 재조립』의 서론에서 대처(Margaret Thatcher)의 "사회 같은 것은 없다"라는 유명하고도 악명 높은 진술을 자신의 입장과 유사한 것으로 언급한다. 물론, 이러한 어법은 라투르에게서 우리가 흔히 발견하는 블랙 유머다. 그는 위의 이야기를 하면서 괄호를 삽입하여 자신과 대처는 서로 다른 이유에서 사회를 부정하는 것이라고 부언하고 있다[Latour, 2005a: 4~5].

적 관점의 사회 개념이다. 그는 이러한 관념이 리얼리티를 제대로 파악하지 못하게 하는 걸림돌이라 간주하고 그것을 해체하고자 했다. 인간 행태를 규제하고 결정하는 (프로이트의 무의식과 같은) 최상위 심급으로서의 사회 관념으로는 현실을 구성하는 수많은 인간, 비인간 행위자-네트워크의 실존을 인지할 수 없으며, 더구나 21세기 생태 파국의 문제에 효과적으로 대응하는 정치생태학을 펼쳐 갈 수 없기 때문이다.

이런 맥락에서 그는 근대적 사회 개념의 모태가 되는 국민-국가를 넘어서고, 20세기 후반에 구조화된 '글로벌' 수준의 정치 경제적 질서도 넘어서는 물질적 연결망인 '가이아'라는 근원적 공생 네트워크를 드러낸다. 말하자면, 사회라는 말로 근대적 국가 사회가 아니라 행성적 수준의 '가이아'를 지칭할 수 있는 시각의 변혁을 가져온 것이다.

바로 이 지점에서 우리는 도덕의 문제가 재구성되어 강렬하게 복귀하는 장면을 목격한다. 가이아라는 거대한 행위자-네트워크를 배경으로 사회적인 것을 사고한다는 것은, 그 안에서 살아가는 모든 생명적 존재자들의 시민성에 대한 인정을 요청한다. 인간이 중심이 되는 도덕 체계의 확장이 요청되는 것이다. 이처럼, 라투르는 지금까지의 사회 개념이 함축하고 있던 공생, 공존, 연대, 부조(扶助)의 의미론을 인간 사회 너머로 끌고 나가 행성적 수준으로 확장시키고 있다. 이른바 '지구-사회'라는 지평에 걸맞은 제도적, 법적, 문화적 요소들이 미래 문명의 청사진으로 제기되는 것도 그런 맥락에서다. 라투르가 말년에 집중적으로 수행했던 정치생태학적 작업이 이런 방향성을 선명하게 갖고 있었다면, 라투르가 사회 개념과 그 가치를 버렸다기보다는, 오히려 새로운 사회의 의미론을 창설하려던 시도로 평가하는 것이 적절해 보인다.

7장
가까스로-있음의 존재론

꽃들이 시들 때를 그 누가 한다면 이토록
철없이 만개할 수 있을까
[김진영, 2018: 97].

'실존'하는 것들은 그냥 있는 것이 아니라, '있을 수 있기' 위해 고투하고 있다.
그저 있는 듯이 보이는 나무는 나무는 팽창하고 있고, 성장하고 있고, 분열하고 있다.
바람에 버티고 있으며, 흙을 뚫고 내려가고 있다. 그저 있는 것처럼 보이는
존재자를 구성하는 요소들은 부단히 운동하고 있다. 흐르고 있고, 불타고 있고,
대립하고 있고, 버티고 있다. 가까이에 다가가서 보면, 모든 존재는 무수한
작용과 쉬움의 지속적 '과정'이다. 존재가 아니라 생성, 혹은 생존이다
[김종중, 2020: 209].

I. 기이한 학위 논문

라투르는 1975년 6월에 투르대학교에 「성서 주해와 존재론: 부활 텍스트에 대한 분석」이라는 제목의 박사 학위 논문을 제출한다. 본인의 술회에 의하면, 이 논문은 1973년에서 1975년 사이에 군 복무를 겸한 현장 연구를 수행하던 아프리카의 아비장(Abidjan)에서 쓰여졌다. 해외에 머물다 보니 지도 교수인 클로드 브뤼에르를 만나지 못한 채로 연구가 진행되었으며, (황당하게 들릴 수도 있지만) 논문 심사일에 가서야 처음 지도 교수와 대면했다 한다. 교수의 개입 없이 자유롭게 저술된 이 논문은 결국 낮은 점수로 통과되었고, 라투르는 오랫동안 그 논문의 존재조차 망각해 버렸다고 한다[Latour, 2024: 10].

ANT에 대한 학문적 관심이 커지면서 여러 연구자들이 그 텍스트를 찾아 나섰지만, 쉽게 구할 수 없다는 풍문이 떠돌았다. 제롬 라미는 2018년 9월 25일에 라투르의 비서에게 메일을 보내 논문을 구할 수 있느냐 문의했지만 찾을 수 없다는 해답이 돌아왔다고 진술한다[Lamy, 2021: 119]. 2018년에 케임브리지대학교에 제출한 학위 논문 「브뤼노 라투르의 정치철학」에서 티머시 하울스는, 라투르를 직접 방문하여 그가 소장하고 있던 논문을 스캔하여 자료로 활용했다고 보고한다[Howles, 2018: 198].

그런데, 이렇게 구하기 어렵던 그의 학위 논문은 2024년 프랑스에서 『생태학의 시험에 든 종교』라는 책의 제2부에 묶여 출판됨으로써 마침내 세상의 빛을 보게 된다. 논문은 모두 다섯 장으로 이뤄져 있다. 1장에서는 프랑스의 시인 생-존 페르스(Saint-John Perse)의 시편들을 다루고, 2장에서는 샤를 페기의 『클리오』, 3장은 헝가리 뉴웨이브 영화감독인 미클로시 얀초(Miklós Jancsó)의 영화, 4장은 루돌프 불트만을 통해 읽는 『마가복음』, 5장은 사랑의 위기(체험)를 분석한다. 테마의 다채로움만큼이나 놀라운 것은 논문의 스타일이다. 서문의 첫 문장에서 라투르는 이렇게 쓰고 있다.

우선 독자를 실망시켜야 할 것 같습니다. 이 작업에서 다뤄진 주제들에서는 '무엇보다' 서론을 발견할 수 없습니다. 주제를 '설명하는' 전개 과정도, 결론도 찾을 수 없습니다. 우리가 제시하는 작품들에서는 추이적 연속이라는 개념, 그리고 표상할 수 있는 주제라는 관념 자체가, 문장에서 문장으로 이어져 가면서, 논박되고 있습니다. 한 장이 이전 장을 앞서 나가지 않습니다. 우리는 언제나 서론 속에 있습니다. 어딘가에 이르는 것이 아닙니다. 무언가 막힌 것을 뚫을 뿐입니다. 모든 것을 이해하는 어떤 방식입니다. 그게 지금 문제의 핵심입니다. 다른 건 없을 겁니다[Latour, 2024: 171].

라투르는 학위 논문에 기대되는 통상 규범을 위반하겠다는 선언을 하고 있다. 우선, 논문이 체계적이고 연쇄적으로 구성되어 있지 않음을 밝힌다. 서론, 본론, 결론으로 이어지는 추이가 없으므로, 자신이 펼쳐 갈 다섯 개 장은 독자적이고 독립적인 텍스트로 읽힐 수 있다는 것이다. 또한, 이들 사이의 유기적 연결도 없고, 모두를 종합하는 상위 시스템도 없다는 점 역시 천명된다. 그렇다면, 이런 특이한 방식으로 구성된 이 텍스트를 어떻게 이해해야 하는가? 서문에서 라투르는 단호한 어조로 이 작업이 "과학 서적"도 아니고 "기술적 작업"도 아니고 "이데올로기 저작"도 아니고 "문학"도 아니라고 단언한다[Latour, 2024: 172]. 그렇다면 무엇인가? 그는 말한다. "철학의 공식 용어를 잠시 빌려 말하자면", 이 논문은 "존재론의 작업(travail d'ontologie)"이다[Latour, 2024: 172].

존재론. 이것이 라투르가 자신의 박사 학위 논문에 스스로 부여한 명칭이다. 라투르 지적 이력의 첫 단추는 '존재론'이라는 이름을 갖고 있었다. 이 사실은 우리가 ANT를 21세기의 중요한 대안 사회 이론으로 검토할 때 상당한 중요성을 갖는다. 라투르가 가져온 여러 지적 충격파 중 가장 심대한 것이 다름 아닌 그의 존재론적 관점이기 때문이다. 그렇다면, 라투르의 존재론을 우리는 어떻게 이해해야 하는가? 나는 이에 대한 해답으로 다음의 세 가지 테제를 제안한다. 첫째, 존재는 네트워크다. 둘째, 존재는 반복이다. 셋째, 존재는 타자다. 이 테마들을 살펴본 이후에 나는 라투르의 이런 관점을 '케노시스', 즉 자기-비움의 논리로 바라볼 수 있는 가능성을 짚어 보고자 한다.

II. 존재는 네트워크다

데란다의 표현을 빌려 말하자면, "한 철학자의 존재론은 그가 실제로 존재한다고 가정하는 존재들의 집합, 그가 현행적으로 존재한다고 제시하는 존재들의 유형(에 대한 사유)"을 지칭한다[Delanda, 2002: xii]. 존재론은 "무엇이, 어떤 방식으로 (…) 있어야 하는지에 관한 질문들"로 이뤄져 있다[de Vries, 2016: 10].

사실, 20세기 사회학이 인식론(방법론)에 쏟은 정열에 비하면 존재론에 보여 준 관심은 빈약하기 그지없다. 고전 사회학에서부터 이미 이러한 경향은 농후하다. 뒤르켐 사회학은 '사회라는 독립 변수가 존재한다'는 명제를 증명하기 위한 다각적 노력에 다름 아니다. 객관적 사회의 존재를 인정하지 않는 베버가 바라본 사회 세계의 유일한 존재자들은 합리적 개인들이다. 맑스의 유물론은 사회를 하부 구조와 상부 구조로 분리하고, 이 중 하부 구조에 참된 존재성을 부여한다(존재가 의식을 결정한다). 이후 펼쳐진 사회 이론의 여러 성찰들 속에서도 사실상 존재론적 관심이 철학적으로 심오하게 천착된 경우는 쉽게 발견되지 않는다.[86]

요컨대, 사회학은 지난 백여 년간 사회, 국가, 시장, 조직, 가족, 개인 등 몇 개 되지 않는 존재의 범주들을 가지고 사회를 설명하려 시도해 왔다. 이런 맥락에서 생각해 보면, 라투르가 제창한 존재론적 전회는 사회학의 역사에서 유례를 발견하기 어려울 정도로 혁신적이며 급진적이다. 이는 기본적으로 ANT의 핵을 이루는 네트워크라는 형상과 그로부터 도출되는 '존재=네트워크'라는 근본 입장에 기인한다.

존재를 네트워크로 본다는 것은 사회 이론의 영역에서 파괴적 임팩트를 발휘한다. 네트워크의 관점에서 보면, 뒤르켐의 사회

---

86. 이 글에서 깊게 다루지는 않겠지만 루만의 '시스템' 개념은 존재론적으로 중대한 함의를 갖는다고 생각한다. 이에 대한 논의로는 차후의 기회를 기약해 본다.

적 사실, 라캉의 상징계, 부르디외의 장, 소쉬르의 랑그 같은 개념들이 상정하는 구조의 선험성, 불변성, 초역사성은 인정되기 어렵다. 네트워크의 평평한 세계에는 선험적인 것도 메타적인 것도 초월적인 것도 본질적인 것도 자리를 잡을 수 없다.[87] 이런 이유로, 라투르는 구조를 이론적 가상에 불과하다고 보았다[Latour, 2005a: 167~168]. 더불어 자유주의적 상상계가 사회 세계의 근본 단위로 보는 개인에 대해서도 새로운 시각이 부여된다. 라투르에 의하면, 인간 행위자는 분해 불가능한 개체가 아니라 그 자체로 이미 다양체이며, 이런 점에서 방법론적 개인주의는 이론적 오류로 여겨진다[Latour, 2005a: 46]

'존재=네트워크'라는 관점은 사회, 자연, 물질, 정신 같은 거대 범주들을 해체하고, 그들에 의해 가려져 존재를 부정당했던 수많은 행위자-네트워크를 승인하게 한다. 잘 알려진 것처럼, 라투르가 말하는 행위자-네트워크는 연결되어 세계에 작용하면서 뭔가를 생산하고 변화시키는 모든 주체를 포함한다. 먼지도, 자갈도, 이산화탄소도, 바이러스도, 귀신도, 천사도, 한강 소설의 주인공들도, 셜록 홈즈도, 허구적 형상들도 행위자-네트워크이며, 따라서 정당한 방식으로 존재하는 실존들이다.[88] 라투르가 존재론적으로 복권시킨

---

87. 라투르는 말한다. "본질은 존재이고 존재란 행위다"[라투르, 2018: 201]. 본질은 "사건인 동시에 궤적"일 뿐이다[라투르, 2009: 222].

88. 하먼의 '객체지향 존재론'도 유사한 사고를 제시한다. 그가 말하는 객체는 "그것을 구성하는 요소나, 그것이 다른 사물들에 행하는 효과들로 완전히 환원될 수 없는 어떤 것"으로 정의된다[Harman, 2018: 43]. 이는 객체의 '존재(what it is)'를 그 '요소(what it is made of)'나 '효과(what it does)'로 환원시킬 수 없다는 입장이다. 이런 입장은 객체의 고유한 존재론적 본질, 즉 그 깊이와 어둠과 불투명성을 적극적으로 인정하게 된다[Harman, 2016: 19~20]. 이를 무시하게 되면, 우리는 다음과 같은 오류에 쉽게 빠진다. 첫째, '존재하는 모든 것들은 물질적이다'라는 물질주의(physicalism)의 오류. 둘째, '존재하는 모든 것들은 기본적이고 단순하다'는 미소주의(微小主義, smallism)의 오류. 셋째, '존재하는 모든 것들은 리얼하다'는 반(反)-허구주의(anti-fictionalism)의 오류. 넷째, '존재하는 모든 것들은 명제적 언어로 정확히 진술

것은 이처럼 무수하게 많고 다양한 행위자-네트워크들이었다.

될 수 있다'는 축어주의(literalism)의 오류[Harman, 2018: 25~35].

III. 플라스마란 무엇인가?

한 걸음 더 나가 보자. 만약 라투르가 주장하듯 모든 존재가 연합을 통해 만들어진 어셈블리지라면, 존재를 동일성(identity)의 관점에서 파악하는 입장은 지지되기 어렵다. '존재=네트워크'의 세계에서 동일성이 주어진 것이 아니라 연결을 통해 가까스로 획득되는 산물이기 때문이다. 라투르는 『프랑스의 파스퇴르화』에서 이렇게 쓴다. "어떤 것도 혼자서 그 자체로 다른 어떤 것과 같거나 다르지 않다. 즉, 등가적인 것은 없다. 오직 번역들만이 있을 뿐이다. 달리 말하면, 모든 것은 한 번 발생하며, 한 장소에서만 발생한다. 만일 행역자들 사이에 동일성들이 있다면, 그것은 그들이 막대한 비용을 들여서 구성되었기 때문이다"[Latour, 1988: 162].

'존재=네트워크'의 세계는 근본적인 차이에 의해 규정된다. 원래 상태에서 모든 것들은 이가적(異價的)이거나 다가적(多價的)이다. 즉, 차이들이다. 존재자들은 원격적으로 떨어져 있으며 서로에게 외부적이다. 그들 사이에 공통의 매질(媒質)이 주어져 있지 않기 때문에, 존재자와 존재자 사이에는 불연속성이 있다. 이러한 간격을 가로지르는 연결선(관계)이 만들어져야 비로소 두 분리된 점은 동일한 가치(등가성)를 획득하며 묶인다. 라투르가 말하듯 등가성은 이러한 번역의 결과다. 하먼이 지적하듯이, 라투르에게 "관계는 어려운 결과이지 쉬운 출발점이 아니다"[하먼, 2019: 245]. 요컨대, 존재는 원격성과 관계성을 동시에 갖는다. 하먼은 이를 '원격근접성'이라는 절묘한 용어로 포착하고 있다.

> 객체들의 민주주의는 객체들이 모두 서로에게 외부적임을 뜻한다. 이 사태가 라투르가 원격 작용(action at a distance)으로 의미하는 것이다. 어떤 객체에도 다른 객체가 들어 있지 않으므로 객체들은 모두 서로 얼마간 떨어져 있는데, 게다가 전체도 자신의 부분들에서 떨어져 있다. 하지만 작용은 근접성(nearness)도 가리키는데, 그 이유는 무

언가에 작용한다는 것은 어떤 식으로 그것에 영향을 미치거나 접촉하거나 간섭함을 뜻하기 때문이다. 다시 말해서, 원격 작용은 그야말로 원격근접성(nearness at a distance)을 뜻한다[하먼, 2019: 75].[89]

서로 떨어져 있지만 관계가 구성될 수 있는 가능성 안에 있는 사태를 가리키는 이 원격근접성은 라투르 존재론을 특징짓는 독특한 시간성을 동시에 규정한다. 잠시성(暫時性)이 그것이다. 존재자들이 원래 떨어져 있다가 잠깐 동안 연합되는 것이기 때문에, 존재한다는 것은 언제나 한시적, 잠시적(momentary), 일시적 현상으로 간주될 수밖에 없다. 존재는 자신을 구성하는 네트워크가 유지되는 한에서만, 오직 잠깐 동안 실존할 수 있는 것이다. 라투르는 이를 "잠시적 가시성" 혹은 "잠시적 연합"[Latour, 2005a: 65, 80]이라고 표현한다. 그렇다면, 이런 잠시적 존재자들이 시간 속에서 분해되거나, 파손되거나,[90] 소멸되면 어디로 가는가? 현존하는 것들 외부에

---

89. 거의 유사한 또 다른 표현을 우리는 애덤 밀러(Adam S. Miller)가 라투르적 객체의 특이성을 포착하기 위해 제안한 "저항적 이용 가능성(resistant availability)"이라는 용어에서도 발견할 수 있다. '저항적'이라는 용어는 객체와 객체의 상호 외재성을 지시한다. 모든 객체는 다른 객체와 독립하여 존재하면서 다른 객체에게 저항하는 실재라는 관점이 라투르가 객체에 부여하는 기본 속성이라는 것이다. 하지만 이와 동시에 그러한 객체들 사이에는 이용 가능성이 있다. 이용 가능성은 곧 연결 가능성이다[밀러, 2024: 101~110]. 원격성은 저항과 통하고, 근접성은 이용 가능성과 통한다.

90. 실제로, 라투르는 고도로 복잡하고 정교하게 조립된 기술적 사물이 파괴되는 순간에 이론적 주의를 기울이는 장면을 여러 차례 보여 준다. 그 대표적 실례 중의 하나가 2003년에 폭발한 콜롬비아호의 잔해에 대해 쓰면서, 사물이 "갑작스럽게 해산되는(disband) 방식"을 바라볼 때 느끼는 충격을 상세히 이야기하는 부분이다[Latour, 2004a: 235]. 그가 즐겨 사용하는 개념을 빌려 말하자면, 재난을 겪으면서 사물은 '사실물(matters of fact)'이기를 멈추고 '우려물(matter of concern)'로 변환된다[Latour, 2004e: 244; Latour, 2004a: 231~232]. 즉, 명확한 경계선을 갖고 있으며, 잘 기능하고 작동하여 그 내부를 들여다볼 필요를 느끼지 못하기 때문에 대개 시야에서 은폐되어 있거나 비가시화되어 있는 '사실물'이 파손되는 순간, 자신의 물질성과 조립된 역사를 어지러운 잔해를 통해 적나라하게 드러내는 '우려물'이 나타난다.

는 무엇이 있는가?

라투르의 해답은 플라스마다. 플라스마는 "아직 포맷되지 않았고 아직 측정되지 않았고 아직 사회화되지 않았고 아직 계측학적 연쇄에 연루되지 않았으며 아직 다루어지거나 조사받거나 동원되거나 주체화되지 않은 것"을 총칭한다[Latour, 2005a: 244]. 현행 세계가 지금 나타나는 것처럼 구축되기 이전 상태, 혹은 현존하는 네트워크(행위자)를 이루는 그물눈들 사이에 존재하는 무언가, 그것이 바로 플라스마다. 자신들을 묶어 주던 끈들이 다 풀어지면, 현행 네트워크들은 플라스마로 무너져 내려 간다.

사실, 라투르는 플라스마에 대해 충분한 설명을 남기지는 않았다. 플라스마 개념이 최초로 제시된 저서는 1998년에 에밀리 에르망(Émilie Hermant)과 공동으로 저술한 『파리. 보이지 않는 도시』였다[Latour·Hermant, 1988: 13~14]. 이 책에서 플라스마는 "프로메테우스가 판도라의 상자를 제작하기 위해 사용한 고운 진흙층"에서 온 말이라고 소개되고 있으며, 잠재성(virtualité)을 의미하는 용어로 사용되고 있다[Latour·Hermant, 1988: 90].

2005년의 『사회적인 것의 재조립』에서 라투르는 플라스마를 사회적인 것과의 연관 속에서 좀 더 상세하게 서술하고 있다[Latour, 2005a: 241~246]. 하지만, (내가 아는 한에서) 그 이후에 라투르가 플라스마 개념을 의미 있게 사용한 실례는 거의 발견되지 않으며, 특히 본격적인 존재론을 펼치는 『존재양식의 탐구』에는 플라스마라는 용어가 등장하지 않는다. 하지만 이처럼 빈약한 분량을 차지하고 있음에도 불구하고 플라스마 개념은 라투르 존재론 전체를 이해하는 데 매우 결정적인 단서를 제공한다.

이 개념을 예화하기 위해 라투르가 드는 실례는 지도다. 가령, 우리가 런던 지도에 나오는 지하철 노선들 전체가 지금까지 만들어진 사회 세계 전부라고 가정하면, 그때 플라스마는 지하철을 제외한 런던의 나머지 모든 것을 가리킨다. "빌딩들, 거주자들, 기후들, 식물들, 고양이들, 궁전들, 승마 경찰들", 그리고 지하철 아닌 모든 것들이 플라스마다[Latour, 2005a: 244]. 지금 현존하는 객체들은 모두 플라스마라는 바다에서 솟아오른 일시적이고 잠정적인 섬들이다. 시간이 흐르면 다시 바다로 잠겨 들어갈 것이고, 거기서 다시 새로운 섬들이 솟아날 것이다. 플라스마는 예기치 않은 변동들(네트워크의 솟아남과 소멸)의 근본 기제이기도 하다. 라투르는 이렇게 쓴다.

> 왜 난폭한 군대들이 일주일 만에 사라지는가? 왜 소비에트 같은 제국 전체가 몇 달 만에 사라지는가? 왜 전 세계를 커버하는 기업이 다음 사분기 보고서의 리포트 후에 파산하는가? 왜 동일한 회사가 육 개월도 지나지 않아 엄청난 적자 상태에서 막대한 흑자 상태로 도약하는가? 왜 조용한 시민들이 혁명적 군중으로 돌변하거나 살벌한 대중 집회가 자유로운 시민들의 유쾌한 집단들로 분해되는가? 왜 어떤 아둔한 개인이 수상쩍은 뉴스에 움직여지는가? 왜 그토록 진부한 음악가가 갑자기 대담한 리듬들에 사로잡히는가? 장군, 논설가, 관리자, 전문가, 도덕주의자는 그런 갑작스러운 변화들에 어떤 부드럽고 포착되지 않는 액체적 특질이 있다고 종종 말한다. 그것이 바로 플라스마의 어원적 의미이다[Latour, 2005a: 245].

플라스마 개념은 라투르 존재론에 공성(空性)을 부여한다. 존재자를 이루는 네트워크의 그물눈과 그물눈 사이에는 플라스마가 있다. 즉, 존재자는 바깥에서 보면 꽉 차 있는 실체적 객체처럼 보이지만, 그 내부에는 다수의 허공들, 공백들, 구멍들을 갖고 있다. 더 나아가서 특정 객체는 붕괴하거나 소멸하여 플라스마 속으로 들어간다. 위의 인용문에서 언급되고 있는 군대의 해체, 제국의 소멸, 기업의 파산이 그런 사건들이다. 소멸은 코나투스만큼이나 존재자들을 근원적으로 규정하는 존재론적 원리이며, 라투르가 보는 존재는 근본적으로 구멍 뚫려 있고, 붕괴될 수 있고, 와해될 수 있는 것이다.

우리는 이를 2010년대에 접어들어 본격적으로 펼쳐지는 라투르의 가이아 정치생태학에서도 여실히 발견한다. 라투르에 의하면,

우리에게 저절로 주어져 있는 것처럼 보이는 자연은 사실 '자연적'인 것이 아니라 '인공적'으로 조성, 구성, 건설된 임게 영역이다. 수많은 지구적 존재자들의 활동 결과로 우리가 환경이라 부르는 공동 주거지가 만들어졌기 때문이다. 가이아는 거대한 행성적 행위자-네트워크다. 네트워크인 한에서, 아무리 거대해 보여도 가이아 역시 플라스마의 바다에서 솟아나온 존재자들의 얽힘이다. 사라질 수 있는 것이다. 너무 견고하고 막강하여 그 소멸을 상상하기 힘든 인간 문명도, 인류라는 생물학적 종도 마찬가지다. 존재는 소멸하고 멸종할 수 있다. 플라스마로 되돌아갈 수 있다.

바로 이런 점에서 ANT를 이루는 마지막 글자 '이론'은 주목을 요한다. 말하자면, ANT는 명제들, 도식들, 독트린들, 개념들로 촘촘히 짜여진 언술 시스템이기 때문에 이론인 것이 아니다. 루만의 시스템 이론이나 부르디외의 실천 이론이나 하버마스의 행위 이론에 비하면, 라투르의 ANT는 사실 거대 이론의 풍모나 야심을 갖고 있지 않으며, 과히 조직적이거나 체계적이지도 않다. 라투르의 이론은 실험실을 포함한 다수의 현장에서 그가 행한 경험 연구들로부터 획득된 발견물과 통찰의 어셈블리지다. ANT가 말하는 이론은 그 단어의 그리스어 어원인 '테오리아'에 오히려 충실한 것처럼 보인다. 테오리아가 '바라봄'을 의미하듯, ANT는 존재자들을 '바라보는' 시선의 수준에서 작동한다. 앎이 아니라 감수성이다[Law·Singleton, 2013: 490].

그렇다면 ANT적인 관점에서 '제대로 본다는 것', 즉 좋은 '테오리아'는 무엇을 가리키는 것일까? 그것은 특정 대상의 '있음'에 대한 감각적, 물질적, 정신적 인지와 인정의 과정을 지칭한다. 그 객체가 나름의 방식으로 실존하고 있었음에도 불구하고 그것을 보지 못했던 맹목(盲目)에서 깨어나는 것. 이를테면, '놀람'을 동반하는 작은 깨달음의 사건[Latour, 2004e: 79].

이러한 사건은 보는 자와 보여지는 대상이 시선으로 연결될 때 발생하며, 이 연결로부터 새로운 이야기의 가능성이 생성된다. 그간 보이지 않던 행위자를 비로소 인지하고 인정하게 되는 이런 감각적 각성이 없다면 우리는 결코 그 행위자와 함께 공통의 세계를 만들어 나갈 수 없다. 말하자면, 이론은 수행성을 갖는다. 가령 라투르의 이론과 생산적으로 연결되었을 때, 우리는 비로소 존재에 대한 무감각에서 벗어나 무언가를 볼 수 있게 되며, 그것에 대해 말하고 소통하고 그들과 함께 세계를 구성하는 실천으로 이끌리게 된다. 이론의 반대말은 실천(praxis)이 아니라 맹목이다. 보지 못함이다. 라투르가 시도한 존재론적 전회는 '존재맹(存在盲)', 즉 존재에 대한 무감각과 비식별을 교정 혹은 치유하는 실천적 의미를 함축한다.

우리는 흔히 ANT가 비인간에게도 행위 능력을 부여하며 그것을 행위자로 인정한다는 점을 가장 특이하고 탁월한 성취로 평가하는 경향이 있다. 그것이 잘못된 평가는 물론 아니지만 그렇다고 정곡을 찌르는 것이라고 보기도 어렵다. 왜냐하면, ANT의 참된 힘은 그보다 좀 더 깊은 존재론적 차원에서 작용하는 시선의 운용 방식에서 찾을 수 있기 때문이다.

세계를 보는 감수성의 변화가 일어나면, 우리는 비인간만 달리 보게 되는 것이 아니라 인간도 달리 보게 된다. 고양이도, 떡갈나무도, 강물도, 자연도, 지구도 달리 보고, 귀신도, 신이나 악마 같은 종교적 대상 역시 달리 볼 수 있게 된다. 사회도 달리 보고, 문화도 달리 보고, 이념이나 언어, 담론에 대한 태도와 탐구 방법도 바뀌게 된다. 비인간이 특별한 대상이어서 특별하게 대우하는 것이 아니라, 객체와 주체 사이에서 발생하는 시선의 성격이 변화한 결과 비인간이 자연스럽게 중요한 고려 대상으로 전환되는 것이다. 하지만 이와 반대로 시선 수준의, 감수성 수준의, 존재론적 수준의 각성 없이 비인간을 담론적으로 인정하려는 노력은 자칫 인간중심주의적 관점을 은폐, 강화하여 비인간 세계에 투사하는 결과로 이어질 수도 있다.

IV. 존재는 반복이다

여기서 하나의 질문이 제기된다. 라투르가 처음 존재론적 문제를 제기했던 것은 1975년의 학위 논문에서다. 그런데 당시의 라투르는 아직 ANT와 네트워크라는 개념을 정립한 상태가 아니었다. 그렇다면 박사 논문 단계에서 라투르가 개진한 존재론은 어떤 관점과 방식으로 전개되었을까? 청년 라투르가 씨름하던 존재론의 원형적 통찰은 무엇이었는가? 그 해답을 우리는 그의 학위 논문이 다룬 다섯 가지 대상들을 관통하는 공통의 테마에서 확인할 수 있다. 그것이 바로 '반복'이다.

사실, 반복의 테마와 네트워크라는 테마 사이의 연관은 매우 긴밀하다. 양자는 서로를 강화하고 설명하고 보충하는 관계를 갖는다. 우리는 청년 라투르가 천착한 반복의 테마가 어디에서 발원했는지 잘 알고 있다. 라투르는 대학에 입학한 이후 불트만과 페기, 들뢰즈와 데리다에 심취해 있었다.

6장에서 분석한 것처럼, 불트만 양식 비평에 대한 비판적 독해를 통해 라투르는 성서가 일종의 "번역들의 네트워크"[Latour, 2010b: 600]이며, 이 각각의 번역의 노드들에서 예수의 언어가 창조적으로 반복된다는 사실을 깨닫는다. 페기는 라투르에게 반복의 시간성에 대한 결정적 통찰을 제공했으며[Latour, 1977], 라투르가 탐독하던 들뢰즈와 데리다에게서도 '반복'은 상당히 중요한 주제를 이루고 있었다. 들뢰즈는 『차이와 반복』에서 니체, 키르케고르, 페기의 "반복 철학의 프로그램"을 논의하면서 반(反)헤겔주의적 반복 철학을 제시하고 있으며[들뢰즈, 2004: 34~78], 데리다가 말하는 '차연' 개념 역시 반복의 시간성에 대한 통찰을 풍부하게 내포하고 있다. 청년 라투르는 이러한 지적 영감들을 흡수하여 반복을 중심으로 존재론적 작업을 펼쳐 가던 것으로 보인다. 이 '존재=반복'이라는 주제는 후일 좀 더 정교한 방식으로 전개될 '존재=네트워크'라는 명제와 함께 라투르 존재론의 이중 나선을 이루는 원리로서 박사 논문에서 실험적으로 제시된다.

'존재=반복'의 관점에 의하면, 세상의 모든 존재자들은 그저 있는 것이 아니라 반복 속에서, 반복을 통해서, 번역과 변형을 되풀이하면서 존재를 이어 간다. 그들은 그냥 있는 것이 아니라 있음을 매 순간 반복한다. 그저 살아 있는 것이 아니라 매 순간 살아 '나간다'. 반복은 존재가 맥박 치는 리듬이자 박동(搏動)이다. 존재의 복귀, 회귀, 부활이다. 존재는 단절적 지속을 통해 존재한다. 우리는 라투르 이론이 성숙해 가면서, 반복이라는 용어가 서서히 번역, 구성, 조성(composition), 창설(instauration), 절합 같은 다채로운 개념들로 변주되는 것을 보게 된다.

주의해야 하는 것은, 청년 라투르가 말하는 반복은 뭔가 지루하게 되풀이되는 동일성의 세계가 아니라, 실체도 없고, 본질도 없고, 영속성도, 고정점도 없는 세계, 그래서 언제나 새로운 존속의 궤적을 애써 되풀이해서 만들어 내야 하는 세계에서 일어난다는 점이다. 기원도 없는 세계,[91] 그래서 매번의 반복이 기원을 다시 되살려, 새로운 시작을 수행해야 하는 세계. 반복은 이처럼 끊어짐의 상태를 넘어서 일어나는 존재론적 사건이다. 라투르의 여러 텍스트 중에서 이런 관점이 예리하게 표명되는 것은 특히 2012년의 저서 『존재양식의 탐구』에서 재생산(reproduction)의 존재양식이 탐구될 때다. 재생산의 존재양식은 사물들과 생명체들이 각각 '힘의 선(lines of force)'과 '계보(lineages)'를 통해 존재를 이어 나가는 고유의 방식을 지칭한다.

예를 들어, 몽에귀유(Mont Aiguille)산은 어떻게 존재하는가? 우리에게 그것은 하나의 거대한 산으로서 장구한 세월 그저 그 자리에 있는 것으로 보인다. 하지만, 라투르는 몽에귀유산은 산으로서 스스로를 반복(재생산)해야 한다고 말한다. 이 말은 얼핏 부조리해 보일 수도 있다. 하지만, 언젠가 산이 격렬한 지각 변동에 의해

---

91. "반복의 반대는 고고학이다"[Latour, 2024: 268].

지금의 형체를 잃고 사라지기 시작할 시점을 상상해 보라. 소멸 시점이 오기 직전까지 산은 분명코 산으로 존재했지만, 아마도 그 시점 이후부터 산은 형체가 변하거나, 사라지거나, 무너짐으로써 더 이상 자기 자신으로 존속할 수 없게 될 것이다.

이러한 경우, 몽에귀유산의 전건(前件)과 후건(後件) 사이에는 지각 변동이라는 심연이 있다. 이 심연을 통과하여 스스로의 있음을 반복하지 못하면, 산은 더 이상 존재하지 못하게 되는 것이다. 얼마나 많은 산들(산의 형체를 갖고 있던 것들)이 반복을 통해 있음의 다음 단계로 건너가지 못한 채 사라졌을 것인가? 산처럼 거대한 존재자도 그러할진대, 물리적으로 작고 약한 수많은 사물들의 경우는 어떠할 것인가? 특히 생명체의 경우는 더 생생한 현실성을 갖는다.

예를 들어, 인간 주택가에 서식하는 길고양이 한 마리에게 존재란 무엇인가? 그 고양이가 존재한다는 것은, 자신에게 매 순간 닥쳐오는 위험들을 벗어난다는 조건하에서만 가능한 것이다. 위험을 벗어나지 못하면, 고양이는 더 이상 존재하지 못한다. 길고양이에게 우호적이지 않은 인간들로부터 오는 위협, 자동차들의 위험, 오염된 물과 염분 함량이 높은 음식을 주워 먹어 손상된 신장으로 죽어 갈 위험, 굶거나 영하 십여 도의 맹추위에 떨어야 하는 위험. 이런 "존속의 테스트(test of subsistence)"[라투르, 2023: 140]에 둘러싸인 고양이에게 존재란 불확실한 현존(있음)의 끝없는 반복이다.[92]

곧 죽기 직전의 주린 위장에 음식물이 들어갈 때, 추위에 얼고 상한 몸뚱이에 담요가 덮이고 열이 공급될 때, 바로 그런 순간들에 고양이는 존재의 꺼져 감을 뚫고, 존재를 다시 반복해 내고, 그래서 존재하게 된다. 다른 여러 존재양식들과 비교했을 때, 재생산의 존재양식에는 뭔가 가혹한 것이 있다. 즉, 사물이나 생명체는 파손되거나 죽으면 "다시 시작할 수 없다"[라투르, 2023: 321]. 라투르는

---

92. 『존재양식의 탐구』의 한국어 번역자는 'subsistence'를 '생존'으로 번역했다. 하지만, 'survival'과의 혼동을 피하기 위해서 이 책에서는 '존속'으로 일관되게 번역한다.

이렇게 쓴다.

> 재생산의 존재자들에 대한 최선의 규정은 아마도 그들이 되돌아올 가능성 없이 존재하기를 고집한다는 것일 것이다. 그들이 존재를 지속하기 위해 감수하는 위험은 두 번 다시 감수할 수 없다. 실패하면 영원히 사라진다. 성공과 실패의 차이가 이보다 더 혹독한 양식은 없다. (…) 지속하기 위해서 그들은 자신을 반복하고 고집해야 할 뿐만 아니라, 다음 세대에 무언가를―그러나 무엇을?―전달하지 못하면 완전히 사라질 수도 있는 정말 무서운 위험을 감수하면서 우선 지속하는 데 성공하고 그다음에 자신을 재생산하는 데 (…) 성공해야 한다[라투르, 2023: 157~158].

이처럼, 존재를 반복하지 못하면 사물은 소멸하고 생명체는 죽거나 멸종된다. 재생산의 존재를 이야기할 때 라투르는 존재의 덧없음과 약함, 그리고 소멸 가능성에 대한 깊은 감수성을 보여 준다. 존재는 존재하지 못하게 하는 해체적 힘들에 둘러싸여 있고, 그러한 힘들이 야기할 수 있는 죽음, 파괴, 손상, 단절, 정지, 감축, 소멸과 대면하고 있다. 라투르는 이를 연어의 귀향에 비유하고 있다. "이렇게 공포와 두려움의 흐름을 뚫고 장애물을 뛰어넘는 것은 상류로 거슬러 올라가는 연어의 여정과 비슷하다―한순간이라도 자신을 놓아 버리면 하류로 휩쓸려 내려가 사라지고 정리되고 해체되고 짓눌리고 운반되고 소비되고 병들고 죽고 썩는다―그러나 견디고 고집하면(insists), 지느러미를 힘차게 움직이면, 존재하고 도달하고 재생산할 수 있는 상태를 향해 나아간다"[라투르, 2023: 288].

V. 가까스로-있음

이와 같이 존재의 전건 n과 존재의 후건 n+1 사이의 간격, "고양이가 건너야 하고 모든 생물이 두려움과 떨림 속에서 통과해야 하는 어떤 공백(hiatus)"[라투르, 2023: 140]을 뚫고 연결이 일어날 때, 그렇게 만들어지는 '있음'을 나는 '가까스로-있음(barely-being)'이라 부르고자 한다. 가까스로-있음은 내가 파악하는 라투르 존재론의 요체다. 이에 의하면, 모든 존재는 간신히, 그러니까 한자로 하면 간난신고(艱難辛苦) 속에서 존재한다. 연어들은, 고양이들은, 그리고 모든 생물들은 그냥 있는 것이 아니라 가까스로, 자신들의 존재와 존속을 향해 사투를 벌이고 있다. 있음을 불가능하게 하는 시험을 건너뛰어야만 존재를 반복할 수 있다. 이를 도식으로 표현하면 아래와 같다.

$$존재자(n) \rightarrow x \rightarrow 존재자(n+1)$$

존재의 전건에서 후건에 이르는 기약할 수 없는 사이에 자리 잡고 있는 저 x를 건너가야 비로소 존재한다는 의미에서, 라투르가 보는 존재자들의 세계는 간신히, 겨우, 가까스로 같은 부사들에 의해 지배되는 세계다. 그의 존재론은 세계의 풍요로운 생성이나 분출이나 유출이 아니라 그 특유의 희박성에 주목한다. 존재한다는 것은 충만한 사태가 아니다. 있음은 네트워크와 반복 속에서의 있음이며, 결핍과 위협과 소멸의 위기에도 불구하고 존재하는 것이다. 있는 것들은 '겨우-있음' 속에 있다. 가까스로 있다. 여러 형태의 시험들을 뚫고 나가면서, 그리고 뚫고 나감을 반복하면서, 오직 그렇게 할 수 있다는 궁색한 조건을 만족시킬 때만 비로소 겨우 존재할 수 있다. 존재는 실체가 아니라 존속이다. 라투르에게 있음은 이음이다. 가까스로-있음은 가까스로-이음, 가까스로-이어짐이다.

이처럼 라투르가 조망하는 존재는 희미하고 약하지만 끈질

기게 버텨 가면서 스스로를 반복해 가는 명멸(明滅)과 단속(斷續)의 이미지를 갖는다. "존속으로서의 존재"다[라투르, 2023: 402]. 간신히-있음을 보는 감각은 세계를 굳건히 고정된 실체로 볼 때는 주어지지 않는다. 존재가 플라스마에서 솟아나는 드문 현상으로 지각될 때 비로소 우리는 '간신히 있는 것들'을 보게 된다. 존재는 이미 파국과 소멸과 비존재와 얼굴을 맞대고 있다. 사라짐이 기이한 것이 아니라 사실은 나타남이 기이하고 어려운 것이다. 네트워크는 언제나 희소하다. 그런 네트워크를 이루기 위한 반복적 운동은 고되고, 비싸고, 때로는 많은 희생과 대가를 요구한다. 존재는 은미(隱微)하고 미약한 것이다.

가까스로-있음에 눈뜨는 순간, 가까스로-있음의 테오리아를 수행하는 순간, 우리는 세계를 지금까지와는 사뭇 다른 방식으로 지각하게 된다. 세계는 가까스로 존속해 가는 셀 수 없이 많은 존재자들로 웅성거리기 시작한다. 엄청나게 많은 가까스로 있는 것들로 세계가 가득 차 있음을 보게 된다. 약하거나 강하거나, 거대하거나 극미하거나, 그들은 나름의 방식으로 존재의 반복 속에 있으며, 그런 한에서 간신히 있다. '존재=반복'의 프리즘을 통해 비춰진 저 가까스로 있는 존재자들은 불안정하고 가냘프고 희박하고 연약하고 덧없다. 이것이 초기부터 후기까지 라투르 사상을 관통하는 세계상이다. 여기서 주목해야 하는 점은 이 '가까스로'라는 부사의 작동이 라투르에게는 '초월'로 여겨지고 있다는 사실이다. 존재는 "작은 초월(mini-transcendence)"이다[라투르, 2023: 403]. 그는 쓴다.

> 모든 양식은 초월적이라 할 수 있다. 변이의 경로를 따라 한 단계와 다음 단계, 한 매개와 다음 매개, n과 n+1 사이에 언제나 도약과 단층선, 지연과 위험, 차이가 있기 때문이다. 연속성은 항상 결여된다. (…) 초월성은 풍부하다. 행위 과정의 두 부분들 사이에는 항상 불연속성이 있기 때문이며, 말하자면 그 부분들이 불연속성의 대가와 경로, 구원을 구성한다. (…) 세계는, 아니 다중 우주는 순환하는 초월성들로 가

득 차 있다. (…) 순환하는 초월성들은 좀 더 오래 존재하기 위해 잇따라 건너야 하는 문턱과 도약으로 구성되는 미묘한 점선을 따라 세계 안으로 파고든다. 요컨대 장애물 코스다[라투르, 2023: 314~316].

작은 초월이 일어나는 저 지점이 라투르의 신이 자리 잡고 있는 지점이기도 하다. 라투르에 의하면, 신은 천상에 거하는 것이 아니라 존재자들의 사이, 그 내재적인 틈새, 존재의 단층, 즉 앞선 항(n)과 뒤따르는 항(n+1) 사이에 거주한다. "'신'이라는 단어는 어떤 실체를 지칭할 수 없다. 그것은 오히려 끊임없이 위험에 처하는 존속의 갱신을 지칭하며, 나아가 말하자면 이러한 반복, 말과 존재자, 로고스의 경로를 지칭한다. 우리는 그것을 두려움에 떨면서 말할 수밖에 없다"[라투르, 2023: 454~455].[93] 만일 신이 목숨과 목숨이, 존재와 존재가 끊어질 듯 이어져 가는 막막하고 어두운 간극에서 활동한다면, 그 신은 과연 연결하는 존재인가 끊어 내는 존재인가? 그 신은 코나투스의 원리로 사역하는가 케노시스의 원리로 사역하는가? 그 신은 전능한가 아니면 무력한가?

우리는 알지 못한다. 하지만 분명한 것은 라투르가 보는 신과 초월성은 모든 존재에 내재하는 심연에 깃들어 있다는 것이다. 존재 사이의 간극을 건너고 그 불연속성을 넘어 도약하는 것, 이것이 라투르의 초월이다. "재생산의 공백(hiatus) 외에 다른 초월성은 없다"[라투르, 2023: 159]는 그의 단언은 이를 방증한다. 그에게는 연결이 초월이며, 통과가 초월이며, 네트워킹을 통해 조성된 존재자

---

[93]. 하먼은 이런 점에서 라투르 존재론을 화이트헤드와 17세기 기회 원인론 철학자들, 그리고 초기 이슬람 이라크의 아샤리(Ash'arite) 학파 신학자들과 연관시킨다. 이들이 공유하고 있는 것은 "매 순간 우주가 끊임없이 재창조되고 있다"는 관점이다[하먼, 2021: 217]. 하먼은 바로 이 점에 주목하면서, 라투르의 존재론이 사실 지속과 연속성, 흐름을 중시하는 베르그송이나 들뢰즈의 존재론과 중요한 차이를 노정한다고 지적한다[하먼, 2021: 217~218]. 기회 원인론과 라투르 존재론의 연관에 대한 하먼의 분석은 다음을 볼 것[하먼, 2019: 241~251].

가 초월적이다. 라투르는 이러한 내재적 초월의 운동을 "초월-하강(trans-descendence)"이라는 조어로 명명한다[라투르, 2023: 245].[94] 초월은 땅으로 내려와 있고, 은총도 땅으로 내려와 있다.

---

[94] 라투르가 말하는 '초월-하강'이라는 표현은 장 발(Jean Wahl)이 처음 썼고 후일 레비나스가 자신의 『전체성과 무한』에서 인용한 "상향적 초월(transascendance)"이라는 표현을 상기시킨다[레비나스, 2018: 30].

VI. 존재는 타자다

라투르 존재론의 세 번째 테마는 타자성인데, 이는 앞서 논의했던 반복과 네트워크라는 테마에 이미 예견되어 있다. 존재가 반복적으로 이어져 가는 네트워크라면, 존재자는 그 과정에서 불가피하게 변형을 겪을 수밖에 없다. 변형 없는 번역은 없기 때문이다. 그런데 이 변형은 언제나 타자와의 관계 속에서 이뤄진다. 따라서, 존재자는 이미 타자와 섞여 있고, 타자성에 근본적으로 열려 있고, 타자와 공존할 수밖에 없는 것이다.

라투르에게는 본질이라는 개념조차 타자성의 문맥 속에서 정의된다. 즉, 본질은 "상황이 지속되거나 연장되거나 유지되거나 확장되기 위해 통과해야 하는 다른 존재자들의 목록"이다[라투르, 2023: 74]. 무언가가 자신의 정체성(동일성)을 확립하기 위해서는 역으로 스스로를 타자성에 개방해야 한다. 왜냐하면 정체성이란 "어떤 것이 동일자가 되거나 동일자로 남아 있기 위해 통과해야 하는 타자들(others)"을 핵심으로 요청하기 때문이다[라투르, 2023: 74]. 라투르는 이어 말한다. "존재를 얻기 위해서는 타자성이 요구된다. 동일성은 변이(alteration)라는 대가를 지불하고 사는 것이다"[라투르, 2023: 170]. 이런 관점에 입각하여, 라투르는 존재를 보는 두 상이한 관점을 개념적으로 구별한다.

> 나는 (…) 존재로서의 존재(being-as-being)와 타자로서의 존재(being-as-other)를 구별할 것을 제안한다. 존재로서의 존재는, 한 번의 도약을 통해 존재의 보증을 뒷받침할 토대로 이동함으로써 자신의 연속성을 보장해 주는 실체에서 지지를 구한다. (…) 이미 여러 차례 보았듯이 존재자들은 불연속적으로 자신의 연속성의 '대가를 지불'해야 한다. 그들은 자신이 의지할 수 있는 실체에 의존하는 것이 아니라, 스스로 위험을 감수하고 찾아내야 하는 존속에 의존한다. 존속을 찾으려면 그들도 도약해야 하지만, 그것은 토대에 대한 추구와는 무

관하다[라투르, 2023: 244. 강조는 인용자].

'존재론서의 존재'는 토대와 실체에 기초한다. 반대로, '타자로서의 존재'는 "스스로를 변화시키고 스스로를 갱신하며, 자신 안에서가 아니라 항상 타자 안에서 그리고 타자를 통해서 존재"한다[라투르, 2023: 378]. 우리가 모든 존재를 '타자로서의 존재'로 보게 되면 놀라운 인식이 가능해진다. 즉, 무언가의 정체성/동일성(identity)은 그 존재의 변하지 않는 어떤 속성에서 찾아지는 것이 아니라 그것을 이루는 타자들의 타자성(alterity)에서 찾아지게 된다. 왜냐하면 어떤 존재자가 존재할 수 있기 위해서는 수많은 타자들이 연관을 맺고 구성되는 '종합'(들뢰즈·과타리), '파악'(화이트헤드), 혹은 '소유'(타르드)가 일어나야 하기 때문이다.

    예를 들어, 하나의 생명체는 어떻게 살아가는가? 인간 유기체가 살아남기 위해서, 우리가 생명을 반복적으로 유지하기 위해서 우리는 무엇을 하는가? 화이트헤드를 빌려 말하면 생명은 "약탈(robbery)"이다[화이트헤드, 2003: 236]. 우리는 끊임없이 타자들의 존재를 통과해야 하며, 타자들을 약탈해야 한다. 파괴하고, 섭취하고, 이용해야 한다. 우리는 숨을 쉬어야 하는데, 우리의 폐 속에 끌어넣는 공기는 다른 생명체(식물들)가 생산한 것이다. 우리는 호흡 속에서 타자들을 흡수한다. 또한 우리는 먹고 마셔야 하는데, 우리의 음식과 음료는 많은 경우 다른 생명체의 살과 조직이다. 먹고 마신다는 것은 타자들을 내 신체로 끌어들여 영양을 획득하여 자신을 이어 가는 것이다. 식물의 생명인 햇빛과 물은 식물의 타자들이다. 흙 속의 양분들도 마찬가지다. 존재는 타자들에게 빚지고 있는 것을 넘어서, 자기 속으로 번역되어 들어온 타자들 그 자체다.

    환언하면, '나'의 진실은 '타자들'에 있다. '나'의 정체성은 '타자성'이 축적되고 변용된 효과다. 랭보(Arthur Rimbaud)가 말한 "내가 타자다(Je est un autre)"라는 명제는 단순한 시적 파격이 아니라, 존재론적 진실이다. 이런 점에서, 어떤 한 존재를 안다는 것은 그 존재에 고유한 무언가를 아는 것이 아니라, 그것이 "계속 존재하기 위해서 얼마나 많은 다른 형태의 타자성들을 횡단할 수 있는지를 정의"하고, 그것이 "얼마나 많은 구별되는 방식으로 다른 존재자들을 통과해야 하는지"를 확인하는 것이다[라투르, 2023: 245].

    존재의 타자성에 대한 인식은 존재들의 얽힘에 대한 인식에 기초한다. 존재자들은 서로를 구성하면서 서로를 통과하면서 서로 뒤섞여 있다. 어떤 존재자도 소위 자신의 '순수성'을 유지하면서 존속할 수 없다. 타자와 섞이지 않는 존재는 존재하기 위한 반복에 실패한 존재이기 때문이다. 그런 존재는 존재하지 못한다. 그런데, 이런 관점이 각별한 현실성을 띠는 상황이 바로, 라투르가 아래에서 말하는 현시점, 즉 근대주의의 괄호가 닫히고 생태 위기가 심화되는 시기다. 인류세에 우리는 '존재=타자'를 막연한 형이상학이 아니라 현실에서 일상적으로 경험하기 시작했다. 존재의 '동일성=타자성'이라는 테제는 정치생태학적 맥락으로 가면 상당히 급진적인 윤리적 함축을 내포하게 된다.

> 만약 내가 타자를 통해서만 존재한다면, 우리 중 어느 것이 목적이고 어느 것이 수단인가? 그것을 거쳐 통과해야 하는 나는 그것의 수단인가, 아니면 그것이 나의 수단인가? 내가 목적인가, 아니면 그것이 나의 목적인가? 이는 우리가 수단과 목적의 긴 연쇄를 연결하는 행위 과정을 따라가기 시작할 때 더 이상 벗어날 수 없는 네 번째 그룹의 문제이다. 그리고 연쇄가 길어질수록 그 질문은 더 고통스러워진다. 특히 근대주의의 괄호가 닫힘에 따라 생태 위기가 경제의 모든 부문에서 불러일으키는 비인간의 다양성을 우리가 점점 더 많이 복원시킨다면 더욱더 그러할 것이다. 저 나무, 이 물고기, 저 숲, 이 장소, 저 곤충, 이 유전자, 저 희토류—그것들은 나의 목적인가, 아니면 내가 다시 그것들의 목적이 되어야 하는가?[라투르, 2023: 656]

아마존 숲이 불타는 것은 나무들과 동물들만의 죽음에서 머무는 것이 아니라, 우리의 폐 속으로 들어오는 공기의 변화를 통해, 그 폐를 소유한 유기체의 손상, 죽음으로 이어질 수 있다. 플라스틱을 뱃속에 가득 채운 채 죽어 가는 물고기의 죽음 역시 그 물고기를 먹고 살아갈 다른 생명체, 그 생명체를 먹고 살아갈 인간의 죽음으로 번져 간다. 꿀벌이 사라지는 것은 식물들이 재생산의 고리를 이어 나가지 못하게 되는 것과 얼마나 깊이 연결되어 있는가? 이런 상황에서, 무엇이 무엇의 목적이고, 무엇이 무엇의 수단인지를 구별하는 것이 가능한가? 꿀벌이 호박꽃의 수단인가, 아마존 숲이 거기 사는 동물들의 수단인가? 아니면 목적인가? 바다는 무엇의 수단인가? 가이아는 수단과 목적에 대한 인간 중심적이고 도구적인 계산법이 애초부터 불가능한 공동 거주지, 공생의 장소다. 거기서, 인간은 타자들에게 자신의 있음을 절대적으로 의존하고 있다.

그렇다면, 가이아의 자기-파괴에 결정적 동력을 제공한 인간은 자신의 생존 근거를 천천히 허물어 들어오는 파국적 상황에서 어떤 방식으로 '존재'해야 하며 '행위'해야 하는가? 2010년대 중반 이후 라투르를 사로잡은 것은 바로 이 질문이 아니었을까? 인류세의 가이아 파국 속에서 인간이란 도대체 무엇인가? 인간은 무엇을 해야 하는가? 이제 인간은 어떻게 존재해야 하는가? 인간은 무엇으로 생성해 나가야 하는가? 이 질문들은 라투르 존재론의 세 가지 쟁점인 네트워크, 반복, 타자성을 집약하고 있다. 『녹색 계급의 출현』이라는 짧은 글에서, 계급 이론을 다시 소환하면서 이 문제를 언급하기는 했지만, 사실 그것은 본격적인 논의라기보다는 일종의 선언문에 더 가까운 것이었다. 즉, 안타깝게도 라투르는 위의 물음에 대한 해답이나 프로그램을 주기 전에 타계하고 말았던 것이다.

VII. 케노시스

상상해 보자. 네트워크, 반복, 타자성을 핵심으로 하는 라투르 존재론이 가이아 파국 앞의 '인간' 존재를 더 깊이 천착할 수 있는 시간이 있었다면, 그것은 어떤 내용으로 펼쳐졌을까? 멸종을 앞둔 인간, 스스로의 가까스로-있음을 극명하게 드러내며, 다른 존재자들의 가까스로-있음에 가혹한 위협을 가하는 인간을 라투르가 존재론적으로 사고할 수 있는 시간을 더 가졌더라면, 그는 어떤 방향으로 생각을 끌고 나갔을까?

바로 이런 맥락에서, 나는 2021년에 라투르가 남긴 텍스트의 한 구절에 주목하기를 제안한다. 그 텍스트는 라투르가 작고한 직후인 2022년 겨울 프랑스에서 출판된 『대지를 잃은 자는 영혼을 잃는다』에 실린 「생태 변환과 기독교 우주론」이라는 제목의 글이다.[95] 원래 이 글은 2021년 8월 26일 독일의 오스나브뤼크에서 열린 가톨릭 신학 관련 콘퍼런스에서 발표된 원고다.

텍스트에서 라투르는 비토르 웨스텔(Vítor Westhelle)의 『종말론과 공간』이라는 저서를 소개하고 원용한다. 웨스텔에 의하면, 전통적으로 기독교는 종말 문제를 공간이 아닌 시간의 관점에서 사고해 왔다. 하지만, 그는 종말이라는 단어의 그리스어 '에스카토스(eschatos)'가 "공간적 위치"나 "지리적 경계"라는 의미 또한 갖고 있다는 사실에 주목한다.[96] 초기 기독교인들에게 가령 "세상의 끝(escatou)"이라는 용어는 단지 시간적인 종말뿐 아니라 지리적 말단

---

95. 『대지를 잃은 자는 영혼을 잃는다』에는 라투르가 행한 한 편의 인터뷰, 강의 원고 하나, 그리고 이전에 발표된 두 편의 글이 실려 있는데, 대개 종교와 영성을 다루는 내용이다. 라투르는 2022년 9월 29일 입원하여 10월 9일 타계하는데, 입원 직전까지 이 책에 실린 원고들의 교정을 본다.

96. 에스카토스는 또한 위계적 질서에서 첫 번째 혹은 마지막을 의미하기도 한다 [Westhelle, 2012: 34].

(末端)이나 한계라는 의미도 띠고 있었다고 그는 말한다[Westhelle, 2012: 34].

    라투르는 웨스텔이 이야기하는 종말의 공간적 함의가 신기후체제에서 커다란 중요성을 띠게 되었다고 본다. 왜냐하면, 인류세 파국 속에서 지금 문제가 되는 것은 거주 가능 지대의 한계, 생태적 한계, 생명체들이 생명을 유지해 나갈 수 있는 장소의 "한계들(limites)"이기 때문이다. 임계 영역(가이아)의 파괴는 기본적으로 공간적 종말이며, 이 공간적 사태가 종말이라는 말로 흔히 의미되는 시간적 사태를 도리어 규정하고 있다[Latour, 2022: 57]. 그가 구원 가능성의 문제를 논하는 것은 바로 이런 맥락에서다.

    라투르에 의하면, 우리 시대(인류세 혹은 신기후체제)에 구원은 "높은 곳으로의 상승주의"가 아니라 "아래로의 방향 전환"을 통해 이뤄져야 한다[Latour, 2022: 59~60]. 하늘로, 천상으로, 더 높은 곳으로 가는 운동, 가령 지구를 버리고 우주로 이주해 가려는 방식으로 멸종 직전의 인류를 구제할 수 없다는 것이다. 반대로 구원은 지구로의 회귀, 아래로의 방향 전환에서 찾아져야 한다. 바로 이 맥락에서 라투르가 사용하는 한 단어가 우리의 주목을 끈다. 그것이 바로 '케노시스'다.[97]

> 신기후체제와 성육신(incarnation) 사이에는 이상한 친근성이 있다. 생태 위기는 성육신이 이미 지시했던 방향을 연장시킨다. 구원은 낮춤(abaissement), 케노시스를 향한다. 문제가 되는 것은 인간중심주의의 한계들, 인간이 창조주에 대해 갖는 의존이라는 전통적 테마뿐 아니라 서서히 수십억 년에 걸쳐서 잠정적으로 (그 안에 인간이 삽입된) 거주 가능한 세계를 구축해 온 생명체들에 대한 인간의 의존이라는 현행 테마 속에서 역시 우리가 말하고 있는 그런 한계들이다

---

97. 기후와 생태 파국을 케노시스와의 연관 속에서 논의하는 실례는 다음을 참조할 것[Guess, 2023; McGague, 2021].

[Latour, 2022: 62~63. 강조는 인용자].

자기-비움 혹은 자기-비허(脾虛)로 번역되는 케노시스는 유태교의 카발라 창조론에 뿌리를 두고 있으며 삼위일체론과 기독론(christology)에서 매우 중요한 의미를 지니는 개념이다. 그 핵심은 창조 과정에서 신이 스스로를 비워 세계로부터 퇴거하고 피조물들에게 자유의 공간을 부여했다는 독트린, 그리고 예수가 십자가형을 통해 신성을 비웠다는 점에서 찾아진다[몰트만, 2017a: 139~150; 몰트만, 2017b: 192~194]. 케노시스라는 용어의 원형인 희랍어 동사 '케노오(κενόω)'는 신약의 다음 구절에 나타나고 있다. "그는 근본 하나님의 본체시나 하나님과 동등됨을 취할 것으로 여기지 아니하시고 오히려 자기를 비워 종의 형체를 가져 사람들과 같이 되었고 사람의 모양으로 나타나셨으매 자기를 낮추시고 죽기까지 복종하셨으니 곧 십자가에 죽으심이라"[『빌립보서』 2: 6~8].

케노시스의 신은 자기의 힘을 스스로 제한하는 존재다. 스스로의 능력을 삭감하고, 자신을 자신으로 만드는 그 본질적 역량을 스스로 제거하여, 스스로를 낮춘다. 놀랍게도 라투르는 위의 인용문에서 인류세의 인간을 그런 케노시스의 신, 케노시스의 예수에 비유하고 있다. 예수가 스스로를 낮춰 신성을 포기하고 인간 육신을 얻어 육화했듯, 신기후체제에서 인간 역시 스스로를 낮춰 인간 아래로 내려가야 한다는 것이다.

라투르가 생각하는 구원은 외계 행성을 식민화하기 위해 행위 능력을 더욱 신장시키는 상승이 아니라 땅으로의 귀환에서 온다. 구원은 인간이 획득한 힘과 능력에 '한계들'을 부여하는 것에서 온다. 인간 스스로 자신의 본성이라 생각하는 인간성들을 비워 내고, 비인간 생명체의 자리로 내려가야 한다는 것이다. 만물중생의 지배자라는 위치를 버리고, 그들과 동등한 가이아의 시민으로 스스로를 재규정하는 문명적 자기-비움이 요청된다는 것이다. 그것이 포스트휴머니즘을 통한 것이건, 탈성장을 통한 것이건, 중요한 것은 인류세의 인간에게 요구되는 존재론적 방향성은 코나투스가 아니라 케노시스라는 것, 케노시스를 통한 생존 가능성의 회복이라는 것이다. 죽음을 앞두고 라투르가 스치듯 말한 저 '케노시스'라는 단어는, 비록 그것이 구체적으로 이론화되었거나 상세하게 논의되지 못한 채 하나의 화두처럼 남아 있음에도 불구하고, 인류세의 인간 존재를 사고하는 우리에게 큰 울림을 준다.

우리는 지금 존재의 강화(코나투스)가 생존을 불가능하게 하며 오히려 존재의 삭감(케노시스)이 생존을 가능하게 한다는 역설에 사로잡혀 있다. 가이아 파국을 통과하기 위해서 우리는 과도하게 신장된 행위 능력을 스스로 삭감해야 하는 것이다. 신이 자기를 비워 인간으로 육화되었던 복음이 2,000년 전의 것이라면, 이제 우리는 인간의 자기-비움을 통해 비인간 생명체들의 자리로 스스로를 낮추는 복음을 새롭게 창조해야 하는 위치에 있다. 라투르가 미완으로 남긴 케노시스 존재론을 우리는 어떻게 다시 번역하고 재생시켜야 할 것인가? 이것이 라투르가 우리에게 남긴 중요한 숙제가 아닐 수 없다.

보론. 들뢰즈 그리고 어떤 하나의 생명

어떤 하나의 생명(une vie). 이 표현은 1995년에 들뢰즈가 자살로 생을 마감하기 전 마지막으로 남긴 텍스트인 「내재성: 생명……」[들뢰즈, 2007]에 등장한다. 이 글에서 들뢰즈는 불어의 정관사(la)로 수식되는 생명, 그러니까 생명이라는 것 그 자체를 논하는 대신, 부정관사(une)로 수식되는 어떤 하나의 생명을 말하고 있다. 그것은 무엇인가?

들뢰즈는 이 이야기를 디킨스(Charles Dickens) 소설에 나오는 한 일화를 소개하며 풀어 간다. 소설에, 고약한 불량배가 빈사 상태로 실려 온다. 사람들이 위급 상황 속에서 그를 간호하며 살려 내고자 온갖 애를 쓴다. 평소에 악행을 저질러 오다가 이제 혼수상태에 빠진 저 남자는 사람들의 간호를 받으며 서서히 살아나기 시작한다. 그런데 저 비루하고 저열한 불량배가 회생의 기미를 보이자, 그를 돌보던 사람들은 다시 냉담해지고, 불량배 역시 예전의 무례함과 고약함을 되찾는다[들뢰즈, 2007: 513]. 들뢰즈는 묻는다. 저 사람이 죽어 갈 때, 그의 꺼져 가는 생명과 마주친 사람들이 다시 살려 낸 그 '생명'이란 도대체 무엇인가?

그것은 영생(永生)하는 종교적 의미의 생명도, 형이상학적 의미의 생명도 아니다. 일반적이고 추상적인 살아 있음 그 자체 역시 아니다. 더 나아가, 그것은 불량배의 인격에 귀속된, 그의 고유한 소유물 또한 아니다. 개별화되고 개인화된 생명이 아니다. 만일 그랬다면, 사람들은 그를 구하기 위해 모든 것을 제쳐 두고 달려들지 않았을지도 모른다. 악인과 분리시킬 수 없는 생명이었다면, 거기에는 악이 내포되어 있다고 여기지 않았겠는가? 들뢰즈는 주장한다. 사람들이 저 순간 달려와 구제하고자 했던 그 생명은 불량배의 생명도 아니고 생명 일반도 아닌 '어떤 하나의 생명'이라 불러 마땅한 무엇이라고.

그의 생명과 그의 죽음의 사이, 그곳에는 이처럼 단지 죽음과 더불어 놀이를 하는 하나의 어떤 생명의 순간, 바로 그 순간만이 존재할 뿐이다. 지금 개별자(불량배)의 생명은 비인격적이면서도 특이한 하나의 어떤 생명에게 자신의 자리를 넘겨주고 있다. 내적, 외적 생명의 우연한 것들로부터 해방된, 즉 어떤 것이 발생한다고 할 때 그 발생의 주관성과 객관성으로부터 해방된 순수 사건을 이끌어 내는 바로 그 비인격적이면서도 특이한 하나의 어떤 생명에게 자신의 자리를 넘겨주고 있는 것이다[들뢰즈, 2007: 513~514. 강조는 인용자].

비인격적이면서 특이한 어떤 하나의 생명. 그것은 나의 목숨도 아니고, 당신의 목숨도 아니며, 그 누구의 목숨도 아니다. 특정 인격에 귀속되지 않는다. 어떤 하나의 생명은 도처에 존재한다. 선도 악도 아니다. 그것은 존재 박동의 매 순간 나타나고 사라진다. 들뢰즈는 지금 생명의 본질, 살아 있다는 것 그 자체에 대한 이야기를 하고 있지 않다. 그가 말하는 것은 매우 구체적이고 특이하고 그것과 마주한 존재들을 행위하게 하는 생명성이다. 삶과 죽음이라는 두 극점 사이에서 깜빡거리다가, 결정적인 순간에 스스로를 드러내어, 마치 꺼져 가는 빛처럼 또는 사라지는 숨결처럼, 시간을 긴장시키고 팽팽하게 압축시키고, 주위의 또 다른 생명체들에게 자신을 돌볼 것을 명령하는 기이한 생명의 양태.

　　바로 이 지점에서 나는 들뢰즈의 텍스트를 라투르의 존재론과 겹쳐 읽기를 제안한다. 우리가 본문에서 살펴본 라투르의 사유에 의하면, 모든 존재자들은 존재 사건을 반복하면서 연결되어 가는, 박동하는 네트워크다. 있음은 하나의 연속된 상태가 아니라, 특정 시점의 존재(n)와 그다음 시점의 존재(n+1) 사이에 있는 간극, 위험, 불연속성을 건너뛰는 도약들로 이뤄져 있다. 우리는 존재의 저 두 상태 사이에서 라투르가 무엇을 보았는지 이미 알고 있다. 플라스마. 존재와 존재 사이의 간격을 건너뛰는 데 성공하는 것들이 가까스로 존재해 나가는 반면에, 그 이행에 실패한 것들은 플라스마로 침강해 소멸한다. 본문에서 나는 이를 '존재자(n)→x→존재자(n+1)'라는 도식으로 표현한 바 있다.

디킨스 소설에서 빈사(瀕死) 상태에 처해 있는 불량배는 지금 존재자(n)와 존재자(n+1)의 사이, 두 절벽의 사이, 존속과 사멸의 갈림길인 저 x라는 지점을 통과하고 있다. 잘 알려진 것처럼, 젊은 시절에 폐 수술을 받았던 들뢰즈는 말년에 이르러 호흡이 원활치 않아 큰 고통을 겪는다. 클레르 파르네(Claire Parnet)와의 대담 비디오를 보면, 노년의 들뢰즈가 숨을 가쁘게 쉬는 모습을 종종 볼 수 있다. 들숨과 날숨 사이가 끊어질 듯 이어지거나, 밭은 기침을 하면서 촬영이 중단될 때도 있다. 자살로 삶을 마감하기 직전에 유언처럼 남긴 저 글을 쓸 무렵, 그는 숨을 쉴 때마다 플라스마와의 근접을 체험하고 있던 것이 아니었을까? 폐라는 기관이 하나 사라진 신체. 들숨과 날숨 사이의 심연. 한 번의 호흡이 생사를 가를 수도 있는 매 순간, 지금 이 순간의 위중함. 생명이라는 것의 가장 깊은 상태 속에서 나타나는 그 여리고, 희미하고, 아슬아슬한 이어짐.

우리가 흔히 들뢰즈 철학에서 보는 것은 생명력으로 폭발하는 생성의 세계다. 거기에는 욕망하는 기계들이 있고, 그것들의 끝없는 연결과 접속, 정신 분열적 흐름들이 있다. 스피노자의 코나투스와 프로이트의 리비도와 니체의 의지 같은 것. 생산적 무의식의 과열된 공장. 죽음도 부정성도 없는 세계. 하지만 어떤 하나의 생명을 이야기하는 저 늙은 들뢰즈는 우리를 충만이 아닌 빈약의 존재론 쪽으로 이끌어 가는 듯이 느껴진다. 그것은 간신히 숨을 쉬는 자의 세계, 내일을 기약할 수 없는 것들의 세계, 풍성한 흐름이 아니라 희미하고 미약하며 서서히 말라붙어 가는 생명력의 물길 같은 것이다. 소멸 직전의 존재자가 발하는 끔찍한 아름다움으로 일렁이는 풍경. 가까스로 있는 세계. 어떤 하나의 세계. 내재적인, 너무나 내재적인 세계. 언제나 x 앞에서 서서 x의 끝 모를 깊이를 넘어 다음으로 건너가야 하는 고되고 즐거운, 가까스로 있는 것들의 세계. 바로 그쪽으로….

8장
생태 계급과 파국주의적 정치학

절대적으로 민중적인 고독, 앞으로 도래할 민중과
밀접하게 연결되어 있는 고독, 아직 여기 있지는 않지만
민중 없이는 존재할 수 없기 때문에 민중을 불러오고
민중을 갈망하는 고독
[들뢰즈·과타리, 2001a: 723].

I. 파국주의적 감수성

라투르의 세계는 오직 선(線)으로만 이뤄져 있다. (맑스의 세계처럼) 하부 구조나 상부 구조로 이원화되어 있지도 않고, (라캉의 세계처럼) 실재/상징계/상상계로 나누어져 있지도 않다. 존재하는 것은 네트워크들뿐이다. 이처럼 네트워크들이 '존재'한다고 했을 때, 그들은 단순히 '있는' 것이 아니라 작용한다. 즉, 변화와 차이를 생산한다. 이처럼 새로운 상태를 생성시키며 다른 존재자들에게 영향을 행사하는 주격(主格)을 그는 '행위자'라 부른다. 서구 철학사에서 라투르보다 더 민주주의적으로 행위자 개념을 구상한 자는 없다.

라투르에게는 인간만이 행위자인 것이 아니다. 세균도, 과속방지턱도, 실험실의 측정 기구도, 허리케인도, 방사능 물질도, 가이아도 행위자다. 인간과 비인간의 구분은 라투르 철학 안에서는 별다른 의미를 갖지 못한다. 세계는 행위의 힘(puissance d'agir)을 가진 무수한 존재들로 가득 차 있다. 그들은 모두 다른 존재들과 연결되면서 뭔가를 한다. 라투르의 세계는 이처럼 각별히 역동적이고, 생성적이며, 활동적이다. 이것이 우리가 그의 ANT에 대해서 갖는 일반적인 인상이다. 생성, 행위, 변화, 창조의 세계가 그것이다.

그런데, 우리가 7장에서 살펴본 것처럼 라투르의 세계에는 연결망을 이루며 확장되는 행위자-네트워크들만이 있는 것이 아니라 그 존재자들의 '외부' 또한 상정되어 있다. 그것이 바로 플라스마다. 플라스마는 네트워크들이 그로부터 솟아나고 꺼지는 바다 같은 것이다. 현존하는 네트워크의 외부, 연결된 것들의 사이, 실현된 것들의 배후에 존재하는 방대한 원천이다. 라투르는 이를 천문학자들이 말하는 "잃어버린 질량(missing masses)"에 비유하기도 하고, "도시 거주자들에게 시골이 그러하듯, 모든 행위가 완수되기 위해 필요한 자원을 제공해 주는 거대한 후배지(hinterland)"라고 표현하기도 한다[Latour, 2005: 244].

플라스마의 관점에서 보면, 존재자의 한시적(限時的) 성격이 부각되어 드러난다. 이종적 요소들이 얽힘으로써 네트워크가 만들어졌다면, 그리고 바로 그 네트워크가 우리가 보는 현실을 구성하는 참된 행위자들이라면, 이들은 영원한 것도 아니며 항상적인 것도 아니기 때문이다. 플라스마는 혁명, 영감, 붕괴, 소실과 같은 격변들이 왜 사회 세계에서 일어나는지를 이해할 수 있게 해 준다. 또한, 라투르 철학이 현실의 확장과 네트워킹만을 사유하는 것이 아니라 붕괴와 소멸, 즉 파국에 대한 철학적 사유 가능성을 내포하고 있다는 점을 보여 준다. 존재하는 모든 것이 연결을 통해 형성된 네트워크라면, 그 모든 것은 특정 조건하에서는 해체되어 플라스마 쪽으로 흩어져 사라질 수 있다. 이것이 ANT가 보여 주는 중요한 이론적 통찰이다.

이러한 관점은 존재에 대한 다음과 같은 두 가지 새로운 입장을 가능하게 한다. 첫째, 존재는 희소한 것이다. 값싸게 흘러넘치는 것이 아니라 수많은 없어짐의 가능성들을 넘어서 가까스로 있게-됨을 성취한 것들이기 때문이다. 풀잎 하나도, 벌레 한 마리도, 사회라는 것도, 민주주의도, 평등의 사상도 모두가 그런 귀한 존재 과정의 산물들이다. 둘째, 이와 동시에 그처럼 희귀하게 존재하게 되어 실존을 유지해 가는 존재자들은 붕괴 가능성, 소멸 가능성, 소실 가능성에 노출되어 있다. 생명체는 죽음과 맞서고 있으며, 민주주의는 민주적 실천과 이념의 네트워크가 약화되면 퇴행하고, 심지어 사라질 수도 있다. 한 사회도 붕괴할 수 있고, 인류도 멸종할 수 있다. 이는 가이아도 마찬가지다. 라투르의 ANT에는 파국주의적 감수성이 내재해 있다.

II. 인류세의 충격

라투르는 2000년대에 접어들면서 본격적으로 생태 위기를 진단하고 이에 대한 대응을 제시하는 여러 작업을 수행했다. 그 배경에는 파울 크뤼천과 유진 스토머가 제안한 '인류세'라는 용어가 가져온 충격파가 있다. 인간 활동이 지구 시스템을 변화시킬 정도로 강력한 '지질학적 힘'이 되었고, 이 시대가 몇백만 년 동안 지속될 가능성이 있다는 저들의 주장은 큰 반향을 불러일으켰다. 인류세 개념이 지칭하는 변화는 왕조나 정권 교체 혹은 단지 수백 년 지속하는 역사적 시대의 교체와 비교할 수 없다. 그보다 훨씬 장구한 지구와 바다와 대기의 시간이 이야기되고 있다. 매우 심원하고 근본적인 변화이며, 우리의 일상적 지각의 차원을 넘어서는 지구 시스템 수준의 변화다.

충적세에서 인류세로의 이 지질학적 전환은 인간 행위에 의한 행성적 변화가 다시 인간 생존을 위협하는 위기로 회귀하는 부메랑적 재난의 시대가 열렸다는 의미를 갖는다. 지구 온난화, 대양 산성화, 거대 숲의 파괴, 생태계 교란, 멸종과 같은 재앙적 현상들은 이제 예외가 아닌 일상이 되었다. 말하자면, 인류세는 인류와 다수 생명체의 '생태-존재론적 긴급 상태'의 다른 이름이며, 근대적 사고와 감수성을 다시 사고하게 하는 (다음과 같은) 지적 충격을 야기하고 있다.

첫째, 이제 인간을 '자연 앞의 연약한 피조물'로 표상하는 것은 불가능하다. 근대인은 탄소 자본주의 문명의 진행 과정에서 기상학적 조건, 바다, 토양, 숲, 그리고 다른 생물종들의 운명에 결정적인 영향력을 행사했다. 약 200여 년 동안 인간은 거의 그리스 신화의 여러 신들에 비견할 만한 유사-자연적인, 혹은 초-자연적 힘을 발휘해 온 것이다. 인간이 자연을 어떻게 통치하느냐가 문제인 것이 아니라, 자신의 물질적(지질학적) 조건 전체를 바꾸는 괴력을 가진 가장 강력한 집합 행위자인 인간의 힘이 어떻게 통제/통치되어야 하는가라는 문제가 시급하게 제기되는 이유가 여기에 있다. 지구의 생태적 조건을 결정하는 것은 자연이 아니라 이제 인간이며, 인간은 자기 자신의 멸종 가능성도 결정할 수 있는 위치에 있다.

둘째, 인류세가 도래했다는 진단은 우리가 살아가는 현재를 더 이상 사회학적 시대 규정만으로 이해할 수 없다는 사실을 함축한다. 우리가 잘 알고 있듯이, 20세기 후반에 사회학자들은 다양한 방식으로 시대를 명명했었다. 포스트포디즘, 포스트모던, 후기 근대, 액체 근대, 위험사회 등이 그것이다. 그러나, 인류세라는 용어는 이런 사회적/역사적 시간보다 더 근원적인 수준에서 지구라는 행성에 거주하는 모든 "지구생활자들"의 운명적 시간을 규정하는 '지질학적' 시대[라투르, 2021b: 30]를 핵심 문제로 부각시킨다. 인류세는 "사회적 문제"가 아니라 "지리-사회적 문제"를 전면화한다[라투르, 2021a: 94]. 사회를 자연과 분리된 인간들의 활동 영역으로 보는 좁은 사회관의 실효성이 의문시되는 상황이다.

III. 파국주의

　셋째, 인류세는 20세기를 지도한 진보, 번영, 발전 같은 가치들을 지속 불가능하게 한다. 이러한 관념들은 기본적으로 과거보다 더 나아지는 미래로의 전진을 역사의 원리로 본다[리스트, 2013]. 미발전된 현재와 더 발전된 미래 사이의 낙차가 인간을 움직이는 힘, 인간이 무언가를 '생산'하게 하는 힘이다. 20세기의 인간은 생산자다. 인간은 만들고 제작하고 무언가를 생성시킨다. 생산하는 삶의 도덕적 우월성은 20세기를 관통하며 거의 지배적인 가치로 여겨져 왔다. 그런데, 인류세는 근대의 이 '생산주의' 또는 '발전주의'가 실제로는 지구 시스템의 평형을 교란시키는 '파괴'였다는 역설을 섬뜩하게 드러냈다. 생산할수록 파괴되었고, 발전할수록 파국 가능성이 짙어졌던 것이다. 창조와 생산과 번영이 있다고 생각한 모든 곳에서 실제로는 광범위한 파괴, 파괴적 해체 작용이 있었다는 것을 우리는 깨달았다.

　인류세는 근대적 발전/진보 개념의 실천적 가능성이 소진되었음을 냉정하게 드러낸다. 발전주의는 '생산=파괴'의 역설을 해소하지 못한다. 생산이 감추고 있던 파괴의 진실이 적나라하게 드러난 지금, 우리는 오히려 파괴의 측면을 직시하면서 역사의 전개를 상상하고 서사해야 한다. 즉, 미래는 발전/진보가 아니라 파국으로 대표되는 시간이다. 어떻게 발전할 것인가? 얼마나 더 성장하고 개발하고 그래서 소비하고 향유할 것인가? 이런 질문들을 해체하고 우리는 이렇게 물어야 한다. 어떻게 파국을 막을 것인가? 어떻게 파국적 재난들이 연쇄적으로 쇄도하는, 점점 더 거주 가능한 땅이 사라지고, 새로운 위협들이 현실화되는 상황에서 '생존'할 수 있는가? 고통의 불평등, 파국 속에서의 불평등을 어떻게 교정할 것인가? 이미 고갈된 듯이 보이는 우리 공통의 미래를 어떻게 창조해 갈 수 있는가? '나'는 무엇을 할 것인가?

　해러웨이가 말하듯이, 우리는 인류세를 최대한 단축시켜야 한다[Haraway, 2015: 160]. 혹은 세르가 제안하듯, 사회 계약을 자연 계약으로 확장시켜야 한다[Serres, 1990]. 이것이 우리의 시대적 과제다. 환언하면, 미래는 이제 파국이라는 관점을 통해 새롭게 구성되어야 한다.

이런 점에서, 인류세는 '파국주의'를 요청한다. 파국에 대한 예견과 고뇌와 그것을 막기 위한 실천과 제도가 사회를 구성하는 근본 원리가 되어야 한다. 이를 위해 우리는 파국 개념을 회피해서도, 그것을 환상적으로 우회하려 해도 안 된다. 돌파해야 한다. 21세기에 파국은 상상도, 비유도, 레토릭도, 도덕적 과장도 아닌 실재 그 자체의 진실이다. 인류세에 파국을 언어화하는 사람들은 시인이나 철학자가 아니라 자연과학자들이다. 자연과학이 말하는 파국은 비명과 절규가 들려오는 유대-기독교의 종말론이 아니라, 그래프로 표현되고 수식으로 계산할 수 있는 사실의 질서에 더 가깝다.

우리 시대의 정치가 환멸을 불러일으키는 것은 그것이 (위에서 제시한) 근본 질문들에 대해서 본질적인 응답을 제공하지 못하기 때문이다. 우리 시대의 경제 담론이 공허한 것은 그 안에 기후 변화나 멸종, 지구 생태계의 파국적 교란과 같은 현상에 대한 고뇌가 거의 없기 때문이다. 경제(economy)의 '에코'는 생태(ecology)의 '에코'가 겪는 위기를 가리는 판타지가 되어 버렸다. 우리 시대의 종교가 영성적 울림을 주지 못하는 이유는 저 공통의 문제 영역, 수많은 생명의 생사(生死)를 가르는 문제에 대하여 때로는 반동적이고 때로는 너무나 상투적인 대응을 보여 주기 때문이다. 즉, 이들은 파국을 사유하지 못한다.

우리에게 필요한 것은 파국주의다. 그것은 파국을 사고하고, 그것과 교섭하고, 그것을 통치하려는 지식, 실천, 윤리, 미학의 앙상블이다. 파국주의는 단순한 비관이나 우울이 아니라, 파국을 넘어서려는 의지와 역량을 조직하는 정동을 요청한다. 그것은 희망이다. 희망은 낙관이 아니다. 낙관은 희망할 수 있는 것에 대한 희망이다. 낙관은 자동적이고, 큰 노력이 요구되지 않으며, 자명하고 합리적이다. 희망은 그러나 눈앞에 보이는 것과 '다른 무언가'를 상상할 수 있는 능력이다. 희망은 언제나 희망조차 불가능한 것과 결합한다. 파국주의는 희망을 요청한다. 희망이 없는 파국주의는 그저 세련된 비관주의에 그칠 것이다.

　　파국주의를 조직하면서 인류세를 살아가는 존재들은 '서바이벌'을 사적이고 이기적인 과제가 아니라, 공적이고 공통적인 과제로 인식하게 된다. 인류세는 인간의 생존이 꿀벌의 생존이나 북극곰의 생존과 연결되어 있다는 '인식'을 보편화한다. 즉, 복수의 생존들의 얽힘과 의존이 자명해진다. 이런 점에서 인류세적 주체가 꿈꾸는 생존은 언제나 '함께-생존하는 것(survive with)'이다. 여기서 방점은 '함께'에 놓인다. 인간이 근대를 통틀어 다른 모든 생명체보다 우월한 존재이며, 특권적 존재로 스스로를 이해해 온 이상, 이 '함께'의 구성은 인간 스스로 아래로 내려가는 것을 통해서만 가능하다. 인간은 스스로를 '방법적으로', '이념적으로', 그리고 '도덕적으로' 강등시켜야 한다. 인간이 무시했던 비인간 생명체들의 높이로 내려가야 한다. 인간적인 것의 자기-비움, 즉 케노시스다.

IV. 생태 계급

문제는 '주체'다. 인류세의 최대 과제가 '함께-생존하기'라면, 이 과제를 수행할 주체는 누구인가? 라투르의 최근 논의는 이 지점을 향한다. 이를테면, 70여 개의 단상 메모로 이루어진 『녹색 계급의 출현』에서 그가 제안하는 '생태 계급' 개념이 그것이다.[98] 그는 생태 계급을 "사람들이 살고 있는 장소로서의 세계와 사람들이 살아가는 수단으로서의 세계"를 동일시하는 자들이자[라투르·슐츠, 2022: 36], "지구 차원의 거주 가능성을 떠맡는 계급"[라투르·슐츠, 2022: 38]이라고 정의한다.

다소 추상적이지만 그럼에도 불구하고 선명하게 표명되고 있는 것은 생태 계급이 20세기의 성장 신화를 벗어난 주체들이라는 점이다. 이들에게 쟁점이 되는 것은 생산이 아니라 거주 가능성이다. 삶이다. 생산의 확대가 중요한 것이 아니라 "거주할 수 있는 지구 환경의 유지를 우선시하는 것"[라투르·슐츠, 2022: 32]이 더 중요하다. 생태 계급이 어떤 존재들인지 우리는 직관적으로 이해한다. 실제로 우리 주변에는 이미 시대의 문제와 맞서 새로운 생각, 감각, 감정, 미학, 그리고 자연과학적 지식으로 주체화하여 점점 더 연결

---

98. 사실, 계급 개념에 대한 그의 생각은 『지구와 충돌하지 않고 착륙하는 방법』에서도 소략하게 검토된 바 있다. 이 책에서 라투르는 과거 변혁 주체의 대명사이던 '사회 계급'이 정치생태학의 장에서는 투쟁 주체로 성장하지 못한 이유를 19세기적 유물론의 한계에서 찾고 있다. 생산관계와 생산 수단에서만 '물질'을 보는 과거의 유물론을 넘어서, 이른바 '신유물론'으로의 전환을 촉구하는 것이다[라투르, 2021a: 89~91]. 새로운 유물론의 필요성에 대해서 그는 이렇게 쓴다. "사실상 근대 시기의 특이한 점 중의 하나는 전혀 물질적이지도 않고 영토적이지도 않은 물질의 정의를 쓰고 있다는 것이다. (…) 자기 행성의 온도가 평균 3.5도 상승하도록 무심코 내버려둘 수 있거나, 아무도 눈치채지 못하게끔 동료 시민들에게 여섯 번째 대멸종의 대리인(agent) 노릇을 떠맡길 수 있는 사람을 어떻게 유물론자라고 부를 수 있을까? (…) 생태학은 사회주의자들에게 항상 이야기해 왔다. "조금 더 노력하세요, 유물론자 여러분, 진실로 유물론자가 되기 위해서는!"[라투르, 2021a: 94~95]

된 형태로 나타나고 있는 일군의 사람들이 있다. 그런데 왜 이들을 굳이 '계급'이라 불러야 하는가? 그것은 라투르가, 인류세의 위기와 맞서는 주체를 좀 더 전투적인 방식으로 호명해야 한다고 느끼고 있기 때문인 듯하다.

    사실, 계급이란 용어에는 강력하고 노골적인 정치성이 장전되어 있다. 계급은 언제나 계급 적대, 계급 투쟁, 계급 의식, 계급 해방과 연결된다. 이것이 19세기 이래 계급이라는 개념이 사용되어 온 화용론적 전통이다. 계급을 말할 때, 우리는 더 이상 화해할 수 없는 '이해관계'의 물적 조건, 그리고 혁명과 싸움을 말하는 것이다. 라투르는 계급 개념의 이 전투성과 절박성을 되살리고 싶은 듯이 보인다. 다만 라투르는 여기에 두 가지 유보 조항을 건다.

    첫째, 맑스주의적 유물론이 말하는 계급 관념을 넘어서야 한다는 것. 즉, 생산 수단의 소유 여부로 계급 위치가 구조적으로 결정된다는 관념이 철회되어야 한다. 왜냐하면, 앞서 언급했듯이 인류세의 문제는 생산이 아니라 파괴를 중심으로 회전하기 때문이다. 따라서 계급도 생산관계가 아닌 실제적이거나 잠재적인 생명의 파괴 가능성의 차원에서 접근되어야 한다. 요컨대, 생태 계급은 파국과의 거리(파괴 관계)에서 규정되는 계급이다.

    둘째, 부르디외 사회학의 계급 개념을 넘어서야 한다는 것. 부르디외는 맑스의 '투쟁하는 계급'을 '구별 짓기(distinction) 하는 계급'으로 전환시켰다. 거리에서의 싸움, 목숨을 건 투쟁, 그리고 혁명의 절박성을 장 안에서 벌어지는 취향을 둘러싼 차별화 전략이나 과시적 소비, 혹은 상징적 투쟁으로 변신시켰다. 라투르가 보기에 이것은 실재하는 계급(class)을 상징적 분류(classification)로 증류시켜 버린 것과 같다. 계급은 상징적이기 이전에 물질적인 것이고, 실재적인 것이다. 이를 회복해야 한다.

    이런 점에서, 라투르가 구상하는 생태 계급은 상승하는 자본주의의 몫을 둘러싼 투쟁의 주체(맑스의 계급)도 아니고, 문화적/상징적 재화를 통해 사회적 위치을 두고 경쟁하는 주체(부르디외의 계급)도 아니다. 생태 계급은 자본주의의 꿈이 파상된 폐허에서 생존을 욕망하는 자들의 연대다. 이들은 더 많은 생산이라는 패러다임에 갇힌 자들과의 불가피한 적대를 구성한다. 이들은 또한 부르디외가 설정한 좁은 의미의 '사회' 내부에 머무는 자들이 아니라, 사회와 자연이 서로 구멍 뚫린 채 삼투하여 상호 작용하는 바로 그런 고통의 지점들(피폭당한 신체들, 구멍 뚫린 오존층, 코로나19 바이러스가 침투한 노동자들의 호흡기, 환경 난민들)에서 형성되는 주체다. 이것이 바로 라투르가 말하는 21세기적 유물론적 주체다.

V. 아무개-되기

그렇다면, 생태 계급은 어떻게 만들어질까? 라투르는 자신의 신작 『녹색 계급의 출현』에서 이 질문에 대해 구체적이고 충분한 해답을 제시하지는 않는다. 하지만 상상해 보면, 그는 아마도 ANT의 원리에 기초하여 계급 형성의 과정을 생각할 것이다. 즉, 네트워킹을 통한 연결이 그것이다. 물론 그렇다. 연결만이 계급, 즉 집합적 주체를 만드는 유일한 원리다. 하지만 여기서 더 물어져야 할 것이 있다. 이 연결은 왜 일어나는가? 생태 계급을 이루는 인간들(혹은 비인간들)은 어떻게, 그리고 왜 서로 연결될까?

생태 계급은 더하기(+)가 아니라 빼기(-)의 방식으로 주체화된다. 내가 오래전부터 사용해 온 한 개념을 빌려 말하자면 '파상'이다. 더 많이 알게 되고, 더 많이 깨닫고, 더 많이 소유하고, 더 많은 정체성을 확보함으로써 생태 계급이 되는 것이 아니다. 반대로 그것은 상실과 환멸을 통한 각성을 요청한다. 생태 계급의 주체화는 장치를 통하여 지식과 이념과 행위 준칙을 부과함으로써 어떤 인간 형태를 구축하는 방식이 아니라, 일종의 탈주체화, 즉 주체성의 탈영토화를 통해서 이뤄지는 듯하다.

인류세적 주체는 파국 앞에서 만들어지고, 파국 속에서 서로 연결된다. 파국에 대한 예감을 통해 서로를 식별하고 소통한다. 이들은 더 좋은 미래를 위해 함께 싸우고 전진하는 자들이 아니라, 그 좋은 미래를 박탈당했음을 통감하는 자들이다. 박탈감, 좌절감, 파국에의 불안과 공포, 그리고 분노. 이런 강력한 정동은 이들에게 이미 부여된 사회적 정체성들을 벗겨 낸다. 새로운 주체성은 과거의 정체성들에 부가되는 것이 아니라, 과거의 것들이 깨져 나간 자리에서 생성되는 희미한 주체성이다. 배우는 것(learning)이 아니라 배운 것의 파상(unlearning)을 통해서, 앎(knowing)이 아니라 앎의 파상(unknowing)을 통해서 생태 계급이 생성된다. 생태 계급을 만드는 존재론적 원리는 자기-비움이다. 인간이라는 존재의 자기-비움.

기후 파국 앞에서 '기업가'란 무엇인가? '작가'란 '예술가'란 무엇인가? 기업가, 작가, 예술가라는 상(像), 더 나아가 인간이라는 상이 깨지고 파열될 때, 비로소 파국 앞의 '생명'이라는 공통 기반이 드러난다. 그 생명의 존재론적 실상인 가까스로-있음에 눈을 뜨는 것이다. 가까스로 있는 것들을 바라보면서 자기 자신의 가까스로-있음을 자각하게 되었을 때, 가까스로 있는 것들 사이에는 모종의 연결, 모종의 연대가 형성된다.

말하자면, 원전 참사 앞에서 '나'는 교수도 작가도 예술가도 아닌 (지난 장의 보론에서 들뢰즈의 마지막 텍스트를 이야기하면서 논했던) 어떤 하나의 생명이다. 바로 그런 한에서, '나'는 고사리나 개, 물고기나 흙과 구별되지 않는 하나의 지구적 존재다. 뱃속에 플라스틱 쓰레기를 가득 채운 채 죽은 앨버트로스 새들의 시체를 볼 때[조던, 2019], 우리는 우리 자신과 아이들의 혈관, 장기, 뇌에 침전되는 미세 플라스틱의 힘을 느끼고 전율한다. 이 전율 속에서, 특권적 존재로서의 인간이라는 상이 파괴되고, 우리는 앨버트로스와 동일한 세계를 살아가는 생명체로, 그러니까 '어떤 하나의 생명'으로 스스로를 인식한다. 즉, 우리가 앨버트로스다. '내'가 앨버트로스다. 아니 저 앨버트로스가 '나'다. 이처럼 인간이라는 존재를 둘러싼 겹겹의 환상 구조를 파괴하고 헐벗고 가난해짐으로써 파국 앞의 생명적 평등성까지 내려온 존재들을 나는 『은둔기계』에서 '아무개'라 불렀다.

진정으로 보편적인 성격을 띠고 있는 것은 재난이다. 재난 속에서 우리는 모두 생명이 된다. 국적, 나이, 계급, 젠더, 종교, 인종과 같은 속성이 벗겨져 나가는 그 궁극적 상황에서, 우리는 생존해야 하는 생명체 그 자체로 나타난다. 그 생명체의 이름이 '아무개'다. 21세기의 참된 주체는 자신의 살이 오염되어 가고 있다는 것을 아는 자, 그것으로 아픈 자, 그것을 걱정하고, 그것이 문제임을 느끼는 아무개다. 아무개들은 사태의 잠재적 피해자이며 행위자다. 아무개가 된다는 것은, 세계를 공유된 위험 공간으로 인지하는 것과 동시적이다. 아무개의 용기는 그의 두려움에서 나오고, 좌절감에서 나온다. 아무개는 선험적으로 규정된 주관이나 사회적 위치가 아니다. 선험적 주체성과 사회적 위치가 헐벗으면서 드러나는 생태적 감수성의 주체, 모두에게 열려 있는 잠재적 주체성이 아무개다[김홍중, 2020: 229].

아무개는 가까스로 존재하며, 가까스로 존재하는 다른 존재자들과 자신 사이의 행성적 연대감을 느끼는 자다. 이러한 아무개는 사회적으로 규정된 실체적 주체성이 아니다. 아무개의 표지는 없다. 우리는 아무개를 외면으로부터 식별할 수 없다. 그것은 실체가 아니라 강도(intensity)다. 주체에 생긴 주체성의 크랙이다. 누구나 약간씩은 아무개다. 더 아무개 쪽으로 변화된 주체들이 있고, 아무개의 세계에 발도 들여놓지 못한 주체들도 있다. 하지만 아무개-되기는 누구에게나 가능한 일이다. 환경 재앙의 충격 속에서, 미래에 대한 공포와 불안 속에서, 이 문제를 해결하고자 하는 의지 속에서 우리는 아무개가 되어 간다. 우리는 조금씩 20세기적 사유와 삶으로부터 멀어져 가고, 미지의 21세기 속으로 헐벗어 간다. 우리는 파국에 강박되어 있다. 파국은 우리를 멈추게 하고, 헐벗게 하고, 아무개가 되게 한다. 세계를 파괴의 관점에서 보게 한다. 생태 계급은 이 헐벗음이라는 체험 속에서 형성되는 주체일 것이다.

보론. 아직 태어나지 않은 것들에 대한 애도[99]

2022년 10월 어느 날 밤, 지인이 카톡을 보내 브뤼노 라투르가 사망했다고 알려 왔다. 순간, 하던 일을 멈췄고, 약간 멍해졌고, 그리고 뒤늦게 새삼스레 놀람이 밀려왔다. 슬픔이 되기에는 개연성이 좀 부족했다. 하지만, 뭔가를 상실했을 때와 비슷하게 허전함을 느꼈다. 이렇게 말하는 것이 더 정확할까? 세상에 어떤 조그만 구멍 같은 것이 나 버린 것 같은 기분. 다른 것으로 잘 메워지지 않을 구멍 같은 것 앞에 섰을 때의 황망함. 한 번 만나 보지도 못한 학자의 죽음이 이런 흔들림을 야기하리라고는 상상하지 못했다.

부르디외(2002년)와 데리다(2004년)가 타개했을 때도 나는 마음의 동요를 겪은 적이 있다. 내가 20대를 보낸 1990년대에 프랑스 철학과 사회학은 한국의 대학가에서 큰 유행을 일으켰다. 우리 세대는 데리다나 들뢰즈, 푸코와 부르디외를 읽으며 지적으로 성장했다. 박사 과정을 밟기 위해 프랑스에 가서 나는 저들의 수업을 실제로 듣는 행운을 누렸다. 2000년대 초반에 부르디외는 콜레주 드 프랑스에서 마네(Éduard Manet)의 그림과 19세기 후반 예술장의 상징 혁명에 대한 강의를 하고 있었고, 데리다는 사회과학고등연구원에서 〈짐승과 주권자(la bête et le souverain)〉라는 제목의 강의를 하고 있었다. 나는 이들의 말년 강의를 들으며 놀라운 지적 영감을 얻을 수 있었다.

그런데 라투르에 대해 말하자면, 프랑스에 머물던 시절에도 그를 만나 보거나 수업을 들은 적은 없었다. 라투르를 알게 된 것은 한국에 돌아온 이후였고 2010년대 중반쯤 되어서야 나는 비로소 그의 행위자-네트워크 이론을 본격적으로 탐구하기 시작했다. 그리고 얼마 지나지 않아서, 왜 수많은 사람들이 그에게서 그토록 강렬한

---

99. 보론은 다음의 글을 수정, 보완한 것이다. 김홍중, 2023, 「아직 태어나지도 않은 것들에 대한 애도」, 『보스토크』 39.

영향력과 매혹을 느꼈는지를 깨달았다. 라투르는 이 세계를 연결과 단절의 역동적 과정으로 보게 한다. 우리 눈에 굳어진 실체처럼 보이는 모든 것들이 어떻게 하나의 선으로부터 시작하는지를 보게 한다. 그리고, 그 내재적 세계에서 주어의 자리에 올 수 있는 자격을 가진 것은 오직 인간만이 아니다.

한때 신만이 주어가 될 수 있는 시대가 있었다. 최종적 주어, 궁극적 원인은 신이었다. 비가 오는 것도, 전쟁이 일어나는 것도, 누군가 행복한 것도, 죽는 것도 신의 작용하에서라 생각됐다. 근대로 접어들면서, 인간이 주어의 자리를 찬탈한다. 이제 내가 생각하고, 내가 보고, 내가 행한다. 내가 원인이다. 내가 주체다. 이런 관점의 부상과 더불어 약 200년간의 자본주의 근대 문명이 건설되었다. 하지만, 이제 21세기에 우리는 인간이 독점했던 그 주어의 자리에 무수히 많은 비인간이 들어올 수 있는 자격을 갖고 있다는 생각으로 방향을 전환하고 있다.

포스트휴머니즘. 라투르는 그런 생각이 힘을 얻는 데 가장 강력한 영향력을 행사한 지식인 중 하나다. 인간뿐 아니라 비인간도 주어가 될 수 있다. 즉, 뭔가를 한다. 의식이나 생명이 있어서가 아니다. 현실에 변화를 가져오는 것, 차이를 발생시키는 것은 모두가 주체다. 인간도, 동물도, 식물도, 광물도, 이산화탄소도, 양자도, 플라스틱도, 개념도, 감정도, 뇌나 물질도, 바이러스도 뭔가를 한다. 라투르는 이들에게 이론적 시민권을 주었다. 그는 서구 문명이 배출한 가장 급진적인 민주주의자다. 그의 민(people)은 인간을 넘어서는 존재자 일반을 포함한다. 이런 점에서 라투르 사상의 핵심에는 비인간의 대변(代辯)이라는 거대한 프로젝트가 있다. 비인간과 인간이 함께 의회를 만들어 펼치는 새로운 정치의 창조를 그는 꿈꾸었다.

2010년대 접어들면서, 라투르는 정치생태학을 좀 더 예리하게 다듬어 간다. 그는 인류세가 상징하는 기후 파국을 심각하게 우려했으며, 이에 대한 불안과 위기의식이 그의 사유 속에서 좀 더 선명하게 전면화되었다. 이 과정에서 그는 러브록의 가이아 이론을 새롭게 해석한다. 라투르가 보는 가이아는 지구라는 행성 전체가 아니라, 지표 일부와 바다 일부 그리고 지하 일부를 포함하는, 생명체가 살 수 있는 '임계 영역'이다. 산소가 있고, 생명들이 서식하고, 서로 공생하는 특수한 공간, 그 자체로 살아 있고, 살아 있는 것들을 품을 수 있는, 살아 있는 것들 스스로 만들어 낸 영역. 화성에는 없지만 지구에는 존재하는 우리의 공통 거주지, 이것이 가이아다. 가이아 속에서 인간은 다른 존재자들과 동격이다. 함께 살아가기 때문이다.

이것은 21세기 문명이 인간의 잠, 자본의 잠, 성장과 발전의 잠, 축적의 잠에서 깨어나 새롭게 인지하게 된 행성적 리얼리티다. 우리는 이제야 비인간을 포괄하는 정치체를 구성해야 하는 과제를 깨닫기 시작했다. 어쩌면, 너무 늦은 것인지도 모르지만….

우리는 인류세 파국을 넘어 생존하고 싶다는 욕망으로 21세기를 뚫고 간다. 우리의 살아감은 투쟁이다. 이것은 불가피한 싸움이다. 라투르의 타개 소식이 야기한 상실감은 이 싸움에서 가장 중요한 전사(戰士)를 한 사람 잃어버린 듯한 기분이었던 것 같다. 이런 상태를 만들어 낸 사회와 생각의 틀을 근본적으로 비판해 온 자, 어떻게 활로를 뚫어야 하는지를 고민하는 데 자신의 학문적 역량을 쏟아부은 용맹한 전사를 잃은 기분. 아직도 싸워야 할 전투가 산적해 있는데, 아니 이제 비로소 싸움이 시작되었는데, 그가 죽다니. 라투르가 고령임에도 그의 죽음이 요절처럼 느껴진 이유가 그것이 아닐까? 너무 일찍 세상을 떴다. 아직 할 일이 많은데.

우리가 누구를 애도한다는 것은 '죽은' 그 사람만을 애도하는 것이 아니다. 그 사람이 살았다면 살릴 수 있었던, 그러나 그 사람이 죽었기 때문에 이제 위태로워진 수많은 산 목숨들을, 그것들의 파괴되고 박탈된 생명을 애도하는 것이기도 하다. 산 자를 애도하는 것, 혹은 아직 태어나지도 않은 목숨을 애도하는 것. 죽어 소멸한 자를 애도하는 것이 아니라, 눈앞에 현존하는 것들 내지는 머지않은 장래에 눈앞에 현존하게 될 것들을 애도하는 것. 이것이 데리다나 부르디외의 죽음과 라투르의 죽음이 나에게 달리 받아들여진 이유 같다. 말하자면, 데리다와 부르디외의 죽음은 한 시대의 끝이었지만, 라투르의 죽음은 또 다른 시대, 훨씬 더 어두운 시대의 시작을 알린다. 우리가 막을 수 없을지 모르는 방대하고 체계적인 죽음의 시대, 멸종의 시대. 21세기에 지구에 태어날 모든 중생(衆生)을 미리 애도하는 밤. 라투르의 부고를 들은 밤이 내게는 그러했다.

9장
가브리엘 타르드의 재발견—정동, 페이션시, 어셈블리지

나는 가설을 만든다
[타르드, 2015:16].

철학은 위대한 철학자로부터 충격을 받고 난 후에는
결코 옛날 자리로 되돌아가지 않는다
[화이트헤드, 2003:65].

I. 왜 가브리엘 타르드인가?

가브리엘 타르드는 1902년의 논문 「사회 진화의 동인으로서의 발명」에서, 사회학의 역사에서 가장 독특한 것으로 기억될 만한 한 이미지를 통해, 자신이 생각하는 사회의 모습을 그려 내고 있다.

> 이미지로 말해 보자. 사회적 정신, 즉 본질적이고 정신적인 관점에서 본 인류를 별이 빛나는 광대한 하늘로 상상해 보자는 것이다. 그러니까 (…) 크고 작은 발명의 숫자만큼 많은 각종 크기의 환한 별들이 그 하늘에 존재한다고 상상해 보는 것이다. 어떤 별들은 먼 과거에 점화되어 모방 방사로 공간을 채울 수 있는 시간을 가졌고(매우 오래된 제도들, 매우 오래된 산업들, 민중 설화, 결혼, 도기 등), 다른 별들은 덜 오래된 시기에, 혹은 근대나 아주 최근에야 점화되어 이제 빛을 내며 조금씩 전파되고 있다. 그러나 이 모든 별들은 인간의 두뇌 안에서 모방 광선을 교차시킨다. 이 교차는 대개 아무 데도 소용이 되지 않고 해가 되는 것도 아니지만, 종종 효과적인 작용을 발휘한다. 그것은 때로는 충돌이나 상호적 파괴이며(관념이나 목적의 모순이 있으므로), 때로는 풍요로운 연맹인데, 후자의 경우 교차는 새로운 발생원, 즉 그 자체로 빛을 발산하는 새로운 별들에 불을 붙인다. 그 결과 (…) 별이 빛나는 정신의 하늘에는 광선들의 교차만으로 별들이 늘어날 수 있다. 이것이 바로 사회적 진보다[Tarde, 1902a: 567].

사회는 별이 빛나는 밤하늘에 비유되고 있다. 여기서 별들이 가리키는 것은 사회적 영향력을 발휘하며 전파되는 제도, 생각, 감정, 이야기, 사물, 기술이다. 즉, 인간 정신이 창조한 발명과 혁신의 모든 대상들이다. 저들이 방사하는 광선(영향력)은 인간 두뇌 안에서 때로 창조적 융합을 일으켜 새로운 발명을 이끌어 낸다. 그렇게 탄생한 별이 또다시 밤하늘에 쏘아 올려져 새로운 현실을 만들어 간다. 이 인상적인 진술에는 타르드 사회학의 핵심 사상이 집약되어 있다. 말하자면, 타르드는 사회를 비인격적 심리 에너지가 모방, 전염, 전파되어 형성되는 역동적 방사(放射) 공간으로 보았다[타르드, 2012: 48~49].

사회에 대한 이런 관점은 콩트, 스펜서, 맑스, 베버, 뒤르켐, 짐멜 같은 고전 사회학자뿐 아니라 20세기를 풍미한 주요 사회학자들의 작업에서도 거의 발견할 수 없는 희귀한 사례다. 그것은 21세기에 전면화되고 있는 글로벌 네트워크 사회, 디지털 플랫폼 사회, 정동 자본주의, 인류세 또는 팬데믹 사회의 풍경에 더 가깝다[Sampson, 2012; Lazzarato, 1999; Lazzarato, 2002; Toews, 2010; Latour, 2002a; Letonturier, 2000; Barry·Thrift, 2007; 이항우, 2021]. 약 20여 년 전부터 타르드가 재발견되고 재평가되기 시작한 것은 그의 이론이 보여 주는 이런 예언성과 통찰력에 기인한다[Williams, 1991: 345]. 실제로 타르드는 "대안 사회 이론의 대안적 선구자"[Latour, 2005a: 14] 내지는 "지구적 네트워크 사회의 예언자"[Toscano, 2007: 597]로 불리며 적극적인 탐구의 대상이 되고 있다.[100]

고전 사회학의 반열에 포함되지도 못하고 망각된 한 사회학자가 오랜 시간이 지나 다시 발견된 이 현상을 우리는 어떻게 이해해야 하는가? 삶의 거의 모든 영역에서 근본 변동을 겪는 우리 시대에 타르드 이론은 왜 유력한 대안으로 부상하고 있는가? 요컨대, 타르드는 21세기 사회 이론에 어떤 통찰과 영감을 제공하는가? 이 글에서 나는 이와 같은 질문들에 대한 해답을 정동, 페이션시, 어셈블리지라는 세 개념(관점)을 중심으로 모색한다.

이들은 20세기 후반부터 사회학, 지리학, 인류학, 페미니즘, 과학기술학, 생태학, 인문학, 문화 연구 등에서 활발하게 사용되기 시작한 용어들로서, 리얼리티를 생성적이고 관계적이며 역동적으

---

100. 한국 사회학계에서 타르드에 대한 본격적인 연구는 조창호의 석사 학위 논문 한 편이 유일하다[조창호, 2005]. 사회학 외부에서는 불문학자 유진현의 작업[유진현, 2012; 유진현, 2018], 그리고 커뮤니케이션학의 영역에서 이상길의 연구가 있다[이상길, 2003].

로 파악하려는 관점을 이론적으로 대변한다. 타르드 자신이 사용하거나 체계화한 적 없는 저 개념들을 통해 그의 이론에 접근하는 이유는 이 글이 단순한 학사적(學史的) 정리에 멈추지 않고, 우리 시대의 변화된 현실에 이론적 각성을 제공하는 귀중한 자원으로 타르드를 '사용'하는 데 도움을 주기를 원하기 때문이다.

첫째, 정동. 타르드 사회학의 핵심에는 제도, 구조, 조직, 개인이 아니라 뇌와 뇌 사이에서 최면적 영향력을 행사하며 언어나 의식을 넘어 전파되는 심리 에너지에 대한 관점이 존재한다. 그는 특히 두 가지 심적 힘에 주목했다. 믿음과 욕망. 믿음과 욕망은 사회를 창출하고 변형시키는 일종의 "조형력"이다[타르드, 2012: 201~202]. 흥미로운 것은 타르드의 이런 논의가 1990년대 이후 활발하게 사용되기 시작한 '정동' 개념을 선취하고 있다는 점이다. 정동은 사회적으로 생산되어 전염되며 새로운 신체들을 연결하는 에너지를 총칭하는데[Seyfert, 2012; Seigworth·Gregg, 2010], 타르드가 말하는 믿음과 욕망은 정동 개념과 여러 관점에서 중첩된다. 그의 사회학이 "정동의 사회학"이라 불리는 것은 아마도 그런 이유에서일 것이다[Lazzarato, 1999: 150; Blackman, 2007: 576].

둘째, 페이션시. 타르드 이론의 또 다른 특징은 사회적 주체에 대한 그의 관점에서 찾을 수 있다. 타르드는 인간을 합리적 개인이 아닌 최면술에 걸려 있는 '수동적' 몽유병자로 간주했다. 그에 의하면, 행위자는 행위를 수행하기 이전에 정동의 흐름에 휘말린다. 그 영향을 감수한다. 수동성이 능동성에 선행하며 감수가 행위에 앞선다. 이런 점에서 타르드 이론에는 페이션시의 문제의식이 선명하게 존재한다. 페이션시란 에이전시와 대비되는 개념으로서 감수자의 존재, 위치, 경험, 힘의 앙상블을 지칭한다[Reader, 2007]. 20세기 사회 이론은 주로 행위, 행위자, 행위 능력에 관심의 초점을 맞추었지만, 타르드의 사회학은 능동/수동의 얽힘 혹은 감수/행위의 연관을 입체적으로 그려 냄으로써, 사회적 주체를 이른바 '감수-행위자'로 바라볼 수 있는 가능성을 탐색했다.

셋째, 어셈블리지. 타르드는 라이프니츠의 모나돌로지(monadology, 單子論)를 재해석하여 사회를 이해하기 위한 철학적 기초로 활용한다. 타르드가 제시하는 모나드는 단순 실체가 아니라 복합적 구성물이다. 또한 창문 없이 폐쇄된 존재가 아니라 서로에게 침투하는 열린 존재다. 타르드는 라이프니츠의 예정 조화설을 거부하고, 그의 세계에서 신을 제거한다. 그 결과 세계는, 순수하게 내재적인 힘의 관계 속에서 서로 침투하고 정복하는 모나드들이 펼치는 상호 소유의 관계망으로 나타난다. 이런 점에서 타르드의 모나드는 원자가 아니라 어셈블리지에 더 가까운 모습을 띠고 있다[들뢰즈·과타리, 2001a; Latour, 1999]. 라이프니츠 형이상학과의 이런 창의적 교차를 통해 타르드는 인간과 비인간의 구분, 그리고 미시와 거시의 구분을 넘어서는 어셈블리지 개념에 기초한 새로운 사회학의 비전을 제시한다.

II. 타르드는 어떻게 재발견되었는가?

타르드는 1843년에 프랑스 사를라에서 태어났다. 파리에서 법학 공부를 마치고 1867년에 귀향하여 법률가로 활동하다가 1875년에 예심 판사로 임용된다. 타르드가 판사 생활을 하며 축적한 경험은 다음과 같은 두 가지 중요한 이론적 함의를 갖는다.

첫째, 수많은 범죄 사건을 처리하면서 타르드는, 범죄자들이 수직적으로 작용하는 사회의 힘보다 수평적으로 작용하는 '범례'에 더 큰 영향을 받는다는 사실을 발견한다. "간심리적(interpsychologique) 관계"에 대한 타르드 특유의 통찰은 판사로서 그가 체험한 바와 깊은 관련을 갖는다[Milet, 1994: 7]. 둘째, 판사 생활을 통해 타르드는 법적 "규칙들과 개별 행위들 사이에 존재하는 간극"[Latour, 2010a: 152]을 깨닫는다. 실제로, 법적 진실의 규명에서 중요한 것은 규칙의 일반성이라기보다는 오히려 구체적 케이스의 특이성이다. 하나의 사례에는 언제나 일반적 법칙으로 환원되지 않는 미묘한 상황과 의미가 들어 있다. 사례의 중요성을 인지하게 되면서, 타르드는 구조주의적 함의를 갖고 있지 않은 독특한 사회학의 가능성을 확보해 나간다[Latour, 2010a: 162].

이처럼 법률가로 활동하면서 타르드는 1880년대부터 범죄학 분야의 논문들을 발표하기 시작했다. 그가 사회학 저서들을 출판하는 것은 1890년 이후의 일이다. 이 저서들의 성공으로 타르드는 국제적 명성을 얻었고, 1894년에는 프랑스 법무부 사법 통계국장으로 임명되어 파리에 입성, 사교계의 명사가 된다. 1900년에는 베르그송과의 경합을 뚫고 콜레주 드 프랑스의 현대 철학 교수로 임명되는 영예를 누리기도 했다[Milet, 1970: 11~55]. 이처럼 빛나는 업적들에도 불구하고, 타르드는 사회학의 역사에서 중요하게 다루어지지 않았다. 심지어 고전 사회학을 운위할 때 특별히 언급되는 일도 거의 없다. 그 이유는 타르드가 타계 이후에 기이할 정도로 신속하게 잊혀져 갔기 때문이다. 사실 이 망각은 20세기 초반 프랑스 사회학의 제도화 과정을 배경으로 한다.

잘 알려진 것처럼, 프랑스 사회학은 뒤르켐의 카리스마적 리더십하에 형성된다. 이른바 '뒤르켐 학파'가 그것이다. 뒤르켐은 1890년대에 출판된 일련의 핵심 저작을 통해 사회학의 문법을 설정하여 표준화한다. 1896년에는 『사회학 연보』를 펴냄으로써 신생 학문이었던 사회학을 공적으로 널리 알릴 수 있는 매체를 확보한다. 1906년에는 보르도대학교에서 소르본대학교로 자리를 옮겼고, 1913년에는 드디어 같은 학교의 교육학 및 사회학 교수가 된다. 거기서 그는 마르셀 모스(Marcel Mauss)를 비롯한 걸출한 제자들을 양성해 낸다.[101] 1890년에서 1910년 사이에 이 다수의 제자들은 뒤르켐의 관점을 여러 분야로 적용하고 확장시킴으로써 프랑스 사회학의 견고한 토대를 닦는다[Clark, 1973: 162~195].

뒤르켐 학파는 철학적 사변과 문학적 수사에서 해방된 엄밀한 과학을 추구했다. 이런 시각에서 보면, 타르드의 저술은 과도하게 "개인주의적"이고 "심리주의적"이었다[Alliez, 2004: 49; Lazzarato, 1999: 104]. 더구나 타르드의 글쓰기 스타일은 사회과학보다는 오히려 철학에 가까웠고, 저널리즘적인 성격도 다분했다[Muchielli, 2000: 181]. 실제로 본격적 학술 활동 이전에 타르드는 문학 습작의 시기를 가졌던 것이 사실이다. 그가 1879년에 최초로 출판한 책은 콩트와 시를 묶어 낸 일종의 문집이었다[Tarde, 1879]. 레페니스(Wolf Lepenies)는 타르드가 "철학자의 지적 힘과 시인의 감수성을 (…) 자신 안에서 결합한" 존재이며, 이런 유형의 지식인은 프랑스에서도 유사한 실례를 찾아보기 어렵다는 점을 지적한다. 타르드의 문학적 감수성은 그가 구상했던 사회학에 특유의 반(反)-독단적이고 반(反)-결정론적인 성격을 부여했다는 것이다[Lepenies, 1988: 56].

---

101. 뒤르켐 학파의 대표적 인물들은 아래와 같다. 위베르(Henri Hubert), 부글레(Célestin Bouglé), 포코네(Paul Fauconnet), 시미앙(François Simiand), 다비(Geroges Davy), 그라네(Marcel Granet), 알박스(Maurice Halbwachs), 라피(Paul Lapie).

뒤르켐과 그의 학파는 타르드 사회학을 지속적으로 비판한다. 여러 명예로운 직위를 획득했음에도 불구하고, 타르드는 자신이 구상하고 제안한 사회학을 제도화시키지 못했고 유력한 제자도 길러 내지 못했다. 그가 학계에서 망각되어 간 것은 이런 요인들이 작용했기 때문이다. 그런데, 약 한 세기 동안 잊혀져 있던 타르드 사회학은 20세기 후반에 다시 관심 대상으로 떠오른다. "타르드 르네상스"[Toscano, 2007: 597], "타르드의 부활"[Sampson, 2012: 6], "타르드의 회귀"[Alliez, 2004: 49], "타르드 광풍"[Mucchielli, 2000][102] 같은 표현들이 그 현상의 심도와 폭을 잘 보여 준다. 타르드 이론이 재평가되는 직접적 계기로 작용한 것은 1999년에 프랑스 생테라보 출판사에서 그의 주요 저작 다섯 권이 재출간된 사건이다. 하지만, 학문적 관점에서 이에 결정적 계기를 제공한 것은 ANT를 주창했던 라투르에 의한 타르드의 재평가였다[King, 2016: 45].

다수의 글을 통해 라투르는 주변화되어 있던 타르드 이론에 그야말로 전폭적인 지지를 표명한다. 가령 그는 "맑스의 책이 아니라, 1902년에 출판된 타르드의 『경제심리학』이 행동가들의 지침서가 되었더라면 20세기의 역사는 얼마나 달라졌을 것인가"라는 도발적 질문을 던진다[Latour·Lépinay, 2008: 9]. 또한 "만일 (뒤르켐의 통찰이 아니라) 타르드의 통찰이 과학으로 전환되었더라면 20세기에 사회과학이 어떻게 되었을까를 상상할 것"[Latour, 2002a:

---

102. 뮈키엘리(Laurent Muchielli)는 타르드 열풍을 비판적으로 검토하는 논문에서 타르드가 20세기를 거쳐 오면서 이미 다양한 방식으로 평가되어 왔다는 사실을 지적한다. 타르드의 재발견을 둘러싼 망각-부활의 서사가 과장이라는 것이다[Muchielli, 2000: 161~162]. 이를 뒷받침하기 위해 그는 타르드에 대한 세 가지 주요한 탐구 흐름을 제시한다. 첫째, 타르드의 '개인주의적 패러다임'에 초점을 맞춰 온 법학자이자 범죄학자인 피나텔(Jean Pinatel)과 사회학자 부동의 작업. 둘째, 타르드를 비운의 천재로 형상화함으로써 신화를 형성하는 데 기여한 밀레(Jean Milet)와 로슈블라브-스팡레(Anne-Marie Rocheblave-Spenlé)의 작업. 셋째, 타르드에게서 '미시 사회학'을 발견한 들뢰즈와 그의 영향을 받은 일군의 철학자들의 작업[Muchielli, 2000].

118]을 촉구하기도 한다. 라투르는 단순히 잊혀진 한 명의 사회학자를 재발굴하려는 것이 아니라, 타르드를 통해 사회학이라는 학문의 전제를 이루는 질문들(사회란 무엇인가, 사회의 기본 단위는 무엇인가, 행위자는 어떤 존재인가, 사회학은 무엇을 하는가)을 완전히 다른 각도에서 성찰하기를 제안하는 것이다.

주지하듯, 라투르는 『우리는 결코 근대인이었던 적이 없다』에서 근대적 '사회' 개념의 연원을 17세기 중반으로 소급해 올라가 고찰한다. 그는 홉스의 사회 계약론과 보일(Robert Boyle)의 실험실 모델이 결별하는 과정에서 어떻게 사회/자연의 분리가 근대성의 '헌법'으로 자리 잡게 되었는지를 보여 주었다[라투르, 2009]. 이 기원적 분리 이후 사회는 오직 인간 행위자들로만 구성된 것으로 상정되었고 자연과 결정적으로 단절된다[Latour, 2005a: 110]. 그 결과 동물, 식물, 미생물, 사물, 광물, 기계, 도구 같은 비인간 존재자들이 사회의 정당한 구성 요소로 인정받지 못한다. 인간중심주의가 사회학을 지배하게 된 것이다.

한 걸음 더 나아가, 이처럼 구획된 '사회적인 것'이 모든 현상을 결정하는 특권적 독립 변수(구조)의 위치를 획득하게 된다[Latour, 2005a: 3~4]. 특히 뒤르켐에서 부르디외에 이르는 프랑스 사회학은 이를 극명하게 보여 준다. 삶과 죽음(자살), 문화적 취향과 미적 감각, 생각과 사고의 범주, 종교적 신앙의 내용과 형식, 신체, 감각 방식 같은 현상들을 결정하는 것은 (호르몬도, 뇌도, 마음도, 기후도, 그렇지 않으면 이런 여러 요소들의 네트워크도 아닌) 전적으로 개인에 선행하며 외재하는 사회에서 찾아지게 된다.

행위자-네트워크 이론은 이런 사회학적 '헌법'을 개정하겠다는 도발적 문제의식을 던졌다. 이에 의하면, 사회는 이질적 행위자들이 연결되어 형성된 인간-비인간 네트워크이며, 이들이 확장하고 소멸하는 구체적 양상을 추적, 묘사, 제시하는 것이야말로 사회학의 진정한 과제다[Latour, 1999]. 라투르가 타르드에 열광한 것은 바로 이 때문이다. 그는 자신과 거의 동일한 문제의식을 펼친 고전 사회학자가 100여 년 전에 이미 실존했었다는 사실을 발견한 흥분을 감추지 않는다[Latour, 2002a: 117~118]. 그에 의하면, 타르드는 자연/사회의 분리, 미시/거시의 이분법을 실질적으로 폐기함으로써[Latour, 2002a: 118], 구조주의와 인간중심주의를 넘어설 가능성을 열었다[King, 2016: 56]. 『모나돌로지와 사회학』의 독일어 번역판에 실린 해설에서 그는 타르드 사회학의 이론적 파괴력을 다음의 다섯 가지 테제에 집약한다.

    1) 불변적인 것에 대한 변화의 우선성
    2) 구조에 대한 그 요소의 우선성
    3) 법칙에 대한 현상의 우선성
    4) 큰 것에 대한 작은 것의 우선성
    5) 동일성에 대한 차이의 우선성
    [라투르, 2015: 10~11]

라투르가 지적하는 것처럼, 타르드 사회학은 변화, 요소, 현상, 미시, 차이를 강조한다. 그는 『사회법칙』에서 이를 다음과 같이 표현한다. "나는 (…) 작은 것을 큰 것으로, 세부적인 것을 큰 부분으로 설명하지 않는다. 오히려 전체의 유사(類似)를 기초적인 작은 행위들의 축적으로, 큰 것을 작은 것으로, 많은 부분을 세부적인 것으로 설명한다. 이러한 관점은 미분법의 도입이 수학에서 일으킨 것과 똑같은 변화를 사회학에서 일으킬 것이다"[타르드, 2013: 39]. 거시적 패턴, 동일성, 규칙성, 통계적 정상성에 주목하는 근대 사회학의 지배적 경향과 비교해 보면, 타르드가 표방하는 이 학문적 지향 혹은 사회학적 상상력이 얼마나 새롭고 낯선 것인지를 깨닫는 것은 그다지 어려운 일이 아니다[Tonkonoff, 2017: 2~6].

III. 정동

심적인 것

타르드와 뒤르켐의 중대한 이론적 차이는 '사회적인 것의 탐구에 있어서 심리 현상을 어디에 그리고 어떻게 위치시킬 것인가'라는 쟁점에서 첨예하게 드러난다. 우리는 흔히 뒤르켐이 심리학과 사회학을 엄격히 구분하고 사회학에서 심리학의 지분을 제거했다고 알고 있다. 실제로 그는 「프랑스의 사회학적 연구들의 현 상태」에서 "사회학은 심리학의 파생 명제가 아니"라고 단호히 천명하며[Durkheim, 1975: 102], 『사회학적 방법의 규칙들』 2판 서문에서는 "사회학은 어떤 경우에도 사회적 사실에 적용하기 위하여 심리학으로부터 심리학의 원리를 쉽게 빌릴 수 없다"고 못을 박는다[Durkheim, 1987: xix].

그런데, 주의해야 하는 것은 뒤르켐이 말하는 '심리학'은 오직 '개인 심리학'에 국한된 용어라는 사실이다. 그는 개인 심리를 넘어서는 집합 심리를 사회학에서 배제한 적이 없다. 오히려 그는 집합 심리의 탐구를 사회학의 본령으로 설정한다. 예를 들어 1893년에 출판된 『사회분업론』에서 뒤르켐은 "사회심리학(sociopsychologie)"의 중요성을 인정하고 있으며[Durkheim, 1960: 340~341], 1895년의 『사회학적 방법의 규칙들』에서는 "사회-심리학적(socio-psychologique)" 현상이 사회학에서 갖는 중요성을 역설하고 있다[Durkheim, 1987: 10].

급기야 1898년의 논문 「개인 표상과 집합 표상」에서 뒤르켐은 사회학을 집합 심리학과 동일시하기에 이른다. "우리가 심리학을 말할 때, 우리는 개인 심리학을 의미한다. 하지만 논의의 선명함을 위해서, 단어의 의미를 제한해야 할 필요가 있다. 집합 심리학은 그 자체로 사회학이다"[Durkheim, 2010: 47. 강조는 인용자]. 1909년의 「종교사회학과 인식 이론」에서도 "사회학이 결코 심리학과 소원한 사이가 아니며, 사회학 그 자체는 결국 심리학으로 귀결된다"고 지적하면서, 사회학을 "심리학자들이 하는 심리학보다 훨씬 더 구체적이고 복잡한 심리학"으로 규정하고 있다[Durkheim, 1909: 755. 재인용 Muchielli, 1998: 175]. 뮈키엘리가 지적하고 있듯이, 뒤르켐 사회학은 심리학과 단절한 적이 없었던 것이다[Muchielli, 1998: 175].

그런데 여기서 주목해야 하는 것은 뒤르켐 사회학이 심적인 것(the psychic)을 다루는 독특한 시각이다. 이 부분에서 뒤르켐과 타르드의 결정적 차이가 모습을 드러내기 때문이다. 한마디로 말하면, 뒤르켐은 심리적 사실들을 '표상'(개인 표상 또는 집합 표상) 개념을 중심으로 이해하고 있다. 표상이란 실재가 아니라 그 재현을 의미하는 것으로서, 물질성이 증류되고 남은 추상적이고 자율적인 기호(sign)의 질서다. 이를 잘 보여 주는 것이 뒤르켐이 사회적 사실을 규정하는 부분이다. 사회학의 고유한 대상을 이루는 것으로 설정된 사회적 사실은 "개인에 외재하며, 개인에게 부과되는 강제력이 주어져 있는, 행위하고 사고하고 느끼는 방식"으로 정의된다[Durkheim, 1987: 5].

달리 표현하면, 뒤르켐이 생각하는 사회적 사실들(사회)은 건물, 사람, 자동차, 강물, 목소리, 땀, 피, 컴퓨터와 같은 물질이나 사물이나 생명체나 인간을 포함하지 않는다. 뒤르켐은 사회를 일종의 표상 시스템으로 상정하고 있다. 사회의 본질은 문화나 규범이다. 집합적 심리 구조다. 모두가 공유하는 생각의 공통성이나 감정의 규칙(장례식장에서는 슬픔을 느껴야 한다는 규범)이다.[103]

바로 이런 점에서, 뒤르켐의 '사회적 사실'은 소쉬르의 '랑그', 라캉의 '상징계', 레비-스트로스의 '심층 구조', 프랑스 사회사의 '망탈리테' 개념과 같은 뿌리를 갖는다. 우리는 뒤르켐에게서 20세기

---

103. 유사한 관점은 루만에게서도 발견된다. 『사회의 사회』에서 그는 다음과 같이 쓴다. "사회의 무게는 모든 사람들의 무게를 합친 것과 정확히 같지 않으며, 사람이 태어나고 죽을 때마다 무게가 달라지는 것도 아니다. 인간의 개별 세포들 속에서 고분자들이 교환되거나 혹은 개별 인간들의 유기체 속에서 세포들이 교환된다고 해서 사회가 재생산되지는 않는다"[루만, 2012: 43].

를 지배한 프랑스 구조주의의 탁월한 사회학적 기원을 발견한다. 소쉬르와 뒤르켐으로부터 라캉과 부르디외에 이르는 길은 표상의 길이다. 상징의 길이고, 토템의 길이다. 기호와 언어의 길이다. 그렇다면, 타르드의 경우는 어떠한가? 그 역시 사회적인 것의 핵심에서 심적인 것의 중요성을 발견하고 있다는 점에서는 뒤르켐과 전혀 다르지 않다. 우리는 타르드 저작의 여러 부분에서 이를 확인할 수 있다.

> 사회적인 것은 증식되고 상호화된 심리적인 것에 다름 아니다[Tarde, 1902c: 1].

> 심리적인 것은 사회적인 것을 통해 설명될 수 있다. 왜냐하면 정확하게 말해서 사회적인 것은 심리적인 것에서 생겨나기 때문이다[타르드, 2012: 8].

> 사회적인 모든 것은 심리적인 대립에서 생겨나기 때문에, 항상 거기로 거슬러 올라가야 한다[타르드, 2013: 75].

하지만 뒤르켐과 타르드 사이에는 결코 좁혀지지 않을 심대한 차이가 존재한다. 그 차이는, 타르드에게 심적인 것이 결코 '표상'으로 사고되지 않는다는 사실에서 발견된다. 타르드에게 마음은 '에너지'다[타르드, 2013: 31]. 추상화된 상징적 기호나 질서가 아니다. 심리는 준동하고 작용하고 요동치며 확산되는 '힘(force)'이다. 질(質)이 아니라 양(量)이다. 심적 에너지는 측정될 수 있다[타르드, 2012: 61; 타르드, 2013: 32]. 즉, 강도(强度)를 갖는다. 마음은 사물의 그림자, 사물의 기호적 표현물이 아니라, 다른 형태의 사물이다. 사물처럼 물리적 실존과 효력을 갖는다. '힘으로서의 마음'이라는 이러한 관점은 타르드 이론의 근저에 놓여 있는 "평평한 존재론"[Delanda, 2002: 147~148; Fox·Alldred, 2016: 17]과 논리적으로 조응한다.

잘 알려진 것처럼, 뒤르켐 사회학은 유기적인 것(뇌), 심적인 것(개인 심리), 사회적인 것(집합 심리) 사이에 창발성을 설정하고 이들 사이에 엄격한 존재론적 위계를 설정했다. 가령, 개인의 의식은 뇌에서 나오지만, 뇌를 해부한다고 해서 '의식'이나 '생각'이라는 생리적 물질을 발견할 수 있는 것은 아니다. 생각은 뇌에서 창발된다. 뇌로 환원되지 않는다. 그래서 생리학과 심리학은 다른 대상을 다루는 학문으로 간주되는 것이다.

마찬가지로, 집합 심리는 개인 심리의 상호 작용 속에서 나오지만, 개인 심리에서는 결코 발견되지 않는다. 집합 심리도 창발성을 갖는다. 따라서 심리학과 사회학은 그 대상이 엄격히 구분된다. 심리학은 개인 심리를 다루고, 사회학은 집합 심리를 다루는 학문으로 성립되어야 한다[Durkheim, 2010: 33~36]. 20세기 사회학을 지배한 이러한 관점에 의하면, 사회적인 것은 오직 사회적 원인으로만 설명되어야 하며, 개인 심리나 생물학적 혹은 물리학적 요인으로 설명되어서는 안 된다. 하지만 이와 달리 타르드는 물질, 생명, 심리, 사회를 일의적으로 관통하는 동일한 원리에 주목한다. 그는 이 원리를 '에너지'라 부른다.

> 믿음과 욕구는 발명과 모방이 작용하기 이전에 잠재적으로 존재하며, 그 깊은 원천은 사회 세계 밑에, 즉 생물 세계에 있다. 이와 마찬가지로 조형적 힘과 기능적 힘은 생식을 통해 구체화되고 이용되는데, 그 원천은 생물 세계 밑, 즉 물리적 세계에 있다. 또한 파동이 지배하는 물리계의 분자력과 원동력도 물리학자들로서는 그 깊이를 알 수 없는 원천인 하위 물리계에 있다. 어떤 사람들은 이 하위 물리 세계를 누멘(Noumène)이라 부르고 또 어떤 사람들은 에너지(Energie)라고 부르며 또 다른 사람들을 불가지계(Inconnaissable)라고 부른다. 에너지는 이 비밀과 관련된 가장 널리 퍼져 있는 이름이다[타르드, 2012: 202].

물질, 생명, 마음은 에너지의 변형을 통해 상이한 방식으로 펼쳐진 양태들로서, 이들 사이에는 존재론적 위계나 차이가 존재하지 않는다. 세계를 구성하는 원형적 힘인 에너지의 운동으로부터 상이한 계(界)들이 분화되어 나오기 때문이다. 타르드가 보는 과학은 저 근원적 에너지의 운동 방식인 반복, 대립, 적응의 일반 법칙을 탐구하는 활동이다.

현상의 '반복'은 물리적, 생명적, 심리적 힘이 시공간을 넘어 재생되는 "보존적 생산"[타르드, 2013: 11]을 가리킨다. 반복되는 힘들이 부딪치는 경우 '대립'이 나타나고[Tarde, 1999a), 대립하는 힘들이 잠정적 질서를 이룬 상태가 '적응'이다. 반복, 대립, 적응은 "과학이 우주의 비밀을 열기 위해 사용하는 서로 다른 세 개의 열쇠"에 비유된다[타르드, 2013: 12]. 이 중 특히 중요한 것은 반복이다. 물리적 영역에서의 대표적 반복이 파동이며 생물학적 영역에서 그것이 유전이라면, 사회적 영역에서 반복은 모방이다.

믿음과 욕망

모방은 "하나의 뇌가 또 다른 뇌에 그의 관념들, 의지들, 그리고 느끼는 방식들마저도 반영하는 정신적 원격 인상"으로 정의된다[Tarde, 1898b: 45]. 문맥에 따라서 "한 뇌에서 다른 뇌로의 반영"[타르드, 2012: 258], "한 뇌세포에서 다른 뇌세포로 작용하는 (…) 암시"[타르드, 2012: 119], "원거리 뇌간(腦間) 작용", "영향에 의한 심리적 감전(感電)"[타르드, 2012: 265] 등으로 변주되어 불리기도 한다. 『모방의 법칙』 2판 서문에서 모방은 사진 촬영에 비유되고 있다.

> 나는 '모방'이라는 말에 항상 매우 명확하고 독특한 의미를 부여했다. 한 정신에서 다른 정신으로의 원거리 작용, 즉 어떤 뇌 속에 있는 음화를 다른 뇌의 감광판에 거의 사진처럼 복제하는 것으로 이루어지는 작용이라는 의미다. (…) 내가 말하는 모방이란 말하자면 의도된 것이든 아니든, 수동적인 것이든 능동적인 것이든 정신 간에 이루어진(inter-spirituelle) 사진 촬영의 모든 흔적을 말한다[타르드, 2012: 8].

집합 표상에서 사회를 발견하는 뒤르켐과 달리 타르드는 지금 모방 현상에서 사회적인 것의 본령을 찾고 있다. 그에 의하면, "모방은 기초적이며 특징적인 사회적 사실"이며[Tarde, 1898b: 49], 오직 "모방만이 진정으로 사회적인 것"이다[타르드, 2015: 93]. 타르드는 최초 발명자로부터 그것을 모방하는 자까지 확산된 연결선(모방 광선)의 총체를 "모방 방사", "방사적 전파", "모방 흐름", "모방적 전염" 등으로 다양하게 부른다[타르드, 2013: 48; 타르드, 2012: 47, 51, 80]. 이런 관점에서 보면, 사회는 "모방 방사들의 빽빽한 교차"[타르드, 2013: 71~72], 즉 방사선(放射線)들이 구성하는 네트워크로 이해될 수 있다[타르드, 2012: 12]. 만일 모방이 사회를 이룬다면 우리는 사회를 어떻게 탐구해야 하는가? 타르드는 이렇게 쓰고 있다. "기초적인 사회적 사실을 구해야 하는 곳은 (…) 뇌내(腦內) 심리학에서가 아니라 무엇보다도 뇌간 심리학, 즉 여러 개인 간의 의식 관계, 우선은 두 개인 간의 의식 관계에서다"[타르드, 2013: 28].

이 말의 강력한 함의를 이해하기 위해서 우리는 약간의 비교를 수행할 필요가 있다. 가령, 독일 사회학을 정초한 베버에게 '기초적인 사회적 사실을 구해야 하는 곳'은 어디인가? 도대체 세계의 어디에 사회적인 것이 자리 잡고 있는가? 베버의 해답은 개인 행위자의 내면이나 의식이다. 뒤르켐에게 그 장소는 어디인가? 그것은 수직적으로 작용하는 추상적 집합 표상(언어, 법률, 풍습, 제도)이다.

하지만, 타르드가 본 사회는 뇌와 뇌 '사이', 정신과 정신 '사이', 그리고 마음과 마음 '사이'에 존재한다. 그것은 국가도 아니고, 인간의 합도 아니고, 규범이나 문화도 아니다. 그렇다면 무엇인가? 수많은 존재들의 '역동적 사이(間)', 즉 관계들이다. 바로 이런 이유로 그가 그린 사회는 흐름과 파동의 공간이자 "순환하는 유체"의 모습을 띠게 되는 것이다[들뢰즈·과타리, 2001a: 416~417; Latour, 2005a: 13]. 이처럼 사회적인 것의 본질이 모방 현상(반복)에 있다면, 모방 행위 속에서 '모방되는 것'의 실체는 과연 무엇인가? 다음의 두 인용을 통해서 우리는 이 질문에 대한 답을 찾을 수 있다.

우리는 발명과 모방이 기초적인 사회적 행위라는 것을 알고 있다. 그러나 이 행위를 만들어 내는 사회적 실체(substance)나 힘(force)은 무엇인가? (…) 다른 말로 하면 발명되거나 욕망되는 것은 무엇인가? 발명되는 것, 모방되는 것은 언제나 어떤 관념이나 의욕, 어떤 판단이나 의도인데, 이러한 것에서는 일정량의 믿음과 욕망이 표현된다. 왜냐하면 믿음과 욕망은 사실상 언어의 낱말들, 종교의 기도들, 국가의 행정들, 법의 조항들, 도덕의 의무들, 산업의 노동들, 예술의 절차들의 영혼(âme)이기 때문이다[타르드, 2012: 200].

그렇다면 이 심리적인 관계를 통해서 한 영혼에서 다른 영혼으로 전해질 수 있는 것은 무엇인가? (…) 내가 욕망이라 부르는 심리적 경향의 에너지, 즉 정신적 갈망의 에너지는 내가 믿음이라 부르는 지적 파악의 에너지, 즉 정신적인 지지나 수축의 에너지와 마찬가지로 동질적이며 연속된 하나의 흐름이다. (…) 이 두 정신적 에너지는 갈라지는 두 개의 강처럼 자아의 두 비탈, 즉 지적 활동과 의지적 활동을 적셔 준다[타르드, 2013: 30~31. 번역은 부분 수정].

타르드에 의하면, 모방을 야기하는 근원적 힘과 모방 속에서 전달되는 것은 동일한데, 그것은 바로 믿음과 욕망이다. 여기서 욕망은 정신이 대상을 '포착하는 강도'를 지칭한다[Tarde, 1902c: 6]. 새로운 요소들을 포획하고 확장되는 힘의 추세, 즉 일종의 방사력(放射力)이다. 욕망을 통해 모방 방사는 성장하고 펼쳐져 간다. 반면에, 믿음은 (흔히 생각되듯이 종교적이거나 정치적인 신앙을 의미하는 것이 아니라) 정신이 어떤 대상에 '고착(adhésion)되는 강도'를 가리킨다[Tarde, 1999b: 80]. 믿음이 작용하는 곳은 안정화와 영속화가 일어나는 곳이다. 말하자면, 욕망은 요소들과의 연결을 만들어 내고 믿음은 그것들을 응집시킨다. 욕망을 통해 사회적인 것은 확장되고 믿음을 통해 그것은 안정화된다[Latour, 2010a: 148; Martin, 2001: 21; Montebello, 2003: 108].

믿음과 욕망은 사회를 형성하는 근원적인 "조형력"이다[타르드, 2012: 201~202]. 이 힘들은 사람들이 사용하는 언어에, 기도에, 행정이나 법에, 도덕적 열정과 산업 활동, 예술적 창작에 스며들어 다양한 실천을 추동한다. 정치, 이데올로기, 사회 운동, 혁명, 직업 활동, 학습, 양육, 육아, 출산, 교제 같은 친밀성의 실천은 모두 "믿는 힘(force croyante)이나 욕망하는 힘(force désireuse)"[Tarde, 1999a: 65]에 의해 일어난다. 타르드 이론에서 믿음과 욕망 개념이 갖는 중심성은 1902년의 『경제심리학』, 1899년의 『권력의 변형』, 1893년의 『법의 변형』에서도 일관적으로 발견된다. 즉, 믿음과 욕망이라는 심적 힘이 사회를 만든다.

그런데, 여기서 특히 주목해야 하는 것은 타르드가 믿음과 욕망을 인간의 정신적 능력에 국한시키지 않고 비인간 존재자들에게도 부여하고 있다는 사실이다. 1880년에 출판한 최초의 학술 논문 「믿음과 욕망」에서 그는 이미 비인간 생명체, 즉 동물이나 단세포 생명에도 믿음과 욕망이 있다는 사실을 인정하고 있다[Tarde, 1895: 241~242]. 그는 "믿음과 욕망이라고 불리는 영혼의 두 힘은 (…) 인간이나 동물의 모든 심리 현상에 보편적으로 존재"한다는 관점을 개진한다[타르드, 2015: 37]. 이런 점에서 보면, 그가 말하는 믿음과 욕망이 인간 주체의 내면적 심리 표상이 아니라 생명을 가진 모든 존재자에 내재하는 생기론적(vitalist) 활력을 의미한다는 사실을 알 수 있다.

이 지점에서 다시 한번 타르드는 뒤르켐과의 결정적 차이를 노정한다. 사회를 오직 인간으로 구성된 것으로 본 뒤르켐과 달리[Ross, 2017], 타르드는 "인간중심주의적 편견"[타르드, 2015: 50], 혹은 "인간이 언제나 지상의 모든 것보다 더 우월하다고 생각하는 편견"[타르드, 2015: 47]에 대하여 비판적인 견해를 표명한다. 그는 세포에게 "지능과 의지"를 부여한다. 곤충의 "정신적 능력"을 부정하지도 않았다[타르드, 2015: 45~47]. 한 걸음 더 나아가 그는 "무기체의 본성과 유기체의 본성 간의 간격은 뛰어넘을 수 없는 것이 아니라는 사실"을 강조한다[타르드, 2015: 61]. 물질에 대해서도 정신 현상(psychisme)을 논할 수 있다고 보는 이런 관점은 (뒤에서 다시 살펴보겠지만) 타르드가 깊은 영향을 받은 라이프니츠의 모나돌로지에 그 뿌리를 두고 있다[타르드, 2015: 29, 52].

정동

타르드의 믿음과 욕망에 대한 논의는 인문학과 사회과학에서 최근 주요 개념으로 부상한 '정동'의 문제의식을 선취하고 있다[Massumi, 2002; Delanda, 2002: 65]. 1990년대 이후 등장한 "정동적 전회"[Clough, 2008]는 20세기를 풍미했던 (후기) 구조주의적 사유의 기초를 이룬 '언어적 전회'와 '기호학적 전회'에 대한 비판의 의미를 갖는다[Brown·Tucker, 2010: 237].

원래 정동은 "감응하거나 감응될 수 있는 능력(capacity to affect and be affected)"을 포괄적으로 지칭하는 스피노자의 개념이다. 그것은 기본적으로 관계적이고 과정적인 감수성을 함축한다[Deleuze, 1988a; 101]. 한 신체와 다른 신체가 마주칠 때 나타나는 생성과 변용, 그러한 관계를 맺을 수 있는 능력, 그리고 그런 에너지의 흐름을 가능하게 하는 연결의 중요성에 대한 인식이 정동 개념에 모두 함축되어 있다[Fox·Alldred, 2016: 24; Mulcahy, 2012: 11~12]. 정동 개념은, 인간적 기호, 지각 형태, 혹은 의미화의 논리에 포착되지 않은 채 물질적으로 작용하는 다양한 힘들, 그리고 이데올로기나 담론에 앞서 작동하는 "비인간적이고 전(前)-주체적이며 내장적인(visceral) 힘"[Leys, 2011: 437]을 이론적으로 인정, 논의, 고려하는 것을 가능하게 한다.

정동이 감정(emotion)과 구별되는 것은 이런 맥락에서다. 감정은 인식되고 언어로 명시될 수 있는 내면적 느낌이다. 그러나 이와 달리 정동은 "인지적 정의와 포획"을 벗어난 곳에서 개인들을 통과하여 횡단적으로 작용한다[Shaviro, 2010: 4]. 감정은 주관적이지만, 정동은 주관 이전에 작용한다. 감정은 상징적이지만 정동은 물질적이다. 감정은 정동의 집합적 소용돌이가 개인의식에 침전되어 판별되고 인지된 이후에 형성되는 최종 결정물(結晶物)이다. 예컨대, 팬데믹을 겪는 사회에서 '공포'나 '불안'은 내가 느끼는 감정이기 이전에, 사회 전체를 휘감고 휘몰아 가는 정동이다. 공포는 내 마음 속에 있는 것이 아니다. 제도적 장치들, 미디어를 통해 말해지고 전시되고 유통되는 담론과 이미지들, 일상적으로 일어나는 상호 작용의 방식들 속에서 이미 생성되어 증폭되고 전파되는 비인격적 에너지다.

타르드 사회학이 "정동의 사회학" 내지 "정동적 생기론(vitalisme affectif)"이라 평가되는 이유를 여기에서 찾을 수 있다[Lazzarato, 1999: 104]. 그가 말하는 믿음과 욕망은 개인의 심적 활동이나 내적 표상이 아니다. 그것은 사회적으로 생산되어 분배되는 에너지다. 개인은 믿음과 욕망의 흐름에 (모방을 통해) 연결됨으로써 비로소 믿음과 욕망의 주체로 변화된다. 행위자가 자발적으로 무언가를 실행하는 것이 아니라, 정동의 흐름이 행위자에게 무언가를 실행할 수 있는 힘을 부여한다[Karsenti, 2010: 46]. 타르드는 이처럼 사회적 과정의 미시적 "운동과 변화"에 주목했다. 그 결과 그가 제안하는 사회학은 "에너지적 과정으로서의 사회"를 탐구하는 것을 중대한 과제로 삼는다[Høstaker, 2014: 155]. 이런 "원초적 에너지주의(energeticism)"는 믿음과 욕망이라는 정동에 집중했던, 타르드 이론의 간심리학에 깊이 뿌리내리고 있다[Høstaker, 2014: 3].

IV. 페이션시

모방의 이론

이러한 정동의 시각에서 보면, 타르드 사회학을 '개인주의적'이라 비판했던 뒤르켐 학파의 판단은 사실 초점이 어긋나 있다[Barry·Thrift, 2007: 514].[104] 타르드는 고립되고 완결된 '자유주의적' 개인의 존재를 인정하지 않았다. 그가 이론적 관심을 기울인 것은 자율적이고 자기 충족적인 개체성이 아니라, 어떤 "존재가 다른 존재에 가한 행위/작용에 의해 발생하는 의식 상태의 변용", 즉 관계성이었다[Tarde, 1898a: 64]. 믿음과 욕망이라는 사회적 에너지를 통해 연결되는 두 지점(인간) 사이의 '생성적 관계'가 사회적인 것의 핵심으로 인지되는 것은 따라서 당연하다.

> 기초적인 사회적 커플(couple)로 돌아가 보자. (…) 내가 말하는 커플은 그들의 성별이 무엇이든 간에, 한 사람이 다른 사람에게 정신적으로 영향을 미치는 두 사람이라는 의미의 커플이다. 나는, 이 두 사람의 관계가 사회적 삶의 유일하고 필수적인 요소이며, 그 관계는 언제나 근원적으로 한쪽이 다른 쪽을 모방하는 것으로 이루어진다고 주장한다. (…) 이와 같이, 어떤 사회적 사실이든 간에 사회적 사실의 변함없는 성격은 바로 모방적이라는 것이다. 그리고 이러한 성격은 사회적 사실들에 전적으로 고유하다[타르드, 2013: 34~35. 번역은 부분 수정].

그것이 이자(二者) 관계라는 점에서, 이 사회적 커플은 베버나 파슨스의 행위자(또는 호모 에코노미쿠스)와 다르다. 사회를 이루는 기초 단위는, 자신의 의식 속에서 타자를 지향하는 고독한 행위자가

---

104. 뒤르켐 학파의 일원인 부글레의 타르드 비판이 대표적이다[Leroux, 2011: 91]. 부동 역시 타르드에게서 '방법론적 개인주의'의 선례를 발견한다[Muchielli, 2000: 165~166].

아니라 두 사람이다. 그중 한 사람은 모방하고 다른 사람은 그 본보기가 된다.

　얼핏 짐멜의 상호 작용 모델을 연상시키기도 하지만 양자 사이에도 간과할 수 없는 차이가 있다. 타르드의 커플은 '상호적(réciproque)' 관계가 아니라 '일방적(unilatéral)' 관계를 맺는다. 타르드는 "일방적인 것이 상호적인 것에 선행한다는 법칙"[타르드, 2012: 226~227]을 굳건하게 표명한다. 즉, 사회 공간에서는 누군가가 다른 이보다 언제나 더 많은 위세, 권력, 매력을 발휘한다는 것이다. 그것이 아이와 어른 사이에서건, 선생과 제자 사이에서건, 사제와 신도 사이에서건, 권력자와 추종자 사이에서건, 관계에는 힘의 경사(傾斜), 권력의 차이가 존재한다.[105] 더 강한 권력에서 약한 쪽으로 일방적 영향력이 행사된다. 짐멜이나 하버마스보다는 오히려 푸코나 부르디외를 더 연상시키는 모델이다.

　이런 맥락에서 보면, 타르드가 모방의 내적 본성을 '몽유병'[106]에 비유하는 이유를 이해하는 것은 그다지 어려운 일이 아니다[타르드, 2012: 119].[107] 몽유병은 최면술과 마찬가지로, 암시자의 명령이 피암시자에게 저항이나 굴절 없이 전달되는 극단적이고 순수한

---

105. 타르드는 자신의 이론과 애덤 스미스(Adam Smith)의 '도덕감정론'의 차이를 다음처럼 명시한다. "애덤 스미스가 말하는 의미의 공감이라고 불리는 그 상호적인 위세가 생기는 것은, 오직 깨어 있는 생활과 서로 최면 행위를 행하지 않는 것처럼 보이는 사람들 사이에서뿐이다. 그러므로, 내가 공감이 아니라 위세(prestige)를 사회의 기초와 기원에 놓은 것은 (…) 일방적인 것이 상호적인 것보다 먼저 존재했음이 틀림없기 때문이다"[타르드, 2012: 123].

106. 『모방의 법칙』을 번역한 이상률은 'somnambulisme'을 '몽유상태'로 옮겼다. 그러나 이 책에서 나는 '몽유병'으로 옮긴다.

107. 『모방의 법칙』 제3장은 사실 1884년에 그가 『철학 평론(Revue philosophique)』에 게재했던 논문 「사회란 무엇인가?」를 약간의 수정을 거쳐 다시 전재한 것이다. 즉, 사회 상태를 몽유병에 비유하는 타르드 논의의 시발점은 1884년경, 프랑스에서 최면에 대한 심리학적 논의가 한창 무르익었을 때라 할 수 있다.

케이스를 보여 주기 때문이다. 타르드는 몽유병, 최면, 암시를 개념적 등가물로 사용하면서[Borch, 2019: 17], 모방 관계에서 나타나는 인간 유형을 사회적 주체의 전형으로 부각시킨다. 그것은 최면에 걸린, 수동적이고 무기력한 피암시자(suggestionné)다. 노동하는 인간(맑스), 의미를 추구하는 인간(베버), 도덕적 인간(뒤르켐), 사교적 인간(짐멜)과 비교하면 타르드가 형상화한 저 피암시자(몽유병자)는 참으로 독특하고 특이한 존재다. 몽유병자라는 형상의 이론적 의미는 과연 무엇일까?

페이션시

사실, 모방을 몽유병과 연결시키는 타르드의 발상은 당대 심리학계를 풍미하던 학문적 경향을 고려할 때 그다지 놀라운 것은 아니다. 몽유병, 암시, 최면 같은 주제들은 1880년에서 1890년 사이에 프랑스 심리학의 주요 의제로 부상해 있었다[Chertok, 2002: 17~18].

    1882년에 샤르코(Jean-Martin Charcot)가 과학 아카데미에서 '몽유병'에 대한 강연을 한 이후 최면술 연구의 붐이 일어난다. 1884년에는 리셰(Charles Richet)의 『인간과 지능』 그리고 베른하임(Henri Bernheim)의 『최면 상태와 각성 상태에서의 암시에 대하여』가 출판되었고, 1885년에는 델뵈프(Joseph Delboeuf)의 『잠과 꿈』이 출판된다. 1886년에 잡지 『실험과 치료 최면술 리뷰』가 창간되었고, 1889년 8월에는 파리에서 최초의 최면술 국제 학회가 열린다[Muchielli, 1998: 126~129]. 타르드는 사회를 몽유병에 비유하는 자신의 논의를 뒷받침하기 위해 이 저명한 심리학자들을 언급하고 있다.

> 몽유병 현상(…)에 대한 현대 저작들, 특히 리셰, 비네, 페레, 보니, 베른하임, 델뵈프 등의 저작을 다시 읽는다면, 사회적 주체를 진정한 몽유병자로 간주한다고 해서 내가 공상의 과오에 결코 빠지지 않았다는 것을 확신할 것이다. (…) 사회 상태란 최면 상태와 마찬가지로 꿈의 한 형식에 불과하다. 즉 조종받은 꿈이며 작용 중인 꿈이다. 암시된 관

넘들을 가진 것에 불과한데도 그것들이 자발적인 것이라고 믿는 것, 이것은 몽유병자뿐 아니라 사회적 주체에게도 있는 고유한 착각이다 [타르드, 2012: 119~121. 번역은 부분 수정].

위의 인용문에서 타르드는 두 가지 도발적 명제를 제출하고 있다. 하나는 사회 상태가 각성이 아닌 몽상에 더 가깝다는 명제, 이른바 꿈의 테마다. 사회가 "조종받은 꿈이며 작용 중인 꿈"이라는 것은 "사회는 모방이며 모방은 일종의 몽유병"[타르드, 2012: 132]이라는 인식에서 온다. 꿈속에서 꿈을 인지하지 못하듯, 사회 상태 속에서 우리는 타자로부터 유입되는 막대한 암시, 전염, 영향의 힘을 인지하지 못한다는 것이다.

두 번째 명제는 사회적 주체를 몽유병자로 보는 암시의 테마다. 이에 의하면, 사회적 인간은 "최면 암시"[타르드, 2012: 260]와 "모방적 수동성"[타르드, 2012: 123]에 사로잡혀 있다. 여기서 흥미로운 것은 타르드 이론에서 사회적 주체로 등장하는 이 피암시자가 (베버에서 파슨스에 이르는 행위 이론이 상정한 것과 달리) 행위의 기원이나 시발점으로 간주되고 있지 않다는 사실이다. 피암시자는 행위를 시작하는 자가 아니다. 타자의 암시를 수용하는 자, 타자의 관념과 정동을 흡수하는 존재다. 피암시자가 갖고 있는 힘은 합리적 판단이나 계산, 사고의 힘과 구별되는 또 다른 종류의 힘이다.

타르드는 지금 사회 세계를 만들어 나가는 인간의 주된 힘을 합리성에서 발견하고 있지 않다. 그가 상정하는 사회적 인간은 타자에게 매혹되고, 빙의되고, 그 위세에 포획되는 인간, 타인의 영향력에 휘말리고, 암시받고, 매료되는 인간이다. 몽유병자처럼, 타르드의 사회적 주체는 자신에게 전달되는 정신적 에너지(믿음과 욕망)에 감응되어 움직인다. 그는 근본적으로 '수동적'인 존재다.

타르드는 (모방 현상에서) 수동성이 능동성보다 우세하며 시간적으로도 앞선다는 점을 여러 차례 강조하고 있다[타르드, 2012: 385, 387~388]. 사회적 주체에게 이처럼 강렬하고 인상적인 수동성을 부여한 사회 이론가는 찾기 어렵다. 주지하듯, 19세기 후반 이래 고전 사회학이 본 인간 행위자는 적극적 에이전시를 발휘하는 존재로 간주되어 왔다. 사회적 주체는 생산하고, 노동하고, 교환하고, 소비하고, 투쟁하고, 교제하고, 투표하고, 혁명하며 세계를 구성하고, 변화시키는 능동성의 소유자로 그려졌다. 그러나 행위자와 함께 사회를 구성하는 겪는 자들의 세계, 겪음의 체험, 겪음의 내용, 겪음을 통해 형성되는 잠재적 가능성은 충분한 이론적 조명을 받지 못했다[김홍중·조민서, 2021].

이런 맥락에서 보면, 타르드의 모방 이론이 형상화하는 인간 유형은 20세기 사회 이론에서 참으로 희귀한 경우를 이루고 있다고 말할 수 있다. 그는 암시를 거는 사람(행위자)보다 오히려 암시에 걸리는 자(감수자)에게 더 집중적인 이론적 조명을 드리우고 있다. 타자에게 정동됨으로써 모방이 이루어지고, 모방을 통해 사회적인 것이 형성된다는 점에서, 타르드 사회학의 바탕에는 '행위하는 자'가 아닌 몽유병자로 상징되는 '감수하는 자'가 자리 잡고 있다[타르드, 2012: 226~227].

감수-행위자

그런데, 사회적 주체를 수동적 몽유병자로 그렸다고 해서 타르드가 능동적 행위 가능성을 부정했다고 볼 수는 없다. 타르드는 모방 현상 안에서 수동성과 능동성이 어떻게 서로 얽혀 있는지를 보여 주는 데 세심한 주의를 기울인다. 가령, 1898년에 출판된 논문「사회학」에서 그는 모방에 "능동적인 것과 수동적인 것의 이중성"이 내재하고 있다는 사실을 지적한다[Tarde, 1898b: 45~46]. 카르상티의 표현을 빌려 말하자면 "능동성-수동성 연관"의 문제다[Karsenti, 2010: 49].

만약 모방이 능동성을 내포하는 '실천'이라면 우리는 모방을 단순히 복제나 복사로 간주해서는 안 된다. 모방에는 굴절, 변형, 창조 같은 새로운 의미가 부가되기 때문이다. 이와 연관해서 타르드는 다음의 두 가지 테마를 부각시키고 있다. 하나는 수동적 피암시자가 능동적 암시자로 전환되는 변환의 모멘트이며, 다른 하나는 망설임이라는 현상이다. 우선, 첫 번째 테마와 연관해서 다음의 인용문을 살펴보자.

> 사람이란 활기찬 환경, 즉 항상 새로운 광경과 콘서트, 대화와 도서 등을 제공하는 긴장되고 변화가 많은 사회에서 살 때마다 점점 더 모든 지적인 노력을 그만둔다. 그의 정신은 점점 둔해지는 동시에 점점 더 지나치게 흥분되어 (…) 최면 상태에 들어간다. 이것이 바로 대다수 도시인에게 고유한 정신 상태다. (…) 그렇지만 이번에는 그들 자신이 때때로 본보기가 된다면, 이것 또한 모방에 의해서가 아닌가? 어떤 몽유병자가 그의 영매(médium)의 모방을 계속 밀고 나가서 그 자신이 영매가 되어 제3자에게 최면을 걸어 이번에는 그 제3자가 그를 모방하고 이런 식으로 계속된다고 가정해 보자. 그것이 바로 사회생활이 아닌가? 연쇄적이고 차례로 계속되며 사슬처럼 묶여 있는 최면 작용의 이러한 연쇄가 일반적이다[타르드, 2012: 128~129. 강조는 타르드. 번역은 부분 수정].

모방은 정동의 흐름이다. 그리고 이 흐름은 인간 행위자들의 연결을 통해 이루어진다. 이를테면, A가 멋진 책을 읽고 흥분하여 B에게 이야기를 하고 B도 그 책을 읽고 C에게 이야기를 하는 상황을 상상해 보자. 이를 '(…)→A→B→C→(…)'라는 도식으로 표현할 수 있을 것이다. 이 도식은 인간 행위자들을 따라 진행되는 한 줄기의 모방 광선이다. 여기서 'A→B→C'를 떼어 놓고 생각해 보면, 이 흐름은 B를 매개로 'A→B'와 'B→C'라는 두 과정이 연결된 것임을 알 수 있다. 'A→B'의 단계에서는, 피암시자 B가 암시자 A를 모방하고 그의 명령과 암시에 복종한다. 그런데, 모방 흐름이 다음 단계인 'B→C'로 이어지기 위해서는 B가 피암시자로 남아 있어서는 안 된다. 그는 또 다른 존재 C에게 이 정동 흐름을 전달해 주어야 한다. 즉, 이제까지의 수동성을 새로운 능동성으로 전환시켜야 한다.

정리하자면, 모방 흐름 'A→B→C'가 성립되기 위해서는 매개 고리를 이루는 B가 순수하게 수동적인 존재여도 순수하게 능동적 존재여도 안 되는 것이다. 그는 먼저 감수하고(수동성) 그 결과 자신에게 충전된 사회적 에너지를 타자에게 전달할 수 있는 능력(능동성)을 발휘해야 한다. 타르드가 형상화한 사회적 주체인 B는 이런 점에서 매우 흥미로운 존재다. 그는 "행위하는 것과 행위의 대상이 되는 것의 불가분성"[Candea, 2010: 3]을 극명하게 보여 준다. B는 A의 암시와 영향을 받아 책을 읽지만, 책에서 받은 감응을 C에게 전달해야 한다. B는 페이션시와 에이전시의 얽힘을 자신의 존재와 실천 속에서 체화하고 있는 것이다. 이것이 타르드가 보는 모방자(몽유병자)의 특이성이다.

능동-수동 연관을 사고하기 위해 타르드가 제기하는 두 번째 테마는 '망설임(hésitation)'이다. 타르드는 곳곳에서 망설임에 대해 논의하는데, 그 이유는 망설임 속에서 한 사람의 내면에 두 개의 다른 모방 광선이 부딪히는 흥미로운 현상이 관찰되기 때문이다. 망설이는 자는 모방 광선들의 '논리적 대립' 혹은 "모방 방사의 간섭"[타르드, 2013: 48]을 겪는 자다.[108]

> 글을 쓸 때 나는 종종 두 동의어 사이에서 망설인다. 상황에 따라서는 한쪽이 다른 쪽보다 더 낫다고 생각되기 때문이다. 여기에서는 두 모

---

108. 타르드는 두 모방 광선의 내적 충돌을 "논리 결투", 혹은 "욕망과 믿음의 전투"라 부른다[Tarde, 2003: 55; Tarde, 1902b: 133]. 그런데, 타르드에게 '논리(logique)'는 형식 논리가 아니라 "믿음의 방향"을 의미한다. 즉, 힘의 개념을 내포한다[Lazzarato, 1999: 111]. 가령, 『경제심리학』에서 타르드는 소비 과정에서 발생하는 망설임을 한 개인의 마음에서 두 개의 "실천적 삼단 논법"이 충돌하는 현상으로 본다[Tarde, 1902b: 11]. 더 강한 삼단 논법이 망설임을 끝낸다[Tarde, 1902b: 12]. 소비뿐 아닌 법적 판단이나 일상생활에서도 망설임은 사회적 삶을 이루는 무수한 미시적 대립들을 보여 준다[타르드, 2013: 61~62].

방 광선이 내 안에서 간섭한 것이다. 이 두 모방 광선이란 그 두 말 중 어느 하나를 처음 발명한 사람으로부터 나에게 도달하기까지의 한 계열의 사람들과 그 다른 하나를 처음 발명한 사람으로부터 나에게 도달하기까지의 다른 계열의 사람들을 뜻한다. (…) 나는 재판관인데, 마르카데나 드몰롱브 같은 법학자가 내세운 견해에 따른 일련의 판결에 근거하는 의견과 다른 법학자가 내세운 견해에 따른 또 다른 일련의 판결에 근거하는 반대되는 의견 사이에서 망설이고 있다. 이것 역시 두 모방 광선의 간섭이다. 집을 밝히는 데 가스를 쓸지 전기를 쓸지 내가 망설일 때도 마찬가지이다[타르드, 2013: 71~72].

망설이는 자는 내면에서 충돌하는 두 힘의 대립을 겪는다. 그는 둘 중에서 어떤 방향을 취할 것인지 아직 결정하지 못하고 있다. 망설임은 모방 흐름의 지연, 연기, 유보를 의미한다. 그런데 모방이 망설임에만 머물러 있다면, 그것은 흐름을 이루지 못할 것이다. 즉, 모방이 성립하기 위해서는 이런 망설임은 언젠가 종식되어야 한다. 충돌하는 두 모방 광선 중 어느 하나가 선택되어야 한다. 이처럼 모방 행위는 피암시자의 감수 능력 덕택에 개시될 수 있지만, 그것이 완수되기 위해서는 능동적 결정이 중요한 역할을 한다. 타르드는 피암시자에게 최종적 결정의 능력을 부여하고 있다.

모든 모방 행위에 앞서 개인의 망설임이 있다. 왜냐하면 널리 퍼지려고 하는 발견이나 발명은, 언제나 각각의 사람에게 이미 확립되어 있는 관념이나 관습에서 극복해야 할 어떤 장애물에 부딪히기 때문이다. 그래서 그 사람의 마음이나 정신에서 갈등이 시작된다. (…) 개인의 이러한 망설임이 지속되는 한, 그는 아직은 모방하지 않는다. 그가 모방한다면, 이것은 그가 결정했다는 뜻이다[타르드, 2012: 221~222].

라투르가 "타르드 작업의 위대한 초점"[Latour, 2010a: 154]이라 부른 망설임의 테마는 사회적 주체가 '원자'가 아니라 하나의 '공간'처럼 존재한다는 점을 드러낸다. 망설이는 자는 "반복되는 사회적 흐름의 이행 지대"[Tonkonoff, 2017: 30], 혹은 "그 안에서 모방적 흐름들이 만들어져 서로 충돌하는 비인격적 힘들의 장(場)"으로 나타난다[Karsenti, 2010: 49]. 물결의 흐름이 곳곳에서 소용돌이를 만나 굴절되듯, 사회적 정동은 수동적 모방자의 의식 속에서 다른 정동과의 대립 과정(망설임)을 거친 후, 결국 새로운 방향성을 획득한다. 이런 점에서, 모방은 사회 세계가 왜 변동하는지를 설명해 주는 원리이기도 하다. 모방은 능동-수동 복합체 또는 감수-행위 연속체다. 사회 세계에 "미시-변이"를 가져오는 작은 발명들이다[Debaise, 2008: 10]. 그것은 모방 방사의 변형이자 굴절이다.

망설임의 주체와 모방하는 주체의 공통점은 이들 모두 감수자와 행위자의 결합을 보여 주고 있다는 점이다. 이들은 수동적이며 동시에 능동적인 존재다. 더 정확히 말하자면, 수동성(모방을 수용하는 힘)에 기초하여 능동성(모방 흐름을 전달하는 힘)을 발휘하는 존재다. 감수의 힘으로부터 생성되어 나오는 행위의 힘을 실행하는 존재다. 이런 점에서 타르드가 모방 현상에서 추출한 저 사회적 주체를 나는 '감수-행위자'라 부른다. 감수-행위자가 발휘하는 행위 능력의 기원은 그가 소유하고 있는 내적 힘(의지, 의도, 합리성, 감정)이 아니라, 다른 존재와의 관계를 통해 그에게 전염되고 전달되는 사회적 정동이다. 그는 타자의 정동에 감응되는 한에서만 다른 타자를 감응시킬 수 있다.

이처럼 사회적 주체를 감수-행위자로 바라보는 타르드의 관점은 베르그송이 『물질과 기억』에서 제시한 "비결정성의 중심(centre d'indétermination)" 개념을 연상시킨다[Bergson, 1999: 33, 36]. 베르그송은 "생명체들이 자극들을 받아들여 예측되지 않은 반응들을 만드는 것"[Bergson, 1999: 67]에 주목하고, 이들이 외적 작용 중 무언가를 거르고 다른 것은 통과시키는 '스크린(écran)'처럼 작동한다고 본다[Bergson, 1999: 36].

이러한 선택/배제의 능력은 원시 생명체로부터 인간에 이르는 모든 살아 있는 존재들이 발휘하는 창조성의 원천이다. 이와 거의 유사한 의미에서, 사회에 이미 흐르는 여러 형태의 정동들을 흡수하고 다시 연결시키는 타르드의 감수-행위자는 외적 흐름을 자동적으로 재생산하거나 흘려보내는 것이 아니라, 그것을 망설임 속에서 품고, 지연시키고, 묵히고, 결국 예기치 못한 방향성을 창출하여 모방의 흐름에 창조적 굴절을 가져온다. 감수-행위자가 생산하는 차이, 지연, 변화를 통해 모방 흐름은 굴절되고 새로운 방향성을 획득하는 것이다. 타르드에게도 그리고 베르그송에게도 행위는 감수와 불가분의 관계를 맺고 있다. 생명체는 단순한 행위자나 감수자가 아니라, 감수-행위자다.

V. 어셈블리지

> 모든 사물은 사회다

타자에게 감응되고 또 타자를 감응시키는 수평적 연결성을 구현하는 감수-행위자들이 생산하는 사회는 모방의 방대한 연결망의 형태를 띠고 있다. 타르드의 사회는 유기체가 아니라[타르드, 2013: 43~46; 타르드, 2015: 58; Tarde, 1898b: 8~9], 발명이 전염적으로 전파되는 "역학적(epidemiological) 공간"이거나 "관계적 흐름들의 네트워크"다[Sampson, 2012: 21]. 들뢰즈와 과타리의 용어로 말하면, 타르드는 일종의 '어셈블리지 존재론'을 표방하고 있다고 말할 수 있다.[109]

어셈블리지는 다양한 요소들이 기계적(비유기적 방식)으로 접속되어 이루어진 연결망이다. 어셈블리지 안에는 인간, 비인간, 기계, 담론, 언어, 감정, 관념, 동물, 식물, 미생물 같은 이질적 요소들이 동등한 자격으로 묶일 수 있다. 어셈블리지는 담론과 실재, 인간과 비인간, 사회와 자연의 이분법적 구분을 알지 못한다[Alldred-Fox, 2015: 402; Deleuze·Parnet, 1996: 133~134]. 이처럼 형성된 어셈블리지는 하나의 영토를 이루고, 생성과 변화의 과정에 따라서 확장되거나 감소한다. 들뢰즈는 어셈블리지를 "전염, 유행병, 바람"에 비유한다[Deleuze·Parnet, 1996: 84]. 이는 어셈블리지가 고정된 구조물이 아니며, 중심, 토대, 초월적 목적이 없는 상태에서, 요소들의 자유로운 분리와 재결합을 통해 항상 변화해 가는 생성물이라는 점

---

109. 타르드의 '모방 방사', 들뢰즈의 '어셈블리지'와 '리좀', 그리고 라투르의 '행위자-네트워크'는 개념적 등가물을 이룬다. 실제로 라투르는 타르드의 '모방 광선'과 '행위자-네트워크'를 동일 개념으로 간주하고 있다[Latour, 2010a: 151; Latour, 2011a: 28~29]. 존 로 역시 어셈블리지와 행위자-연결망 사이에 아무런 개념적 차이를 설정하지 않는다[Law, 2009: 146]. 멀케이 역시 이 용례를 따르고 있다[Mulcahy, 2012: 24]. 이 책도 이런 경향을 따라서, 어셈블리지를 리좀이나 네트워크를 모두 총칭하는 일반적 개념으로 사용한다.

을 강조하기 위한 것이다[들뢰즈·과타리, 2001a: 767; Potts, 2004: 19; 베넷, 2020: 23~24].

이러한 "어셈블리지 사유"[Acuto·Curtis, 2014: 9]는 사회 이론에 어떤 새로운 시각을 가져다주는 것일까? 데란다에 의하면, 어셈블리지 존재론은 근대 사회과학의 '미시-중범위-거시'의 위상학적 구도를 넘어설 수 있게 한다[데란다, 2019: 10~11]. 어셈블리지의 관점에서 보면, 사회는 토대/상부 구조, 부분/전체, 개인/구조와 같은 이분법으로 표상할 수가 없기 때문이다. 사회 공간은 어셈블리지들의 부단한 운동으로 가득 차 있다. 구조에 의해 수직적으로 규제되는 공간이 아니라 수평적 '연합체'들이 지배하는 일종의 '내재성의 평면(plan de l'immanence)'이다.

고전 사회학자들 중에서 어셈블리지 존재론에 가장 근접한 상상력을 보여 준 사람은, 사회를 '연합체(association)'로 보았던 가브리엘 타르드다. 그는 이렇게 쓴다. "사회란 언제나 정도의 차이가 있기는 하지만 하나의 연합체다. 연합과 사회성, 즉 모방성의 관계는 말하자면 생물체와 생명력의 관계 또는 분자 구성과 에테르의 탄성의 관계와 같다"[타르드, 2012: 112~113].[110] 이때, 연합체 형성의 작동 원리가 모방이라면, 모방 방사의 형태론적 원리가 바로 어셈블리지다. 그런데, 놀라운 것은 타르드가 '사회는 연합체다'라는 관점에 머물지 않고, '연합체가 사회다'라는 전도된 등식을 제시하고 있다는 사실이다. 이로부터 다음과 같은 대담한 선언이 등장한다.

> 모든 사물이 사회이며 모든 현상이 사회적 사실이다. (…) 과학은 우리에게 동물 사회(이에 대해서는 에스피나스 씨의 훌륭한 책을 보라), 세포 사회에 대해 말하고 있는데, 원자 사회에 대해서 말하면 왜 안 되는가? 태양계와 별들의 체계인 천체 사회를 잊을 뻔했다. (…) 분자라고 해서 왜 식물이나 동물처럼 하나의 사회가 되지 못하겠는가?

---

110. 한글 번역에서 '결합체'로 번역된 'association'을 이 글에서는 '연합체'로 통일한다.

(…) 생물이 사회라면, 말할 것도 없이 순전히 기계적인 존재도 사회임이 틀림없다. (…) 하나의 분자를 하나의 유기체나 국가에 비유해서 생각해 보면, 그것은 그 구성원 수가 훨씬 더 많고 훨씬 더 발전했으며 (…) 안정기에 도달한 일종의 국민에 불과할 것이다[타르드, 2015: 58~60. 강조는 인용자].

모든 사물이 사회이며 모든 현상이 사회적 사실이라는 말은 분과 학문으로서 사회학이 자신의 고유 영역을 명확히 확정하려 했던 고전 사회학의 지배적 경향과 명백히 대립한다. 타르드는 사회학을 현실의 특정 '영역(소위 사회적인 것)'을 탐구하는 학문으로 구상하고 있지 않다. 그는 사회학을 자연계와 생물계를 망라하는 가장 포괄적인 수준에 배치하고 있다. 왜냐하면, 연합체(어셈블리지)가 형성되는 곳은 모두 사회이며, 연결과 접속이 발생하고 해체되는 모든 현상은 '사회적'인 것으로 불릴 수 있기 때문이다.

이런 이유로 타르드는 동물 사회, 세포 사회, 분자 사회, 천체 사회를 말한다. 모든 현상에서 사회 형태를 발견하는 이런 의사회론(擬社會論, sociomorphism)은 타르드와 뒤르켐 사이에 존재하는 화해 불가능 지점을 이룬다. 타르드의 관심은 사회적인 것을 독립변수로 설정하여 현상들에 대한 '사회학적' 설명을 제공하는 것에 있지 않았다. 그는 모방의 역학과 어셈블리지의 형태론에 기초하여 "사회학적 관점을 현상들에 보편적으로 확대하는 것"을 추구한다 [타르드, 2015: 74]. 심지어 그는 "모든 과학이 사회학의 분과 학문이 될 운명에 있는 것 같다"[타르드, 2015: 58]고 진단하는데, 이는 사회학이 사회 구조에 대한 탐구가 아니라 모든 형태의 연결과 연합에 대한 탐구로 상정되기 때문에 가능한 것이다.

신-모나돌로지

그렇다면 과연 어떤 철학적 사고를 통해 타르드는 이런 독특한 사회 존재론을 펼쳐 가게 되었을까? 이에 대한 해답은 1893년에 『국제 사회학평론』에 게재된 논문(『모나돌로지와 사회학』)에서 찾을 수 있다. 이 글을 통해 타르드는 자신의 사회학적 상상력의 근저에 라이프니츠의 모나돌로지가 있다는 사실을 선명하게 보여 준다.

라이프니츠는 스피노자와 함께 데카르트의 기계론적 우주관을 비판하면서 독특한 형이상학을 펼친 17세기 유럽의 대표적인 합리주의 철학자다. 그의 철학 체계의 중심을 이루는 개념은 그리스어 '모나스(monas)'를 어원으로 하고, 분할될 수 없는 단일체를 의미하는 '모나드'다. 더 이상 분할될 수 없는 실체이기 때문에, 모나드는 연장(extension)을 갖는 물리적 사물(원자)이 아니라 살아 있고 활동하는 정신(영혼)으로 여겨진다(연장이 있다면 그것이 아무리 작은 것이어도 쪼개질 수 있기 때문이다). 모나드는 지각(perception)과 욕구(appétition)의 능력을 소유한다. 여기서, 욕구는 변화를 향한 활동성을 가리키며, 지각은 모나드가 다른 모나드들과 관계를 맺을 수 있는 연결 능력을 가리킨다.[111]

요컨대, 라이프니츠가 구상한 (세계를 구성하는 유일한 빌딩 블록인) 모나드는 자신 아닌 것들에 의해 인과적으로 규정되지 않는 독자성을 갖는 동시에, 자신의 외부를 표현할 수 있는 힘을 가진 정신적 존재에 부여된 명칭이다. 라이프니츠는 이를 '영혼'이라 부른다[라이프니츠, 2010: 260]. 이때의 영혼은 종교적 인격을 가리키는 것이 아니라, 목적을 추구하며 변화를 일으키는 살아 있는 (인간뿐 아니라 비인간을 포함하는) '행위자'를 지칭한다.[112] 라이프니츠

---

111. 라이프니츠는 지각을 "단일성 혹은 단순한 실체 안에서 다수성을 포함하고 그것을 표현하는 일시적 상태"로 정의하고[라이프니츠, 2010: 256~257], 욕구는 "변화 또는 한 지각으로부터 다른 지각으로의 이행을 야기시키는 내부 원리의 활동"으로 정의한다[라이프니츠, 2010: 258].

112. 타르드 역시 '영혼'이라는 단어를 자주 사용한다. 타르드의 '영혼'은 "믿음과 욕망의 교차점"[Debaise, 2008: 6~7], 즉 믿음과 욕망의 흐름에 접속되어 행위 능력을 부여받고 그것을 실행하는 행위자에게 부여된 기술적 명칭이다[타르드, 2015: 101~102].

는 이미 17세기에 인간 아닌 존재들에게 욕망과 행위 능력을 부여하고 있다.

> 나는 모든 신체에 감정(sentiment)과 욕망, 즉 영혼이 있다고 판단한다. 따라서 인간에게만 실체적 형식과 지각 혹은 영혼을 부여하는 것은, 모든 것이 인간만을 위해 만들어졌고 지구가 우주의 중심이라고 믿는 것만큼이나 가소로운 일이다[Leibniz, 1993: 25~26. 재인용 Alliez, 1999: 18].

인간과 비인간 존재자들 모두가 정신적 힘(영혼)을 갖고 있다고 보는 점에서 라이프니츠 철학은 "의심론(擬心論, psychomorphisme)"이라 불린다[Debaise, 2008: 6]. 이러한 관점에서 보면, 자연은 비활성적인 물질의 덩어리가 아니다. 자연에 거주하는 모든 것들은 살아 움직인다[Alliez, 1999: 14; Martin, 2001: 188]. "모든 자연은 생명으로 충만되어 있다"[라이프니츠, 2010: 227]. 우주의 본질은 꿈틀거리는 욕망이다[Milet, 1970: 170].
라이프니츠는 한 잔의 포도주 속에서도, 한 조각의 빵에서도 "생명체들의 집적물"을 발견했으며[Martin, 2001: 188], 인간 지각이 미치지 못하는 무한소의 영역에서 생동하는 영혼(모나드)들을 보았다. 이것은 데카르트가 본 죽어 있는 자연과 선명히 대비되는 생기론적 관점이다. 그의 철학이 "보편적 애니미즘"이라 불리는 것은 바로 이런 이유에서다[Bouverresse, 1992].[113]
타르드는『모나돌로지와 사회학』에서 라이프니츠를 논의의 핵심으로 끌고 들어온다. 우선 언급되는 것은 모나돌로지의 '과학

---

113. 실마이어(Michael Schillmeier)는 타르드의 이론이 인류세를 사회학적 이슈로 다룰 수 있는 잠재력을 갖고 있다고 주장한다. 그에 의하면 타르드 사회학의 포스트휴먼적 관점, 즉 비인간 행위자를 모나드로 이해하고 그들 사이의 역동적 소유 관계에 주목하는 독특한 관점은 지구 그 자체를 하나의 행위자로 이해할 수 있는 이론적 자원을 제공한다[Schillmeier, 2017: 270].

적' 가능성이다. 그에 의하면, 자기 시대(1880~1890년대)의 자연과학은 모나드 개념의 타당성을 구체적으로 증명해 가고 있다. 화학, 물리학, 생물학 영역에서 물질/정신의 이원론과 기계적 우주론이 극복되면서, 무한소적 수준의 "정신적 동인들", 즉 모나드에 대한 과학적 인식이 열렸다는 것이다[타르드, 2015: 18]. 가령, 파스퇴르에 의한 세균의 발견이나 톰슨(Joseph J. Thomson)의 소용돌이 원자 가설이 그 실례로 거론되고 있다[타르드, 2015: 20~22].

그런데 타르드는 라이프니츠를 있는 그대로 수용하는 대신 그의 형이상학을 독자적으로 변형시켜 재구성한다. 왜 그는 라이프니츠를 변형시켜야 했을까? 이유는 두 가지다. 하나는 라이프니츠의 모나돌로지에 강력한 신학적 함의(초월적 신)가 전제되어 있기 때문이다. 둘째는, 라이프니츠가 주창한 폐쇄적 모나드 개념이 타르드의 역동적 사회상(연합체들의 생성과 전파로 이루어지는 내재적이고 관계적 공간)에 부합하지 않았기 때문이다.

실제로, 라이프니츠의 모나드는 창문이 없는 단순 실체다. 즉, 외부와 차단된 채 자신에게 닫혀 있는 존재다. 어떤 모나드도 다른 모나드의 원인이 될 수 없으며, 서로 직접적 영향을 교환할 수 없다. 그렇다면, 모나드 사이의 상호 작용은 어떻게 발생하는가? 그것은 모나드의 내부에 앞으로 펼쳐질 변화들이 내포되어 있고(들뢰즈의 표현으로 하면 주름 잡혀 있고), 모나드들 사이에서 실현될 관계들이 이미 조화로운 방식으로 조율되어 있기 때문에 가능하다. 이 모든 프로그램의 운영자로 설정되어 있는 것이 신이다[라이프니츠, 2010: 275].

타르드는 라이프니츠의 이 신학적 관점을 철저하게 세속화시켰다[Marrero-Guillamón, 2015: 244]. 그는 신을 제거한다. 그 결과 예정 조화도 사라진다[랏자라또, 2017: 37~39]. 또한 그는 모나드로부터 폐쇄성과 단순성을 제거한다. 모나드는 더 이상 자신에게 굳게 닫힌 채 신의 프로그램에 따라서 사건들을 전개시키는 실체가 아니라 "특수한 방식으로 구성되고 매우 다양한 내부 운동으로 움직이는 아주 복잡한 구조물"[타르드, 2015: 23]로 새롭게 형상화된다.[114] 이제 신 없는 세계의 모나드는 자신에게 고유한 시간과 공간을 만들어 내면서, 다른 모나드들과 실질적인 관계를 형성한다. 모나드들은 서로 침투하고 각축하며 다른 모나드를 정복해 간다. 그것이 바로 "상호 침투하는 열린 모나드"라는 새로운 관점이다[타르드, 2015: 55].

소유의 철학

타르드가 제안한 이 "상호적 침투 가능성이라는 관념"[Montobello, 2003: 103]은 신 없이도 어떻게 세상에 조화(질서)가 존재하느냐는 질문에 대한 해답을 제시한다. 질서는 신의 섭리에 의해 선험적으로 예정된 것이 아니라 모나드들의 상호 작용을 통해 후험적으로 생성된다. 즉 "사후 결정(*post*established)"된다[Latour, 1988: 164].[115] 타르드는 모나드들 사이의 상호 관계를 '소유(possession)'라고 개념화한다.

모나드가 무언가를 소유한다는 것은 모나드가 관계를 지향한다는 것을 의미한다. 모나드는 타자에 대한 갈망과 관계 형성의 능력을 내적 경향으로 갖고 있다. 즉, 다른 것들과의 연결을 통해 어셈블리지를 확장, 강화하고자 한다. 이런 관점에서 타르드는 "나는 생각한다. 그러므로 나는 존재한다"라는 데카르트의 명제를 "나는 욕망한다. 나는 믿는다. 그러므로 나는 가진다"로 대체한다[타르드, 2015: 103].

---

114. "모든 과학이 도달하는 마지막 요소, 즉 사회의 개인, 생물의 세포, 화학의 원자 (…) 자체도 우리가 아는 것처럼 복합체(composé)다"[타르드, 2015: 22].

115. 베르그송 또한 『창조적 진화』에서 라이프니츠의 예정 조화설을 부분적으로 수정한다. 그에 의하면, 조화는 "사실로서(en fait)" 존재하는 것이 아니라 "권리상으로(en droit)" 존재한다. 달리 말하자면 "조화는 앞서 오는 것이 아니라 이후에(en arrière) 온다"[Bergson, 2009: 51].

이것이 바로 "소유의 철학"이다[타르드, 2015: 104]. 소유의 관점에서 보면, 세계는 극도로 역동적이다. 세계에는 오직 운동밖에 없다. 운동은 관계성을 띤다. 타자를 소유하고자 하는 강력한 경향을 지닌 모나드들의 쟁투 공간, 이것이 세계다. 타르드의 모나드는 정복욕에 불타며, 다른 모나드를 정복하여 소유하는 것을 지향한다[타르드, 2015: 117~123]. 사회 세계는 이런 경향이 적나라하게 나타나는 곳이다. 타르드는 존재와 무(無), 생성과 소멸 대신 "이익과 손실", 혹은 "획득과 박탈"이라는 코드를 통해 존재자들을 바라보기를 제안한다.

> 모나드들이 드러내 놓고 생생하게 서로 움켜잡는 것(se saisir)을 보려면 사회계에 도달해야 한다. 그곳에서는 모나드들이 친밀하게 서로 움켜잡으면서, 어떤 모나드는 다른 모나드 앞에서(devant), 어떤 모나드는 다른 모나드 안에서(dans), 어떤 모나드는 다른 모나드에 의해서(par) 그 일시적인 성격을 완전히 발휘한다. 이것이 더할 나위 없이 훌륭한 관계, 즉 전형적인 소유다. (…) 설득에 의해서, 사랑이나 증오에 의해서, 개인적인 위세에 의해서, 공통된 믿음과 의지에 의해서, 끊임없이 퍼지는 일종의 촘촘한 연결망(réseau)인 계약의 상호 연쇄에 의해서 사회의 요소들은 수많은 방식으로 서로 붙잡고 잡아당긴다. 그리고 이들의 협력과 경쟁에서 문명이라는 경이로운 현상이 태어난다[타르드, 2015: 108~110. 강조는 인용자].

사회 속에서 모나드들은 서로를 움켜잡고 서로를 소유한다. 소유란 어셈블리지의 형성 과정이다. 소유적 상호 작용은 "끊임없이 퍼지는 일종의 촘촘한 연결망", 즉 모방 방사의 형태를 띤다. 여기서 주목해야 하는 것은 소유를 의미하는 동사 'possess'가 동시에 빙의(憑依)라는 의미도 갖는다는 사실이다[Debaise, 2008: 449]. 소유한다는 것은 무언가를 매료시키고, 사로잡고, (귀신) 들리게 한다는 뜻도 함께 지닌다. 소유 개념에는 정동의 문제의식과 어셈블리지의 문제의식이 절묘하게 결합되어 있는 것이다. 소유된 자는 정동에 감응된 존재(감수자)이며, 반대로 소유하는 자는 타인을 감응시키는 자(행위자)이기 때문이다. 소유/빙의를 통한 어셈블리지의 확장은 정동의 전염이나 최면을 통해서 감수-행위자들 사이의 연쇄적 연결이 일어나는 과정과 다르지 않다. 타르드가 주창한 소유의 철학은 이런 점에서 보면 앞서 분석했던 정동의 문제의식과 페이션시의 문제의식을 모두 함축하고 있다고 말할 수 있다.

VI. 대안 이론을 향하여

타르드는 20세기를 주도했던 사회학과 근본적인 차이를 보이는 '다른 사회학'을 시도했다. 이 '다른 사회학'은 오랫동안 제도권에서 배제되거나 망각되어 왔다. 하지만, 지난 20년간 타르드를 재발견하고 재평가하려는 시도가 활발하게 일어났으며, 이는 타르드의 '다른 사회학'이 21세기의 변화된 현실을 바라보는 데 빼어난 통찰과 영감을 주기 때문일 것이다. 타르드의 부활은 20세기 사회학의 위기, 즉 그것이 21세기 사회를 분석하고 해명하는 과정에서 겪고 있는 어려움과 그 맥을 같이한다.

21세기는 근대적 삶의 전반을 규정하던 문법들이 대규모 변동을 겪고 있는 문명 전환기다. 자본주의의 위기, 국민-국가를 넘어서는 정보, 물류, 인적 네트워크의 형성, 사회 내부에 형성된 적대와 갈등의 심화, 생명공학과 인공 지능, 사물 인터넷, 소셜 네트워크 혁명, 커뮤니케이션 영역에서 이루어지고 있는 기술 혁명, 인류세 개념이 역설하는 생태적 위급 상황, 코로나19가 가져온 전방위적 충격파, 그리고 플랫폼 자본주의와 데이터 사회의 등장을 우리 모두는 일상적으로 체험하고 있다.

최근의 중요한 이론적 성찰은 바로 이 변동의 심각성에 주목한다. 가령, 존 어리는 근대적 진보 개념이 21세기에 접어들어 파국주의로 선회했다는 사실을 지적한다. 미래는 발전이나 성장이 아니라 이제 '붕괴'로 상상되고 있다[Urry, 2016: 33~54]. 울리히 벡은 '위험사회'를 넘어서 우리 시대가 세계의 탈바꿈을 겪고 있다고 진단했다[Beck, 2016]. 스콧 래시(Scott Lash)는 알고리즘에 기초한 기술적 변동이 권력과 지식의 작동 방식을 변화시켜, 이제 알고리즘적 삶의 형식이 지배하는 새로운 사회로 접어들었다고 진단한다[Lash, 2018]. 변화된 현실에 부응하면서 좀 더 과감한 방식으로 사회 이론을 재조립하려는 이론적 작업들도 역시 20세기적 사회, 주체, 인간 개념의 한계를 명시하며 근본 성찰을 요청하고 있다.

21세기 사회 이론은 이런 위기와 급변, 그리고 혼돈과의 대면을 불가피하게 요구한다. 타르드 이론이 부상하는 것은 이런 맥락에서 이해할 수 있다. 앞서 언급한 것처럼, 타르드는 21세기 사회 이론이 진지하게 성찰하기 시작한 포스트휴머니즘, 신유물론, 관계적 존재론, 그리고 정동 이론을 모두 선취하고 있다. 자연과 인간, 자연과 문화의 존재론적 얽힘, 심적인 것의 힘, 그리고 인간-너머의 사회성에 대한 탐구를 시도할 수 있는 결정적인 자원을 제공한다. 21세기가 요구하는 사회학적 상상력의 갱신과 혁신을 위해서 타르드에 대한 더 많은 논의와 탐구가 요구되는 이유가 여기에 있다.

보론 1. 라투르와 감수-행위자

라투르는 자신의 저서『팩티시 신들에 대한 숭배에 대하여』에서 흥미로운 카툰을 하나 소개하고 있다. 「마팔다의 클럽」이라는 제목을 가진 이 만화에는 담배를 피우는 아빠와 그의 어린 딸 마팔다가 등장한다. 이야기인즉, 아빠가 담배를 피우는 것을 골똘히 지켜보던 딸이 이렇게 묻는다. "지금 뭐 하고 있는 거야?" 아빠는 무심히 답한다. "담배 피우잖아". 그러자 마팔다가 말한다. "담배가 아빠를 피우는 줄 알았네". 예기치 못한 대답에 아빠는 패닉에 빠진다. 그리고 다음 컷에서 충격에 얼이 빠진 아빠가 가위로 담배들을 자르고 있다[Latour, 2010c: 54~56].

위의 상황에는 두 대립하는 명제가 등장한다. '아빠가 담배를 피운다'와 '담배가 아빠를 피운다'가 그것이다. 첫 번째 명제가 만화의 시각 이미지에 대한 우리의 일상적 직관을 표현하는 것이라면, 두 번째 명제는 그런 상식을 뒤집는 어린 아이의 예리한 시각을 보여 준다. 마팔다의 범상치 않은 눈은 아빠와 담배의 관계를 뒤집어서 바라본다. 즉, 마팔다가 보기에, 아빠는 능동적 '행위자'가 아니라 담배의 중독적 힘에 사로잡힌 채 니코틴의 행위 능력을 겪고 있는 수동적 '감수자'다. 스스로 자율적 행위자라는 사실을 믿어 의심치 않았을 아빠는 딸의 지적을 통해 비로소 자신의 수동성을 깨닫는다. 당혹감을 이기지 못한 채 그 흡연자는 자신을 통제해 온 비인간 행위자(담배)를 분질러 없애고 있다.

위의 예화를 통해 라투르는 우리가 일반적으로 생각하는 행위자 이미지를 파괴하고, 은폐되어 있던 비인간 행위자와 행위 능력을 가시화하고 있다. 마팔다의 아빠를 움직인 것은 니코틴의 힘이다. 따라서 담배를 피우는 것은 순수하게 능동적인 행위가 아니라 니코틴에 감응되는 수동성을 내포한다. 이처럼, 능동과 수동, 행위와 감수가 얽혀 있는 상황을 라투르는 (마팔다의 아빠를 일인칭으로 하는) 다음 문장에 압축시킨다. "나는 담배에 효과적으로 붙

들려 있는데, 그것이 나로 하여금 담배를 피우게 만든다"[Latour, 2010c: 58].[116]

위의 문장에서 주체(아빠)와 대상(담배)은 순환적이고 이중적인 관계에 묶여 있다. 담배가 '나'를 사로잡고, 그 영향력하에서 '내'가 다시 담배를 피우는 것이다. 이를 '담배1→아빠→담배2'로 도식화해 보자. 아빠의 핏속에 이미 흐르는 일정량의 니코틴과 그에 익숙해진 뇌의 상태를 만들어 낸 비인간 행위자 '담배1'은 아빠에게 강제력을 발휘하는 주체, 즉 행위자다. '담배에 붙들려 있다'는 진술은 바로 이런 정황을 묘사하는 말이다. 즉, '담배1→아빠'의 단계에서 아빠는 행위자가 아니라 담배가 발휘하는 행위 능력에 감응하는 감수자다.

그런데, 아빠를 수동적인 존재로 만드는 니코틴은 동시에 아빠에게 특정 행위를 촉구하는 힘으로 작용한다. '담배2'를 피우게 하는 것이다. 아빠는 담배를 집어 물고, 불을 붙이고, 연기를 마시는 일련의 '흡연' 행위를 수행한다. '아빠→담배2'의 단계로 이어졌을 때, 아빠는 수동적 존재에서 능동적 행위자로 전환된다. '담배1→아빠'와 '아빠→담배2'를 연결하는 경첩 같은 존재인 아빠는 수동성-능동성의 교차 지점에 자리 잡은 감수-행위자다. 이 대목에서 우리

---

[116] 라투르는 이런 상황이 문법적으로 '중동태(middle voice)'와 연관되어 있음을 지적한다[Latour, 2010c: 58]. 중동태는 능동태와 수동태가 분화되기 이전에 존재했던 원형적 태를 지칭한다. 라투르는 각주에서 중동태에 대한 언어학적 논의로서 뱅베니스트(Émile Benveniste)의 1950년 논문 「동사에서의 능동과 중동」을 원용하고 있다. 뱅베니스트에 의하면 중동태 동사의 주어는 특정 행위의 주체인 동시에 그 행위가 이뤄지는 장소이기도 하다[Benveniste, 1966: 172~173]. 다소 추상적으로 들릴 수도 있지만, 라투르가 예로 들고 있는 마팔다의 아빠에 이를 적용하면, 그 의미가 자명하게 드러난다. 마팔다의 아빠가 담배를 피우는 것은 (능동태가 아닌) 중동태로 이해해야 하는데, 그 이유는 마팔다의 아빠는 지금 주체로서 담배를 피우고 있지만, 자신이 행한 흡연 행위의 결과 형성된 중독적 상태 속에 말려 들어가서, 그 힘에 의해 다시 담배를 피우고 있기 때문이다. 아빠가 담배를 피우고 있는 것과 담배가 아빠를 피우고 있는 것의 중첩 상태, 이것이 중동태다. 중동태에 대한 철학적 분석으로는 다음을 참조할 것[고쿠분 고이치로, 2019].

는 왜 라투르가 타르드의 뇌간심리학을 ANT의 기원적 형태로 언급했는지를 쉽게 이해할 수 있다.

보론 2. 타르드의 파국주의

가브리엘 타르드는 1886년에 사회학 저널 『국제사회학평론』에 소설을 한 편 투고한다. 제목은 「미래사의 단편들(Fragments d'histoire future)」. 서기 31세기의 화자가 (자신의 시점에서) 수백 년 전의 인류가 겪은 대격변과 그 이후의 재건 과정을 회고하는 형식으로 그려진 허구적 이야기다.

이야기에 의하면, 서기 2489년 무렵에 발전의 정점에 도달하는 인류 문명은 태양 에너지가 고갈되어 지구가 급속히 냉각되는 행성적 파국을 맞이한다[Tarde, 1904: 29~36]. 그 결과 지표에 서식하던 동물과 식물이 모두 멸종하고 소수의 인간만 살아남아 아라비아반도의 페트라에 집결한다. 이들은 생존을 위해 밀티아드라는 영웅적 지도자의 발상과 계획을 따라 지하로 내려가 새로운 사회를 건설한다[Tarde, 1904: 33~42].

여러 난관과 곡절을 이겨 내고 탄생한 이 혈거 문명은 과거 지상에 형성되었던 인간 사회와 완전히 다른 새로운 형태를 띠고 있다. 무엇보다 이 미래의 혈거 문명은 "살아 있는 자연의 완전한 제거" 또는 "사회의 정화(purification)"로 특징지어진다[Tarde, 1904: 74]. 창공, 하천, 산, 숲, 동물, 나무, 바다가 존재하지 않는 지하에서 인간은 지상의 자연환경의 힘들로부터 실질적으로 해방된다. 더 나아가 이처럼 변화된 환경에 맞추어 인간의 욕구 충족 방식도 단순해지는데, 예컨대 식생활은 주로 지상에 냉동된 동물들의 고기를 가져다 먹는 방식으로 변하게 되며, 의복 역시 일정하게 유지되는 동굴의 온도와 식물성 섬유의 부재로 인해 매우 단조로워진다. 남녀의 성생활 또한 퇴조한다[Tarde, 1904: 78~79]. 인간들의 관계는 자연적 필연성에서 벗어나 순수하게 '사회적'인 형태를 띤다. 이를 타르드는 "진정으로 사회적인 혁명"[Tarde, 1904: 82]이라 부른다.

한 문명이 어떻게 번영하고 멸망하고 다시 소생하여 진화해 가는지를 생생하게 묘사하는 이 소설은 픽션의 형식을 빌려 새로운 사회가 탄생하고 진화하는 모습을 보여 주는 "사회학적 실험 보고서"[유진현, 2018: 114]로 읽힌다. 비록 소설 형식으로 되어 있지만, 이 텍스트는 사회학이라는 학문이 형성되던 19세기 후반에서 20세기 초반의 한 중요한 사회학자가 남긴 유일한 '파국' 서사로 남아 있다. 파국을 이야기할 수 있는 상상력의 분방함이 아마도 타르드로 하여금 그토록 독창적인 사회 이론을 구상하도록 이끈 것이 아닌가 생각하게 하는 대목이다.

출처

이 책의 초본으로 사용된 텍스트들의 출처는 아래와 같다. 책에 실린 글들은 초본을 수정·보완한 것임을 밝힌다.

1장. 2019, 「인류세의 사회이론 1. 파국과 페이션시(patiency)」, 『과학기술학연구』 19(3).
2장. 2023, 「인류세의 사회이론 2. 울리히 벡과 브뤼노 라투르의 파국주의적 전회」, 『한국사회학』 57(4).
3장. 2020, 「코로나19와 사회이론: 바이러스, 사회적 거리두기, 비말을 중심으로」, 『한국사회학』 54(3).
4장. 2022, 「21세기 사회이론의 필수통과지점. 브뤼노 라투르의 행위이론」, 『사회와 이론』 43.
5장. 2023, 「그림형제와 라투르. ANT 서사기계에 대한 몇 가지 성찰」, 『문명과 경계』 6.
6장. 2023, 「소수적 이론의 힘. 라투르 사회이론과 신학의 어셈블리지」, 『사회와이론』 44.
8장. 2022, 「녹색 계급이 온다. 라투르 신작에 대한 몇 가지 상념들」, 『녹색 계급의 출현』(라투르, 브뤼노·슐츠, 니콜라이 지음, 이규현 옮김), 이음.
9장. 2022, 「가브리엘 타르드와 21세기 사회이론. 정동, 페이션시, 어셈블리지 개념을 중심으로」, 『한국사회학』 56(1).

참고 문헌

고쿠분 고이치로, 2015, 『고쿠분 고이치로의 들뢰즈 제대로 읽기』, 박철은 옮김, 동아시아.
그림 형제, 1999, 「이와 벼룩」, 『그림형제 동화전집』, 김열규 옮김, 현대지성사.
기든스, 앤서니, 2009, 『기후변화의 정치학』, 홍욱희 옮김, 에코리브르.
————, 2012, 『사회구성론』, 황명주·정희태·권진현 옮김, 간디서원.
김문조, 2022, 「포스트 소셜 사회론 서설」, 『사회와이론』 42.
김영재, 2017, 『최신미생물학』, 월드사이언스.
김왕배, 2021, 「'사회적인 것'의 재구성과 '비(非)인간' 존재에 대한 사유」, 『사회와이론』 40.
————, 2022, 「'인간너머' 자연의 권리와 지구법학」, 『사회사상과 문화』 25(1).
김은성, 2022, 『감각과 사물』, 갈무리.
김진영, 2018, 『아침의 피아노』, 한겨레출판.
김홍중, 2006, 「문화적 모더니티의 역사시학」, 『경제와사회』 70.
————, 2007, 「근대적 성찰성의 풍경과 성찰적 주체의 알레고리」, 『한국사회학』 41(3).
————, 2015, 「꿈에 대한 사회학적 성찰」, 『경제와사회』 108.
————, 2017, 「사회적인 것의 다섯 가지 문제틀」, 『사회사상과 문화』 20(3).
————, 2020, 『은둔기계』, 문학동네.
————, 2023, 「파국의 분열분석과 기관 없는 희망」, 『안과밖』 55.
————, 2024, 『서바이벌리스트 모더니티』, 이음.
김홍중·조민서, 2021, 「페이션시의 재발견」, 『한국사회학』 55(3).
김환석, 2001, 「과학기술학(STS)과 사회학의 혁신」, 『과학기술학연구』 1(1).
————, 2011, 「행위자-연결망 이론에서 보는 과학기술과 민주주의」, 『동향과전망』 83.
————, 2012, 「'사회적인 것'에 대한 과학기술학의 도전」, 『사회와이론』 20.
————, 2018, 「새로운 사회학의 모색(1) 탈인간중심주의」, 『경제와사회』 117.
————, 2022, 「브뤼노 라투르의 가이아 이론과 한국의 사례」, 『과학기술학연구』 22(1).
————, 2024a, 『코로나 팬데믹과 문명의 전환. 근대 문명에서 생태 문명으로』, 세창출판사.
————, 2024b, 『브뤼노 라투르』, 커뮤니케이션북스.
다이아몬드, 제레드, 2005, 『문명의 붕괴』, 강양구 옮김, 김영사.
데란다, 마누엘, 2019, 『새로운 사회철학』, 김영범 옮김, 그린비.
뒤르켐, 에밀, 1992, 『종교 생활의 원초적 형태』, 노치준·민혜숙 옮김, 민영사.

──────, 1994, 『자살론』, 김충선 옮김, 청아출판사.
들뢰즈, 질, 2004, 『차이와 반복』, 김상환 옮김, 민음사.
──────, 2007, 「내재성: 생명……」, 『들뢰즈가 만든 철학사』, 박정태 엮고 옮김, 이학사.
──────, 2019, 『푸코』, 허경 옮김, 민음사.
들뢰즈, 질·과타리, 펠릭스, 2001a, 『천 개의 고원』, 김재인 옮김, 새물결.
──────, 2001b, 『카프카』, 이진경 옮김, 동문선.
──────, 2014, 『안티 오이디푸스』, 김재인 옮김, 민음사.
디드로, 드니, 2006, 『달랑베르의 꿈』, 김계영 옮김, 한길사.
라이프니츠, 빌헬름, 2010, 『형이상학 논고』, 윤선구 옮김, 아카넷.
라투르, 브뤼노, 2004, 「나에게 실험실을 달라, 그러면 내가 세상을 들어올리리라」, 김명진 옮김, 『과학사상』 44.
──────, 2009, 『우리는 결코 근대인이었던 적이 없다』, 홍철기 옮김, 갈무리.
──────, 2010, 「행위자네트워크 이론에 관하여」, 『인간·사물·동맹』(라투르 외 지음, 홍성욱 엮음), 이음.
──────, 2015, 「사회적인 것에 대한 또 하나의 과학?」, 『모나돌로지와 사회학』, 이상률 옮김, 이책.
──────, 2016, 『젊은 과학의 전선』, 황희숙 옮김, 아카넷.
──────, 2018, 『판도라의 희망』, 장하우·홍성욱 옮김, 휴머니스트.
──────, 2021a, 『지구와 충돌하지 않고 착륙하는 법』, 박범순 옮김, 이음.
──────, 2021b, 『나는 어디에 있는가?』, 김예령 옮김, 이음.
──────, 2023, 『존재양식의 탐구』, 황장진 옮김, 사월의책.
라투르, 브뤼노·울거, 스티브, 2019, 『실험실 생활』, 이상원 옮김, 한울.
라투르, 브뤼노·슐츠, 니콜라이, 2022, 『녹색 계급의 출현』, 이규현 옮김, 이음.
랏자라또, 마우리치오, 2017, 『사건의 정치』, 이성혁 옮김, 갈무리.
러브록, 제임스, 2000, 「서문」, 『가이아』, 홍욱희 옮김, 갈라파고스.
──────, 2003, 『가이아』, 홍욱희 옮김, 갈라파고스.
레비나스, 에마뉘엘, 2018, 『전체성과 무한』, 김도형·문성원·손영창 옮김, 그린비.
뢰비, 미카엘, 2017, 『발터 벤야민. 화재경보』, 양창렬 옮김, 난장.
루만, 니클라스, 2012, 『사회의 사회 1, 2』, 장춘익 옮김, 새물결.
──────, 2014, 『생태적 커뮤니케이션』, 서영조 옮김, 에코리브르.
리스트, 질베르, 2013, 『발전은 영원할 것이라는 환상』, 신해경 옮김, 봄날의책.
링, 리치, 2009, 『모바일 미디어와 새로운 인간관계 네트워크의 출현』, 배진한 옮김, 커뮤니케이션북스.
마굴리스, 린·세이건, 도리언, 2016, 『생명이란 무엇인가?』, 김영 옮김, 리수.
마르크스, 칼, 1989, 『자본론 I(上)』, 김수행 옮김, 비봉출판사.

맥닐, 윌리엄, 2020, 『전염병의 세계사』, 김우영 옮김, 이산.
맥퍼슨, 크로포드, 2002, 『홉스와 로크의 사회철학』, 황경식, 강유원 옮김, 박영사.
머니, 니컬러스, 2020, 『이기적 유인원』, 김주희 옮김, 한빛비즈.
머천트, 캐럴린, 2022, 『인류세의 인문학』, 우석영 옮김, 동아시아.
몰트만, 위르겐, 2017a, 『창조 안에 계신 하나님』, 김균진 옮김, 대한기독교서회.
─────, 2017b, 『삼위일체와 하나님의 나라』, 김균진 옮김, 대한기독교서회.
밀러, 애덤, 2024, 『사변적 은혜』, 안호성 옮김, 갈무리.
베넷, 제인, 2020, 『생동하는 물질』, 문성재 옮김, 현실문화.
베버, 막스, 2003, 『경제와 사회 1』, 박성환 옮김, 문학과지성.
벡, 울리히, 1997, 『위험사회』, 홍성태 옮김, 새물결.
─────, 2000, 『지구화의 길』, 조만영 옮김, 거름.
─────, 2010, 『글로벌 위험사회』, 박미애·이진우 옮김, 길.
벤야민, 발터, 2005, 『아케이드 프로젝트2』, 조형준 옮김, 새물결.
─────, 2008, 「역사의 개념에 대하여」, 『발터 벤야민 선집 5』, 최성만 옮김, 길.
부르디외, 피에르, 2005, 『구별짓기』, 최종철 옮김, 새물결.
부스, 마틴, 1997, 「양식비평」, 『성서비평. 방법론과 그 적용』, 김은규·김수남 옮김, 대한기독교서회.
불트만, 루돌프, 1970, 『공관복음서 전승사』, 허혁 옮김, 대한기독교서회.
─────, 1981a, 「자서전적 회고」, 『학문과 실존 III』, 허혁 옮김, 성광문화사.
─────, 1981b, 「신약성서와 신화」, 『학문과 실존 II』, 허혁 옮김, 성광문화사.
브라이도티, 로지, 2004, 『유목적주체』, 박미선 옮김, 여이연.
브라이언트, 레비, 2020, 『존재의 지도』, 김효진 옮김, 갈무리.
브라이언트, 레비, 2021, 『객체들의 민주주의』, 김효진 옮김, 갈무리.
블록, 아네르스·옌센, 토르벤 엘고르, 2017, 『처음 읽는 라투르』, 황장진 옮김, 사월의책.
블루어, 데이비드, 2000, 『지식과 사회의 상』, 김경만 옮김, 한길사.
세르비뇨, 파블로·스테방스, 라파엘, 2022, 『붕괴의 사회정치학』, 강현주 옮김, 에코리브르.
소바냐르그, 안, 2009, 『들뢰즈와 예술』, 이정하 옮김, 열화당.
송은주, 2021, 「인류세에 부활한 가이아. 가이아의 이름을 재정의하기」, 『인문콘텐츠』 62.
슈미트, 칼, 2010, 『정치 신학』, 김항 옮김, 그린비.
앨러이모, 스테이시, 2018, 『말, 살, 흙』, 윤준·김종갑 옮김, 그린비.
어리, 존, 2012, 『사회를 넘어선 사회학』, 윤여일 옮김, 휴머니스트.
월러스, 롭, 2020, 『팬데믹의 현재적 기원』, 구정은·이지선 옮김, 이지북스.
월터스, 마크 제롬, 2004, 『에코데믹, 새로운 전염병이 몰려온다』, 이한음 옮김, 북갤럽.
웨인라이트, 조엘·만, 제프, 2023, 『기후 리바이어던』, 장용준 옮김, 앨피.

윌리엄스, 레이먼드, 2010, 『키워드』, 김성기·유리 옮김, 민음사.
유진현, 2012, 「가브리엘 드 타르드의 『모방의 법칙들』에 나타난 심리사회학의 특성」, 『불어불문학연구』 91.
─────, 2018, 『가브리엘 타르드』, 커뮤니케이션북스.
윤철호, 2019, 「불트만의 신학방법론. 하이데거와의 관계를 중심으로」, 『한국조직신학논총』 54.
이상길, 2003, 「공론장의 사회적 구성. 가브리엘 타르드의 논의를 중심으로」, 『한국언론학보』 47(1).
이상원, 2022, 「불트만의 신약성서 신학에서 라투르의 과학철학으로. 매개의 수 늘리기 또는 번역의 연결망」, 『과학철학』 25(2).
이원우, 2020, 「바이러스, 우리에게는 면역계가 있다」, 『스켑틱』 21.
이준석·김연철, 2019, 「사회이론의 물질적 전회」, 『사회와이론』 35.
이지선, 2022, 「인류세 시대, 가이아 명명하기, 대면하기 그리고 기거하기」, 『철학』 153.
이진경, 2012, 『대중과 흐름』, 그린비.
이항우, 2021, 「알고리즘과 분자적 횡단의 정동 정치」, 『경제와사회』 131.
임성철, 2007, 「고대 희랍 철학에 나타난 '관상적 생활'」, 『철학탐구』 21.
정태석, 2002, 「벡의 재귀적 현대화이론과 개인화의 딜레마」, 『경제와사회』 55.
제임스, 윌리엄, 1999, 『종교적 경험의 다양성』, 김재영 옮김, 한길사.
조던, 크리스, 2019, 『크리스 조던. 아름다움의 눈을 통해 절망의 바다 그 너머로』, 인디고서원.
조성환, 2022, 「생태 위기에 대한 지구학적 대응. 성스러운 지구와 세속화된 가이아」, 『종교문화비평』 42.
조창호, 2005, 「가브리엘 타르드의 미세지각과 공중의 사회학에 대한 연구」, 서울대학교 사회학과 석사 학위 논문.
지젝, 슬라보예, 2020, 『팬데믹 패닉』, 강우성 옮김, 북하우스.
최강석, 2009, 『바이러스의 습격』, 살림.
최명애·박범순, 2019, 「인류세 연구와 한국 환경사회학. 새로운 질문들」, 『환경사회학연구 ECO』 23(2).
최병두, 2017, 「관계이론에서 행위자-네트워크 이론으로」, 『현대사회와다문화』 7(1).
카우프만, 스튜어트, 2012, 『다시 만들어진 신』, 김명남 옮김, 사이언스북스.
타르드, 가브리엘, 2012, 『모방의법칙』, 이상률 옮김, 문예출판사.
─────, 2013, 『사회법칙』, 이상률 옮김, 아카넷.
─────, 2015, 『모나돌로지와 사회학』, 이상률 옮김, 이책.
콘, 에두아르도, 2018, 『숲은 생각한다』, 차은정 옮김, 사월의책.
하먼, 그레이엄, 2019, 『네트워크의 군주』, 김효진 옮김, 갈무리.

―――, 2021, 『브뤼노 라투르. 정치적인 것을 다시 회집하기』, 김효진 옮김, 갈무리.
하버마스, 위르겐, 2006, 『의사소통행위이론 1, 2』, 장춘익 옮김, 나남.
해러웨이, 도나, 2019, 『해러웨이 선언문』, 황희선 옮김, 책세상.
―――, 2021, 『트러블과 함께하기』, 최유미 옮김, 마농지.
해밀턴, 클라이브, 2018, 『인류세』, 정서진 옮김, 이상북스.
홍민, 2013, 「행위자-네트워크 이론과 북한연구」, 『현대북한연구』 16(1).
홍성욱, 2010, 「7가지 테제로 이해하는 ANT」, 『인간·사물·동맹』(라투르 외 지음, 홍성욱 엮음), 이음.
―――, 2016a, 『홍성욱의 STS, 과학을 경청하다』, 동아시아.
―――, 2016b, 「테크노사이언스에서 '사물의 의회'까지」, 『현대 기술·미디어 철학의 갈래들』(이광석 외 지음), 그린비.
―――, 2020, 『실험실의 진화』, 김영사.
―――, 2023, 「라투르와 가이아의 시각화, 그리고 과학과 예술」, 『과학기술과 사회』 4.
홍찬숙, 2017, 「'물질적 전회'를 통해서 다시 본 벡의 제2근대성 이론」, 『사회와이론』 30.
화이트헤드, 알프레드 노스, 2003, 『과정과 실재』, 오영환 옮김, 민음사.
Abend, Gabriel, 2008, "The Meaning of Theory", *Sociological Theory* 26(2).
Acuto, Michele·Curtis, Simon 2014, "Assemblage Thinking and International Relations", in *Reassembling International Theory*, edited by M. Acuto and S. Curtis, New York, Palgrave.
Agamben, Giorgio, 1988, *Idée de la prose*, traduit par G. Macé, Paris, Christian Bourgois.
―――, 2000, *Le temps qui reste*, traduit par J. Revel, Paris, Payot.
Akrich, Madeleine·Callon, Michel·Latour, Bruno, 2006, *Sociologie de la traduction*, Paris, Presse des mines.
Alldred, Pam·Fox, Nick J., 2015, "New Materialist Social Inquiry", *International Journal of Social Research Methodology* 18(4).
Alliez, Éric, 1999, "Présentation. Tarde et le problème de la constitution", in G. Tarde, *Monadologie et sociologie*, Le Plessis-Robinson, Synthélabo.
―――, 2004, "The Difference and Repetition of Gabriel Tarde", *Distinktion. Scandinavian Journal of Social Theory* 5(2).
Anders, Günther, 1958, "L'homme sur le pont. Journal d'Hiroshima et de Nagasaki", traduit par Denis Trierweiler, in *Hiroshima est partout*(2008), Paris, Seuil.

—————, 1960, "Le délai", in *La menace nucléaire*(2006), traduit par Christophe David, Paris, Le serpent à plume.

Anderson, Ben, 2010, "Modulating the Excess of Affect", in *The Affect Theory Reader*, edited by Melissa Gregg and Gregory J. Seigworth, Durham·London, Duke University Press.

Aït-Touati, Frédérique·Coccia, Emanuele, 2021, "Gaïa, la vie en scène", in *Le cri de Gaïa. Penser la terre avec Bruno Latour*, dirigé par Frédérique Aït-Touati and Emanuele Coccia, Paris, La Découverte.

Alaimo, Stacy, 2016, *Exposed*, Minneapolis·London, University of Minnesota Press.

Ardau, Claudia·Munster, Rens van, 2011, *Politics of Catastrophe. Genealogies of the Unknown*, London·New York, Routledge.

Archer, Margaret S., 2007, *Making Our Way Through the World*, Cambridge, Cambridge University Press.

Aune, David E., 2010, "Form Criticism", in *The Blackwell Companion to the New Testament*, edited by David E. Aune, Chichester, West Sussex, Wiley-Blackwell.

Aykut, Stefan·Dahan, Amy, 2014, *Gouverner le climat? Vingt ans de négociations internationales*, Paris, Presses de Sciences Po.

Barad, Karen, 2003, "Posthumanist Performativity", *Signs. Journal of Women in Culture and Society* 28(3).

—————, 2007, *Meeting the Universe Halfway*, Durham·London, Duke University Press.

Barry, Andrew·Thrift, Nigel, 2007, "Gabriel Tarde. Imitation, Invention and Economy", *Economy and Society* 36(4).

Battistoni, Alyssa, 2014, "*Kata* and/or *Streiphen*?: Climate Change and the Politics of Catastrophe", in *Catastrophe. A History and Theory of an Operative Concept*, edited by Nitzan Lebovic·Andreas Killen, Oldenbourg, De Gruyter.

Beck, Ulrich, 1987, "The Anthropological Shock. Chernobyl and the Contours of the Risk Society", *Berkeley Journal of Sociology* 32.

—————, 1994, "The Reinvention of a Politics", in Ulrich Beck, Anthony Giddens and Scott Lash, *Reflexive Modernization*, Cambridge, Polity.

—————, 2010, "Climate for Change, or How to Creat Green Modenity?" *Theory, Culture & Society* 27(2~3).

—————, 2014, "How Climate Change Might Save the World", *Development and*

Society 43(2).
———, 2016, *The Metamorphosis of the World*, Cambridge, Polity.
Benjamin, Walter, 1972~1989, *Gesammelte Schriften*, Frankfurt a. M, Surhkamp Verlag.
Bergson, Henri, 1999, *Matière et mémoire*, Paris, PUF.
———, 2009, *L'évolution créatrice*, Paris, PUF.
Berlant, Lauren, 2011, *Cruel Optimism*, Durham, Duke University Press.
Blackman, Lisa, 2007, "Reinventing Psychological Matters", *Economy and Society* 36(4).
Bogost, Ian, 2012, *Aline Phenomenology*, Minneapolis·London, University of Minnesota Press.
Bonta, Mark·Protevi, John, 2004, *Deleuze and Geophilosophy, A Guide and Glossary*, Edinburgh, Edinburgh University Press.
Borch, Christian, 2019, "The Imitiative, Contagious, and Suggestible Roots of Modern Society", in *Imitation, Contagion, Suggestion*, edited by Christian Borch, London·New York, Routledge.
Boudon, Raymon, 1993, *Effets pervers et ordre social*, Paris, PUF.
Bourdieu, Pierre, 1987, *Choses dites*, Paris, Minuit.
———, 1997, *Méditations pascaliennes*, Paris, Seuil.
Bouveresse, Renée, 1992, *Spinoza et Leibniz*, Paris, J. Vrin.
Braidotti, Rosi, 2000, "Tetratologies" in *Deleuze and Feminist Theory*, eds. I. Buchanan·C. Colebrook, Edinburgh University Press.
———, 2013, *The Posthuman*, Cambridge, Polity.
Brennan, Teresa, 2004, *The Transmission of Affect*, Ithaca·London, Cornell University Press.
Brown, Steven D.·Ian Tucker, 2010, "Eff the Ineffable", in *The Affect Theory Reader*, edited by Melissa Gregg·Gregory J. Seigworth, Durham·London, Duke University Press.
Buchanan, Ian, 2021, *The Incomplete Project of Schizoanalysis. Collected Essays on Deleuze and Guattari*, Edinburgh, Edinburgh University Press.
Callon, Michel·Latour, Bruno, 1981, "Unscrewing the Big Leviathan", in *Advances in Social Theory and Methodology*, edited by K. Knorr-Cetina·A. V. Cicourel, London·New York, Routledge.
Candea, Matei, 2010, "Revisiting Tarde's House", in *The Social after Gabriel Tarde*, edited by Matei Candea, London·New York, Routledge.
Case, Peter·French, Robert·Simpson, Peter, 2012, "From *theoria* to theory. Leader-

ship without contemplation", *Organization* 19(3).
Castree, Noel, *et al*, 2014, "Changing the Intellectual Climate", *Nature Climate Change* 4.
Cavell, Stanley, 2008, "Companionable Thinking", in Cary Wolfe *et al.*, *Philosophy and Animal Life*, New York, Columbia University Press.
Cerulo, Karen A, 2009, "Nonhumans in Social Interaction", *Annual Review of Sociology* 35.
Charkrabarty, Dipesh, 2009, "The Climate of History. Four Theses", *Critical Inquiry* 35.
—————, 2015, "The Human Condition in the Anthropocene", *The Tanner Lectures in Human Values*, Yale University.
Chen, Kuan-Hsing, 2010, *Asia as Method*, Durham-London, Duke University Press.
Chertok, Léon, 2002, *L'hypnose*, Paris, Payot.
Clark, T. Nichols, 1973, *Prophets and Patrons*, Cambridge, Massachusetts, Havard University Press.
Clough, P. T., 2008, "The Affective Turn", *Theory, Culture & Society* 25(1)
Corlett, Richard T., 2015, "The Anthropocene Concept in Ecology and Conservation", *Trends in Ecology and Evolution* 30(1).
Crutzen Paul J., 2002, "Geology of Mankind", *Nature* 415.
—————, 2006, "The 'Anthropocene'", in *Earth system Science in the Anthropocene*, edited by E. Ehlers-T. Krafft, Heidelberg, Springer-Verlag.
Crutzen Paul J.-Steffen, Will, 2003, "How Long Have We been in the Anthropocene Era?", *Climatic Change* 61.
Crutzen, Paul J.-Stoermer, Eugene F, 2000, "The 'Anthropocene'", *The International Geosphere-Biosphere Programme (IGBP) Newsletter* 41.
Dallmayr, Fred, 2013, "The Future of "Theory"", *Journal of Contemporary Thought* 38.
Danowski, Déborah-Viveiros de Castro, Eduardo, 2017, *The Ends of the World*, translated by Rodrigo Nunes, Cambridge, Polity.
Debaise, Didier, 2008, "Une métaphysique des possessions", *Revue de métaphysique et de morale* 4.
Dean, Mitchell, 1999, "Risk, calculable and incalculable", in D. Lupton ed., *Risk and Sociolcultural Theory*, Cambridge, Cambridge University Press.
Delanda, Manuel, 2002, *Intensive Science and Virtual Philosophy*, London-New York-New Delhi-Oxford-Sydney, Bloomsbury.

———, 2016, *Assemblage Theory*, Edinburgh, Edinburgh University Press.
Deleuze, Gilles, 1988a, *Spinoza. Practical Philsophy*, translated by R. Hurley, San Francisco, City Lights Books.
———, 1988b, *Le pli*, Paris, Minuit.
———, 1993, *Critique et clinique*, Paris, Minuit.
———, 2003, *Pourparler. 1972-1990*, Paris, Minuit.
Deleuze, Gilles·Guattari, Félix, 1991, *Qu'est-ce que la philosophie?*, Paris, Minuit.
Deleuze, Gilles·Parnet, Claire, 1996, *Dialogues*, Paris, Flammarion.
de Vries, Gerard, 2016, *Bruno Latour*, Cambridge·Malden, Polity.
Dolphijn, Rick·van der Tuin, Iris, 2012, *New Materialism*, Open University Press.
Donzelot, Jacques, 1994, *L'invention du social*, Paris, Seuil.
Dosse, François, 2007, *Gilles Deleuze et Félix Guattari*, Paris, La Découverte.
Dubet, François, 1994, *Sociologie de l'expérience*, Paris, Seuil.
Dupuy, Jean-Pierre, 2002, *Pour un catastrophisme éclairé*, Paris, Seuil.
———, 2005, *Petite métaphysique des tsunamis*, Paris, Seuil.
Durkheim, Émile, 1909, "Sociologie religiuse et théorie de la connaissance", *Revue de métaphysique et de morale* 17(6).
———, 1960, *De la division du travail social*, Paris, PUF.
———, 1975, "L'état actuel des études sociologiques en France", in *Textes I*, Paris, Minuit.
———, 1987, *Les règles de la méthode sociologique*, Paris, PUF.
———, 2010, "Représentations individuelles et représentations collectives", in *Sociologie et philosophie*, Paris, PUF
Ellis, Erle, 2018, *Anthropocene. A Very Short Introduction*, Oxford, Oxford University Press.
Ellis, Erle *et al.*, 2016, "Involve Social Scientists in Defining the Anthropocene", *Nature* 540.
Ewald, François, 1986, *L'État providence*, Paris, Grasset.
Fabiani, Jean-Louis, 2015, *La sociologie comme elle s'écrit* Paris, EHESS.
Foucault, Michel, 2001, *L'herméneutique du sujet*, Paris, Gallimard/Seuil.
Fox, Nick·Alldred, Pam, 2016, *Sociology and the New Materialism*, London, Sage.
Gaillardet, Jérôme, 2020, "The Critical Zone, a Buffer Zone, the Human Habitat", in *Critical Zones. The Science and Politics of Landing on Earth*, edited by Bruno Latour·Peter Weibel. Cambridge, Massachusetts, MIT Press.
Goffman, Irving, 1982, *Interaction Rituals*, New York, Pantheon.
Gordon, Daniel, 1994, *Citizens without Sovereignty*, Princeton, New Jersey,

Princeton University Press.
Greimas, A. Julien·Courtés, Joseph, 1982, *Semiotics and Language*, translated by L. Crist·D. Patte·J. Lee·E. McMahol II·G. Phillips·M. Rengstrof, Bloomington, Indiana University Press.
Guattari, Félix, 2006, *Chaosmosis*, Sydney, Power Publications.
—————, 2008, *Les trois écologies*, Paris, Galilée.
Guess, Deborah, 2023, "Climate, Covid, and the Kenotic Model", *St Mark's Review* 264.
Halewood, Michael, 2011, *A. N. Whitehead and Social Theory*, London·New York·Delhi, Anthem Press.
Hamilton, Clive, 2015a, "Human Destiny in the Anthropocene", in C. Hamilton·Ch. Bonneuil·F. Gemenne eds., *The Anthropocene and the Global Environmental Crisis*, London·New York, Routledge.
—————, 2015b, "The Theodicy of the "Good Anthropocene"", *Environmental Humanities* 7.
Hamilton, Clive, Bonneuil, Christophe, and Gemenne, François, 2015, "Thinking the Anthropocene", C. Hamilton·Ch. Bonneuil·F. Gemenne eds., in *The Anthropocene and the Global Environmental Crisis*, London·New York, Routledge.
Han, Sang-Jin, 2015, "Emancipatory Catastrophism from an East Asian Perpective. Feedback from the Dialogue Organizer", *Current Sociology* 63(1).
Haraway, Donna, 1997, *Modest_Witness@Second_Millennium.FemaleMan_Meets_OncoMouse*, New York·London, Routledge.
—————, 2004, "The Promises of Monsters", *The Haraway Reader*, New York·London, Routledge.
—————, 2015, "Anthropocene, Capitalocene, Plantationocene, Chthulucene. Making Kin", *Environmental Humanities* 6.
Harman, Graham, 2016, *Immaterialism*, Cambridge, Polity.
—————, 2018, *Object-Oriented Ontology*, Penguin Books.
Haynes, Patrice, 2014, "Creative Becoming and the Patiency of Matter", *Journal of the Theoretical Humanities* 19(1).
Heidegger, Martin, 1990, "Lettre sur l'humanisme", in *Questions III et IV*, traduit par J. Beaufret *et al.*, Paris, Gallimard.
Heinich, Nathalie, 2007, *Comptes rendus*, Paris, Les Impressions Nouvelles.
Hooke, Roger LeB, 2000, "On the History of Humans as Geomorphic Agents", *Geology* 28(9).

Høstaker, Roar, 2014, *A Different Society Altogether*, Cambridge Scholars.

Howles, Timothy, 2018, *The Political Theology of Bruno Latour*, A thesis submitted for the degree of Doctor of Philosophy, Keble College, University of Oxford.

Ingold, Tim, 2006, "Rethinking the Animate, Re-animating Thought", *Ethnos* 71(1).

Ivakhiv, Adrian, 2015, "The Age of the World Motion Picture. Cosmic Visions in the Post-*Earthrise* Era", in *The Changing World Religion Map*, edited by Stanley D. Brunn, Dordrecht, Springer.

Jambois, Fabrice, 2016, *Deleuze et la mort*, Paris, L'Harmattan.

Kale-Lostuvali, Elif, 2016, "Two Sociologies of Science in Search of Truth. Bourdieu Versus Latour", *Social Epistemology* 30(3).

Karlsson, Mikael. M., 2002, "Agency and Patiency", *Philosophical Explorations* 5(1).

Karsenti, Bruno, 2010, "Imitation", in *The Social after Gabriel Tarde*, edited by Matei Candea, London·New York, Routledge.

—————, 2012, "Tenir au monde, le faire tenir", *Archives de Philosophie* 75.

King, Anthony, 2016, "Gabriel Tarde and Contemporary Social Theory", *Sociological Theory* 34(1).

Kunstler, James Howard, 2005, *The Long Emergency*, New York, Atlantic Monthly Press.

Lahire, Bernard, 1999, "Champs, hors-champs, contre-champs", in *Le travail sociologique de Pierre Bourdieu*, Paris, La Découverte.

Lamy, Jérôme, 2017, "Les complusions de Noé. Que peut (encore) Bruno Latour pour les sciences sociales?", *Zilsel* 2(2).

—————, 2021, "Sociology of a Disciplinary Bifurcation. Bruno Latour and His Move From Philosophy/theology to Sociology in the Early 1970s", *Social Science Information* 60(1).

Lash, Scott, 1994, "Reflexivity and Its Doubles", in U. Beck·A. Giddens·S. Lash eds., *Reflexive Modernization*, Cambridge, Polity.

—————, 2018, *Experiences*, Cambridge, Polity.

Latour, Bruno, 1977, "Pourquoi Péguy se répète-t-il? Péguy est-il illisible?", *Péguy Écrivain*, edited by Centre Charles Péguy, Paris, Klincksieck.

—————, 1988, *The Pasteurization of France*, translated by Alan Sheridan·John Law, Cambridge, Harvard University Press.

—————, 1990, "Technology is Society Made Durable", *The Sociological Review*

38(S1).

―, 1994, *Pasteur*, Paris, Perrin.

―, 1995, "Moderniser ou écologiser? À la recherche de la 'septième' cité", *Écologie politique* 13.

―, 1996, "On Interobjectivity", *Mind, Culture, and Activity* 3(4).

―, 1999, "On Recalling ANT", in *Actor Network Theory and After*, edited by John Law·John Hassard, Blackwell Puglishing/The Sociological Review.

―, 2000a, "On the Partial Existence of Existing and Nonexisting Objects", in *Biographies of Scientific Objects*, edited by Lorraine Daston, Chicago·London, The University of Chicago Press.

―, 2000b, "A Well-articulated Primatology", in *Primate Encounters*, edited by Shirley C. Strum·L. M. Fedigan, Chicago·London, The University of Chicago Press.

―, 2002a, "Gabriel Tarde and the End of the Social", in *The Social in Question*, edited by Patrick Joyce, London·New York, Routledge.

―, 2002b, "Morality and Technology", translated by Couze Venn, *Theory, Culture & Society* 19(5/6).

―, 2003a, "What if we Talked Politics a Little?", *Contemporary Political Theory* 2.

―, 2003b, "Is *Re*-modernization Occurring―And If So, How to Prove It. A Commentary on Ulrich Beck", *Theory, Culture & Society* 20(2).

―, 2004a, "Why Has Critique Run out of Steam?", *Critical Inquiry* 30(2), 225~248.

―, 2004b, "The Social as Association", in *The Future of Social Theory*, edited by Nicholas Gane, London, Continuum.

―, 2004c, "How to Talk About the Body?", *Body and Society* 10(2~3), 205~229.

―, 2004d, "Nonhumans", in *Patterned Ground*, edited by Harrison S.·Thrift N., London, Reaktion Books.

―, 2004e, *Politics of Nature*, tranlated by Catherine Porter, Harvard University Press.

―, 2005a, *Reassembling the Social*, Oxford, Oxford University Press.

―, 2005b, "Thou Shall Not Freeze-Frame", or How Not to Misunderstand the Science and Religion Debate", in *Science, Religion, and the Human Experience*, edited by James D. Proctor, Oxford, Oxford University Press.

―, 2009, "Will Non-Humans be Saved? An Argument in Ecotheology",

The Journal of the Royal Anthropological Institute 15(3).

―――, 2010a, "Tarde's Idea of Quantification", in *The Social after Gabriel Tarde*, edited by M. Candea, London, Routledge.

―――, 2010b, "Coming Out As A Philosopher", *Social Studies of Science* 40(4).

―――, 2010c, *On the Modern Cult of the Factish Gods*, translated by Catherine Porter·Heather MacLean, Durham·London, Duke University Press.

―――, 2010d, "An Attempt at a "Compositionist Manifesto"", *New Literary History* 41.

―――, 2011a, "Gabriel Tarde. La société comme possession", in *Philosophie des possesssions*, edited by Didier Debaise, Dijon, Les presses du réel.

―――, 2011b, "Networks, Societies, Spheres", *International Journal of Communication* 5.

―――, 2013a, "Biography of an Inquiry. On a Book about Modes of Existence", translated by Cathy Porter, *Social Studies of Science* 4(2).

―――, 2013b, *Rejoicing. On the Torments of Religious Speech*, translated by Julie Rose, Cambridge, Polity.

―――, 2014, "Agency at the Time of the Anthropocene", *New Literary History* 45.

―――, 2015, "Charles Péguy. Time, Space, and le Monde Moderne", translated by Tim Howles, *New Literary History* 46(1).

―――, 2016, "Life among Conceptual Characters. A Letter to Conclude the Special Issue", *New Literary History* 47(2~3).

―――, 2017a, *Facing Gaia*, translated by Catherine Porter, Cambridge, Polity.

―――, 2017b, "Why Gaia is not a God of Totality", *Theory, Culture & Society* 34(2~3).

―――, 2019, "L'apocalypse, c'est enthousiasmant", *Le Monde*, 31 mai.

―――, 2021, "Waiting for Gaia. Composing the Common World through Arts and Politics", in *Posthumanism in Art and Science. A Reader*, edited by Giovanni Aloi·Susan McHugh, New York, Columbia University Press.

―――, 2022, *Qui perd la terre, perd son âme*, Paris, Balland.

―――, 2024, *La religion à l'épreuve de l'écologie*, Paris, La Découverte.

Latour, Bruno·Hermant, Émilie, 1998, *Paris ville invisible*, Paris, Empêcheur de penser rond.

Latour, Bruno·Lépinay, Vincent A., 2008, *L'économie, science des intérêts pas-*

sionés, Paris, La Découverte.
Latour, Bruno et al., 2010, "The Debate", translated by A., Damlé·M. Candea, in *The Social After Gabriel Tarde*, edited by Matei Candea, London·New York, Routledge.
Latour, Bruno·Lenton, Timothy M., 2019, "Extending the Domain of Freedom, or Why Gaia Is So Hard to Understand", *Critical Inquiry* 45.
Lazzarato, M., 1999, "Postface. Gabriel Tarde. Un Vitalisme Politique", in Gabriel Tarde, *Monadologie et sociologie*, Le Plessis-Robinson, Synthélabo.
―――――, 2002, *Puissances de l'invention*, Paris, Les Empêcheur en penser en rond.
Law, John, 1992, "Notes on the Theory of the Actor-Network. Ordering, Strategy, and Heterogeneity", *Systems Practice* 5(4).
―――――, 1999, "After ANT. Complexity, Naming, and Topology", in *Actor Network Theory and After*, edited by John Law·John Hassard, Oxford, Blackwell Publishing.
―――――, 2004, *After Method*, London, Routledge.
―――――, 2009, "Actor-Network Theory and Material Semiotics", in *The New Blackwell Companion to Social Theory*, edited by Bryan S. Turner, Chichester, UK·Malden, MA, Wiley-Blackwell.
Law, John·Singleton, Vicky, 2013, "ANT and Politics", *Qualitative Sociology* 36.
Leibniz, Gottfried W., 1993, "Pensées sur l'instauration d'une physique nouvelle"(1679), traduit par Michel Fichand, in *Philosophie* 39.
Lenton, Timothy M.·Dutreuil, Sébastien·Latour, Bruno, 2020, "Life on Earth is hard to Spot", *The Anthropocene Review* 7(3).
Lepenies, Wolf, 1988, *Between Literature and Science*, translated by R. J. Hollingdale, Cambridge, Cambridge University Press.
Leroux, Robert, 2011, *Gabriel Tarde. Vie, oeuvres, concepts*, Paris, Ellipses.
Letonturier, Éric, 2000, "Gabriel Tarde, sociologue de la communication et des réseaux", *Cahiers Internationaux de Sociologie* 108, 41~50.
Levy, Daniel, 2016, "Cosmopolitanizing Catastrophism. Remembering the Future", *Theory, Culture & Society* 33(7~8).
Leys, Ruth, 2011, "The Turn to Affect", *Critical Inquiry* 37.
Lovelock, James E.·Margulis, Lynn, 1974a, "Homeostatic Tendencies of the Earth's Atmosphere", *Origins Life* 5.
―――――, 1974b, "Atmospheric Homeostasis by and for the Biosphere. The Gaia Hypothesis", *Tellus* 26.

Luhmann, Niklas, 1967, "Soziologische Aufklärung", *Soziale Welt* 18(2/3).
Lundy, Craig, 2019, "Charles Péguy", in *Deleuze's Philosophical Lineage II*, edited by G Jones·J Roffe, Edinburgh, Edinburgh University Press.
Lynch, Amanda H.·Veland, Siri, 2018, *Urgency in the Anthropocene*, The MIT Press.
Lynch, Paul, 2012, "Composition's New Thing. Bruno Latour and the Apocalyptic Turn", *College English* 74(5).
Malet André, 1962, *Mythos et logos, La pensée de Rudolf Bultmann*, Genève, Labor et Fides.
Malm, Andreas·Hornborg, Alf, 2014, "The Geology of Mankind?", *The Anthropocene Review* 1(1).
Marrero-Guillamón, Isaac, 2015, "Monadology and Ethnography. Towards a Tardian Monadic Ethnography", *Ethnography* 16(2).
Martin, Jean-Clet, 2001, "Tarde. Une nouvelle Monadologie", *Multitudes* 7.
Massumi, Brian, 2002, *Parables for the Virtual*, Durham·London, Duke University Press.
—————, 2015, *Politics of Affect*, Cambridge, Polity.
McFague, Sallie, 2021, *A New Climate for Christology*, Minneapolis, Fortress Press.
Merton, Robert, 1936, "The Unanticipated Consequences of Purposive Social Action", *American Sociological Review* 1(6).
Milet, Jean, 1970, *Gabriel Tarde et la philosophie de l'histoire*, Paris, J. Vrin.
—————, 1994, "Introduction", in Gabriel Tarde, 1994, *Les transformations du droit*, Paris, Berg International.
Mol, Annemarie·Law, John, 1994, "Regions, Networks and Fluids. Anaemia and Social Topology", *Social Studies of Science* 24.
Montebello, Pierre, 2003, *L'autre métaphysique*, Dijon, Les presses du réel.
Moore, Jason W., 2016, "The Rise of Cheap Nature", in J. W. Moore ed., *Anthropocene or Capitalocene?*, PM Press.
Morton, Timothy, 2013, *Hyperobjects*, Minneapolis, University of Minnesota Press.
Mucchielli, Laurent, 1998, *La découverte du social*, Pairs, La découverte.
—————, 2000, "Tardomania? Réflexions sur les usages contemporains de Tarde", *Revue d'Histoire des Sciences Humaines* 3.
Mulcahy, Dianne, 2012, "Affective Assemblages", *Pedagogy, Culture & Society* 20(1).

Müller, Martin, 2015, "Assemblages and Actor-networks", *Geography Compass* 9(1).

Nail, Thomas, 2017, "What is an Assemblage?", *SubStance* 46(1).

O'Dea, Michael, 2008, "Le mot 'Catastrophe'", in *L'invention de la catastrophe au XVIIIe siècle*, dirigé par Anne-Marie Mercier-Faivre et Chantal Thomas, Genève, Droz.

Pálsson, Gísli *et al*., 2013, "Reconceptualizing the 'Anthropos' in the Anthropocene", *Environmental Science & Policy* 28.

Parsons, Talcott, 1937, *The Structure of Social Action*, New York, The Free Press.

Péguy, Charles, 1988a, "De la situation faite à l'histoire et à la sociologie dans les temps modernes", in *Oeuvres en prose complètes II*, Paris, Gallimard.

—————, 1988b, "De la situation faite au parti intellectuel dans le monde moderne", in *Oeuvres en prose complètes II*, Paris, Gallimard.

—————, 1992a, "Dialogue de l'histoire et de l'âme charnelle", in *Oeuvres en prose complètes III*, Paris, Gallimard.

—————, 1992b, "Clio. Dialogue de l'histoire et de l'âme païenne", in *Oeuvres en prose complètes III*, Paris, Gallimard.

—————, 1992c, "Notes sur M. Bergson et la philosophie bergsonienne", in *Oeuvres en prose complètes III*, Paris, Gallimard.

Pickering, Andrew, 1995, *The Mangle of Practice*, Chicago-London, The University of Chicago Press.

Poovey, Mary, 2002, "The Liberal Civil Subject and the Social in Eightennth-century British Moral Philosophy", in *The Social in Question*, edite by P. Joyce, London and New York, Routledge.

Potts, Annie, 2004, "Deleuze on Viagra (or, what can a Viagra-body do?)", *Body & Society* 10.

Pujol, Stephen, 2008, "L'histoire comme catastrophe selon Rousseau", in *L'invention de la catastrophe au XVIIIe siècle*, dirigé par Anne-Marie Mercier-Faivre et Chantal Thomas, Genève, Droz.

Pyyhtinen, Olli, 2016, *More-Than-Human Sociology*, New York, Palgrave.

Reader, Soran, 2007, "The Other Side of Agency", *Philosophy* 82(4).

—————, 2010, "Agency, Patiency, and Personhood", in T. O'Connor·C. Sandis eds., *A Companion to the Philosophy of Action*, Blackwell Publishing.

Riquier, Camille, 2011, "Charles Péguy. Métaphysique de l'événement", in *Philosophie des possessions*, edited by D. Debaise, Paris, Les presses du réel.

—————, 2017, *Philosophie de Péguy*, Paris, PUF.

Roberts, Patrick S., 2007, "What the Catastrophist Heresy Can Teach Public Officials?", *Administrative Theory & Practice* 29(4).
Robins, Bruce, 2017, "Not So Well Attached", *PMLA* 132(2).
Ross, Jeremy, A., 2017, "Durkheim and the Homo Duplex. Anthropocentrism in Sociology", *Sociological Spectrum* 37(1).
Sampson, Tony D., 2012, *Virality*, Minneapolis, London, University of Minnesota Press.
Schaffer, Simon, 2009, "Newton on the Beach. The Information Order of Principia Mathematica", *History of Science* 47(157).
Schillmeier, Michael, 2017, "Gabriel Tarde's Neo-Monadology", in *300 Jahre Monadologie*, ed. by Wenchao Li, Franz Steiner Verlag.
Schmidgen, Henning, 2012, "The Materiality of Things? Bruno Latour, Charles Péguy and the History of Science", *History of Human Sciences* 26(1).
———, 2015, *Bruno Latour in Pieces*, translated by G. Custance, New York, Fordam University Press.
Schmitt, Carl, 2007, *The Concept of the Political*, traslated by George Schwab, Chicago·London, The University of Chicago Press.
Schinkel, Willem, 2007, "Sociological Discourse of the Relational. The Cases of Bourdieu & Latour", *The Sociological Review* 55(4).
Scholem, Gershom, 1995, *Benjamin et son ange*, Paris, Rivages.
Semal, Luc, 2015, "Anthropocene, Catastrophism and Green Political Theory", in *The Anthropocene and the Global Environmental Crisis*, edited by C. Hamilton *et al.*, London, Routledge.
Seigworth, Gregory J.·Melissa Gregg, 2010, "An Inventory of Shimmers", in *The Affect Theory Reader*, edited by Melissa Gregg·Gregory J. Seigworth, Durham·London, Duke University Press.
Seyfert, Robert, 2012, "Beyond Personal Feelings and Collective Emotions", *Theory, Culture & Society* 29(6).
Serres, Michel, 1990, *Le contrat naturel*. Paris, Flammarion.
Shaviro, Steven, 2010, *Post Cinematic Affect*, Winchester·Washington, O Books.
Simonelli, Thierry, 2004, *Günther Anders. De la désuétude de l'homme*, Clichy, Édition du Jasmin.
Smith, Bruce D.·Zeder, Malinda. A., 2013, "The Onset of the Anthropocene", *Anthropocene* 4.
Smith, Karl, 2012, "From Dividual and Individual Selves to Porous Subjects", *The Australian Journal of Anthropology* 23.

Sompayrac, Lauren, 2013, *How Pathogenic Viruses Think*, Burlington, MA, Jones·Barlett Learning.

Souriau, Étienne, 2009, *Les différents modes d'existence*, Paris, PUF.

Steffen, Will *et al.*, 2007, "The Anthropocene. Are Humans Now Overwhelming the Great Forces of Nature", *Ambio* 36.

—————, 2011a, "The Anthropocene. Conceptual and Historical Perspectives", *Philosophical Transactions of the Royal Society Series A*, 369.

—————, 2011b, "The Anthropocene. From Global Change to Planetary Stewardship", *Ambio* 40.

Stempsey, William E., 2016, "The Penetrating Gaze and the Decline of the Autopsy", *Medicine and Society* 18(8).

Stengers, Isabelle, 2009, *Au temps des catastrophes. Résister à la barbarie qui vient*, Paris, La Découverte.

Strum, Shirley C.·Latour, Bruno, 1987, "Redefining the Social Link", *Social Science Information* 26.

Tarde, Gabriel, 1879, *Contes et poèmes*, Paris, Calmann-Lévy.

—————, 1895, "Croyance et désir", in *Essais et mélanges sociologiques*, Lyon/Paris. A., Storck·G. Masson.

—————, 1898a, "Les deux éléments de la sociologie", in *Études de psychologie sociale*, Paris, V. Giard·E. Brière.

—————, 1898b, "Sociologie", in *Études de psychologie sociale*, Paris, V. Giard·E. Brière.

—————, 1902a, "Invention considérée comme moteur de l'évolution sociale", *Revue Internationale de Sociologie* X.

—————, 1902b, *Psychologie économique vol. 1*, Paris, Félix Alcan.

—————, 1902c, *Psychologie économique vol. 2*, Paris, Félix Alcan.

—————, 1904, *Fragment d'histoire future*, Lyon/Paris. A., Storck·Cie.

—————, 1999a, *L'opposition universelle*, Paris, Institut Synthélabo.

—————, 1999b, *La logique sociale*, Paris, Institut Synthélabo.

—————, 2003, *Les transformations du pouvoir*, Paris, Les Empêcheurs de penser en rond.

—————, 2010, "A Debate with Emile Durkheim", in *On Communication and Social Influence*, edited by Terry Clark, Chicago·London, The University of Chicago Press.

Tonkonoff, Sergio, 2017, *From Tarde to Deleuze & Foucault*, New York, Palgrave.

Toscano, Alberto, 2007, "Powers of Pacification", *Economy and Society* 36(4).

Toews, David, 2010, "Tarde and Durkheim and the Non-sociological Ground of Sociology", in *The Social after Gabriel Tarde*. edited by Matei Candea, London·New York, Routledge.

Tresch, John, 2013, "Another Turn after ANT. An Interview with Bruno Latour", *Social Studies of Science* 43(2).

Tuana, Nancy, 2007, "Viscous Porosity", *Material Feminisms*, edited by Stacy Alaimo·Susan J. Hekman, Bloomington, Indiana University Press.

Tuomivaara, Salla, 2019, *Animals in the Sociologies of Westermarck and Durkheim*, New York, Palgrave.

Turner, Bryan S., 2023, *A Theory of Catastrophe*, Berlin·Boston, De Gruyter.

Ulmer, Jasmine. B., 2017, "Posthumanism as Research Methodology", *International Jounral of Qualitative Studies in Education* 30(9).

Ungar, Sheldon, 2001, "Moral Panic versus the Risk Society", *British Journal of Sociology*, 52(2).

Urry, John, 2011, *Climate Change & Society*, Cambridge, Polity.

―――, 2016, *What is the Future?* Cambridge, Polity.

Westhelle, Vitor, 2012, *Eschatology and Space*, London, Palgrave.

Whitehead, A. North, 1925, *Science and the Modern World*, New York, The Free Press.

Wilkinson, Bruce H., 2005, "Humans as Geologic Agents", *Geology* 33(3).

Wilkinson, Iain, 2011, "Ulrich Beck", in G. Ritzer·J. Stepnisky. eds., *The Wiley-Blackwell Companion to Major Social Theorists*, Oxford, Wiley-Blackwell.

Williams, Rosalind, 1991, *Dream Worlds*, Berkeley·LA·Oxford, University of California Press.

Wittgenstein, Ludwig, 1978, *Philosophical Investigations*, translated by G. E. M. Anscombe, Oxford, Basil Blackwell.

Zalasiewicz, Jan *et al.*, 2008, "Are We Now Living In the Anthropocene?", *GSA Today* 18.

Zourabichvili, François, 2004, *Le vocabulaire de Deleuze*, Paris, ellipses.